V&R

Das Neue Testament Deutsch

Neues Göttinger Bibelwerk

In Verbindung mit Horst R. Balz, Jürgen Becker,
Peter Lampe, Friedrich Lang, Eduard Lohse, Ulrich Luz, Helmut Merkel,
Karl-Wilhelm Niebuhr, Eckart Reinmuth, Jürgen Roloff,
Wolfgang Schrage, Eduard Schweizer, August Strobel, Nikolaus Walter
und Ulrich Wilckens

herausgegeben von Peter Stuhlmacher und Hans Weder

Teilband 8/1

Die Briefe an die Galater, Epheser und Kolosser

18. Auflage
(Erstauflage dieser neuen Bearbeitung)

1998

Vandenhoeck & Ruprecht
in Göttingen

Die Briefe an die Galater, Epheser und Kolosser

Übersetzt und erklärt

von

Jürgen Becker und Ulrich Luz

1998

Vandenhoeck & Ruprecht
in Göttingen

Die Deutsche Bibliothek – CIP-Einheitsaufnahme

Das *Neue Testament deutsch*: neues Göttinger Bibelwerk / in Verbindung mit
Horst R. Balz ... hrsg. von Peter Stuhlmacher und Hans Weder. –
Göttingen: Vandenhoeck und Ruprecht.
Teilw. hrsg. von Gerhard Friedrich und Peter Stuhlmacher. –
Teilw. hrsg. von Paul Althaus und Johannes Behm
Teilw. mit Nebent.: NTD. Testamentum novum

Teilbd. 8,1. Die Briefe an die Galater, Epheser und Kolosser. –
18. Aufl., (1. Aufl. dieser neuen Bearb.). – 1998

Die *Briefe an die Galater, Epheser und Kolosser* / übers. und erkl.
von Jürgen Becker und Ulrich Luz. –
18. Aufl., (1. Aufl. dieser neuen Bearb.). –
Göttingen; Vandenhoeck und Ruprecht, 1998
(Das Neue Testament deutsch; Teilbd. 8,1)
ISBN 3-525-51340-2

Satz: Schriftsatzstudio Grohs, Landolfshausen.
Druck und Bindearbeit: Hubert & Co., Göttingen.

Inhalt

Der Brief an die Galater
Übersetzt und erklärt von Jürgen Becker

Einleitung 9

Eingangsgruß 1,1–5 18

1. Die Brieferöffnung: Der Tadel an die Gemeinde und der Fluch
   über die Gegner 1,6–9 21

2. Die gottunmittelbare, von Jerusalem anerkannte und gegenüber
   Petrus bewährte Selbständigkeit des paulinischen Evangeliums
   1,10–2,21 25

3. Das paulinische Evangelium führt zum schon Abraham verheißenen
   Segen, nämlich der Gabe des Geistes, die die Gemeinde in die Freiheit
   vom Gesetz stellt 3,1–5,12 44

4. Die Verbindlichkeit der Lebensführung in der evangelischen Freiheit
   5,13–6,10 83

Briefschluß 6,11–18 96

Der Brief an die Epheser
Übersetzt und erklärt von Ulrich Luz

Einleitung 107

Der Eingangsgruß 1,1–2 115

1. Lobpreis an Gott und Dank für seine Gnade, die die Gemeinden
   durch das Werk des Apostels Paulus erfahren haben 1,3–3,21 115

2. Das Leben der Gemeinden in der Welt 4,1–6,20 150

Schlußgrüße und Segen 6,21–24 180

Der Brief an die Kolosser
Übersetzt und erklärt von Ulrich Luz

Einleitung 183

Der Eingangsgruß 1,1–2 192

1. Die Danksagung 1,3–23 193

2. Selbstvorstellung des Paulus 1,24–2,5 208

3. Die Auseinandersetzung mit den Gegnern 2,6–3,4 212

4. Das neue Leben 3,5–4,1 226

5. Der Briefschluß 4,2–18 239

Thematische Ausführungen (Exkurse)

Der Brief an die Galater

    Anáthema 23

    Paulus und das Alte Testament 55

    Weltelemente 61

    Zur Theologie der Judaisten 80

Der Brief an die Epheser

    Leib und Leib Christi bei Paulus und in den Deuteropaulinen 126

Der Brief an die Kolosser

    Die kolossische „Philosophie" 215

    Haustafeln 233

Der Brief an die Galater

Übersetzt und erklärt von
Jürgen Becker

Einleitung

1. Daß der Gal ein *echter und einheitlicher Paulusbrief* ist, ist in der Forschungsgeschichte nur ganz selten bezweifelt worden, in neuerer Zeit eigentlich gar nicht mehr. Wer Paulus den Brief absprechen will, müßte auch gleich den Röm für unecht erklären und bekäme mit den biographischen Teilen in 1,11–2,21; 4,12–20 unüberwindliche Probleme. Die neuere lebhafte Diskussion um die epistologische und rhetorische Form des Briefes ist sich bei aller unterschiedlichen Bewertung der literarischen Abschnitte im einzelnen zudem darin einig, daß der Gal als ein einheitlicher Brief verstanden werden kann, ja muß.

2. Nach langer Abstinenz gibt es in den beiden letzten Jahrzehnten wieder eine lebhafte und kontroverse Diskussion zum *brieflichen Stil und zur Rhetorik* des Zirkularschreibens (vgl. 1,2). Dabei gilt es als erstes zu beachten, daß Paulus schon vorher mehrere Briefe schrieb, also indessen einen eigenen Briefstil besaß. Zu ihm gehören seine Variation des hellenistisch-orientalischen Briefkopfes (vgl. die Angaben zu 1,1–5), die danach formulierte Danksagung (, die aus polemischen Gründen durch 1,6–9 ersetzt ist,) und in jedem Fall der Briefschluß (6,18, wobei Grüße aus der Gemeinde fehlen). Was allerdings zwischen Briefeingang und -schluß steht, zeigt den Apostel durchweg als einen auffällig varianten- und ideenreichen Verfasser. Paulus kann nicht nur in den einzelnen Briefen seine vorherrschenden Sprachfelder wechseln und sich auf die Sprache und Vorstellungswelt seiner Adressaten einlassen, sondern er liebt offenkundig auch Variationen in der Anlage seiner Briefe.

Allerdings hat dieser Variantenreichtum auch strukturell gleiche stilistische Kennzeichen, von denen vier für den Gal Bedeutung haben. Paulus verwendet erstens immer wieder eine bestimmte Form der Mahnung, nämlich die usuelle Paränese, um das Leben seiner Gemeinden normativ zu bestimmen. Solche Mahnung steht gerne am Schluß eines Briefes (z. B. 1. Thess 5,12–22), so auch Gal 5,13–6,10. Gleichwohl kann solche typische, nicht in Einzelheiten aktuelle Mahnung durch ihre generelle Programmatik und Auswahl von Themen (vgl. 5,1 und 5,13) durchaus dem besonderen Anliegen eines Briefes dienen.

Längst bekannt ist zweitens, daß Paulus – nicht ohne Analogie in seiner zeitgenössischen Literatur – den Diatribenstil verwendet. Im Unterschied zur Form der platonischen Dialoge ist er bestimmt durch kurze Satzkonstruktionen und durch umgangssprachlichen und parataktischen Stil. Er liebt fiktive Dialoge, Antithesen und Paradoxien, greift zu Beispielen aus dem Leben und zitiert Autoritäten. So benutzt Paulus als Autorität das Alte Testament. Streng logisch aufgebaute Gedankenketten treten zurück. Dieser Stil ist besonders Gal 3,1–5,12 anzutreffen. Er enthält durchweg das Gefälle von dem mit Autorität versehenen Lehrer hin zu den Adressaten des Briefes. Solche

Autorität nimmt Paulus gegenüber allen seinen Gemeindegründungen in Anspruch.

Besondere Aufmerksamkeit verlangt drittens der Abschnitt 4,12–20, in dem Paulus typische Motive des antiken Freundschaftsbriefes einsetzt, um seine Gemeinde zurückzugewinnen. Dazu gehören u. a. die Betonung der guten Behandlung (4,12), die Erinnerung an gemeinsame schwere Prüfungen (4,13), die Bewährung der Freundschaft in Zeiten der Versuchung (4,14) oder das offene Wort unter Freunden (4,16). Paulus hat gerade auch gegenüber Korinth solche Mittel eingesetzt und tut es hier, um der Gemeinde Brücken zu bauen, damit sie zu ihm zurückkehrt.

Der Gal ist endlich angesichts einer Konkurrenzsituation geschrieben, die inhaltliche Besonderheiten aufweist, von der formalen Seite her aber Paulus z. B. aus der korinthischen Situation vertraut ist (wie vor allem ein Vergleich mit 2. Kor 10–13 belehrt): Paulus ist apostolischer Gemeindegründer (1,1.8; 4,12ff.), der eine bestimmte Auffassung vom Christentum vertritt (1,6.8.11; 2,15–21; 5,1–12; 6,12–16). Paulusgegner missionieren in seinen Gemeinden mit einer Gegenauffassung (1,9; 4,8–11.17.21; 5,2–4; 6,12f.). Sie wollen die Gemeinden umpolen und diskreditieren den Apostel samt seinem Evangelium (1,1–2,21). Diese Gegenmission beherrscht zur Zeit das Feld, doch hat Paulus noch Hoffnung, die Gemeinden zurückzugewinnen (1,6; 4,8–20; 6,16f.). Seine Briefinitiative geschieht aufgrund alarmierender Informationen aus den Gemeinden (1,6; 3,3; 4,8–10.17f; 5,2–12). Sie verfolgt dabei ein dreifaches Ziel: 1. Er will die Gemeinden von den Fremdmissionaren trennen (1,6–9; 5,1–12; 6,11–16). Darum ist die Gemeinde sein Gesprächspartner. Die Gegner urteilt er nur barsch ab, ohne sie anzureden. 2. Er weist die Diskreditierungen seiner Person und seines Evangeliums zurück. Dementsprechend betreibt er in 1,10–2,21 seine Apologie. 3. Er wirbt erneut um die Gemeinden in der Art, daß er ihnen seinen alten Standpunkt (1,9) angesichts der aktuellen Lage nochmals ausführt (3,1–6,10). Indem sein alter Standpunkt dabei so selektiv geordnet wird, daß die sachlichen Spitzen der gegnerischen Position (vor allem ihr Abrahambild und ihr Gesetzesverständnis, d. h. die Kernpunkte ihrer bundesnomistischen Theologie) sein Darstellungskonzept beherrschen, ist die Werbung um die Gemeinde zugleich seine argumentative Auseinandersetzung mit den Missionaren. Auch dieses Bündel der drei strategischen Ziele ist als solches von Paulus anläßlich der galatischen Misere nicht neu konzipiert. Mit derselben Strategie hat er nämlich schon z. B. 2. Kor 10–13 die „Überapostel" in Korinth in der formal ganz ähnlichen Situation bekämpft.

Wie kann man auf diesem Hintergrund das besondere Gesicht des Gal beschreiben? Zu den Besonderheiten gehört zweifelsfrei eingangs des Briefes die Ersetzung der Danksagung durch 1,6–9. Diese Verse tadeln die Gemeinde (1,6), allerdings erst nach dem Segensgruß 1,3–5. Der Tadel ist Ausgangspunkt, die Gemeinde zurückzugewinnen. Denn am Schluß des Briefes steht der für sie geltende bedingte Segen (6,16): Falls sie Paulus folgt, erreicht sie wieder dieser Segen des Evangeliums. Anders geht Paulus mit den Gegnern um: Sie trifft unabänderlich der Fluch (1,9). Zu segnen und zu fluchen, das ist eine prophetische Aufgabe (vgl. zu 1,6–9). Der Apostel betätigt sich also als Prophet.

Auch der folgende Abschnitt 1,10–2,21 ist eine Besonderheit. Er entspricht am besten der narratio (geschichtliche Darstellung) in einer Verteidigungsrede. Dieser Annahme stehen jedoch zunächst zwei Bedenken gegenüber. 1. Darf man überhaupt Regeln der Rhetorik in einem Brief suchen? Da der Brief als Ersatz für die mündliche Rede gilt (vgl. 4,18–20), ist das möglich. Genauso gilt umgekehrt: Weil die antike Kultur eine Sprachkultur und die Rede ihr Leitmedium war, erscheint es nur natürlich, wenn die Kunst der Rede auch auf die Gestaltung des Mediums Brief einwirkte. Zudem wird man zu bedenken haben, daß sich auch der Vorleser des Paulusbriefes in der Gemeinde z. B. in Artikulation und Gestik an die üblichen Regeln der Rede anlehnte. 2. Außerdem liegt beim Galaterbrief doch gar keine Gerichtsverhandlung als Rahmen einer Verteidigungsrede vor. Das ist richtig. Denn an der Stelle der typischen Gerichtssituation (vor einem neutralen Gericht streiten zwei Parteien) steht die Konkurrenzsituation (die Gemeinde ist das Kampffeld von Mission und Gegenmission). Jedoch läßt sich das rhetorische Element narratio gerade auch für diese Situation vorzüglich verwenden. Im übrigen gilt überhaupt: die Regeln antiker Rhetorikbücher wurden im Alltag nicht sklavisch nachgeahmt. Es bestand vielmehr Freiheit, Redeformen und Redeelemente auch außerhalb des schulmäßigen Falles zu verwenden.

Ist man einmal auf die breit ausgestaltete narratio aufmerksam geworden, macht es Sinn, nach weiteren Grundelementen einer Gerichtsrede im Gal zu suchen. Jedenfalls kann man 3,1–5,12 recht gut als doppelt angelegte probatio oder argumentatio (argumentative Bewährung des Standpunktes) verstehen. Sicherlich, die unmittelbare Polemik gegen die Gegner tritt zurück. Aber das Arrangement der Themen ist von der gegnerischen Theologie bestimmt. Paulus will die Gemeinde überzeugen, daß seine Evangeliumsauffassung im Recht ist, nicht die der Gegner. Nur so kann er sie wieder für sich gewinnen.

Paulus läßt im folgenden die Zurückweisung der gegnerischen Begründung (refutatio) aus. Einmal hat er sie indirekt in 3,1–5,12 schon verhandelt. Zum anderen kann es offenbar mit Personen, die man verflucht, kein Gespräch mehr geben. Darum folgt für Paulus unmittelbar der paränetische Abschnitt 5,13–6,10. Er thematisiert die Verbindlichkeit der Lebensführung in der Freiheit des Evangeliums. Die Gesetzesfreiheit ist also doch nicht nur eine menschliche Ermäßigung gegenüber dem göttlichen Willen der Tora, wie die Gegner urteilten. Vor allem aber will die Paränese der Gemeinde die Perspektive eröffnen, wie sie ohne Gesetz im paulinischen Sinn ihr Leben gestalten soll. Insofern kann man den Abschnitt der Zielsetzung nach mit einer die Gemeinschaft beratenden Rede (symbuleutische Rede) vergleichen.

Allerdings endet der Brief nicht mit solchem „Rat“, sondern greift noch einmal in großem Bogen auf 1,6–9; 5,1–12 zurück (6,11–17). Die polemische Konkurrenzsituation wird noch einmal überdeutlich. Der angegriffene Paulus schlägt hart zurück. Die Gegner werden kompromißlos verbal vernichtet und der Gemeinde abschließend der bedingte Segen zugesprochen. Dies läßt es nicht ratsam sein, den Gesamtcharakter des Briefes der Beratungsrede zuzuordnen. Bei aller freien paulinischen Variation steht die Gerichtsrede dem Brief näher.

3. Für das Verständnis des Briefes von hoher Bedeutung ist die Beurteilung der *Fremdmissionare.* Sind sie doch der aktuelle Anlaß, warum Paulus den Brief schreibt. Darum prägt auch diese Auseinandersetzung den ganzen Brief. Seit Marcion wird mit mancher Variation im einzelnen die These vertreten, die Gegner seien Judaisten, d. h. besonders konsequente Judenchristen, die dem Heidenchristentum keine eigene theologische Berechtigung zuerkennen. Das Basisargument für diese These ist die paulinische Polemik gegen die Beschneidungsforderung, wie sie die Fremdmissionare gegenüber den Völkerchristen Galatiens erheben (5,12; 6,12 f.). Dieser eindeutige Hinweis des Gal selbst ist in der Tat ein so starkes Argument, daß die Judaistenthese bis heute mit Recht die meisten Anhänger gefunden hat.

Die neuere Diskussion um weitere Möglichkeiten, die polemische Situation einzuordnen, hat dann W. Lütgert eröffnet. Nach ihm kämpft Paulus gegen eine Doppelfront, nämlich gegen Judaisten, wenn er zum Gesetzesverständnis Stellung bezieht, und gegen Libertinisten, sofern er das Geistthema anschneidet. Aber eine Doppelfront läßt sich aus dem Gal nicht begründen, denn Galater und Gegner erscheinen im Brief durchweg als je einheitliche Größe. Doch kann man vielleicht die Libertinistenthese so auswerten, daß Paulus einheitlich gegen jüdische Gnostiker kämpft? Das möchte jedenfalls W. Schmithals beweisen. Aber ganz abgesehen davon, ob zu dieser Zeit in Galatien schon gnostische Strömungen angenommen werden können, ist die Achillesferse dieser Annahme die Notwendigkeit, dann die Beschneidungsforderung symbolisch oder magisch deuten zu müssen. Doch die jüdischheilsgeschichtliche Ursprungsdeutung ist nicht nur als christliche Forderung gegenüber Heidenchristen in Apg 15,1.5 gut belegt, sondern harmoniert auch vorzüglich mit den Ausführungen zum Gesetz im Gal. Aber sind die Gegner überhaupt Christen und nicht vielmehr Juden (vgl. Mt 23,15), wie N. Walter begründen möchte? Nun läßt sich mit dieser Annahme zwar die Gesetzes- und Beschneidungsthematik gut verstehen, aber nicht Stellen wie Gal 1,6 f. oder 3,26–4,7 usw., an denen Paulus voraussetzt, daß die Galater zu einer anderen Variante des Christentums, also zum synagogal gebundenen Judenchristentum, nicht aber zum Judentum ohne christliche Komponente überredet werden. Weiter gibt es Stimmen, wie die von J. S. Vos, die von literaturwissenschaftlicher Methodik her bezweifeln, man könne, abgesehen von der nackten Beschneidungsforderung, überhaupt die Gegner ohne willkürliche Hypothetik näher beschreiben. Der Brief müsse darum konsequent nur aus sich selbst heraus erklärt werden unter Absehung von der Gegnerfrage. Doch bleibt dabei unbefriedigend, daß zu viele Stellen im Gal dann nur rhetorisch-formal erklärt werden können und somit geschichtliche Situation und Brief künstlich getrennt werden. Endlich vertritt C. Breytenbach die These, beim galatischen Streit handle es sich nicht um Fremdmission, sondern um ein örtliches Problem zwischen synagogal eingebundenen Judenchristen in Galatien und völkerchristlichen Gemeinden neben den Synagogen. Da es bis auf Mt 23,15 keine Belege für Wandermissionare zur Proselytenwerbung gäbe, müsse von einem solchen örtlichen Streit ausgegangen werden. Aber die Judaisten stammen, wie gleich näher zu zeigen ist, doch aus Jerusalem/Judäa, da so die Gal 6,12f. erwähnte Verfolgung am besten zu deuten ist. Die Analogie für ihr Auftreten besteht dann in den Delegationsbesuchen zwischen christlichen Gemeinden wie beispielsweise zwischen Jerusalem und Antiochia. Man darf doch wohl auch auf Philippi verweisen: In dieser Stadt gibt es keine Synagoge, wohl aber einen analogen Streit (Phil 3).

Also ist die verbreitete Judaistenthese nach wie vor die ansprechendste Position. Innerhalb ihrer gibt es Variationen: Sind die Missionare synkretistisch beeinflußt? Kann darauf z.B. die Elementelehre hinweisen (Gal 4,8–10)? Darf man annehmen, daß die Judaisten dann wegen ihrer hellenistischen Komponente aus der Diaspora kommen, also nicht in Jerusalem ihren Ausgang nahmen? Aber diese Fragestellung trägt eine doch wohl falsche Optik an die Problemlage heran. Seit der Entstehung der Diadochenreiche unterliegt das Judentum überall mehr oder weniger synkretistischen Einflüssen. Es gibt im Frühjudentum dieser Zeit überhaupt eine große Variationsbreite, in keinem Fall eine „Normaldogmatik". So lange die Autorität des Gesetzes nicht in Zweifel stand, konnte man unbehelligt auch Besonderheiten vertreten. Stammen die Judaisten also doch aus Judäa? Das ist möglich, ja sogar die sinnvollste Vermutung. Soll nämlich die Beschneidung vor Verfolgung bewahren (6,12f.), dann ist solche Situation am besten in Jerusalem und Judäa vorzustellen (vgl. als Analogie Apg 7,54–58; 12,1f.; 1.Thess 2,14; Röm 15,31f. Gal 2,12; Josephus, Altertümer 20,200). Sind die Judaisten vielleicht ehemalige Heidenchristen, die sich nachträglich beschneiden ließen und nun solches „Konvertitentum" besonders forsch vertreten? Eine solche These stützt sich auf eine Auslegung von 5,13, die alles andere als zwingend und deren Textbasis zu schmal ist. Darf man aus 5,13ff. vermuten, daß die Gegner darum in Galatien willkommen waren, weil der anfängliche Enthusiasmus mit dem „Fleisch", also mit dem Hang zum ungezügelten Leben, in Kollision geriet und die Gesetzesprediger dafür ein gutes Heilmittel anboten, nämlich das Halten der Tora? Doch diese situative Deutung scheitert am Charakter der Mahnung in 5,13ff. Sie will mit Hilfe allgemeiner und typischer Mahnung einen christlichen Wandel unter dem Geist, nach dem Christen im paulinischen Sinn nicht mehr unter dem Gesetz stehen, in Gestalt einer verbindlichen Lebensführung beschreiben, um der grundsätzlichen Unterstellung zu begegnen, ohne Tora gäbe es nur verwerfliches Lastertum. Jedoch kennt die Mahnung keine aktuelle Zügellosigkeit galatischer Christen als situative Vorbedingung. Warum die Galater den Judaisten zuneigten, ist unbekannt, weil Paulus den Sinneswandel der Galater nur polemisch aburteilt, ohne nach Motiven zu fragen (z.B. 1,6; 3,1; 4,9.11.21). Diese wären auch eher in der Überzeugungskraft der judaistischen Theologie zu suchen, wie sie in der Ausführung nach 5,12 beschrieben wird. Dann könnte man etwa so sagen: Die Galater sind dabei, sich davon überzeugen zu lassen, daß das paulinische Evangelium minderwertig ist, weil es angeblich eine nur menschliche

Sondermeinung darstellt, die im Widerspruch zum maßgeblichen Ursprung
des Christentums steht.

4. Die Bestimmung der *Adressaten* des Briefes hat in der Forschung zu einer
klassischen Alternativlösung geführt. Klar ist: Paulus schreibt an mehrere
Hausgemeinden, die in zumindest mäßiger Nähe zueinander leben, (überwiegend) von Kelten abstammen (1,2; 3,1: Galater = Kelten) und jetzt hellenisiert
sind (der Gal redet die Adressaten griechisch an). Wo soll man sie suchen?
Die einen verweisen auf die Landschaft Galatien, also auf die Gegend der drei
Städte Pessinus, Ankyra (= Ankara) und Tavium, die anderen auf die römische Provinz Galatia, die 25 v. Chr. entstand. Zu ihr gehörten außer dem galatischen Land auch Pisidien, Isaurien, Lykaonien, Pamphylien und Teile von
Phrygien, also in etwa das Gebiet, das sich der letzte Galaterkönig Amyntas
angeeignet hatte und das Kaiser Augustus nach dessen Tod Rom unterwarf.
    Wer die südgalatische oder Provinzhypothese vertritt, kann Apg 13f. her-
anziehen und die galatischen Gemeinden auf der sog. ersten Missionsreise gegründet sein lassen. Wenn er in Gal 4,13 zwei Besuche des Apostels in Galati-
en angedeutet findet, kann ein zweiter Besuch mit Apg 16,6 identifiziert werden. Diese Annahmen ermöglichen dann (aber zwingen nicht), den Gal früh
zu datieren, ja als ersten Paulusbrief zu bestimmen. Wer für die nordgalati-
sche oder Landschaftshypothese plädiert, muß – bei Kombination mit der
Apg – die Anfänge der galatischen Gemeinden auf die sog. zweite Missionsreise (Apg 16,1–8) legen. Er kann dann in Apg 18,23 ff. einen zweiten Besuch
unterbringen, wird jedoch den Brief zum Spätbrief erklären müssen und ihn
nahe beim Römerbrief ansiedeln.
    Beide Möglichkeiten sind für das Verständnis der paulinischen Theologie
von Bedeutung: Im ersten Fall wäre der Gal ein Frühzeuge paulinischer Recht-
fertigungssprache und eine entwicklungsgeschichtliche Deutung der Theologie des Apostels kaum möglich. Bei der zweiten Annahme stünden Gal und
Röm als Zeugen der Rechtfertigungsbotschaft am Ende der paulinischen
Wirksamkeit und eröffneten die Möglichkeit zur These, die Theologie des
Paulus habe sich dorthin entwickelt.
    Ein Entscheid in dieser Angelegenheit wird zu erwägen haben, ob man
überhaupt Paulus und die Apg so kombinieren soll. Es gibt genügend Hinweise dafür, daß die sicheren paulinischen Daten und die erzählte Welt der
Apg schwerlich immer vereinbar sind. Die Reisetätigkeit des Apostels nach 1.
und 2. Kor können eben nicht einfach mit Apg 18–20 zur Deckung gebracht
werden. So ist gerade auch die Reiseroute nach Apg 18,18–23 für sehr viele
Forscher mit Recht ein Konstrukt. Was Paulus Gal 1f. mitteilt, ist gleichfalls
oft etwas Anderes, als die Apg erzählt. Auch auf Gal 4,13 ist nicht ganz sicher
zu bauen: Paulus will wahrscheinlich sagen, er sei zweimal in Galatien gewesen, jedoch könnte der Text auch nur von einem Besuch reden. Probeweise ist
es aber dennoch einen Versuch wert, Apg und Gal untereinander in Beziehung zu bringen. Allerdings taucht dann ein weiteres Hindernis auf: Apg
16,6; 18,23 entbehren der Eindeutigkeit, kann man doch beide Stellen für die

nord- oder südgalatische Hypothese benutzen. Es ist nämlich für die vorrangig zu deutende erzählte Welt des Lukas unklar, wieweit in ihr eine geographisch korrekte Anschauung zur Geltung kommt. Man wird jedenfalls die erzählte Welt und die geographische Wirklichkeit nicht wie selbstverständlich in eins sehen dürfen. Man müßte zudem zur Kenntnis nehmen, daß der lukanische Paulus nach beiden Stellen nur durch das galatische Land (wie immer geographisch gedeutet) „zieht", nicht aber, wie für die Kombination mit dem Gal erwünscht, missioniert und Gemeinden gründet.

Auch das Inschriftenmaterial (dazu Breytenbach) ist nicht so eindeutig, wie man es sich wünscht: Kelten hat es wohl seit Amyntas in seinem gesamten Herrschaftsgebiet gegeben. Spuren christlicher Gemeinden finden sich jedoch bisher für die Frühzeit des Christentums im Süden der Provinz Galatia (ab 2. Jahrhundert n. Chr.), nicht im Norden. Da man damit rechnen muß, daß Spuren christlicher Gemeinden verwehen oder Gemeinden zu existieren aufhören können, kann dies allein kein Grund sein, sich für die südgalatische Hypothese zu entscheiden. Auch der Hinweis, daß nur an den römischen Straßen im Süden der Provinz jüdische Siedler nachgewiesen sind (Breytenbach), ist nur hilfreich, wenn man den galatischen Streit um die Beschneidung als örtliche Querele deutet. Wer jedoch hinter den paulinischen Gegnern judäische Christen sieht, die die christlichen Gemeinden Galatiens besuchen, bedarf für seine Deutung der Lage nicht einer synagogalen Präsenz z. B. in Pessinus. Besuche von Gemeinde zu Gemeinde sind nicht nur für die Gemeinden Jerusalems und Antiochias gang und gäbe. In diese Gepflogenheit paßt sich die Reise der Judaisten gut ein.

Wie ist also zu entscheiden? Wer die südgalatische Hypothese vertritt, also die galatischen Gemeinden auf der Reise Apg 13 f. entstanden sein läßt, muß erklären, warum Paulus davon in Gal 1 f. nichts erwähnt. Durften die Galater, um die Paulus erneut warb, nicht erwarten, daß ihre Erstmission für diesen Fall etwa in Gal 1,21 direkt (etwa: kam ich auch zu euch) genannt wird, zumal Paulus in 3,1 ff; 4,12 ff. dann darauf eingeht? Kann Paulus weiter an diesen Stellen, falls diese Angaben zeitlich mit Apg 13 f. zusammenfallen, nur von sich reden und von Barnabas ganz schweigen, der doch nach Apg 13,1–3.7; 14,12 zunächst sogar den Vorrang auf der Reise hatte? Zumindest darf doch wohl auch auf die Beobachtung hingewiesen werden, daß Paulus sonst im Gal (1,17.21 f; 4,25) nur Landschaftsbezeichnungen wählt. Sollte er davon Gal 1,2 („an die Gemeinden Galatiens") abweichen, wie es die südgalatische Hypothese erfordert? Paulus gibt aus Ephesus (1. Kor 16,8) den Korinthern die Kollekte für Jerusalem im abgelegenen Galatien als Vorbild an (1. Kor 16,1). Warum ausgerechnet die galatische und nicht z. B. eine ephesische? Die nächstliegende Annahme ist die, daß er diese gerade bei den Galatern geregelt hat. Also war er eingangs seiner ephesischen Zeit bei den Galatern. Diesen Besuch wird man vor die Versendung des Gal legen müssen, ja man kann ihn am besten mit einem zweiten Besuch im Sinne von Gal 4,13 identifizieren. Für eine Kollekte kann man jedenfalls nur bei gutem Einvernehmen mit einer Gemeinde werben. Das ist aber seit der Ankunft der Judaisten in Galatien nicht mehr möglich. Also ist der Gal geschrieben, als Paulus zumindest schon eine längere Zeit in Ephesus weilte. Nun erwähnt Paulus auch Gal 2,10 die Kollekte, und zwar so problemlos, daß die Annahme naheliegt, sie war sogar längst abgeschlossen, als die Judaisten in Galatien eintrafen. Das verschiebt die Versendung des Gal ans Ende des ephesischen Aufenthalts oder an den Beginn der Kollektenreise, also etwa auf 55/56 n. Chr. Zur Landschaftshypothese und Spätdatierung des Gal passen also wohl doch die noch erkennbaren Indizien und Signale der Texte am besten.

Nicht der geringste Vorteil dieser Annahme ist es nun, daß die zeitliche Nähe zu der analogen Gegnerpolemik in Phil 3 gesichert ist und daß die theologischen Konvergenzen zum Röm ebenfalls eine zeitlich enge Beziehung erhalten. Wer so Gal, Phil 3 und Röm zusammen sieht, hat die Möglichkeit zu erproben, ob und in welcher Weise die paulinische Theologie auch Wandlungen enthält und demzufolge in der Rechtfertigungsbotschaft ihre letzte Ausprägung bekommt.

Neuerdings ist die These aufgestellt worden, der Gal sei nur fiktiv an die Galater adressiert. Er sei ein Kunstprodukt, das den Röm und die korinthische Korrespondenz systematisierend zusammenfasse und gemeinsam mit diesen Briefen als Sammlung nach Ephesus geschickt wurde (F. Vouga). Aber warum werden dann als Fiktion gerade die abgelegenen Galater gewählt (Gal 3,1) und nicht direkt die Epheser angeredet? Die Annahme hat im übrigen Gal 4,12–20 gegen sich: Die hier angedeutete konkrete Gemeindegeschichte läßt sich nicht nur typisiert deuten.

5. Die *Bedeutung* des Gal kann unter mehreren Gesichtspunkten bedacht werden. Gal 1–2 sind für die Erforschung der Geschichte des Urchristentums von grundlegender Relevanz und zugleich ein unentbehrlicher Prüfstein, um die Angaben der Apg zu kontrollieren. Auch wüßten wir von den galatischen Gemeinden schlechterdings nichts Konkretes ohne diesen Brief. Für die Darstellung der paulinischen Theologie gebührt dem Brief ebenfalls eine hohe Beachtung, weil er nicht zu Unrecht der „kleine Römerbrief" genannt wird. Die Ausführungen zur Rechtfertigung des Menschen ohne des Gesetzes Werke allein aufgrund des Glaubens an Jesus Christus sind nur noch im Römerbrief ähnlich intensiv und weit ausholend anzutreffen, freilich hier – anders als im Galaterbrief – verbunden mit einer ausführlich entfalteten anthropologischen Begrifflichkeit und einigen anderen Differenzierungen. In der Kirchengeschichte stand der Brief an die Galater immer leicht im Schatten des Römerbriefes. Doch überall dort, wo man das gesetzesfreie Evangelium zur theologischen Mitte erhob, stand der Brief hoch im Kurs. Im gegenwärtigen Streit um die Auslegung der Rechtfertigung und Kreuzestheologie wird man gut beraten sein, wenn man Ausformung und Konsequenzen derselben gerade auch gesondert am Galaterbrief überdenkt.

Wissenschaftliche Kommentare: H. D. Betz, Der Galaterbrief, 1988; H. Lietzmann, An die Galater (HNT 10). Mit einem Literaturnachtrag von Ph. Vielhauer, [4]1971; F. Mußner, Der Galaterbrief (HThK IX) [5]1988; J. Rohde, Der Brief des Paulus an die Galater (ThHK IX) 1989; H. Schlier, Der Brief an die Galater (KEK) [6]1989.

Allgemeinverständliche Auslegungen: U. Borse, Der Brief an die Galater (RNT 9) 1984; G. Dehn, Gesetz oder Evangelium? Eine Einführung in den Galaterbrief, [3]1938; G. Ebeling, Die Wahrheit des Evangeliums, 1981; O. Kuss, Die Briefe an die Römer, Korinther, Galater (RNT 6) [2]1955; D. Lührmann, Der Brief an die Galater (ZBK 7) [2]1988.

Ausgewählte wichtige Abhandlungen und Aufsätze: M. Bachmann, Sünder oder Übertreter, 1992; J. Becker, Paulus. Der Apostel der Völker, [2]1992; H. D. Betz, Paulinische Studien. Gesammelte Aufsätze III, 1994; J. Blank, Studien zur biblischen Theologie (SBA 13) 1992, S. 229ff.; G. Bornkamm, Paulus (Urban Bücher 119) [7]1993; V. Borse, Der Standort des Galaterbriefes (BBB 41) 1972; E. Brandenburger, Pistis und Soteria, in: ZThK 85 (1988) S. 165ff.; C. Breytenbach, Paulus und Barnabas in der Provinz Galatien (AGSU 38) 1996; R. Bultmann, Exegetica, 1967, S. 394ff.; H. Conzelmann, Geschichte des Urchristentums (GNT 5) [6]1989; A. Dauer, Paulus und die christliche Gemeinde im syrischen Antiochia (BBB 106) 1996; J. D. M. Dunn, Jesus, Paul and the Law, 1990; J. Eckert, Die urchristliche Verkündigung im Streit zwischen Paulus und seinen Gegnern nach dem Galaterbrief (MUS 6) 1971; H. J. Eckstein, Verheißung und Gesetz (WMANT 86) 1996; J. A. Fitzmyer, To Advance the Gospel, 1981; J. Friedrich – W. Pöhlmann – P. Stuhlmacher (Hrsg.), Rechtfertigung (FS E. Käsemann) 1976; E. Güttgemanns, Der leidende Apostel und sein Herr (FRLANT 90) 1966, S. 170ff.; F. Hahn, Das Gesetzesverständnis im Römer- und Galaterbrief, in: ZNW 67 (1976) S. 29ff.; U. Heckel, Der Dorn im Fleisch, in: ZNW 84 (1993) S. 65ff.; H. Hübner, Biblische Theologie des Neuen Testaments 2, 1993; Ders., Das ganze Gesetz und das eine Gesetz, in: KuD 21 (1975) S. 135ff.; Ders., Das Gesetz bei Paulus (FRLANT 119) [3]1982; V. Jegher-Buchler, Der Galaterbrief auf dem Hintergrund antiker Epistolographie und Rhetorik (AThANT 78) 1991; R. Jewett, The Agitators and the Galatian Congregation, in: NTS 17 (1970/71) S. 198ff.; E. Käsemann, Paulinische Perspektiven, [3]1993; K. Kertelge, Grundthemen paulinischer Theologie, 1991; G. Klein, Rekonstruktion und Interpretation (BEvTh 50) 1969, S. 99ff.; 145ff.; 180ff.; 225ff.; D.-A. Koch, Die Schrift als Zeuge des Evangeliums (BHTh 69) 1986; H. W. Kuhn, Die drei wichtigsten Qumranparallelen zum Galaterbrief, in: R. Bartelmus u. a. (Hrsg.), Konsequente Traditionsgeschichte (FS K. Baltzer) 1993, S. 227ff.; J. Lambrecht (Hrsg.), The Truth of the Gospel (Monographic Series of „Benedictina" 12) 1993; K. Löning, Die Saulustradition in der Apostelgeschichte (NTA 9) 1973; I. Lönning, Paulus und Petrus, in: StTh 24 (1970) S. 1ff.; G. Lüdemann, Paulus, der Heidenapostel I (FRLANT 123) 1980; W. Lütgert, Gesetz und Geist (BFChTh 22,6), 1919; U. Mell, Neue Schöpfung (BZNW 56) 1989; O. Merk, Handeln aus Glauben (MThSt 5) 1968 S. 66ff.; Ders., Der Beginn der Paränese im Galaterbrief, in: ZNW 60 (1969) S. 83ff.; Ders., Paulus-Forschung 1936–1985 (ThR 53) 1988, S. 1ff.; J. P. O'Neill, The Recovery of Paul's Letter to the Galatians, 1972; H. Paulsen, Einheit und Freiheit der Söhne Gottes – Gal 3,26–29, in: ZNW 71 (1980) S. 74ff.; Ders.: Zur Literatur und Geschichte des frühen Christentums (Hrsg. V. E. Eisen) WUNT 99, 1997, S. 21ff.; D. Rusam, Neue Belege zu stoicheia tou kosmou (Gal 4,3.9; Kol 2,8.20), in: ZNW 83 (1992) S. 119ff.; E. P. Sanders, Paulus und das palästinische Judentum (StUNT 17) 1985; Ders., Paul 1991; D. Sänger, Die Verkündigung des Gekreuzigten und Israel (WUNT 75) 1994; Ders., „Verflucht ist jeder, der am Holze hängt" (Gal 3,13b), in: ZNW 85 (1994) S. 279ff.; K. H. Schelkle, Paulus: Leben – Briefe – Theologie (EdF 152) [2]1988; W. Schmithals, Paulus und die Gnostiker (ThF 35) 1965, S. 9ff.; U. Schnelle, Gerechtigkeit und Christusgegenwart (GTA 24) [2]1986; J. Schoon-Janßen, Umstrittene „Apologien" in den Paulusbriefen (GTA 45) 1991; W. Schrage, Ethik des Neuen Testaments (GNT 4) [5]1989; E. Schweizer, Beiträge zur Theologie des Neuen Testaments, 1970, S. 147ff.; T. Söding, Die Gegner des Apostels Paulus in Galatien, in: MThZ 42 (1991) S. 305ff.; P. Stuhlmacher, Das paulinische Evangelium I (FRLANT 95) 1968, S. 63ff.; A. Suhl, Der Galaterbrief – Situation und Argumentation, in: ANRW II 25.4 (1987) 3067ff.; S. Vollenweider, Freiheit als neue Schöpfung (FRLANT 147) 1989; F. Vouga, Der Galaterbrief: Kein Brief an die Galater? in: K. Backhaus – F. G. Untergaßmair (Hrsg.), Schrift und Tradition (FS J. Ernst) 1996, 243ff.; A. Wechsler, Geschichtsbild und Apostelstreit (BZNW 62) 1991; U. Wilckens – J. Blank, Was heißt bei Paulus: „Aus Werken des Gesetzes wird kein Mensch gerecht"?, in: EKK (Vorarbeiten 1) 1969, S. 51ff.; 79ff.; U. Wilckens, Rechtfertigung als Freiheit, 1974.

Eingangsgruß 1,1–5

1 **Paulus, Apostel nicht von Menschen noch durch einen Menschen, sondern durch Jesus Christus und durch Gott, den Vater, der ihn von den
Toten auferweckt hat,   2 und alle seine Brüder, die bei mir sind, den Gemeinden Galatiens.**

   3 **Gnade (sei) euch (zuteil) und Friede von Gott, unserem Vater, und (von)
dem Herrn Jesus Christus,   4 der sich für unsere Sünden gab, damit er
uns aus der gegenwärtigen bösen Weltzeit herausreiße nach dem Willen
Gottes und unseres Vaters,   5 dem die Ehre (sei) in alle Ewigkeit; amen.**

Die Struktur des Eingangsgrußes ist bei allen Paulusbriefen sehr ähnlich. Im
Unterschied zum durchschnittlichen griechischen Briefeingang, der in der Regel
aus einem unpersönlichen knappen Satz besteht (Apg 15,23; 23,26; Jak 1,1),
wählt Paulus den hellenistisch-orientalischen Stil, der zweiteilig ist. Er beginnt
mit einem Satz, der Absender und Mitabsender sowie Adressaten im unpersönlichen Stil benennt, um in einem zweiten persönlich formulierten Satz der Gemeinde einen Segensgruß zuzusprechen. Diese Grundstruktur wird von Paulus gerne erweitert. Das geschieht in 1.Thess 1,1 am wenigsten und in Röm
1,1–7 am umfangreichsten. Die Auffüllungen erweisen sich durchweg als erste
Hinweise auf die Situation und den Inhalt der Briefe.

1 f. Sieht man von dem an eine Einzelperson gerichteten Philemonbrief ab, so
weisen bis auf die begründete Ausnahme des Römerbriefes alle Briefe Mit-
absenderangaben auf. Dazu paßt V. 2. Allerdings nennt Paulus sonst Namen
wie Sosthenes, Timotheus oder Silvanus. Nirgends sonst formuliert er so allgemein wie in V. 2. Grüße von Geschwistern richtet er sonst gerne am Schluß
der Briefe aus (1.Kor 16,20; 2.Kor 13,12; Phil 4,22). Da am Schluß des Galaterbriefes eine Grußliste fehlt, kann man vermuten, Paulus reduziere den
Kontakt zwischen seinen sonstigen Gemeinden und den Galatern auf ein for-
males Minimum, weil die Galater nahe daran sind, nicht mehr zu seinen Gemeinden zu zählen (1,6).
    Fast immer begegnet im Briefkopf bei Paulus der Aposteltitel. So auch in 1,1.
Die Galater mögen sich – ganz im Sinne des Paulus (1.Kor 9,2) – dabei an die
von Paulus später auch selbst erwähnten Ereignisse ihrer Erstmission erinnern (4,13–15). Sie werden natürlich ebenso daran denken, daß der Apostel
mit seinem bei ihnen jetzt umstrittenen Evangelium zum Streitfall geworden
ist. Paulus selbst wird in 1,10–2,21 und abschließend in 6,17 seinen Beitrag
zum Thema leisten. Im übrigen wird der Aposteltitel in den Briefeingängen
stets näher bestimmt. So geschieht es auch in 1,1, wobei aber nur hier eine ab-
grenzende Verneinung dabeisteht. Dabei kann die Verneinung des Gegenteils

der rein rhetorischen Steigerung der positiven Aussage dienen (vgl. Mt 16,17; Röm 2,29; 1.Kor 14,2). Doch kann sie natürlich auch polemischen Klang besitzen. Da man ein bloßes Stilmittel sicherlich nicht gleich ein paar Mal – und dies mit recht konkreter Konnotation – anwendet (1,7f.10f.12.16f.), ist der Analogieschluß auf rhetorischen Gebrauch in 1,1 nicht überzeugend. Die konkreten Abgrenzungen in 1,10–24 legen vielmehr eine apologetische Deutung nahe.

Also war in Galatien das paulinische Apostelamt angegriffen. Dies erinnert zunächst an Korinth (2.Kor 11–13). Doch ging es in Korinth um apostolische Rechte, besonders geistliche Fähigkeiten und Redegewandtheit, so ist davon im Galaterbrief nichts zu erkennen. Hier beherrscht vielmehr eine sachliche Alternative das Feld, nämlich die inhaltliche Bestimmung des paulinischen Evangeliums. Nur weil Paulus apostolischer Vertreter dieses Evangeliums für die unbeschnittenen Völker ist, ist er auch als Apostel gefordert (4,16). Weil sein Evangelium nicht unter die Tora führt, macht es – so lautet der Vorwurf – Christus zum Diener der Sünde (2,17). Also kann auch nach Meinung der Gegner sein Apostolat nur „menschlich" sein (Näheres zu 1,10–24). Angesichts dieser Gesprächslage führt Paulus die Diskussion auch vornehmlich am Begriff des Evangeliums (vgl. 1,1 mit 1,11).

Paulus nennt sich positiv „Apostel … durch Jesus Christus und durch Gott, den Vater, der ihn von den Toten auferweckt hat". In 1,15f. wird er dies aufgreifen, um seine Berufung als unmittelbare Erwählung und Beauftragung Gottes herauszustellen, so daß sein in Galatien umstrittenes heidenchristliches Evangelium unter letztgültiger Autorität steht. Wenn Gott dabei so gekennzeichnet ist, daß er Jesus von den Toten auferweckt hat, dann greift Paulus damit auf das wohl älteste urchristliche Bekenntnis zurück (vgl. Röm 8,11; 10,9; 1.Thess 1,10 u.ö.). Diese Auferweckung Jesu kennzeichnet Gott nach urchristlicher Auffassung so ausschließlich und endgültig, daß auf diese Weise nicht nur das israelitische Gottesverständnis verchristlicht ist, sondern nun Gottes Wesen als sein Erretten aus Tod und Verlorenheit ein für alle Mal festgelegt ist. Zugleich werden für Paulus aber auch Welt und Geschichte neu bestimmt: Weil mit Christi Auferstehung für die gesamte Schöpfung die Endzeit beginnt (1.Kor 15,20ff.), gibt es die Unterscheidung von vergehender Welt und endzeitlicher Christuszugehörigkeit. Auf dieses alles neu qualifizierende Verständnis wird Paulus immer wieder zu sprechen kommen, sofort in 1,4 und dann etwa in 2,19f.; 3,25; 4,4f.; 5,1f.; 6,16f. Von diesem Verständnis her wird er gerade auch das Gesetz neu qualifizieren (3,19ff.), was den energischen Widerspruch seiner Gegner herausfordert.

Die Auferstehungsbotschaft ist in Galatien im Unterschied zu Korinth (1.Kor 15) als solche offenkundig nicht strittig gewesen. Paulus sieht sich nirgends genötigt, sie im Brief eigens zu entfalten. Wenn jedoch das paulinische Evangelium, in dessen Zentrum Kreuz und Auferstehung Christi stehen, umkämpft ist, dann werden die Judaisten wohl andere Schlüsse aus dem Geschick Jesu Christi gezogen haben. Anstelle der mit ihr gesetzten Unterscheidung von alt und neu (so Paulus) werden sie auf Kontinuität gesetzt haben:

Der auferstandene Christus ist dann etwa nur eine vorweggenommene Ausnahme. Geschichte und Tora bestehen bis ans Ende der Welt in alter Weise fort (vgl. Mt 5,17–19). Für Paulus hingegen ist Christi Auferstehung nicht nur vorweggenommener Sonderfall, sondern „endzeitgemäß" (4,4). Was vorher war – einschließlich des Gesetzes – ist „veraltet".

3f.   Der zweite Teil des Briefeingangs (V.3) ist immer ein persönlich formulierter Segenswunsch. Er ist bei Paulus sonst kurz und lautet meistens gleich: Gnade sei mit euch und Friede von Gott, unserem Vater, und dem Herrn Jesus Christus. Die Aussage klingt formelhaft, ist gemeinchristlich und durch entsprechende Reihungen in jüdischen Segenswünschen vorbereitet (z.B. syrBar 78,2f.; Esth 9,30). Allerdings erhält sie bei Paulus einen tieferen Sinn: Wenn anders für den Apostel im Evangelium, dessen Verkündiger er ist, die Segensverheißung an Abraham endzeitlich eingelöst wird (3,8f.29), dann spricht der Apostel mit 1,3 der Gemeinde das endzeitliche im Evangelium gegenwärtige Heil zu. Er wird dies am Briefende wiederholen (6,16), allerdings mit der Bedingung, daß nur der, der unter dem Evangelium bleibt, des Segens teilhaftig wird. Warum gestaltet Paulus nur im Galaterbrief den Segensgruß so stark aus? Er will offenbar durch eine weitere urchristliche Bekenntnisaussage Christi Heilstod für uns („der sich für unsere Sünden dahingegeben hat", vgl. Röm 5,6.8; 14,15; 1.Kor 8,11; 15,3 u.ö.) und die dadurch erfolgte Herausnahme der Christen aus dem gegenwärtigen Äon anklingen lassen, um so den Hauptinhalt seines Briefes anzugeben: Das „für uns" ist Basis der paulinischen Rechtfertigungsbotschaft (2,15–21; 3,13f.; 4,5f.; 5,1f.). Zugleich klingt V.4b indirekt die paulinische Stellung in dem anstehenden Streitfall an: Für ihn folgt aus dem „für uns" die Freiheit vom Gesetz, das Teil dieser gegenwärtigen Weltzeit ist.

Dem Bekenntnis selbst werden die judaistischen Missionare zugestimmt, es aber wiederum anders als Paulus ausgelegt haben: Nach ihnen bringt Christus vermutlich nur die Vergebung einzelner Gesetzesübertretungen (vgl. den Plural in V.4; 1.Kor 15,3). Gerechtfertigt wird man, wenn man das Gesetz generell befolgt und Christus einzelne Gesetzesübertretungen vergibt (vgl. zu 2,17). Anders Paulus: Christus starb nicht für einzelne Sünden, wie das Bekenntnis – wohl ganz im Sinne der paulinischen Gegner! – lehrte, sondern bewirkt „neue Schöpfung" (6,15) und bringt den Geist (3,2). Beides kommt nicht „aus Gesetzeswerken" (2,16), sondern dadurch, daß man „der Welt" (6,14) und „dem Gesetz stirbt" (2,19). Jede Art von Rechtfertigung aus dem Gesetz bedeutet dagegen, daß Christus umsonst starb (2,21).

5   Paulus beendet den Briefeingang mit einem Lobpreis. Dieser steht im Urchristentum gern als Schlußformel von Hymnen oder Gebeten (z.B. Röm 11,36; Eph 3,21; 1.Tim 6,16) und in den Briefen als Abschluß eines Teiles (z.B. Hebr 13,21; 1.Petr 5,11), auch Offb 1,6 als Ende des Briefeingangs. Der Apostel benutzt ihn nur im Galaterbrief in diesem zuletzt genannten Sinn. Vielleicht soll dieser Lobpreis den nach dem Eingangsgruß zu erwartenden Dank ersetzen, dessen Platz 1,6–9 eingenommen haben: Da Paulus Gott nicht für die Gemeinde danken kann, preist er ihn für seine Heilstat in Christus.

1. Die Brieferöffnung: Der Tadel an die Gemeinde und der Fluch über die Gegner 1,6–9

6 Ich wundere mich, daß ihr so schnell von dem abfallt, der euch durch die Gnade Christi berufen hat, hin zu einem anderen Evangelium, **7** das es gar nicht gibt. Vielmehr gibt es nur gewisse Leute, die euch verwirren und das Evangelium Christi umzukehren trachten.

8 Aber selbst wenn wir oder ein Engel vom Himmel euch ein Evangelium brächten, gegensätzlich zu dem, was wir euch als Evangelium verkündigten, der sei anáthema (verflucht). **9** Wie wir früher gesagt haben, so sage ich euch jetzt noch einmal: Wenn euch jemand ein Evangelium bringt entgegen dem, was ihr empfangen habt, der sei anáthema (verflucht).

Mit dem zweigeteilten Abschnitt („aber" in V. 8 als Zäsur) kommt Paulus sofort zum Streitfall: Die Konkurrenzsituation, in die er durch die Fremdmissionare geraten ist, wird im paulinischen Sinn beurteilt. Dabei wird die Gemeinde ohne schonende Vorbereitung als erstes getadelt. „Ich wundere mich" ist als typische Einleitung einer hellenistischen Scheltrede bekannt. Der Tadel an die Gemeinde wird zum Einstieg zu einem den Brief durchziehenden Versuch, die Galater zurückzugewinnen. Nach diesem Eingangstadel wendet sich Paulus dann seinen Gegnern zu: Da es nur ein Evangelium gibt, kann die Verkündigung der Gegner kein Evangelium sein. Was sie dafür ausgeben, ist eine Verkehrung desselben. Wie sie es in der Gemeinde einbringen, beruht nicht auf Überzeugungsarbeit, sondern ist ein Verwirren. Weil sie der Sache und ihrem Tun nach Verkehrtes im Schilde führen, gilt ihnen – ohne daß sie hier oder sonst im ganzen Brief selbst angeredet werden – der Fluch.

Die rhetorische Strategie des Abschnitts ist offenkundig: Paulus will kompromißlos und ohne Umschweife, daß alle Brücken zwischen der Gemeinde und den Judaisten abgerissen werden und die Gemeinde möglichst geschlossen zur paulinischen Gründungspredigt zurückkehrt. So wird er es an Knotenpunkten des Briefes (2,15–21; 5,1–12) und am Ende (6,11–17) bekräftigen. Er läßt keinen Zweifel daran, daß nur seine Verkündigung heilsame Wahrheit ist, und gibt damit plakatartig zu verstehen, was er nun im einzelnen im Brief auszuführen gedenkt.

Nach antiker Rhetorik (vgl. die Einleitung unter 2.) erwartet man an dieser Stelle ein prooemium (oder exordium), das die Hörer wohlwollend einstimmt. Solche Funktion erfüllte eine bei Paulus sonst übliche Danksagung recht gut. Aber der Apostel ist so auf die für ihn prekäre Konkurrenzsituation fixiert, daß er unmittelbar zur Sache kommt.

Schon einmal, so führt er aus (1,9), hat er als Gemeindegründer (1,8; 3,1–5; 4,12ff.) seine galatischen Gemeinden in bezug auf das anstehende Problem unterwiesen. Wahrscheinlich hat er ihnen vom Jerusalemer Apostelkonvent erzählt (2,1ff.). Sie sollten darum dem Werben der Gegner gefestigter gegenübertreten. Daß sie sich dennoch so rapide und weit der Gegenmission geöffnet haben (1,6; 3,1–5; 4,9–11.17.20f.; 5,4; 6,17f.), sollte ihnen peinlich sein und

Anlaß zur Korrektur ihres Weges. Zu beachten ist, daß dieser harte Tadel nach dem Segen V.3ff. steht und nicht das letzte Wort ist (6,16). Rückverweise auf frühere Verkündigung ist für die paulinischen Gemeindebriefe typisch (z.B. 3,1–5; 1.Thess 1,4ff.; 1.Kor 15,1ff.). Der Apostel scheint dabei über die in seinem Urteil unerfreulichen Zustände in Galatien gut informiert zu sein, wohl durch eine Gesandtschaft von dort. Sie bleibt unerwähnt, damit es ihret-
7 wegen in Galatien nicht noch mehr Streit gibt. Paulus kennt die Gegner offenbar nicht persönlich (1,7). In das, was sie wollen, kann er sich jedoch aufgrund seiner Lebensgeschichte gut hineinversetzen (vgl. 1,13–16; 2,3–5). Da die Gegner Feinde des Beschlusses auf dem Jerusalemer Konvent sind, fühlt er sich auch in einer Position der Stärke. Weil sie hinter diesen Beschluß zurück wollen, kann es für ihn keine Verständigung geben. So steht auf seiner Seite der in die Gnade Christi berufende Gott. Sie aber sind nur „einige", die „Verwirrung stiften" (vgl. 3,1: „verhexen", 4,17: „auf nicht gute Weise eifern", bzw. auf der Gemeindeseite: „unvernünftig" sein). Hatten die Judaisten mit der Beurteilung, er sei nur „menschlich", nicht göttlich autorisiert, den Apostel angegriffen (vgl. zu 1,1), so zahlt Paulus es ihnen also mit gleicher Münze zurück. Ihr nur menschliches Unevangelium ist ein Unding, weil es Christi Heilswerk in der Gemeinde zerstört (2,21).

8f.   Das Evangelium, durch das Gott die Völker aus ihrem Unheilszustand heraus (3,13; 4,5f.) beruft (1.Thess 1,4–7; 2,1–12), führt in die Gnade Christi, das der Gegner läßt wieder daraus herausfallen (5,4). Also vollzieht der Fluch nur, was schon Tatbestand geworden ist, denn abseits von Christus gibt es für den Apostel nur Verlorenheit. Im ersten Fluchsatz erwägt Paulus den Eventualfall, er oder ein Engel könnten entgegen dem bisher von ihm vertretenen Evangelium verkündigen. Für diesen irrealen Fall vollzieht er die Selbstverfluchung und die Verfluchung des betreffenden Engels. So bekräftigt er seine unbeugsame Haltung. Darüber hinaus macht V.8 einsichtig, daß es gar nicht um Paulus geht, sondern um das Evangelium Christi: Jeden Erden- und Himmelsbewohner würde die Fluchandrohung im Falle der Evangeliumsverfälschung treffen. Nach dieser vorbereitenden Klarstellung folgt der nunmehr real und effektiv zu verstehende Fluch über die Irrlehrer. Dabei ist der Fluch eine Weise prophetischer Gerichtsansage (4.Mose 22–24; Jos, Ant 14,22ff.; 1.Kor 16,22). Versteckt folgt Paulus der üblichen zweiteiligen Androhung des Gerichts, nämlich der Abfolge von Anklage und Gerichtsankündigung (vgl. Mk 12,1–8.9; 1.Thess 2,15–16b.16c; Phil 3,18.19). Denn die Anklage ist mit dem Stichwort der Verkehrung des Evangeliums Christi (1,7) gegeben. Anstelle eines Fluches kann etwa auch der endzeitliche „Zorn Gottes" (1.Thess 2,16) aufgeboten werden oder das endgültige „Verderben" (Phil 3,19; Mk 12,9). Damit ist erkennbar, was der Fluch bewirkt, nämlich den Ausschluß vom Endheil. Der Fluch darf nicht als persönliche Rache des Apostels verstanden werden, sondern als mit göttlicher Autorität vollzogene Aufdeckung des Zustandes, in den sich die Gegner selbst hineinmanövrierten. Später wird Paulus den Fluch über die Gegner auch als Mahnung an die Gemeinde formulieren (5,4).

Anáthema: Die Grundbedeutung dieses griechischen Wortes ist: das (der Gottheit im Tempel) Hingestellte, das Weihegeschenk. Zu diesem positiven Sinn tritt der negative als Bedeutungserweiterung: das dem göttlichen Zorn Ausgelieferte, das Verfluchte. Während im Griechentum die negative Verwendung bisher nur durch eine Fluchtafel aus Megara (1./2. Jahrhundert n.Chr.) belegt ist, hat die griechische Übersetzung des Alten Testaments diese Bedeutung häufig (z.B. 5.Mose 7,26; Jos 6,17f.; 7,11f.). Die Belege des Urchristentums zeigen, daß nur Lk 21,5 von jüdischen Weihegeschenken spricht, im übrigen der negative Sprachgebrauch sich durchsetzt. Das Urchristentum kennt für den positiven Sinn keinen eigenen Sitz im Leben, denn es fehlt bei ihm die Sitte, Weihegeschenke aufzustellen.

Bei der Verfluchung kann man verschiedene Funktionsbereiche unterscheiden: 1. In Apg 23,12.14.21 hat sich eine jüdische Verschwörergruppe durch einen Flucheid gebunden; etwa so: „Wir wollen verflucht sein, wenn wir zu fasten aufhören, bis wir Paulus getötet haben." Damit stellen sich alle Glieder unter den Fluch Gottes (nicht einer irdischen Gerichtsbarkeit!): Gott möge jeden bestrafen, der das Vorhaben nicht einhält. Im Judentum war das zeitlich beschränkte Gelübde unter der verschärften Bedingung des Fluches eine übliche Praxis (vgl. z.B. äthHen 6,4f.). Aus dem Urchristentum sind keine vergleichbaren Eide bekannt. – 2. Eine andere Fluchsituation ist an Mk 14,71 ablesbar. Ein Beschuldigter (hier Petrus) unter dringendem Verdacht beschwört seine Unschuld und erhöht das Gewicht des Schwurs durch Selbstverfluchung. Auch hier ist der durch den Fluch eingesetzte Ahnder Gott. Solche Unschuldsbeteuerungen waren wiederum im Judentum gebräuchlich. Erneut kennt das Urchristentum dies nicht als Sitte in seiner Gemeinschaft. Dies mag auch mit dem Einfluß zusammenhängen, den die Tradition aus Mt 5,33–37; Jak 5,12 hatte. – 3. Eine ungewöhnliche Form der Selbstverfluchung begegnet Röm 9,3: Paulus möchte im Selbstopfer im Endgericht „von Christus weg" verbannt sein, wenn Gott stattdessen Israel das Endheil gewährt. Paulus weiß, Gott nimmt solches Selbstopfer nicht an. – 4. In 1.Kor 12,3 setzt sich der Apostel mit den korinthischen Enthusiasten auseinander. Dabei bindet er – in Übereinstimmung mit den Korinthern – die Geisterfahrung an das Bekenntnis: „Herr ist Jesus!", denn es ist ja vom Geist Christi gewirkt. Gehören Geisterfahrung und Christusbekenntnis in dieser Weise zusammen, kann keine Geistwirkung – im hypothetischen Fall – sich so äußern, daß sie einen Fluch über Jesus ausspricht. Der Geist als Geist Christi kann sich nicht selbst verleugnen. – 5. Eine typische Verfluchung anderer liegt Offb 22,18f. vor. Der Verfasser der Apokalypse will unter Anlehnung an 5.Mose 4,2 einer möglichen Veränderung seiner Prophetie dadurch wehren, daß er alle Abänderer der endgerichtlichen Verurteilung Gottes übergibt. Anáthema steht dabei nicht wörtlich da, aber sinngemäß. Im übrigen zeigt die Apokalyptik auch sonst die Sorge um den genauen Erhalt des Schrifttums (äthHen 104,10–13; slavHen 48,6–8.; darüber hinaus kann man 5.Mose 13,1; Spr 30,6 und Josephus, Contra Apionem 1,8,42 vergleichen). Man wird dies als eine selbstvollzogene Kanonisierung des eigenen Werkes bezeichnen dürfen; denn so soll der besondere Wert gegenüber anderen heiligen Schriften und die dauerhafte unverfälschte Bewahrung gewährleistet sein. Kanonisierung ist eigentlich eine sakralrechtliche Funktion der Gemeinde. Ein schönes Beispiel dafür findet sich im Aristeasbrief (308–311). – 6. Drei weitere Stellen (1. Kor 14,38; 16,22 und Gal 1,8 f.) gehören zusammen. Jeweils geht es um prophetisches heiliges Recht als Verfluchung von Gliedern der Gemeinde, die im Prinzipiellen als falsche Christen entlarvt und durch den Fluch dem Endgericht als innerer Konsequenz ihres Verhaltens unterstellt werden. Der Fluch des Propheten droht ihnen real und effektiv an, daß ihr illegitimes Christentum im Endgericht so bloßgestellt wird, daß der Christus, den sie jetzt schon verloren haben, sich dann auch nicht zu ihnen bekennen kann. a) Dabei gehört 1. Kor 16,22 mit hoher Wahrscheinlichkeit in den Abendmahlszusammenhang: „Wer den Herrn nicht liebt, sei verflucht! Komm, unser Herr!" Der erste Satz ist wohl an die Gemeinde gerichtet, der zweite ihre eigene Antwort (unser!). Im ersten Satz betrifft die Bedingung für den Fluch nicht einen einzelnen Fehltritt, sondern die grundsätzliche Störung im Christusverhältnis, nämlich die Unmöglichkeit, Christ zu sein ohne aufrichtiges Verhältnis zum Herrn. Die Beurteilung eines solchen Falles übersteigt zutiefst die Möglichkeiten der Gemeinde. So folgt die Auslieferung an das Gericht Christi, wo alles offenbar wird. Die Gemeinde nimmt diese wohl von einem Propheten gesprochene Verfluchung auf sich, indem sie den Herrn zum Gericht herbeibittet. Danach beginnt die eigentliche Feier des Herrenmahls. Aus der Qumrangemeinde ist eine Analogie bekannt: In 1QS 2,11–18 ist eine jährlich sich wiederholende Verfluchung derjenigen beschrieben, die in der „Verstocktheit des Herzens" in den essenischen Bund eintreten. Sie sollen zu den „ewig Verfluchten" gehören. b) Ein weiterer Fluch (ohne anáthema) steht 1. Kor 14,38. Die Turbulenz von Zungenreden und prophetischer Mahnung im korinthischen Gottesdienst zerstörte nach Paulus, der solche Geistäußerungen für sich selbst durchaus in Anspruch nahm (14,18), den Grundsinn christlichen Gottesdienstes (14,3 f.12.24 f.26.33.40). Gegen diesen ungeordneten Enthusiasmus greift er mahnend ein. Er erwartet, daß die Geistbegabten den Verweis auf diesen Grundsinn als Gebot des Herrn erkennen werden (14,37). Jedoch: „Wenn jemand (dies) nicht (als Gebot des Herrn) anerkennt, so wird er (vom Herrn im Gericht) nicht erkannt" (V. 38). Damit kündigt Paulus die endgültige Scheidung an, die nur fixiert, was jetzt schon im Verhalten solcher Leute latent ist. c) In Gal 1,8 f. geht es um die Abwehr von Irrlehre. Hatte Paulus in V. 8 sich selbst und sogar die Engel für den Fall einer Verfälschung des Evangeliums unter den Fluch gestellt, so trifft nun die Irrlehrer nicht einfach nur die Warnung vor dem Gericht (wie z. B. Gal 5,10 b; Phil 3,19), sondern der effektive Fluch. Nach Paulus ist der, der aus dem Gesetz Gerechtigkeit erlangen will, aus der Gnade gefallen (5,4) und hat Christus schon verloren. Dies schließt ihn vom Endheil aus. Solche Konsequenz legt der Fluch fest. – 7. Die meisten besprochenen Stellen setzen direkt voraus: Der endgültige Heilszustand wird nichts Verfluchtes enthalten. Dies spricht Offb 22,3 aus: Im „neuen Jerusalem" fehlt dergleichen. – 8. Zur Vorstellung, daß der Gekreuzigte verflucht ist, vgl. Gal 3,12 f. – 9. Die Exkommunikationspraxis des katholischen Kirchenrechts spricht zwar ihr anáthema in Anlehnung an Gal 1,9 aus, doch beruht solcher Bann viel eher auf einer Neuinterpretation der alttestamentlichen Bannpraxis, auf der Ausdehnung von Aussagen wie Mt 18,17; 1. Kor 5,1ff.; Tit 3,10f. und hat seine Analogie im jüdischen Bann. Es ist also zwischen Kirchenzuchtmaßnahmen und einem Spruch heiligen Rechts zu unterscheiden wie zwischen gesetzlich geregelter Buße und prophetischem Urteil über die selbstvollzogene grundsätzliche Trennung von Christus, die Endgerichtsfolgen hat.

2. Die gottunmittelbare, von Jerusalem anerkannte und gegenüber Petrus bewährte Selbständigkeit des paulinischen Evangeliums 1,10–2,21

2.1 Überleitung 1,10

10 Überrede ich denn jetzt Menschen oder Gott? Oder versuche ich, Menschen zu gefallen? Wollte ich noch Menschen gefallen, wäre ich nicht Christi Knecht.

Der Vers hat die Funktion einer Überleitung. Die schroffe Unnachgiebigkeit in V.6–9 soll nicht unmittelbar mit dem folgenden Teil zusammenstoßen, der im ruhigen Ton geschichtliche Fakten wertet. Er teilt mit dem Briefkopf (vgl. 1,1) und den nachstehenden Ausführungen den Gegensatz von menschlicher und göttlicher Seite. Gleichwohl ist sein Verständnis recht umstritten. Klar sind der Bezug zum Fluch (vgl. „jetzt" in V.9 und das verbindende „denn") und das Verständnis des Schlußsatzes, der auf 1,1 abhebt (vgl. Röm 1,1: „… Knecht Jesu Christi, berufen zum Apostel …").

Paulus fragt rhetorisch und mit sarkastischem Unterton, ob er mit seinen Äußerungen in 1,6–9, die für das Evangelium Jesu Christi (V.7), wie er es unter den Völkern verkündigt (1,16; 2,2), eintreten, Menschen überzeugen oder ihnen sogar gefallen will. Die Benennung Gottes als mögliches Objekt seines Überzeugens ist dann eine ins Unmögliche gehende Steigerung, die der Frage Gewicht geben soll, die anschließend in Kurzform mit leichter Variation nochmals gestellt wird. Wahrscheinlich greift Paulus dabei einen Vorwurf der Judaisten auf, daß der Apostel die Völker zum Christentum überredet, indem er ihnen durch Gesetzesfreiheit den Übertritt erleichtert. Da aber Selbstverfluchung und Fluch des Paulus sicherlich nicht – wie jedermann einsieht – auf das Konto menschlicher Erleichterung gehen können, wird solcher Vorwurf der Gegner schon durch diesen Briefeingang ad absurdum geführt. Zugleich bringt Paulus Christus, das Maß, an dem er alles messen will, zur Geltung. Ihm untersteht er seit seiner Berufung derart (1,15f.), daß er allein von ihm her alles gewichtet und beurteilt – auch die letzte Konsequenz, die er durch die Fluchandrohung aussprach.

2.2 Der göttliche Ursprung des paulinischen Apostolats, für den die judäischen Gemeinden Gott priesen 1,11–24

11 Denn ich teile euch mit, Brüder: Das von mir verkündigte Evangelium ist nicht menschlicher Art.   12 Denn ich habe es auch nicht von einem Menschen empfangen noch gelernt, sondern durch eine Offenbarung Jesu Christi.

13 Ihr habt nämlich von meinem früheren Wandel im Judentum gehört, daß ich die Gemeinde Gottes maßlos verfolgte und sie zu vernichten suchte; 14 auch brachte ich es in der jüdischen Lebensweise weiter als viele Altersgenossen in meinem Volk, weil ich in besonderem Maße ein Eiferer für die Überlieferungen meiner Väter war.

15 Als es aber dem gefiel, der mich von meiner Mutter Leib an ausgesondert und durch seine Gnade berufen hatte,   16 seinen Sohn mir zu offenbaren, damit ich ihn unter den Völkern verkündige, habe ich mich alsbald nicht mit Fleisch und Blut beraten,   17 noch zog ich hinauf nach Jerusalem zu denen, die vor mir Apostel wurden. Vielmehr begab ich mich nach Arabien und kehrte wieder nach Damaskus zurück.

18 Danach, drei Jahre später, zog ich hinauf nach Jerusalem, um Kephas kennenzulernen, und blieb fünfzehn Tage bei ihm.   19 Einen anderen der Apostel sah ich nicht – nur (noch) Jakobus, den Herrenbruder.   20 Was ich euch schreibe, bei Gott, ich lüge nicht.

21 Danach ging ich in die Gebiete von Syrien und Kilikien.

22 Jedoch blieb ich den christlichen Gemeinden Judäas persönlich unbekannt.   23 Sie hatten nur gehört: Der uns einst verfolgte, verkündigt nun den Glauben, den er einst zu vernichten suchte.   24 Da priesen sie um meinetwillen Gott.

V.11 setzt mit Mitteilungsformel und Anrede neu ein. Widerlegt werden soll nun die These, daß das paulinische Evangelium nicht menschlicher Art ist, sondern anerkanntermaßen göttlicher Herkunft, wie V.11 am Schluß in V.24 positiv aufgenommen wird. Innerhalb dieses Rahmens bildet Paulus noch einen zweiten Ring: Er ruft die Galater zu Zeugen seines vorchristlichen Wandels (V.13) und die Judäer zu Zeugen seiner Tätigkeit als Evanglist des Glaubens (V.22–24) auf. Dabei formuliert er V.13.23 seine Verfolgertätigkeit mit gleicher typischer Sprache.

Sind V.13f. zeitliche und sachliche Vorbedingung für das Berufungswiderfahrnis, so setzt sich mit V.15 die chronologisch geordnete Zeitfolge fort: Dem „Als …" (V.15), folgt ein zweifaches „Danach" (V.18.21), das im dritten „Danach" (2,1) seine Fortsetzung bekommt und wiederum mit einem „Als …" (2,11) abgeschlossen wird. Zweimal, nämlich bei den beiden Wegen nach Jerusalem (1,18; 2,1) erhält der Satz eine Jahresangabe. Außerdem erfolgt eine Qualifizierung der Jerusalembesuche: Der eine war privat (wie V.20 nachdrücklich bekräftigt), der andere geschah aufgrund einer Offenbarung. Der erste hat nichts mit der göttlichen Beauftragung zu tun, unter den Völkern zu missionieren (V.16), der zweite bestätigt gerade diesen Auftrag (2,7–9). Dem Auftrag ist Paulus immer gefolgt, so daß er in geographischer Distanz zu Judäa

(V. 22) und dabei also nur auf heidnischem Gebiet seinem Auftrag nachkam, wie die Ortsangaben in 1,17.21 belegen. Diese stehen ausdrücklich in Abgrenzung zu einem möglichen sofortigen Gang nach Jerusalem (V. 17).

Sieht man nun, daß der Gegensatz göttlich – menschlich (V. 11.24) nicht nur den Rahmen prägt, sondern mehrfach und eigentümlich mit dem Gegensatz von Jerusalem (und Judäa) und heidnischer Gegend im Text verwoben ist (1,12; 1,14c.15; 1,16), so ist die Annahme unumgänglich, daß Paulus sich damit gegnerischer Vorwürfe erwehrt. Könnte man ein- oder zweimaliges Verweilen bei der Antithese göttlich – menschlich noch als fiktive Rede deuten, so läßt die beständige Verwobenheit dieses Gegensatzes mit der mehrfachen konkreten Antithese von Jerusalem und nicht israelitischem Land dies nicht zu. Man kann die Vorwürfe auch relativ gut erahnen. Die Gegner erkennen mit der ganzen damaligen Christenheit die Wende des Paulus vom Verfolger zum Christen an (vgl. 1,22–24). Aber sie hätten erwartet, daß Paulus sofort nach seiner Berufung sich für seinen Verkündigungsgehalt mit Jerusalem abgesprochen hätte (vgl. 1,16), ist doch für sie die Jerusalemer Theologie göttliches Maß christlicher Lehre. Statt dessen hat Paulus den antiochenischen Ungeist der Gesetzlosigkeit vertreten und gefördert und so das wahre Evangelium durch Gesetzesfreiheit auf ein menschliches Niveau herunterdividiert. Dagegen muß Paulus eine doppelte Verteidigungslinie aufbauen: 1. In der Tat ist sein den Völkern geltendes Evangelium unabhängig von Jerusalem. 2. Aber es ist gerade darin nicht menschlich, sondern von Gott. Weil die Gegner gegen den antiochenischen Weg und gegen den Konventsbeschluß eingestellt sind, bringt Paulus wohl auch Antiochia nur dort ins Spiel, wo die Stadt, in der er am längsten von allen Orten weilte, nicht ausgelassen werden konnte, ja sogar die paulinische Position stärkte (2,1ff.11ff.). Meidet er vielleicht auch die Erwähnung Antiochias, weil er in bezug auf die Stadt schlechte Erinnerungen hat (2,11ff.)?

Das von Paulus verkündigte Evangelium ist ein Evangelium, dessen Adressa- 11 ten die Völker sind (1,16; 2,2.7–9). Daß er unter den Völkern und nicht unter dem Heilsvolk missioniert, ist als solches allerdings noch nicht voller Probleme. Denn das tun die Judaisten ja selbst (vgl. auch Mt 23,15). Entscheidend ist, wie er es tut, nämlich in der „Freiheit" vom Gesetz (2,4.12.18f.). Diese „Gesetzesfreiheit" ist der Streitpunkt. Sie ist, wie die Gegner urteilen, eine menschliche Erleichterung des göttlichen Willens. Doch gerade diese Pointe des paulini- 12 schen Evangeliums, stellt der Apostel fest, kommt unmittelbar von der Offenbarung Jesu Christi, also von Gott, der ihm seinen Sohn offenbarte (V. 16). Sie steht allein und unumstößlich unter der Autorität Gottes und Christi. Wer sein Evangelium angreift, hat es mit Gott und Christus selbst zu tun (1,1.4f.).

Diese Position erhärtet Paulus zunächst mit V. 13f. Die Galater wissen wie 13f. offenbar alle Christen, daß Paulus in seiner vorchristlichen Zeit ein Feind der Christen war. Sein antichristlicher Kurs ließ ihn nicht nur die Gemeinde Gottes verfolgen, sondern er machte den Versuch, sie zu vernichten. Der Apostel kann sich auf solches Wissen in den Gemeinden berufen, weil es wohl eine relativ feste Saulus-Verfolger-Tradition gab (vgl. Apg 8,1b.3; 22,4; 26,9ff.; 1. Kor 15,9; Phil 3,6 und Gal 1,23f.), die allgemein verbreitet war. Paulus verwendet diese Tradition hier in V.13f., um mit ihr zu erhärten, daß er in seiner jüdischen Zeit keine menschliche Einweisung ins Evangelium bekam. Damit hat Paulus die Möglichkeit, seine Verfolgertätigkeit, die ihm zeitlebens Beschwer machte (1. Kor 15,9), einmal zugungsten seiner Position auszunutzen.

Analog zu Phil 3,6f. gibt Paulus dabei den Hinweis auf seine gesetzliche Untadeligkeit als Jude. Er übertraf seine Altersgenossen in vorbildlicher Weise, da er ein besonders strebsamer Eiferer für die väterlichen Überlieferungen war. Man wird hierin das Motiv für seinen antichristlichen Kampf sehen. Dem „Pharisäer" (Phil 3,5), der jede Lauheit dem Gesetz gegenüber als Verstoß gegen den göttlichen Willen auslegte, war die christliche Gemeinde ein Ärgernis, insofern sie in (relativer) Freiheit vom Gesetz lebte. Paulus war also in seiner vorchristlichen Zeit den Judaisten geistesverwandt.

Wieweit können die detaillierten Angaben in Apg 7,58; 8,1ff.; 9,1ff.13f.; 22,4f.; 26,9ff. die paulinische Verfolgertätigkeit illustrieren? Klar ist, daß das paulinische Selbstzeugnis den Vorrang verdient vor den auf lukanischer Darstellung oder christlicher Tradition beruhenden Angaben der Apostelgeschichte. Geht also etwa aus V.22f. hervor, daß der Apostel den judäischen Gemeinden, d.h. den Christen in Jerusalem und Umkreis, persönlich unbekannt war, dann wird er weder dort Christen verfolgt haben noch von Jerusalem nach Damaskus gezogen sein (gegen Apg). Vielmehr war er dann offenbar von der Synagoge in Damaskus aus in dieser Stadt und ihrem Landkreis tätig. Diese Annahme wird durch Gal 1,17 gestützt. Denn wenn Paulus hier sagt, er sei „wiederum nach Damaskus zurückgekehrt", kann dies nur heißen, daß Paulus vor seiner Bekehrung in Damaskus wirkte. Durch diese Lokalisierung der paulinischen Verfolgertätigkeit wird auch erkennbar, was einem pharisäisch orientierten Gesetzesbefolger an der Gemeinde in Damaskus mißfiel: Die dortige Gemeinde gehörte zu den Missionsgründungen der nach dem Martyrium des Stephanus außerhalb Palästinas tätigen „Hellenisten" (vgl. Apg 6–8; 11,19ff.). Sie tauften, wie man an Apg 8 sehen kann, auch solche Gläubige, die nicht Volljuden waren. Sie machten damit die zu Mitgliedern der christlichen Gemeinde, die nicht voll zum Heilsvolk gehörten. Weil sie jedoch noch innerhalb des Synagogenverbandes lebten und noch nicht, wie es bald in Antiochia geschah, den Weg christlicher Verselbständigung gingen, konnten die synagogalen Konflikte nicht ausbleiben, denn wer die Grenzen des Heilsvolkes verwischt, gefährdet die Reinheit des Heilsvolkes.

15 Zwischen dem Verfolger der Christen an der damaszenischen Synagoge und dem Apostel der Völker liegt ein Bruch. Paulus kommt auf ihn nur so zu sprechen, daß er die Folgen, also das, was ihm als neue Bestimmung persönlich und sachlich dadurch zuteil wurde, im Blick hat. Er fragt nicht historisch: Was geschah unter welchen Bedingungen und Umständen? Er fragt vielmehr: Was gilt seither für mich und die Gemeinden? Er fragt also nach der in dem Ereignis steckenden Zukunft und kommt unter dieser Fragestellung auch begrenzt auf das Widerfahrnis selbst zu sprechen. Im übrigen beschreibt er dies

Geschehen durchweg mit typischer Sprache. Dies gilt auch für die drei „klassischen" Belege, die davon etwas ausführlicher reden, also für 1.Kor 15,1–11; Phil 3,7–11 und eben Gal 1,15–17. An der ersten Stelle ordnet er sich dem kirchengründenden Ostergeschehen zu. Die zweite Stelle paradigmatisiert das Ereignis für das Christwerden ganz allgemein. Die dritte Stelle bemüht die Typik prophetischer Berufung: Ein Prophet ist unabhängig und nur Gott verantwortlich. Das kann Paulus hier sehr gut gebrauchen. Erst aus nachapostolischer Zeit stammen die beiden Texte, die noch ausführlich von der paulinischen Wende reden: Apg 9,1–22 (vgl. 22,3–21; 26,9–20) und 1.Tim 1,12–16. Sie sind Indizien einer späteren Aneignung der paulinischen Umkehr unter biographischem Interesse und sollten nur sehr begrenzt für die Beschreibung der ursprünglichen Erfahrung herangezogen werden.

Im einzelnen lehnt sich Paulus in V.15 an Jes 49,1 (vgl. Jes 49,5; Jer 1,5; 1QH 9,29f., neu: 17,29f.) an. Vom Aussondern spricht er auch Röm 1,1. Daß es von „Mutterleib" an geschah, ist von der Berufung her zurückgeschlossen. Eigenlich sollte man im Kontext den Apostelbegriff erwarten (vgl. 1.Kor 9,1). Er ist mit der nachfolgenden Beschreibung der Beauftragung mitgesetzt. Daß Paulus auf ihn als Wortsignal verzichten kann, zeigt wiederum an, daß sein Evangelium, nicht primär sein Apostelamt umstritten ist.

Die Formulierung in V.16 erweist sich zum Teil als vorgeprägt. Man muß 16 nämlich „… seinen Sohn mir zu offenbaren, damit …" mit Offb 1,1 vergleichen: „Offenbarung Jesu Christi (vgl. Gal 1,12), die ihm Gott gab, zu zeigen …", um zu sehen, daß folgende Elemente gemeinsam sind: die Offenbarung, Christus als Inhalt derselben, Gottes Urheberschaft und die Dienstverpflichtung. Außerdem läßt sich anläßlich dieses Vergleiches auch nochmals die alttestamentliche Reminiszenz in V.15 in einen größeren Rahmen stellen: Auch der urchristliche Prophet, der sich nach Offb 1,1 beauftragt sah, die Zukunft aufzuhellen, tut dies durchweg mit Hilfe des Alten Testamentes. Nun läßt sich diese Vergleichsbasis erweitern: Nachdem z.B. Petrus Christus als den Sohn des lebendigen Gottes bekannt hatte, antwortet Jesus nach Mt 16,17: „Nicht Fleisch und Blut (vgl. Gal 1,16) haben dir das geoffenbart, sondern mein Vater im Himmel." Mt 16,18f. bringt dann die Beauftragung des Petrus. Endlich gehört auch der Offenbarungsbegriff in Mt 11,25–27 par in diesen Zusammenhang. D.h. die Texte zeigen, daß Paulus in V.16 typische Sprache verwendet, die im allgemeinen dazu diente, prophetische und/bzw. apostolische Autorität im Urchristentum zu begründen. Diese Beobachtungen verwehren es nochmals, hinter den Formulierungen unmittelbar das paulinische Erleben wiederzufinden. Sie sind nicht primär biographisch orientiert, sondern sachlich auf die Gottunmittelbarkeit seines Evangeliums ausgerichtet. Dieses wird zugleich gegenüber 1,6–9.11 weiter charakterisiert: Der Inhalt des Evangeliums ist der Sohn. Also ruft nach Paulus Gott in die Gnade Christi (1,6), indem er den Sohn als Evangelium ausrufen läßt, um so die Hörer zu verändern. Zu dieser Veränderung gehört konstitutiv wie bei der paulinischen Berufung der Entscheid zur Gesetzesfreiheit.

Der Berufungsvorgang steht dafür, den göttlichen Ursprung des paulini- 17 schen Evangeliums herauszustellen. Er ist nicht selbständiges Thema oder

Streitobjekt. Er ist der Sache nach den Christen bekannt, zumal Paulus seine Missionstätigkeit durchweg mit seiner apostolischen Sendung begründet hat. Um so mehr liegt der Ton in V.16f. auf dem Hauptsatz: Mit Fleisch und Blut, d.h. mit Menschen, hat Paulus sich nicht beraten. Weder die christlichen Gemeinden in Damaskus, in deren geographischem Bereich die Berufung stattfand, noch die Apostel in Jerusalem, deren apostolische Autorität der seinen zeitlich vorausging, waren seine Gesprächspartner.

Er zieht nach Arabien, also in das Einflußgebiet des Nabatäerreiches von König Aretas IV., das im Südosten bis kurz vor die Tore von Damaskus reichte. Wiederum entsteht durch diese Angabe ein Unterschied zu Apg 9,19ff., wonach Paulus in Damaskus blieb. Was Paulus im Nabatäerreich tat, bleibt ungenannt. Das Erzählgefälle legt nach der Berufung zur Sendung an die Völker eine erste Mission nahe. Vielleicht gehört hierher 2. Kor 11,32f., wonach der Statthalter des Aretas in Damaskus (aufgrund einer wohl kurzen Beherrschung der Stadt?) die Inhaftierung des Paulus betrieb, so daß dieser die Stadt fluchtartig verlassen mußte. Ist Paulus im Nabatäerreich wegen seiner Mission aufgefallen, ergäbe dies ein gutes Motiv für seine Verfolgung. Der Rückzug aus Arabien und die Abwendung von Damaskus können auf diese Weise begründet werden.

18   Dann gilt für diese erste Zeit nach der Berufung schon die für den Apostel unumstößliche Abfolge: Berufung zum Apostel und Sendung zu den Völkern ohne menschliche Zwischeninstanz. Erst drei Jahre später zieht er nach Jerusalem, nur um Kephas/Petrus einen persönlichen Besuch abzustatten und nur für eine runde Zeit von zwei Wochen, keinesfalls um hier Mission zu betreiben. Hieß es V.17 betont, daß der eben berufene Apostel nicht nach Jerusalem zog, so entspricht dem nun die Einleitung von V.18: danach, erst drei Jahre später. D.h. vom Zeitpunkt der Berufung ab bis zu seiner ersten Reise in die Metropole sind mindestens zwei volle Jahre vergangen (das Anfangsjahr ist üblicherweise mitgezählt).

Was wollte der Apostel bei Petrus? Auszuschließen ist vom ganzen Duktus der Darstellung her, daß Paulus sich in Abhängigkeit zu ihm stellen wollte oder daß es zu ernsthaften Meinungsverschiedenheiten kam. Der Besuch trägt
19   überhaupt keinen offiziellen Charakter und hat mit dem missionarischen Auftrag des Paulus nichts zu tun. Wesentlich ist ihm allein noch die Bemerkung, daß er keinen weiteren Apostel aufsuchte. Nur mit dem Herrenbruder Jakobus machte er noch Bekanntschaft. Jakobus zählt hier wohl (noch) nicht unter die Apostel, wie der Satzduktus vermuten läßt. Die führende Stellung des Herrenbruders in der Jerusalemer Gemeinde wird dieser wahrscheinlich auch erst nach dem Fortgang des Petrus aus der Hauptstadt eingenommen
20   haben. Diese magere Ausbeute des ersten Besuchs in Jerusalem mag den Galatern befremdlich klingen, doch Paulus nimmt sie auf seinen Eid: So und nicht anders war es.

21   Nach dieser kurzen Episode zieht der Apostel nach Syrien und Kilikien, setzt also seinen Missionsauftrag unter den Völkern fort. Im Gegensatz zu Jerusalem, wo er nur einzelne Christen persönlich aufsuchte, betreibt er hier

Völkermission. Syriens Hauptstadt war Antiochia. Hier lernte Paulus Barnabas kennen. Die Gemeinde in Antiochia war wahrscheinlich von ihrer Gründung an, und in verstärktem Maße noch durch Paulus, besonders gesetzeskritisch eingestellt (Kap. 2) und erstes Zentrum einer Völkermission, die die synagogale Einbindung aufgab. Als Abgesandte dieser Gemeinde treten Paulus und Barnabas beim Apostelkonvent auf (2,1). In Antiochia findet Paulus vorerst im Gegensatz zu Damaskus seine Wahlheimat neben der natürlichen Heimat Tarsus in Kilikien. Von dieser Metropole aus wird er Mission betrieben haben, wohl nicht absichtslos bis in seine natürliche Heimat Kilikien.

Nach Apg 13,1–14,28 fällt in diesen Abschnitt die sog. erste Missionsreise, die Barnabas und Paulus nach Zypern, Pamphylien, Pisidien und Lykaonien als Missionare der antiochenischen Gemeinde unternehmen. Nun ist es verständlich, daß Paulus die Bedeutung des Barnabas und seine eigene Zuordnung zur Gemeinde von Antiochia herunterspielen will, schon allein um den Nachweis seiner Selbständigkeit nicht zu gefährden. Man wird also in bezug auf die Person des Barnabas mit Hilfe der Apostelgeschichte Paulus etwas korrigieren müssen. Auch die Reiseroute bei Lukas und die geographischen Angaben bei Paulus (nur Syrien und Kilikien sind genannt) kann man miteinander nicht ganz zur Deckung bringen. Meint Paulus mit „Syrien" das ganze weitere antiochenische Einflußgebiet von Handel und Wandel? Wie immer man dieses Problem löst, der Jerusalemer Konvent (2,1–10) setzt jedenfalls eine Mission von Antiochia über diese Stadt hinaus voraus. Und 2.Tim 3,11; 2. Kor 11,24–26 geben zur Reiseroute und zur Steinigung des Paulus Hinweise, die jedenfalls teilweise Apg 13f. bestätigen.

Mit V.22 zieht der Apostel eine Summe, was sein Verhältnis zu Jerusalem 22 während der Zeit von der Berufung bis zur Tätigkeit in Antiochia angeht: Er war den Gemeinden in Judäa (natürlich einschließlich Jerusalems als Zentrum dieser Provinz) persönlich unbekannt. Sein eigentlicher Wirkungskreis lag außerhalb Palästinas bei den Völkern. Allerdings hatte man in Judäa Kunde bekommen, daß Paulus aus einem Christenverfolger zu einem Verkündiger des 23 Evangeliums geworden war (vgl. V.13–16). Diese Kunde beruhte auf einer alten, weitverbreiteten und relativ festen Tradition (vgl. oben V.13), die Paulus hier anklingen läßt (vgl. V.23f. mit Apg 9,20f.). Nur auf diesem Wege war er also in Judäa bekannt. Diese Tradition sagte aus: Den Glauben – hier im objektiven Sinn wie 3,23.25; 6,10 (so bei Paulus nur im Gal!) als „christliche Botschaft" oder auch als „Christentum" –, den Paulus einst zu zerstören trachtete, förderte er nach seiner Berufung. Die christlichen Gemeinden Judäas priesen Gott wegen 24 dieser Wende. Damit – so soll man in Galatien nunmehr die Schlußfolgerung ziehen – erkannte man die gottunmittelbare und gegenüber Jerusalem eigenständige Mission des Paulus unter den Völkern von seiten des Jerusalemer Judenchristentums an.

2.3 Die Anerkenntnis der selbständigen paulinischen Völkermission auf dem Apostelkonvent in Jerusalem 2,1–10

1 Danach, nach Ablauf von vierzehn Jahren, zog ich erneut mit Barnabas hinauf nach Jerusalem und nahm auch Titus mit. 2 Ich zog aber hinauf aufgrund einer Offenbarung. Und ich legte ihnen das Evangelium vor, das ich unter den Völkern verkündige; in gesonderter Unterredung jedoch den Angesehenen, um nicht vergeblich zu laufen oder gelaufen zu sein.

3 Aber selbst Titus nicht, mein Begleiter, der Grieche ist, wurde zur Beschneidung gezwungen. 4 Wegen der eingedrungenen Falschbrüder, die sich eingeschlichen hatten, um unsere Freiheit, die wir in Christus Jesus haben, zu belauern, um uns in die Knechtschaft zu zwingen, 5 denen haben wir uns keinen Augenblick in Gehorsam gefügt, damit die Wahrheit des Evangeliums bei euch Geltung behielte.

6 Von den Angesehenen, die etwas darstellen – was sie einst waren, daran liegt mir nichts; Gott sieht die Person des Menschen nicht an –, mir nämlich haben die Angesehenen nichts auferlegt, 7 sondern im Gegenteil: Als sie sahen, daß ich mit dem Evangelium an die Unbeschnittenen beauftragt sei wie Petrus mit dem an die Beschnittenen, 8 denn der, der durch Petrus für das Apostelamt unter den Beschnittenen wirkte, war auch bei mir wirksam für die Völker, – 9 und als sie die Gnade erkannten, die mir gegeben war, da gaben Jakobus und Kephas und Johannes, die als Säulen galten, mir und Barnabas die rechte Hand zur Gemeinschaft, daß wir zu den Völkern, sie zu den Beschnittenen (gingen). 10 Nur der Armen sollten wir gedenken; genau das habe ich mich auch bemüht zu tun.

Die chronologische Kettung der Perikope mit dem voranstehenden Abschnitt ist unübersehbar (vgl. die Ausführungen zu 1,11ff.). Allerdings verändert sich das Darstellungsziel: Der göttliche Ursprung des Evangeliums, zu dem Paulus berufen wurde, um es unter den Völkern zu verkündigen (1,16), wurde genau in dieser Form (2,2 nimmt 1,16 auf) den Jerusalemern vorgelegt und erhielt dort Zustimmung (V.9). Zu der allgemeinen Anerkenntnis durch die judäischen Gemeinden (1,22–24) tritt die spezielle des Konvents und vor allem der „Säulen". Das Ereignis selbst wird so beschrieben, daß am Anfang die äußeren Umstände, nämlich der zweigestaffelte Ablauf in Form einer Gemeindeversammlung und eines gesonderten Gesprächs mit den „Säulen" sowie das Ziel der antiochenischen Gesandtschaft angegeben werden (2,1f.). Dementsprechend werden in V.3–5 das Ergebnis der Vollversammlung und in V.6–10 die Einigung mit den „Säulen" festgehalten. In der Zusammenkunft der Gemeinde führen die offenbar zuvor in Antiochia eingedrungenen Gegner des antiochenischen Weges das Wort (vgl. Apg 15,1f.). Doch behaupten die Antiochener ihren Standpunkt ohne Abstriche, d.h. sie geben den auf Einhaltung des Gesetzes pochenden Judenchristen nicht nach. In der gesonderten Besprechung zwischen den „Säulen" und der antiochenischen Gesandtschaft kommt es dann darüberhinaus zu einer einvernehmlichen positiven Abmachung. Sie klärt nicht etwa geographische Missionsgebiete ab, sondern läßt die Völkermission gleichberechtigt neben dem Judenchristentum gelten. Dabei weiß man, daß die Völkermission zu Gemeinden „in Jesus Christus" (2,4; 3,26.28) führt, in der das Gesetz keine heilskonstitutive Bedeutung mehr hat (2,4), und in der Judenchristen wie Paulus und Barnabas mit Völkerchristen wie Titus (2,1.3) jenseits der Gesetzesobservanz christliche Brüder sind. Genau in diesem Sinn verhält sich zunächst ganz selbstverständlich auch Petrus in Antiochia (2,12).

Der Apostelkonvent als wichtigstes Ereignis der ersten urchristlichen Generation liegt nur als Darstellung eines der Hauptakteure vor, und dies nur in zweckgebundener Form. Die zweite Schilderung aus deutlich späterer Zeit (Apg 15) weist in ihrem ersten Teil (Apg 15,1–12) eine in Einzelheiten von Gal 2 unterschiedene, in den großen Linien jedoch sachlich nicht sehr weit davon entfernte Darstellung auf. Wegen Gal 2,6c können allerdings dann die sog. Klauseln des Jakobus (Apg 15,13–35) nicht zum Konventsbeschluß gehören. Es ist unvorstellbar, daß Paulus in seiner prekären galatischen Situation sich die Blöße gegeben hätte, sie zu verschweigen. Denn dann wäre es für die Judaisten und die Gemeinde allzu leicht gewesen, Paulus zu verbessern und so seine Auffassung zu entwerten. Vielleicht haben die Klauseln nach des Paulus Fortgang aus Antiochia (im unmittelbaren Anschluß an Gal 2,11ff.) in der Gemeinde Antiochias eine (vorläufige) Rolle gespielt.

Die Zeit- und Ortsangabe samt dem „erneut" machen es klar: Der Leser soll 1 von 1,18 her rechnen. Paulus kommt also 14 Jahre nach seinem privaten Besuch in Jerusalem nochmals in die Stadt (also etwa 48 n.Chr.). Im Unterschied zur ersten Reise unternimmt Paulus diesen Gang nicht allein, auch nicht nur privat und schon gar nicht ohne Problem. Barnabas ist offenbar gleichrangiger Gesandter Antiochias neben Paulus (Apg 15,2.12), selbst wenn Paulus das etwas in den Hintergrund drängt. Barnabas ist von Haus aus hellenistischer Judenchrist und die führende Gestalt aus der Gründungszeit der antiochenischen Gemeinde. Er wird wohl auch Paulus nach Antiochia geholt haben. Beide haben gemeinsam im Einflußgebiet Antiochias Mission betrieben (Apg 13f.). Auf sie geht wohl die Entscheidung Antiochias zurück, völkerchristlich und abgetrennt vom Synagogenverband zu leben. Sichtbares Zeichen dieser Auffassung ist Titus, der (wohl zweitrangige) Begleiter. Paulus hat für die Erwähnung des Barnabas (V.13) und des Titus (V.3) spezielle Gründe. Darum könnte die Delegation noch größer gewesen sein (vgl. Apg 15,2).

Die Antiochener werden nicht einbestellt, sondern man macht die Reise 2 aufgrund einer göttlichen Offenbarung. Das erinnert an 1,12.16. Paulus hält also bewußt fest, daß die Selbständigkeit und göttliche Unmittelbarkeit seines Evangeliums durch den Konvent nicht tangiert sind, vielmehr kommt es angesichts dieser Gottunmittelbarkeit zur Anerkenntnis durch die Jerusalemer. Bei der „Offenbarung" kann es sich um ein persönliches Widerfahrnis des Apostels handeln (analog zu 1,16; vgl. 2.Kor 12), vielleicht auch um eine Gemeindeerfahrung (vgl. Apg 13,1f.). Der Problemfall auf dem Konvent ist das paulinische Evangelium, wie er es mit seiner Pointe der Gesetzesfreiheit in der einen Gemeinde aus Juden und Griechen unter den Völkern verkündigt. Diese Auffassung legt die antiochenische Delegation den Jerusalemern vor.

Trotz des erfochtenen Sieges ist bei Paulus die Erinnerung wach, daß für den Gesprächsausgang durchaus eine Alternative möglich war. Klar ist: Paulus kann nicht nach rund 16 Jahren selbständiger Missionstätigkeit nun endlich doch noch in Jerusalem um Anerkennung nachsuchen und eine Verweigerung solcher Autorisierung befürchten. Will er sein Evangelium vorlegen, so kann er dessen Ursprung (1,15 f.; 2,8) und dessen von Gott selbst begründete Autorität nicht ungeschehen sein lassen. Ebenso wichtig ist, daß es nicht um sein Apostelamt als solches ging, sondern um die besondere Pointe der Gesetzesfreiheit als grundlegendem Aspekt seines Evangeliums. Die Furcht, vielleicht umsonst gelaufen zu sein, bezieht sich darum nicht auf ihn selbst, sondern auf den Bestand der völkerchristlichen Gemeinden (vgl. 1. Kor 3,4–15; 1.Thess 2,19 f.). Das „umsonst" weist demnach auf den Ertrag seines Wirkens. Für den Apostel ging es also darum, ob er seinem göttlichen Auftrag gemäß völkerchristliche Gemeinden gründen dürfe oder einst vor Gott mit leeren Händen dastünde, wenn man ihn in Jerusalem vor die fatale Alternative zwischen kirchlicher Einheit und Wahrheit des Evangeliums stellen würde. Paulus hat zeitlebens wie die ganze Urchristenheit an der Einheit der Kirche Gottes festgehalten. Sie wollte er (und wohl auch alle anderen) auf dem Konvent nicht preisgeben. Paulus formuliert im übrigen V. 2 nach Kenntnis des positiven Konventsbeschlusses. Er war Ziel der Besprechung, so daß die Antiochener als die Neuerer „siegten", und die Jerusalemer in Gestalt der „Säulen" „nachgaben". Sie mögen im Bewußtsein zugestimmt haben, daß die antiochenische Variante überschaubar war und blieb. Niemand auf dem Konvent konnte damals erahnen, daß sich Paulus bald von Antiochia lösen würde und das Wachstum der völkerchristlichen Variante des Christentums so intensiv fortschreiten würde, wie es bald geschah, so daß das Judenchristentum zu einer Minderheit wurde, nicht zuletzt auch bedingt durch die Ereignisse des ersten antirömischen Aufstandes.

3   Das Ergebnis der Vollversammlung gibt Paulus so wieder, daß er den Personalfall voranstellt: Erwarten die Judaisten von den Galatern jetzt die Beschneidung (6,12 f.; vgl. 5,11 f.), so sollen die Gemeinden wissen, daß damals die Jerusalemer dergleichen von Titus (mehrheitlich) nicht forderten (Titus ist in Apg 15 nicht erwähnt). Doch es gab offenbar harte Kontroversen mit einem Teil der Jerusalemer Gemeinde, der seine Forderungen allerdings nicht durchsetzen konnte (V. 4 f.): Titus mußte also nicht Jude werden, um als Christ anerkannt zu sein. So ist Titus der Testfall, wie man in Jerusalem mehrheitlich zu unbeschnittenen Christen stand, die ohne Gesetzesobservanz lebten. Die

4 f.   „Falschbrüder" (vgl. Apg 15,7–11) sind also in der Minderheit. Sie werden negativ plakatiert, nämlich als Brüder, die keine Brüder sind (2. Kor 11,26; vgl. 2. Kor 11,13: Falschapostel), damit die Nähe zu den Judaisten (vgl. Gal 1,6–9) in die Augen fällt. Auch historisch sind die Judenchristen des Konvents, die sich Christentum außerhalb des Judentums nicht vorstellen können, der Anfang der judaistischen Position (vgl. nach 5,12). Denn sie vertreten dasselbe Anliegen: Sie wollen die Völkerchristen unter die „Knechtschaft (des Gesetzes)" zwingen. Demgegenüber steht Paulus ein für die „(Gesetzes-)Freiheit, die wir in Christus haben". Damit benutzt Paulus offenbar ein Schlagwort aus

der antiochenischen Gemeinde (vgl. 4,26–28). Dasselbe gilt für die „Wahrheit des Evangeliums", ein Stichwort, das er hier als Brücke zu 2,11ff. benutzt (vgl. 2,14). Insofern der Apostel den Streit mit den Gegnern Antiochias positiv ausgefochten hat und damit für das Völkerchristentum überhaupt die Anerkennung bewirkte, kann er im Blick auf die galatischen Leser sagen: Er habe so gekämpft, damit die Wahrheit des Evangeliums, also die Gründung des Christentums allein auf Christus unter Ausschluß des Gesetzes als Heilsweg, bei den Galatern Geltung behielt, die zur Zeit des Konvents noch gar keine Christen waren.

Mit V.6 wendet sich Paulus dann der Abmachung mit den „Angesehenen" 6 oder den „Säulen" (2,9) zu. Das sind offenbar Bezeichnungen der Jerusalemer Gemeinde für die Dreiergruppe Petrus, Jakobus und Johannes (zur Reihung vgl. zu 2,9), die eine Zeitlang gemeinsam diese Gemeinde leiteten. Schon in 2,12 scheint dann eine veränderte Lage angedeutet zu sein: Jakobus führt die Gemeinde Jerusalems alleine an. Der Ehrenname „Säulen" gehört zur Metaphorik der Gemeinde als Tempel Gottes (1.Kor 3,16f.; 2.Kor 6,16; Eph 2,21f.). Sie ist Gottes Tempel, weil sein Geist in der Gemeinde wohnt. Besondere Geistträger sind die genannten drei Apostel. Darum sind sie Säulen am Tempelbau, die tragende Funktion wahrnehmen (vgl. Offb 3,12). Mit der viel umrätselten Parenthese in V.6 geht Paulus offensichtlich in leichte Distanz zu den „Angesehenen". Er bedient sich wohl dabei sprichwörtlicher Rede (vgl. 5.Mose 10,7; Sir 32,16) und will andeuten, daß im Unterschied zu ihm selbst, der von Anfang an Apostel der Völker war (1,16), die drei Genannten erst nach einem längeren Weg zur Einstellung kamen, den Weg Antiochias anzuerkennen. Jedenfalls haben sie Paulus und den Antiochenern keine Auflagen gemacht. Also kennt Paulus die Abmachung aus Apg 15,20.28f. nicht. Sie kann darum auch nicht zum Konvent gehören.

Doch enthält die Übereinkunft der Angesehenen mit den Antiochenern 7 mehr als nur das negative Ergebnis, daß die Jerusalemer auf eine Auflage verzichten. Paulus bereitet diesen positiven Konsens, den er am Ende von V.9 formuliert, in einer langen und etwas umständlichen Satzperiode vor, indem er den Gang und den wesentlichen Gehalt der Diskussion aus seiner Perspektive heraus mitteilt. Man nimmt am petrinischen Apostolat Maß. Petrus war unumstritten der erste Osterzeuge (1.Kor 15,5; Lk 24,34) und Urmissionar. Das will Paulus den griechisch sprechenden Lesern wohl dadurch andeuten, daß er den griechischen Namen „Petros" wählt und nicht wie sonst das aramäische „Kephas". Dieser unbestrittene Felsenmann der judenchristlichen Mission dient nun als maßgeblicher Vergleich mit Paulus. Man anerkennt, daß Gott in einem zweifachen Erwählungsvorgang Petrus zum Missionar des Judenchristentums und Paulus zum Missionar des Völkerchristentums berief. Damit stehen das Juden- und Völkerchristentum je für sich unter dem Evangelium des einen Gottes, erkennbar an der Berufung von Petrus und Paulus. Man vollzieht also für die Person des Paulus Gal 1,15f. nach.

Das kann man, weil das Missionsgeschehen dies fordert. Denn wie Gott auf 8f. dem petrinischen Missionsfeld wirkt, so wirkt er auch auf dem paulinischen.

Gott wirkt in beiden Fällen bei unterschiedlicher Adressatensituation in gleicher Weise: Die Evangeliumspredigt ist jeweils begleitet von der Gabe des Geistes, dem annehmenden Glauben der Hörer und von Zeichen und Wundern (1.Thess 1f.; Röm 15,19; 2.Kor 12,12; Gal 3,2–5; auch Apg 15,12). Das geschieht aber nun unter den Völkern so, daß Beschneidung und Gesetzesobservanz gerade nicht Voraussetzung sind. Gott nimmt also die Völker an, ohne daß sie unter das Gesetz müssen. Dieser Argumentationsgang entspricht im übrigen sachlich Apg 15,7–12. Aus ihm ergibt sich: Als man die Gnade, d.h. hier speziell das paulinische Völkerapostolat (Röm 15,15; Gal 1,15f.) in seiner Selbständigkeit neben dem des Petrus erkannte, war die Einigung praktisch gegeben. Die Säulen als Vertreter des Judentums und die Antiochener Paulus und Barnabas besiegeln mit Handschlag die Übereinkunft. Dabei ist Jakobus wohl wegen 2,12 vorangestellt: Selbst er stimmte uneingeschränkt zu (gegen Apg 15,13ff.). Vom Textgefälle her (vgl. 2,7) wie auch der historischen Situation entsprechend (vgl. Apg 15,7ff.) erwartet man Petrus an erster Stelle.

Die Vereinbarung selbst besagt: Die Antiochener missionieren unter den Völkern so, daß völkerchristliche Gemeinden ohne Gesetzesobservanz entstehen. Die Jerusalemer missionieren synagogal gebunden mit dem Ziel, am Gesetz orientierte Gemeinden zu gründen. Natürlich können die Antiochener auch bei ihrer Völkermission Juden zu gewinnen trachten (Apg 13f.) und die Jerusalemer z.B. Gottesfürchtige. Entscheidend ist die Zielrichtung und die daraus erwachsende Gemeindewirklichkeit, also die synagogale Gebundenheit oder die außerhalb der Gesetzesobservanz stehende Gemeinde. Da man zur Zeit des Konvents auch in Jerusalem wußte, daß in Antiochia ehemalige Juden und Hellenen allein „in Christus" und ohne Gesetz als Gemeinde zusammen lebten (vgl. die antiochenische Delegation und die alte Formel in Gal 3,26–28), ist klar, daß man auch duldete, daß Judenchristen wie Barnabas und Paulus die Gesetzesbeachtung um der Einheit der Gemeinde willen aufgaben. Natürlich ahnte damals noch niemand, daß Paulus bald Antiochia verlassen und Völkermission im großen Stil und weltweit betreiben würde. Noch war der antiochenische Gemeindetyp begrenzt und die Ausnahme. Für Palästina kam er schon gar nicht in Frage, allenfalls hier und da für die Diaspora. So beruht die Abmachung auf einem Bewußtseinsstand, der bald überholt sein sollte.

Trotzdem hat die Abmachung hohen Wert: Sie bestätigt die Einheit der Kirche aus Juden und Heiden unter dem einen Evangelium. Sie versperrt den Weg, das Völkerchristentum zum bloßen Appendix des Judenchristentums zu machen, und selbstverständlich auch den (von Paulus nie gewollten) Weg, daß Völkerchristen eine eigene Kirche gründeten. Sie gestattet Gesetzesfreiheit und respektiert die paulinische Mission, darum kann das Gesetz nicht mehr notwendige Basis des alle einenden christlichen Selbstverständnisses sein Die Befürchtung des Paulus (vgl.V.2) ist nicht eingetreten, offenbar zur Erleichterung aller Gesprächspartner, die die Übereinkunft abschlossen. Dabei haben, aufs Ganze gesehen, Petrus und die Seinen nachgegeben, nicht die Antiochener.

10   Abgehoben von der eigentlichen Abmachung folgt ein Zusatz: „Wir" – also die Vertreter Antiochias – „sollen der Armen" Jerusalems durch eine Kollekte

„gedenken". Dies ist als eine freiwillige und einmalige Diakonie Antiochias für die Armen des Judenchristentums in Jerusalem (Röm 15,26) zu verstehen, also nicht als eine regelmäßige Abgabe aller völkerchristlichen Gemeinden an alle Jerusalemer Christen. Nach seinem Fortgang aus Antiochia hat sich Paulus persönlich allerdings an die Abmachung weiterhin in Gestalt einer Selbstbindung gehalten und für solche Sammlung provinzweise geworben (1.Kor 16,1–3; 2.Kor 8f.; Röm 15,25ff.). So tat er es auch bei den Galatern, bei denen er offenbar auch die Art des Sammelns so ordnete, daß er dies den Korinthern als Vorbild empfehlen konnte (1.Kor 16,1–3). Das alles geschah in Galatien natürlich vor dem Eindringen der Judaisten, denn die schwierige Situation des Galaterbriefes ist ebenso wie die paulinischen Probleme in Korinth (2.Kor 8,6.11) sicherlich einer Werbung für eine Kollekte nicht förderlich gewesen. Da Paulus dennoch ganz unproblematisch auf die Kollekte in V.10 eingeht, wird man annehmen, daß die Galater ihre Kollekte längst glücklich abgeschlossen und auch nach Jerusalem transportiert hatten. 1.Kor 16,3f. zeigt, daß Paulus nur ausnahmsweise die Kollekte selbst überbringt. War diese heidnische, also unreine Kollekte der Anlaß (vgl. Röm 15,30–32), daß die Judaisten nach Galatien kamen?

2.4 Die Bewährung des paulinischen Evangeliums anläßlich des Streites in Antiochia 2,11–21

11 Als jedoch Kephas nach Antiochia kam, stellte ich mich ihm persönlich entgegen, weil er sich schuldig gemacht hatte.

12 Denn bevor einige Leute von Jakobus eintrafen, hielt er Tischgemeinschaft mit den Völker(christe)n. Als sie jedoch kamen, zog er sich zurück und sonderte sich ab aus Furcht vor denen aus der Beschneidung. 13 Und mit ihm heuchelten zusammen die übrigen Juden(christen), so daß auch Barnabas von ihrer Heuchelei mit fortgerissen wurde.

14 Als ich aber sah, daß sie nicht den geraden Weg im Blick auf die Wahrheit des Evangeliums gingen, sagte ich zu Kephas vor allen: „Wenn du, der du ein Jude(nchrist) bist, nach heidnischer und nicht nach jüdischer Weise lebst, wie kannst du dann die Völker(christen) zur jüdischen Lebensweise zwingen? 15 Wir (Judenchristen) sind von Geburt Juden und nicht Sünder aus den Völkern. 16 Doch wissen wir, daß ein Mensch nicht aus Werken des Gesetzes gerecht wird, sondern (allein) durch Glauben an Christus Jesus. So kamen wir an Christus Jesus zum Glauben, damit wir gerecht werden aus Glauben an Christus und nicht aus Gesetzeswerken, denn aus Gesetzeswerken ‚wird kein Fleisch gerecht werden'.

17 Wenn wir (Judenchristen) jedoch danach streben, in Christus gerecht zu werden, auch selbst (dabei) als Sünder eingeschätzt werden, ist dann Christus ein Diener der Sünde? Das sei ferne! 18 Doch wenn ich das, was ich eingerissen habe, wieder aufrichte, dann stelle ich mich als Übertreter hin. 19 Denn ich bin durch das Gesetz dem Gesetz gestorben, damit ich Gott lebe. Ich bin mit Christus gekreuzigt. 20 So lebe nicht mehr ich, vielmehr lebt in mir Christus. Was ich jetzt im Fleisch lebe, lebe ich im Glauben

**an den Sohn Gottes, der mich geliebt und sich für mich dahingegeben hat.
21 Ich setze die Gnade Gottes nicht außer Kraft. Denn wenn Gerechtigkeit
durch das Gesetz (kommt), dann ist Christus umsonst gestorben."**

Auch dieser letzte Abschnitt der geschichtlichen Aufarbeitung des seit 1,11
verhandelten Problembündels steht in chronologischer Nachordnung. Der
Konvent (2,1ff.) liegt also zeitlich zurück. Zwar fehlt eine nähere Zeitangabe
im Unterschied zu 2,1. Jedoch will Paulus mit V.12 sagen, daß Petrus sich
zunächst ganz selbstverständlich konventskonform verhielt. Das Darstellungskonzept folgt dabei apophthegmatischer Formgebung, d.h. einer schon
wertenden, in jedem Fall das Problem als Szene angebenden Einleitung folgt
der autoritative Entscheid durch die Hauptperson. Sie hat das letzte Wort, so
daß die Szene nach hinten stilgemäß offenbleibt. Weder die petrinische Antwort noch die Reaktion der Gemeinde werden also mitgeteilt. So hat Paulus
das einzige und letzte Wort. Dies nutzt er hier so, daß er nicht einfach histori-
sierend wiederholt, was er damals sagte, vielmehr verschränkt er die Erinnerung an das Vergangene und die Zielsetzung des jetzigen Briefes. So führt die
paulinische Rede zur Sachdiskussion in der galatischen Angelegenheit. Diese
Argumentation wird dann ab 3,1ff. geführt werden.
    Zur inneren Gestaltung im einzelnen läßt sich anführen: V.11 ist eine Art
Überschrift zum ganzen Vorgang. Sie stellt mit dem „Als" den Zusammenhang zum bisher Berichteten her (Als ... danach ... danach ... danach ... als:
1,15.18.21; 2,1.11), benennt knapp das Ereignis (Petrus kam, Paulus tritt ihm
entgegen) und gibt die Beurteilung an, unter der die Galater das Folgende
lesen sollen. V.12f. machen dann nähere Hinweise zum Thema: „Petrus kam
nach Antiochia". Ab V.14 steht die Schilderung der persönlichen Entgegnung
des Paulus.

11 Mit dem zeitlich unbestimmten „Als" schließt Paulus nicht nur eine Ereignis-
    folge ab, sondern führt auch, nachdem er selbst bisher Subjekt bei den Verben
    der Bewegung war (1,17.18.21; 2,1), ein neues Subjekt ein, das nun die Di-
    stanz zwischen ihm und Jerusalem überwindet: Petrus. Er, mit dem Paulus
    bisher (1,18; 2,6–9) in einem guten Verhältnis stand, wird anläßlich seines Be-
    suches in Antiochia zu seinem Gegner. Wann der petrinische Besuch statt-
    fand, ist ebenso offengelassen wie bei den Ereignissen in 1,15.21. Ein mittel-
    fristiger Abstand zum Konvent ist darum zwar eine ungenaue, aber wohl
    immer noch die präziseste Annahme (also etwa 49 n.Chr.). Etwas Abstand
    zum Konvent benötigt man, um die in Jerusalem veränderten Verhältnisse
    (V.12) entstehen zu lassen. Im übrigen spielt die genaue Chronologie für Pau-
    lus darum in V.11 keine Rolle, weil er einen sachlichen Kontrast herausstellen
    will: Paulus kann aufgrund der Jerusalemer Abmachung, die seinen gesetzes-
    freien Völkerapostolat bestätigte, seinen Standpunkt gegenüber Petrus, einem
    der Vertragspartner aus Jerusalem, in vorzüglicher Weise bewähren: Soll er,
    der so gegenüber Petrus handelte, jetzt in Antiochia etwa anders verfahren?
    Man soll sich also gar nicht erst ausmalen, der Apostel könne den Judaisten

gegenüber, die den Konventsbeschluß annullieren wollen, nachgeben! So ist das antiochenische Ereignis, auf das Paulus nicht mehr und die Apostelgeschichte überhaupt nicht eingehen, für den Apostel in der galatischen Situation besonders dienlich.

Außer dem Zeitpunkt läßt Paulus auch offen, warum Petrus nach Antiochia kam, obwohl er umgekehrt seinen Grund, Jerusalem zu besuchen (1,18), angibt. Vermutungen wie die, Petrus sei auf einer Visitationsreise gewesen, sind zurückzustellen, weil man damals sicherlich noch nicht visitierte. Ebensowenig darf Apg 12,17 Anlaß sein, Petrus auf der Flucht zu wähnen. Will man die Frage nicht offen lassen, so ist immer noch dies die beste Auskunft, daß Petrus eine Art Gegenbesuch machte, wie ja die Kontakte zwischen den Gemeinden in Jerusalem und Antiochia (vgl. z. B. die Jakobusleute in 2,12) überhaupt eng waren (analog zu den traditionellen synagogalen Kontakten beider Städte). Erwägenswert ist noch, ob Petrus nicht als Missionar Jerusalem indessen verlassen hatte, da dort nun Jakobus Gemeindeleiter geworden war (1. Kor 15,7; Gal 2,12). Das kann man mit der Gegenbesuchsthese kombinieren: Der in Syrien missionierende Petrus besucht die Antiochener, die u.a. ihn vor einiger Zeit in Jerusalem aufsuchten.

Der Besucher Petrus, der in Jerusalem zweifelsfrei gesetzestreu lebte, nimmt [12 f.] nun ganz selbstverständlich an dem außerhalb des Gesetzes organisierten Gemeindeleben teil. Da weder er dabei ein Problem sieht, noch die Gemeinde etwas anderes von ihm erwartet, natürlich auch Paulus solches Verhalten für normal hält, ist der Konventsbeschluß in Geltung, nicht aber nur etwa ein umstrittener Sonderweg Antiochias. Auch die Eindeutigkeit, mit der Petrus abgeurteilt wird, und die Klarheit, mit der die aus dem Besuch der Jakobusleute entstehenden Folgen für die antiochenische Gemeinde getadelt werden, lassen nur diese Annahme zu. Da Sättigungsmahl und Herrenmahl am selben Tisch, im selben (ggf. nichtjüdischen) Haus und unmittelbar zusammen gefeiert wurden (vgl. 1. Kor 11,17 ff.), nimmt Petrus also zunächst im vollen Umfang am antiochenischen Gemeinschaftsleben teil, bei dem Juden und Völkerchristen außerhalb der Synagoge, also ohne Beachtung der Tora, sich eins wissen „in Christus" (Gal 3,26.28) und darum mit den Gaben des Geistes leben, jedoch z. B. rituelle Speisegesetze längst außer Kraft setzten (Röm 14,17; Gal 3,26–28).

Genau dies monieren die Leute des Jakobus. Sie treffen ein, nachdem Petrus schon eine Zeitlang ohne Skrupel und regelmäßig „ungesetzlich" lebte (vgl. das Imperfekt, das die Mehrmaligkeit des Vorgangs andeutet). Unklar bleibt, ob Jakobus seine Anhänger direkt sandte. Offenbar ist Jakobus indessen der erste Mann in Jerusalem und die Identifikationsfigur des Judenchristentums. Die Jakobusanhänger treten also in jedem Fall mit der Autorität des Jakobus auf und dem Anspruch, alle Judenchristen – auch Petrus und Barnabas – müßten sich ihrer Auffassung beugen. Diese beinhaltet, daß für Judenchristen die gesetzeskonforme Lebensweise verbindlich ist (vgl. Apg 10,14.28; 11,2 f.). Darum müssen Judenchristen sich von Völkerchristen absondern, also für sich unter kosheren Bedingungen „essen" (vgl. Dan 1,8–16; Jub 22,16;

3.Makk 3,4). Damit unterscheiden sich die Jakobusleute von den Judaisten: Diese zwingen Völkerchristen weiter unter das Gesetz (Beschneidungsforderung), jene trennen zwischen Juden- und Völkerchristen und haben an die Judenchristen Forderungen. Sie stehen also insofern zum Konventsbeschluß, als sie grundsätzlich das Völkerchristentum anerkennen. Doch fallen sie hinter den Beschluß zurück, weil sie Antiochias Gemeindeleben mit Juden- und Völkerchristen auf „ungesetzlicher" Basis nicht mehr zulassen wollen. Man weiß, man kann das Entstehen von völkerchristlichen Gemeinden nicht mehr ungeschehen machen. Aber man will die Grenzen zwischen dem Heilsvolk und den übrigen Völkern nicht verwischen. Wie kann man sich dann Kontakte zwischen Juden- und Völkerchristen vorstellen? Vielleicht im Sinne der sog. Klauseln des Jakobus aus Apg 15,13–33, die ja vorsehen, daß Völkerchristen ein Minimum an Reinheitsvorschriften halten sollen, nämlich die, die nach 3.Mose 17f. Fremde im Lande Israel beachten mußten. So mag Lukas in Apg 15 zusammenziehen, was historisch in mehreren Phasen ablief.

Warum nehmen Jakobus und sein Anhang einen Teil des Konventsbeschlusses zurück? Eine Antwort auf diese Frage muß bedenken: Die Judenchristen Antiochias ziehen sich offenbar (fast) komplett zurück – einschließlich Petrus und Barnabas. Die Gründe zum Rückzug müssen demnach stark gewesen sein. Man darf also nicht den Zwischenfall nur mit einem wankelmütigen Charakter des Petrus deuten (vgl. Mk 14,66ff.). Eine antiochenische Kollekte für Jerusalem sollte man allerdings auch nicht bemühen. Der Empfang unreinen Geldes kann zwar den Jerusalemern synagogale Probleme bereiten (vgl. Röm 15,31), jedoch ist von einer Kollekte in Gal 2,11ff. keine Rede, obwohl sie 2,10 noch Erwähnung fand. Weiter kommt man mit der Angabe, daß Petrus (und doch wohl alle anderen Judenchristen) sich separierten, weil sie die Absonderung als notwendige Konsequenz angesichts der „Furcht vor denen aus der Beschneidung" ansahen. Damit sind eindeutig andere als die Leute des Jakobus gemeint. Nach Apg 11,2; Röm 4,12 werden so Juden beschrieben, nicht Judenchristen. Die würde man z.B. als „Gläubige aus der Beschneidung" (Apg 10,45) bezeichnen. Offenbar geraten die Judenchristen Jerusalems in Erklärungsnot gegenüber der Synagoge, weil man dort weiß, daß Judenchristen sich in Antiochia der Gesetzeskonformität entledigten. Bedenkt man, daß in diesen Jahren bis hin zum ersten antirömischen Aufstand (68–71 n.Chr.) das national-zelotische Denken immer mehr Einfluß gewann, ist solche Kollision als akute Bedrohung erklärbar. Paulus erwähnt 1.Thess 2,14 solche Verfolgung. Josephus berichtet, daß Jakobus 52 n.Chr. – also kurz nach dem antiochenischen Zwischenfall – in Jerusalem als Märtyrer starb (Antiquitates 20,200). Da die Jerusalemer aus theologischen Gründen natürlich in der Synagoge bleiben, aber auch die Völkermission als solche wegen des Konventsbeschlusses nicht zurücknehmen wollten, ging man den Weg, zumindest Judenchristen zur Gesetzestreue aufzufordern. Dies leuchtete Petrus, Barnabas und vielen Antiochenern ein. Sie wollten das Leben der Jerusalemer Geschwister nicht durch ihr Verhalten beschweren. Paulus schätzt das als „Heuchelei" ein, als Widerspruch zum eigentlichen Standpunkt. Er hat wohl den

Jerusalemern den Leidensweg zugemutet (vgl. Gal 5,11; 6,12.17), der dann im
Endeffekt auch unvermeidbar war.

Die Jakobusleute erreichen zunächst in Antiochia, daß die Einheit der
Gemeinde zerstört wird. Es entstehen zwei Gemeinden, wo man vorher sich
in Christus eins wähnte (Gal 3,26–28) und auf die gemeinsame letzte Vollendung hoffte (1.Thess 4,17; 5.10). Diese Trennung ist Folge von Gesetzesobservanz. Das Gesetz hat also doch wieder konstitutive Bedeutung! Also sind die
Judenchristen doch wieder bevorzugte Erwählte! Das setzt die Völkerchristen
herab. Wollen sie keine Kirchentrennung, müssen sie den Judenchristen gesetzlich entgegenkommen. So stehen auch sie wieder vor der Gesetzesthematik, die für sie mit dem Konvent eigentlich erledigt war.

Paulus stilisiert das sicher vielstimmige Gespräch in der Vollversammlung 14
der Gemeinde so, daß er nur auf den Umfaller Petrus abhebt. Sein Beispiel war
wohl auch damals wegweisend. Außerdem kann Paulus an ihm sehr schön
aufweisen, was der antiochenische Fall mit der galatischen Situation zu tun
hat. So gibt er denn auch sofort seine Wertung ab: Die Judenchristen haben
zwar kein anderes Evangelium (1,6). Sie gehen jedoch nicht den geraden Weg
im Blick auf die Wahrheit des Evangeliums. Es handelt sich noch nicht um
einen Abfall von Christus (5,4; vgl. 1,7; 5,7), aber um eine kompromißhafte
Verdunkelung der „Wahrheit des Evangeliums", womit ein Schlagwort Antiochias (2,5) aufgegriffen wird. Die „Wahrheit des Evangeliums" besteht darin, daß Gott die Völker erwählt hat, ohne ihnen das Gesetz aufzuerlegen. Sie ist
also identisch mit der „Freiheit des Evangeliums" (2,4).

Wie schon eingangs des Abschnitts angedeutet, besitzt die Rede eine doppelte Funktion: Sie muß den Lesern die paulinische Antithese zur damaligen
petrinischen Situation erklären, und sie soll zur Argumentation des Paulus
angesichts der galatischen Situation hinführen (3,1ff.). Sie ist also kein histori-
sches Protokoll, sondern verschmilzt das Damals und das Heute. Das kann
man gleich am Anfang der Rede sehen: Die vorwurfsvolle Frage an Petrus
überzieht die antiochenische Situation. Denn Petrus hatte die Völkerchristen
zu nichts gezwungen. Er zielte nur auf eine Veränderung bei den Judenchristen! Doch für die galatische Situation ist der paulinische Ausdruck angemessen (6,12). Dennoch geht die Einstiegsfrage nicht einfach an der antiochenischen Situation ganz vorbei: Wollen die Völkerchristen keine Spaltung in
zwei Gemeinden, müssen sie den Judenchristen zumindest mit den Regeln
aus 3.Mose 17f. entgegenkommen.

Stellte die anklagende Frage in V.14 das Problem klar, so erörtert Paulus nun 15f.
in einem ersten Abschnitt seinen Standpunkt dazu, indem er auf die Situation
eingeht, in der nach ihm alle Judenchristen stehen, wenn sie Christen werden:
Gebürtige Juden wie Petrus und Paulus gehören nicht zu den „sündigen"
(d.h. gesetzlosen) Völkern. Stellen wie Röm 2,17ff.; 3,2; 9,4f.; Phil 3,5f. machen
den Sinn deutlich: Weil Gottes erwählendes Handeln einst Israel traf, besteht
zwischen dem erwählten Volk und der restlichen Menschheit eine nicht ver-
wischbare Grenze. Dieses Faktum wird auch durch das Evangelium nicht aus
der Geschichte getilgt. Vielmehr begegnet die Menschheit mit dieser Vorgabe

dem Evangelium. Allerdings können auch Judenchristen nur durch den Glauben an Christus gerecht werden, nicht durch Werke des Gesetzes. Dies macht Paulus in einer recht komplizierten Satzperiode deutlich.

Die Situation, wie sie V.14 skizziert und V.15f. beschreibt, erschließt sich am besten von der Existenzwende her, die Paulus im Blick hat, wenn er vom „zum Glauben kommen" redet. „Zum Glauben kommen" müssen nach urchristlicher Missionssprache zunächst die Völker (1.Thess 1,8–10; 1.Kor 15,2; Gal 3,2.5). Ihre durch das Evangelium verursachte befreiende Lebenswende beinhaltet ein neues, das ganze Leben bestimmende Gottesverhältnis (1.Thess 1,9; Gal 4,8f) und zugleich eine Rettung vom kommenden Zorn (1.Thess 1,10; Röm 5,9f.; 10,9f.), also endzeitliche Erlösung. Für diesen urchristlichen Gebrauch des Verbs „glauben" gibt es spärliche Vorprägungen aus der hellenistischen Synagoge (Jon 3,5; Jud 10,14; Philo, heres 90ff.).

Die Weichenstellung zu solcher Völkermission geschah in Antiochia. Als Gemeinde aus Juden und Völkerchristen mußte Antiochia bald erklären, wie sich Judenchristen solchen Völkerchristen zuordnen sollten. Dazu macht die jetzige paulinische Antwort in 2,15f. klar: Zwar haben es Juden nicht nötig, Fremdgötter aufzugeben, aber auch sie – wie Petrus (vgl. Apg 15,10f.) und Paulus – kamen zum Glauben als solche, die durch das Gesetz kein Heil erlangten, vielmehr wie Völkerchristen alle Hoffnung auf Rettung allein auf Christus setzten. So bestätigten sie mit ihrem Christwerden die Heilsfunktion Christi und aberkannten solche dem Gesetz. Kann man jedoch durch Gesetzeswerke nicht zum Heil gelangen, dann ist die Absonderung der antiochenischen Judenchristen theologisch ein Unding.

Diese paulinische Antwort ist nun jedoch wohl nicht ganz neu gebildet, sondern reflektiert alte antiochenische Entscheide, die einst unter Mitwirkung des Paulus entstanden. Jedenfalls wird die Aussage: „Kein Mensch wird aus Werken des Gesetzes gerecht, sondern (allein) durch Glauben an Jesus Christus," wie ein bekannter Grundsatz eingeführt (vgl. Röm 2,1f.; 3,19; 1.Kor 8,1.4 usw.). Die Annahme, damit sei ein alter Konsens Antiochias zitiert, hilft dabei gerade auch, das griechische Satzmonstrum in 2,15f. besser zu verstehen. Zudem bekräftigt Röm 3,28, ein ähnlicher formelhafter Satz, diese Vermutung. Vorpaulinische Gerechtigkeitsaussagen begegnen nun gerne in frühen Tauftexten (1.Kor 1,30; 6,9–11; 2.Kor 5,21): Der Geist als Taufgnade verändert den Gläubigen so, daß er nun vor Gott gerecht ist. Da das Missionsevangelium zur Taufe als Besiegelung der Glaubenswende führt, passen die Aussagen vom „Glauben" und vom „gerecht werden" gut zusammen. Nun war es Antiochia, wo die christliche Gemeinde erstmals entscheiden mußte, daß und warum man ohne „Werke des Gesetzes" leben wollte (3,26–28; Röm 14,17). Erst hier war es darum möglich, daß die frühjüdische Einheit von Gesetzesbefolgung und Glaube (als Treue) zu Gott und seinem Bundesgesetz gesprengt wurde und so in Antithese geriet, wie es in der Formel zu lesen ist.

Daher verwundert es auch nicht, daß der Ausdruck „Werke des Gesetzes" bisher ausschließlich bei Paulus begegnet, und zwar in der antiochenischen Tradition 2,16a; Röm 3,28, im Zusammenhang mit der indirekten Benutzung von Ps 142,2 (LXX) in Röm 3,20; Gal 2,16b und in 3,2.5.10 als kontextuelle Abhängigkeit von 2,16. Die zwei hier und da diskutierten Analogien aus Qumran entfallen. Die Wendung zielte im antiochenischen Kontext ganz sicher konkret auf den Fortfall der Beschneidung und des Ritualgesetzes, besagte aber über diese Konkretion hinaus mehr: Das Gesetz ist nicht mehr Heilsweg, der Glaube an Christus rettet allein. Dazu paßt das allgemeine „kein Mensch", hebt es doch wie die Formel in 3,26–28 die Unterscheidung von Beschnittenen und Unbeschnittenen in bezug auf die Heilserlangung auf: Alle, Juden wie Völker, können nur gerettet werden, wenn sie an Christus glauben. Da es schon die Überzeugung des Täufers und Jesu war, daß das zeitgenössische Israel vor Gott im Unheilszustand lebte (Mt 3,7–12 par.; Lk 13,1–5 usw.) und dies offenbar auch von der judenchristlichen Mission nach Ostern vertreten wurde (vgl. die Bußpredigt an Israel als Thema der Logienquelle, außerdem Apg 2,40; 4,12 usw.; Röm 2,1ff.; 3,19f.), war für Antiochia der Weg vorbereitet, das Gesetzesproblem in diesen Überzeugungsrahmen einzubringen: Die Völker waren gottlos (1.Thess 1,9), also Sünder im Unheil. Die Juden kannten zwar Gott (Röm 2,17f.), hatten sich ihm jedoch versagt. Also bedurften alle zum Heil des Evangeliums von Jesus Christus. Daraus ließ sich folgern, daß dann das Gesetz als Heilsweg nicht mehr in Frage kam.

So hat Paulus also, als er für Galatien 2,15f. formulierte, typische antiochenische Entscheide im Blick. Mit Hilfe dieser Einsicht erschließt sich seine komplizierte Satzperiode: Auch Judenchristen wie Petrus und er haben sich im Wissen, daß Gesetzeswerke nicht gerecht machen, zur Glaubenswende hin zu Christus entschieden mit dem Ziel, aus Glauben an ihn gerecht zu werden, zumal schon das Alte Testament (Ps 142,2 LXX) selbst bezeugt, daß „kein Fleisch" – also niemand – aus Gesetzeswerken „gerecht wird". Das Stichwort der Gesetzeswerke ist dabei aufgrund des antiochenischen Grundentscheids als aktualisierte Deutung des Paulus hinzugefügt. Damit hat Paulus im Blick auf 3,1ff. vorbereitet, wie er die Antithese von Glaube und Gesetz auslegen wird.

Doch Paulus ist mit seinen Ausführungen noch nicht am Ende. Er weiß, daß seinem Gedankengang ein (jüdischer und) judenchristlicher Einwand droht (vgl. Röm 6,1.15): Wenn V.15f. gelten, ist dann nicht das Halten des Gesetzes vergleichgültigt? Wird dann nicht Christus zum Diener der Sünde, weil nach dem Willen Gottes die mit dem Gesetz gegebene Verbindlichkeit der Lebensführung entfällt, so wie das Gesetz in der dargelegten Weise für das Heil bedeutungslos ist? Es ist also ein Einwand, der aus dem festgehaltenen jüdischen Zusammenhang von Gesetz und Glaube ersteht und diese Verbindung nicht zugunsten der paulinischen Alternative preisgeben will. Später wird Paulus eine neue, seiner Theologie angemessene Verbindlichkeit für die christliche Lebensführung ausführlich aufweisen (5,13ff.). Jetzt antwortet er dazu nur sehr gedrängt im Abschnitt V.17–21, indem er der eingangs benannten Gegenfrage, ob Christus nicht – falls V.16f. gelten – zu einem Diener der Sünde werde, entgegenstellt, daß Christus umsonst gestorben wäre, wenn Gerechtigkeit durch das Gesetz käme. Er gedenkt also, Christus groß zu machen und das Gesetz klein, nicht aber Christi Heilswerk um des Gesetzes willen zu schmälern. Auch für ihn rechtfertigt Christus nicht die Sünde, wohl aber schafft er aus den sündigen Juden und Völkern neue Menschen, die „Gott leben".

18   Christus ist also kein Diener der Sünde. Allerdings macht sich Petrus zum Gesetzesübertreter und Sünder. Wenn er das, was er in zu lobender gesetzeskritischer Weise eingerissen hat (2,12 a), nun wieder aufrichtet (2,12 b), dann wird die gesetzeskritische Tat des Petrus nachträglich zur Übertretung, weil ja durch die Restitution des Gesetzes der Mensch für immer, also auch für den zurückliegenden Fall aus V.12 a, zum Schuldner wird, das Gesetz ganz zu erfüllen (5,3). Paulus formuliert diesen Sachverhalt bewußt im Ich-Stil. Dieses Ich, das die Situation jedes Glaubenden – also auch das der Galater, die wieder unter das Gesetz wollen, – einschließt, herrscht von V.18 bis V.21.

19   Warum ist solche Rückkehr unter das Gesetz ein Unding? Weil der Glaubende, der mit Christus gekreuzigt ist, dem Gesetz gestorben ist, da für ihn Christus durch das Gesetz gestorben ist. So lebt der Glaubende Gott und nicht sich selbst und der Sünde. Die Gleichgestaltung mit dem Geschick Christi ist Taufsprache (Röm 6): Die kosmische Heilswende, die Christus bewirkt hat (1,4; 5,1–6), wird mit der Taufe dem Glaubenden zugeeignet. So gehört er jenseits von Beschneidung und Unbeschnittenheit zur „neuen Schöpfung" (6,15). Christus wurde unter das Gesetz getan (4,4), um für die Menschen den Fluch

20   des Gesetzes auf sich zu nehmen und sie davon loszukaufen (3,13). So sind er und die mit ihm Gestorbenen vom Gesetz frei. An die Stelle der Gesetzesfreiheit tritt die mit der Gabe des Geistes gegebene innige Gemeinschaft mit Christus, so daß der Glaubende nicht mehr er selbst ist. Vielmehr wirkt Christus in ihm. Dies ist des Christen neue Identität. So lebt er im Glauben an den Gottessohn, der – und damit wird abermals ein Bekenntnissatz aufgegriffen (vgl. Joh 3,16; Röm 8,32; Eph 5,2.25) – sich für die Menschen dahingegeben hat. Damit gewinnt das Leben im Glauben eine neue, von Christus her begründete Verbindlichkeit im Leben für den Anderen (5,13 f.; Phil 2).

21   Ein so verstandenes christliches Leben setzt die Gnade Gottes, d.h. das Christusereignis, nicht außer Kraft. Das tut allerdings derjenige, der vom Gesetz Gerechtigkeit erwartet. Er macht Christi Lebenshingabe überflüssig.

3. Das paulinische Evangelium führt zum schon Abraham verheißenen Segen, nämlich der Gabe des Geistes, die die Gemeinde in die Freiheit vom Gesetz stellt 3,1–5,12

Mit Gal 3,1–5,12 kommt Paulus, dem Aufbau einer Gerichtsrede offenbar folgend, zum Zentrum seiner Darstellung, also zur argumentativen Bewährung seines Standpunktes (probatio oder argumentatio). Jetzt muß erhärtet werden, warum die eigene Überzeugung im Recht ist und nicht die gegnerische. Dabei tritt der unmittelbare und direkte Angriff gegen die Fremdmissionare bis auf den Schluß zurück. Doch die durch ihr Eindringen in Galatien aktuell gewordene Alternative von Geist und Gesetz, Glaube und Gesetzeswerken, Sohnschaft und Knechtschaft, Freiheit und Sklaverei wird nun so beleuchtet, daß jeder galatische Christ sofort einsah, jetzt kommt es zur entscheidenden Auseinandersetzung. Es sollte auch kein Zweifel aufkommen, daß die judaistischen Gegner im Zentrum ihrer Theologie eine enge Beziehung zwischen Abraham und Gesetz sahen, ja diese die Basis ihrer Anschauung war. Darum muß Paulus beide Größen im Sinne seiner Auffassung beschreiben. Den rhetorischen Mitteln antiker Polemik wird man heute kritisch gegenüberstehen. Darum wird man es Paulus danken, daß er in 3,1–5,12 auf sie nur begrenzt eingeht, hingegen den Stil der Diatribe und Exegese bevorzugt, bis er am Schluß (5,1ff.) nochmals die Fremdmissionare hart attackiert.

Der ganze Argumentationsverlauf ist zweigeteilt (3,1–4,7; 4,8–5,12). Der erste Durchgang zieht in grundsätzlicher Weise von der Verheißung an Abraham bis zur Sohnschaft der christlichen Gemeindeglieder einen großen und grundsätzlichen Bogen. So wird einsichtig, daß der Segen, der dem Erzvater verheißen wurde, jetzt in der Gemeinde erfüllt ist, wobei das Gesetz dazu als ganzes in Abseitsstellung gebracht wird. Der zweite Durchgang ist unmittelbar an dem jetzigen und einstigen Zustand der Gemeinde interessiert, bearbeitet eingangs und ausgangs konkrete Gesetzesforderungen der Gegner wie Festkalender (4,10) und Beschneidung (5,2–6.11f.) und lebt statt vom heilsgeschichtlichen Bogen des ersten Durchgangs von der sachlichen Gegenüberstellung von gesetzlicher Knechtschaft und geistlicher Freiheit. Beide Teile haben Parallelen und Variationen im Aufbau. So beginnen beide mit Fragen an die Gemeinde (3,1–5; 4,8–11) und nennen exegetische Teile ihr eigen (3,6ff.; 4,21ff.). Auf der anderen Seite prägen u. a. Stücke wie 3,15–22 oder 4,12–20 je das besondere Gesicht der Durchgänge. Am Schluß (5,7–12) wird 1,6–9 wieder lebendig. Ebenso deutlich ist der Bezug zu 6,12–19. Mit 5,1–12 endet der argumentative Hauptteil mit kompromißloser Polemik.

3.1 Der erste Argumentationsgang: Die Abrahamverheißung und das wahre Gesetzesverständnis bezeugen den Heilsstand der durch den Geist des Evangeliums bestimmten Gemeinde 3,1–4,7

Der erste Argumentationsgang (3,1–4,7) ist von Paulus so gestaltet, daß sich seine Gliederung gut nachvollziehen läßt. Das Eingangsstück ist durch rhetorische Fragen bestimmt (3,1–5). Sein Gegensatz von Glaube und Gesetz, von Geist und Fleisch bereitet die folgende Antithetik vor. Im zweiteiligen zweiten Stück (3,6–9.10–14) begreift Paulus durch Interpretation der Schrift die Gegensätzlichkeit der Gesetzeswerke und der Abrahamverheißung unter dem Gesichtspunkt von Segen und Fluch und hält fest, daß der Segen Abrahams in der Geistbegabung besteht, die der erhält, der wie Abraham glaubt. Im zweiteiligen dritten Stück (3,15–18.19–22) erhält das Gesetz seine Interpretation. Obwohl Schriftzitate rarer werden, bezieht sich Paulus doch in breiter Weise auf die Schrift, um das Selbstverständnis der Tora zu erheben. Das Ergebnis ist dieses: Das Gesetz kann die Verheißung nicht außer Kraft setzen und ist ganz ungeeignet, dem Zusammenhang Glaube – Gerechtigkeit – Sohnschaft

Konkurrenz zu machen. Ein zweiteiliges viertes Stück (3,23–29; 4,1–7) behandelt den Heilsstand der christlichen Gemeinde, die das geistliche Erbe Abrahams und zugleich die Sohnschaft erhalten hat. Als diese Erbin ist sie vom Gesetz frei. Die einprägsame Strukturierung der Stücke ist nicht zuletzt daran erkennbar, daß sämtliche Abschlüsse (3,5.9.14.18.22.29; 4,7) ergebnissichernd die Hauptthese variieren.

3.1.1 Die Gemeinde bekam den Geist aufgrund der Evangeliumsverkündigung, nicht aufgrund einer Gesetzespredigt 3,1–5

1 O, ihr unverständigen Galater, wer hat euch verzaubert, denen Jesus Christus vor Augen gemalt wurde als Gekreuzigter? 2 Das allein will ich von euch erfahren: Habt ihr aufgrund der Werke des Gesetzes den Geist empfangen oder aufgrund der Botschaft des Glaubens? 3 Seid ihr so unverständig? Im Geist habt ihr begonnen, jetzt wollt ihr im Fleisch vollenden? 4 So Großes habt ihr vergeblich erfahren? Wenn denn nur vergeblich? 5 Der euch den Geist gewährt und Wunder unter euch wirkt, (vollbringt er das) aufgrund der Werke des Gesetzes oder aufgrund der Predigt des Glaubens?

Die kataraktartig auf die Galater herabstürzenden Fragen erinnern an die Befragung (interrogatio) in einer Gerichtsrede. Freilich sind es rhetorische Fragen! Denn die Antworten stehen selbstverständlich fest. Zweimal sind die Galater als unverständig bezeichnet (V.1.3), zweimal fragt Paulus praktisch fast gleich (V.2.5). So ergeben sich zwei Teile: Der erste (V.1–2) erkundigt sich nach dem Ursprung, der zweite (V.3–5) nach der jetzigen Befindlichkeit der Gemeinde. Der erste zielt auf das, was einst geschah (Verben in der Vergangenheitsform), der zweite auf das, was die Gemeinde aus ihrer geistlichen Bestimmtheit heraus (V.5: Präsens) jetzt (V.3) törichterweise zu tun vorhat. Die Leser verstehen: Die Gemeinde befindet sich auf dem Weg in einen Widerspruch zwischen ihrem guten anhaltenden Anfang und ihrem jetzigen neuen Vorhaben.

1   Der Apostel greift nach der längeren geschichtlichen Erörterung auf 1,6f. zurück und knüpft zugleich an ein Stichwort aus 2,19–21 an. Zur polemischen Typik gehört es, daß Konkurrenzmission nicht überzeugen, sondern nur „verzaubern" kann. Verzauberte Hörer können nur „unverständig" sein. Wer hingegen die paulinische Argumentation (3,6ff.) übernimmt, ist natürlich „verständig". Mit dem Verweis auf den Gekreuzigten ist freilich bewußt inhaltlich und nicht nur rhetorisch an den Gedanken erinnert, daß Christen mit Christus gekreuzigt und also dem Gesetz gestorben sind. Damit ist die zweite
2 Frage vorbereitet. Sie setzt voraus, was allgemeine urchristliche Erfahrung war: Das Evangelium führt zur Geisterfahrung derjenigen, die es als Inhalt ihres Glaubens annehmen (1.Thess 1,5–7; Röm 15,18f.; Apg 11,14f.). Auch die Frage nach der Erstmission ist für Paulus typisch: Alles, was für ihn mit der Entstehungssituation einer Gemeinde zusammenhängt, enthält wegweisende

Bedeutung für das weitere Leben der Gemeinde (1. Thess 1f.; 1. Kor 1,26 ff.; 15,1 ff.). Gerade auch speziell die Jerusalemer Entscheidung zugunsten der Anerkennung völkerchristlicher Gemeinden beruhte auf der Erkenntnis, daß durch die gesetzesfreie Evangeliumsverkündigung geistgeleitete Gemeinden entstanden (Apg 15,8 f.; Gal 2,7–9). Die Frage des Paulus an die Galater ist also keinesfalls zufällig oder konstruiert. Auch die erwartete Antwort ist eindeutig: Da die gesetzesfreie Evangeliumsverkündigung des Apostels die Gemeinden entstehen ließ, kann der Geistempfang nur Folge dieser Predigt sein, ohne daß Gesetzeswerke dabei im Spiel waren. Damit wird vorbereitet, was Paulus in 3,1 ff. ausführen wird: Der Geist ist der Segen Abrahams. Das Gesetz hat in diesem Fall keinen Platz, ja es würde den Segen verderben.

Können die Gemeinden dies etwa nicht mehr einsehen, daß mit Werken 3 des Gesetzes der geistliche Anfang „fleischlich" endet, wenn sie jetzt den Gesetzespredigern folgen? „Fleisch" hatte bisher im Brief neutralen Sinn (1,16; 2,16.20), wird aber ab jetzt (4,23.29; 5,16 f. u. ö.) zum Unwertbegriff des Unheils und der Sünde. Verstehen die Gegner ihren gesetzlichen Weg als Vollendung, so deutet Paulus ihn als Abfall vom Heil (1,6–9). Für ihn ist der Gesetzesweg keine ergänzende Additio zum Evangelium, sondern negative Alternative. Sollten also die Galater so Großes – nämlich Evangelium und Geist – 4 vergeblich empfangen haben? Aber man kann Gottes Geist nicht vergeblich erhalten. Ein Abfall vom Glauben ist keine wertfreie Sache. Galt den Irrlehrern in 1,8 f. die Verfluchung, so erhält die Gemeinde nun eine Drohung. Ihr 5 schließt sich die letzte Frage an, die V.2 aufgreift: Der einst gegebene Geist wirkt immer noch in der Gemeinde (vgl. Röm 15,18 f.; 1. Kor 12,9 f. 28 f.; 2. Kor 12,12; 1. Thess 1,5); geschieht das etwa wegen des anstehenden Weges unter das Gesetz oder wegen der Glaubenspredigt? Der erste Fall kann nicht gelten, weil die Werke des Gesetzes bis vor kurzem in der Gemeinde keine Bedeutung hatten. Wenn der Geist aber bis heute kontinuierlich in der Gemeinde erfahren wird, dann ist immer noch die Glaubenspredigt doch der Ursprung dafür! Wieso bedarf sie dann einer Ergänzung? Die letzte Frage endet dabei sicherlich absichtlich mit dem Stichwort „Glaube", das zum nächsten Gedankengang überleitet (3,6–9).

Man hat vorgeschlagen, 3,1–5 von einem ekstatischen Geistchristentum her zu deuten (Analogie: Korinth). Aber das trifft nicht zu: Paulus spricht genau so vom Geist, wie er alle Gemeinden darauf anspricht (Röm 5,5; 8,9–11.14 f.; Phil 2,1; 1. Thess 1,6 usw.). Er sieht auch keine Notwendigkeit, sich von einem Geistverständnis der Gemeinde oder der Missionare abzusetzen wie z. B. in 2. Kor 10–13. Er kann vielmehr mit 3,1.5 die Argumentation beginnen, weil er sich im Geistverständnis mit der Gemeinde einig ist.

3.1.2 Der Segen Abrahams gilt denen aus den Völkern, die glauben und vom Fluch des Gesetzes losgekauft sind 3,6–14

6 **Wie (es bei) Abraham war: „Er glaubte Gott, und das wurde ihm als Gerechtigkeit angerechnet."** 7 Erkennt also, daß die aus Glauben (leben),

diese sind Söhne Abrahams. 8 Weil aber die Schrift voraussah, daß Gott die Völker aufgrund des Glaubens gerecht macht, hat sie Abraham das Evangelium zuvor verkündigt: „In dir werden alle Völker gesegnet werden." 9 Also die aus Glauben (leben), werden gesegnet zusammen mit dem glaubenden Abraham.

10 Alle jedoch, die aus Gesetzeswerken (leben), stehen unter dem Fluch. Denn es steht geschrieben: „Verflucht ist jeder, der nicht bei allen Geboten bleibt, die in diesem Gesetzbuch geschrieben sind, um sie zu tun." 11 Daß aber durch das Gesetz niemand gerecht wird bei Gott, ist klar, denn „der aus Glauben Gerechte wird leben". 12 Das Gesetz jedoch ist nicht (bestimmt vom Grundsatz:) „aus Glauben", sondern „wer sie (die Gebote) getan hat, wird durch sie leben". 13 Christus hat uns freigekauft vom Fluch des Gesetzes, indem er für uns zum Fluch geworden ist – denn es steht geschrieben: „Verflucht ist jeder, der am Holz hängt" –, 14 damit zu den Völkern der Abrahamsegen in Jesus Christus käme, damit wir die Verheißung des Geistes empfingen durch den Glauben.

V.6: 1. Mose 15,6; V.8: 1. Mose 12,3; 18,18; V.10: 5. Mose 27,26; V.11: Hab 2,4; V.12: 3. Mose 18,5; V.13: 5. Mose 21,23.

Im ersten Argumentationsgang 3,1–4,7 setzt Paulus sich von einer durchschnittlichen bundesnomistischen Theologie des Frühjudentums ab, deren Grundzüge wie folgt aussehen: Gott hat Abraham erwählt aufgrund seiner Treue (seines Glaubens) zu ihm. Seinen Söhnen, also Israel, gelten darum die Erwählung, der Bund und die Verheißungen. Auch die Völker können Anteil an Israels Segen bekommen. Gottes Willenskundgebung im Bund ist das Gesetz des Mose. Mose ergänzt Abraham. Bundestreue ist somit Gesetzestreue. Wer das Gesetz beachtet, ist gerecht und wird leben. Einem solchen Täter des Gesetzes ist Gott ein Vater, der die Verheißungen des Abrahambundes und des Gesetzes (Landbesitz für Israel, Vermehrung des Volkes, Leben im Heil Gottes) nicht versagt.

Die entscheidenden Weichenstellungen der paulinischen Uminterpretation sind folgende: Die Abrahamkindschaft ist nicht genealogisch zu verstehen, sondern geistlich: Wer wie Abraham glaubt, ist Kind Abrahams (3,9). Die Verheißungen an Abraham werden außerdem auf den Völkersegen reduziert (3,8). Das Gesetz ist nicht ergänzender Inhalt des Bundes, sondern steht außerhalb desselben, kommt es doch zu spät, um den Bund zu ergänzen (3,17f.). Darum wird der „Glaube" nicht mehr als Gesetzestreue verstanden; er ist nun das sich Verlassen auf Gottes Verheißung (3,6.8) und steht in Antithese zu den „Werken des Gesetzes" (3,9f.). Das Gesetz ist auch einst gar nicht gegeben, um dem Täter Gerechtigkeit und Leben zu geben (3,21). Es besaß nie Heilsfunktion und ist bar einer soteriologischen Aufgabe. Seine Aufgabe ist es vielmehr, bis zum Erscheinen Christi Zuchtmeister der sündigen Menschheit zu sein (3,24) und den Sünder unter den Fluch zu stellen (3,10.19). Von diesem Fluch befreit Christus (3,13f.), auf dem als endzeitlichen Urmenschen die Verheißung Abrahams zunächst zielt (3,16f.) und durch den dann alle Christus-Gläubigen des Segens Abrahams teilhaftig werden (3,14; 4,4f.). So erfüllt Gott die Verheißung an Abraham in der christlichen Gemeinde – vorbei am Gesetz. Um das Gesetz ist es dabei darum nicht schade, weil es nur abgestuft zu Gott gehört (3,19f.), hingegen der Segen Abrahams, also der Geist, in einer unüberbietbaren Weise unmittelbar mit Gott verbindet (4,6f.).

Warum liegt Paulus so sehr daran, Glaube und Gesetzesbefolgung zu trennen? Für ihn ist im Evangelium ein Gott am Wirken, der das Schwache erwählt (1.Kor 1,26ff.; Röm 4,17), der nicht die Stärken der Menschheit bestätigt, sondern rettet, was nichts gilt (1.Kor 1,18). Diese kreative Allwirksamkeit Gottes, durch die allein die Tiefe menschlicher Verlorenheit erreicht wird, sieht Paulus auf dem Spiele stehen, wenn die Judaisten sich mit dem göttlichen Gnadensegen allein nicht zufriedengeben, sondern Gesetzeswerke als notwendige Ergänzung zur Heilserlangung fordern. Er verdächtigt sie, der Auffassung zu sein, daß Gottes Heilskreativität zur Rettung des Menschen nicht ausreiche, sondern noch zusätzlich der Gesetzesbefolgung auf seiten der Menschen bedürfe. An diesem Grundgedanken sollte man die Argumentation des Paulus messen, deren Einzelheiten sicher auch zeitbedingt sind.

Wegen des Abrahamthemas unterlagen die Exegeten häufig der Versuchung, Röm 4 in Gal 3 einzutragen. Doch ist es ratsam, Gal 3 für sich auszulegen: Hier fehlt die Problematik Juden – Heiden, also auch die Erörterung über den Zeitpunkt, an dem Abraham die Verheißung empfing. Bis auf 1.Mose 15,6 sind jeweils andere Schriftzitate eingearbeitet. In Röm 4 tritt nicht nur die Christologie an den Rand, sondern der Gesamtakzent ruht auf der Rechtfertigung. Gal 3 wird die Rechtfertigung nur unter dem kontextgebundenen Aspekt der Segenszueignung als Geistmitteilung ausgelegt. In Röm 4 wird Abraham als exemplarischer Repräsentant des Glaubens gesehen und beherrscht so die Ausführungen. In Gal 3 ist er als Glaubender Objekt göttlichen Handelns, so daß er ins Blickfeld tritt unter der übergeordneten Frage, unter welchen Bedingungen Gott – er ist fast durchweg direkt oder indirekt Subjekt – am Menschen zu dessen Heil handelt.

Abraham ist die personalisierte Erwählungsgeschichte Israels. Wenn Paulus das erwählende Handeln Gottes durch das Evangelium nicht mit Abraham verbinden kann, hat er gegenüber den Judaisten verloren. Darum muß Paulus Gottes Zuwendung an Abraham so beschreiben, daß sie seiner Erwählung im Evangelium entspricht, also christusanalog ist. Oder anders: Das Wirken des Evangeliums nach 3,1–5 muß im göttlichen Handeln an Abraham wiedergefunden werden. Dementsprechend wird nun das Abrahambild gestaltet. Abraham wird darin nicht mehr als natürlicher Ahnherr Israels geschildert, sondern als Mensch, der so vor Gott steht, wie er soll, wenn er Christ sein will: Er glaubt dem in der Verheißung ihm zugewandten Gott, und genau so ist er Gott recht (1.Mose 15,6 LXX). Dieses Gottesverhältnis ist paradigmatisch: Jeder, der so glaubt, ist Abrahamkind, womit der Gesichtspunkt der genealogischen Nachkommenschaft ausgeblendet ist. Abraham erhielt nun ein Evangelium als Verheißung, nämlich die Segnung der Völker durch ihn (1.Mose

12,3; 18,18 LXX), durch ihn insofern, als er für das angemessene Gottesverhältnis steht. Diese Abrahamdeutung ist nicht einfach ein geschichtliches Urteil,
sondern ein „Vorhersehen der Schrift". D. h. sie ist zukunftsoffene Verheißung,
die in der Sendung Christi (4,4) zum Ziel kommt, durch die Abrahams Gottesverhältnis bestätigt und ein für alle Mal festgelegt wird, wie Gottes Verhältnis-
bestimmung zur Welt und des Menschen Antwort darauf aussehen. Nun kann
9   Paulus den ersten Gedankengang im Ergebnis sichern. Alle, die sich wie Abraham glaubend zu Gott verhalten, erhalten wie Abraham den Segen, also die
Sohnschaft (4,5) und den Geist (4,6).

10   Damit ist der zweite Gedankenschritt vorbereitet. Er bringt die durch
3,1–5 vorbereitete Antithese. Das Selbstzeugnis der Tora, das eben zu Abraham gehört wurde, wird nun weiter erhoben: Dem glaubenden Abraham werden als Antithese die Menschen gegenübergestellt, die mit Werken des Gesetzes umgehen. Bekommen die aus Glauben Gerechten Segen und Leben, so
stehen die anderen unter dem Fluch. Damit erfährt der Leser, daß der den Judaisten zugesprochene Fluch (1,8f.) nicht nur Polemik ist, sondern auch ohne
Paulus gemäß der Tora selbst wirksam ist. Paulus deckt insofern in 1,8f. nur
den Zustand der Judaisten auf, in dem sie längst stehen. Die These eingangs
des Verses wird dann mit der Tora begründet. Nach 5.Mose 27,26 (LXX; vgl.
28,58; 30,10) ist jeder verflucht, der nicht das ganze Gesetz hält. Das kann
aber keiner, wie man für Paulus voraussetzten muß. Das damit angezeigte
verschärfte Sündenbewußtsein ist bei Paulus Folge seiner Christologie
(2,16f. 21; 3,22; 5,3). Es kann als solches auch dem Frühjudentum nicht abgesprochen werden (Neh 9; PsSal 7,7–10; 1QS 11,9–11; 1QH 1,21ff., neu: 1QH
9,21ff.). Für Paulus kann allerdings nicht der jüdische Kult vom Fleisch befreien, sondern nur Christus (3,13). Christus allerdings nimmt nicht nur den
Mangel einzelner Gebotsübertretungen weg, sondern bewirkt „neue Schöpfung" (6,15). Also hat Paulus 5.Mose 27,26 nicht nur quantifizierend gedeutet.
Der Täter einer Sünde ist vielmehr immer gefallener „Adam" (Röm 5,12ff.),
11f. nicht nur ein mit Mängeln behafteter, aber prinzipiell Toratreuer. Schätzt V.10
den Täter des Gesetzes so ein, daß er in Wahrheit dazu unfähig ist, so wendet
sich V.11f. dem Gesetz selbst zu: Es soll vor Gott gar keine Gerechten produ-
zieren. Die Basis für diesen Gedanken findet Paulus in Hab 2,4. Für ihn liest
sich die Stelle so: Leben wird (nur) der aus Glauben Gerechte. Das ist der einzig
mögliche Heilsweg! Dies erfordert für Hab 2,4 (wie in Röm 1,17) die Auslegung: Ausschließlich der, der durch den Glauben Gerechtigkeit erlangt, wird
leben. Dieses Leben ist vom gesamten Kontext her im qualifizierten Sinn zu
verstehen, also als Anteilhabe am Segen Abrahams. Aber darauf ruht jetzt
nicht der Ton. Wesentlich ist Paulus dabei allein, daß Gerechtigkeit und
Glaube so zusammenstehen, daß ausschließlich durch den Glauben die Gerechtigkeit kommt. Doch gibt der zitierte Text diesen Sinn nicht von selbst
her. Der hebräische Text lautet: „Der Gerechte wird aus seinem Glauben (d.h.
aufgrund seiner Treue) leben". Dieser Text ist als Grundlage der paulinischen
Auslegung nur dann denkbar, wenn Paulus (oder schon eine judenchristliche
Tradition vor ihm) seinen Sinn umgedeutet und dabei auch das Pronomen

„seinem" unterschlagen hätte. Das ist unwahrscheinlich. Analog den bisherigen Beobachtungen ist es vielmehr sicher, daß Paulus erneut die Septuaginta benutzt. Sie übersetzt: „Der Gerechte, aufgrund meiner (d.h. Gottes) Treue wird er leben." Diese Stelle hat einen variantenreichen Text („meiner" wird zum Teil ausgelassen, oder dieses Pronomen steht wie Hebr 10,38 beim Subjekt). Paulus kennt den LXX-Text offenbar ohne das Pronomen (so auch Röm 1,17). Dann deutet er in einer selbständigen Exegese die „Treue" im Sinne von „Glauben" (im Hebräischen und Griechischen dasselbe Wort) gemäß Gal 3,6 = 1.Mose 15,6. Dies ist als Argument für ihn und seine Leser sinnvoll, weil der Grundsatz gilt, daß die Schrift sich gegenseitig auslegt und einen einheitlichen, "widerspruchsfreien" Sinn hat. 1.Mose 15,6 zeigt ferner, daß und wie Glaube und Gerechtigkeit zusammengehören. Dies muß ebenfalls für Hab 2,4 gelten. Also kann Paulus festhalten: Der aufgrund des Glaubens Gerechte wird leben. Nunmehr kann er folgenden Gegensatz erreichen: Gerechtigkeit auf der Gesetzesgrundlage ergibt sich als Folge des Tuns (V.10). Gerechtigkeit, wie Abraham sie erlangte und der Gerechte sie in Hab 2,4 besitzt, sind Gaben Gottes, die nur der Glaubende empfängt. Dann besteht aber zwischen der Existenzweise aus dem Gesetz und dem Leben aus dem Glauben nicht nur der Unterschied, daß die Gesetzeserfüllung als Voraussetzung der Gerechtigkeit unter dem Gesetz praktisch nicht erreichbar ist, sondern zugleich ein viel gravierenderer Differenzpunkt: Gesetzesgerechtigkeit ist ein Ziel, das Tora und Propheten gar nicht intendieren, nur die Glaubensgerechtigkeit ist göttlicher Wille. Dieses Auseinanderreißen von „Gesetz" und „Glaube" ist im jüdischen Denken der Zeit nicht vorstellbar. Die sonstige Nähe von 1QpHab 7,17–8,3 mit demselben Zitat aus Hab 2,4 hat hier ihre Grenze.

Das Evangelium, das den gekreuzigten Christus predigt (3,1), stößt auf 13f. Menschen, die erst zum Glauben gebracht werden müssen. Es sind Menschen, die bisher unter dem Fluch des Gesetzes stehen. Von ihm befreit Christus. Erst die Annahme des Christusevangeliums bewirkt, daß die Sohnschaft Abrahams erschwinglich wird.

Diesen Gedanken formuliert Paulus nicht neu. Zunächst ist der Schriftbeweis wohl kaum aufgrund eigenen Bibelstudiums gewählt. 5.Mose 21,23 (vgl.noch 5.Mose 27,26) wird von Paulus (etwas ungenau) nach der Septuaginta zitiert. Doch spricht der Text von zu Tode Gesteinigten, die nachträglich am Pfahl aufgehängt werden, nicht von der Kreuzigung als Todesstrafe. Dieses letzte Verständnis wird jedoch 5.Mose 21,23 in 11QT 64,6–13 unterlegt (vgl. noch 4Q 169pNah 3–4 I 4–9). Paulus setzt also eine frühjüdische in Qumran belegte Auslegung voraus. Ist dann vielleicht sogar der gekreuzigte Christus schon vor Paulus als „ein Verfluchter" verstanden worden?

Das ist angesichts von Did 16,5; Justin, Dialogus 32,1; 89,1; 90,1; 93,4 gut möglich. Wer mag solche Deutung vertreten haben? Die ansprechendste Vermutung weist in frühjüdische Richtung, selbst wenn im Frühjudentum nicht gleich jeder Gekreuzigte als Verfluchter galt. Für Juden konnte die Bedingung einer rechtmäßigen Verurteilung Jesu gegeben sein, selbst wenn ein Römer wie bei Jesus das Urteil gesprochen hatte. Für diesen Fall konnte die Auslegungstradition zu 5.Mose 21,23 benutzt werden. So ist Jesus also von Gott verflucht und kann – gegen das Christentum gewendet – nicht Heilsperson sein.

Dieser vermutete Hintergrund des Bibelzitates erklärt, warum Paulus von Christus als „Verfluchtem" reden kann, jedoch diese Deutung der Kreuzigung Jesu positiv wendet. Auch dieses geschieht nicht in Neuformulierung. In jedem Fall ist die Satzstruktur: Christus (tat) für uns …, indem er …, damit wir … (vgl. 1.Thess 5,9f.; 2.Kor 8,9; mit Gott, der durch Christus handelt: Röm 8,3.32; 2.Kor 5,21; Gal 4,4f.) dem Apostel vorgegeben. Da jedoch neben dieser Syntax auch sonst auffällt, daß die Sprache ungewöhnlich und das „Wir" kontextfremd ist, auch in V.14 gleich zwei Damit-Sätze stehen, kann man folgende traditionelle Formel annehmen:

> „Christus hat uns freigekauft vom Fluch des Gesetzes,
> indem er für uns zum Fluch geworden ist, […]
> damit wir die Verheißung des Geistes empfingen […]."

Die Gegenüberstellung von Gesetz und Geist darf als antiochenisch gelten, denn mit der völkerchristlichen Geisterfahrung, verstanden als Einlösung der prophetischen Verheißung (1.Thess 4,8; 2.Kor 3,4ff.; Gal 4,21ff.; auch Apg 2,16ff.), begründete Antiochia seine Freiheit von synagogaler Gesetzesobservanz. Wenn die Synagoge den Christen mit Hilfe von 5.Mose 21,23 ihr Christusbekenntnis absprach, dann mag die christliche Gemeinde mit dieser Formel geantwortet haben. Ihr Sinn ist dann dieser: In der Tat traf Jesus als Gekreuzigter der Fluch des Gesetzes. Aber er war unschuldig (2.Kor 5,21). So konnte er der Menschen Fluch (Verlorenheit) stellvertretend auf sich nehmen und sie davon loskaufen, d.h. befreien. Er tat dies, damit die christliche Gemeinde die Verheißung des Geistes, der den Menschen reinigt und von Grund auf verändert, erhalten konnte. Durch diese Heiligung (1.Thess 4,3.7f.) sind Christen dauerhaft dem Gesetz entronnen. Paulus interpretiert diese im Gedankenkontext wohl schon vor ihm verbundenen Auffassungen zu 5.Mose 21,23 und der antiochenischen Formel so, daß er zu 3,6.8f. die Verbindung herstellt, also zum Abrahamsegen und zum ihm empfangenen Glauben.

3.1.3 Das Gesetz kann die Verheißung Abrahams nicht entkräften, noch ihr Konkurrenz bieten 3,15–22

15 Brüder, ich rede nach Menschenart: Ein rechtskräftig gewordenes Testament eines Menschen setzt niemand außer Kraft oder versieht es mit einem Zusatz.   16 Nun sind die Verheißungen Abraham „und seinem Samen" gegeben. Es heißt nicht: „und seinen Samen", als ob es sich um viele handelte, sondern um einen: „und seinem Samen"; das ist Christus.   17 Das sage ich allerdings: Ein Testament, das zuvor von Gott rechtskräftig ausgefertigt wurde, kann das 430 Jahre später erlassene Gesetz nicht außer Kraft setzen, so daß es die Verheißung zunichte machen könnte.   18 Denn wenn aufgrund des Gesetzes das Erbe käme, dann nicht aufgrund der Verheißung. Dem Abraham aber hat sich Gott durch die Verheißung gnädig erwiesen.

19 Was (ist) dann vom Gesetz (zu halten)? Der Übertretungen wegen wurde es hinzugefügt. (Es gilt,) bis der Same käme, dem die Verheißung gegeben wurde. Angeordnet (wurde es) durch Engel, durch die Hilfe eines Vermittlers (übergeben).   20 Ein Vermittler vertritt jedoch nicht nur einen einzigen, Gott aber ist einer.   21 Steht nun das Gesetz gegen die Verheißungen Gottes? Nein. Denn wenn ein Gesetz gegeben wäre, das Leben schaffen könnte, so käme die Gerechtigkeit wirklich aus dem Gesetz.   22 Doch hat die Schrift alles unter der Sünde eingeschlossen, damit die Verheißung aufgrund des Glaubens an Jesus Christus den Glaubenden gegeben würde.

V.16: 1.Mose 13,15; 17,7 u.ö.; V.17: vgl. 2.Mose 12,40f.

Das Anstößige an 3,6–14 war für die Judaisten, daß Paulus Gottes Handeln an Abraham und Gottes Offenbarung durch Mose nicht zusammen sah, sondern so weit wie möglich in Antithese stellte. Was hat er einem Geschichtsbild, das von einer heilsgeschichtlich fortschreitenden Entfaltung göttlicher Zuwendung an Israel ausgeht, entgegenzusetzen? Weiß er hier keine Antwort, sollte er schon ab 3,6 geschwiegen haben. Paulus setzt, um darauf zu entgegnen, mit 15 einem Beispiel aus dem Rechtsleben ein. Ein Testament eines Menschen, das Rechtskraft besitzt, kann weder ungültig gemacht noch verändert werden. Nun nennen Stellen wie 1.Mose 13,15; 17,7 als Adressaten der Verheißung 16 Abraham und seinen Samen. Paulus folgert daraus (gegen den ursprünglichen Sinn des Textes, jedoch aufgrund rabbinischer Auslegungsmethode berechtigt), daß der Same im Singular nur eine Person meine, nicht aber auf Isaak und alle weiteren Nachkommen Abrahams ziele. Die eine Person kann nur Christus sein, weil über ihn die Völker (V.8) den Segen, d.h. den Geist (V.14) erlangen. Gehören Abraham und Christus auf diese Weise zusammen, und zwar „schriftgemäß", dann war, seitdem an Abraham erstmals die Verheißung erging, von diesem Anfang an die dazwischenliegende Geschichte, vom Testamentsstifter her gesehen, ein heilsgeschichtlich unbedeutendes Intermezzo, weil das rechtskräftig eingesetzte Testament keine Veränderung oder Ergänzung ermöglichte.

Dies gilt dann auch vom Gesetz, das 430 Jahre nach Abraham hinzukam. 17 Dabei dient die Zahlenangabe zur Kennzeichnung des geschichtlichen Abstandes. Paulus hat sie nicht selbst errechnet, sondern der LXX 2.Mose 12,40f. entlehnt, die auf älteren Berechnungen fußt. Diese Zeitangabe garantiert, daß das Gesetz viel zu spät kommt, um das schon längst rechtskräftig eingesetzte Testament für Abraham und seinen Samen zu annullieren. Die Gültigkeit, 18 Unverletzbarkeit und Abgeschlossenheit des Abraham-Christus-Testaments macht so klar, daß nur von ihm die Segensverheißung kommen kann. Zwischen Gesetz und Verheißung gibt es also keine Beziehung, weil das Gesetz außerhalb des an das Abraham-Christus-Testament gebundenen Segens steht. Das Gesetz ist ein Fremdkörper gegenüber den Größen Glaubensgerechtigkeit, Verheißung, Segen, Geist.

Ist das Gesetz im Sinne von 3,10–12.17f. abgewertet, so muß seine Aufgabe 19 neu bestimmt werden. Paulus unterzieht sich dem Thema zunächst in vier la-

pidaren Sätzen, die nur das Gesetz begrenzende Aussagen enthalten. Über das
Gesetz läßt sich nach ihm vom Glauben her nur noch so reden. Die erste
Aussage heißt: Das Gesetz ist Nachtrag und Sündenspiegel. Der zeitliche
Aspekt wird durch das Verb repräsentiert, das nochmals an die 430 Jahre
(3,17) erinnert. Für den Juden (wie für die galatischen Irrlehrer) ist das Gesetz
Grundlage von Welt und Geschichte. Dies kann u. a. darin zum Ausdruck
kommen, daß man die Gültigkeit des Gesetzes vor aller Zeit beginnen und bis
ans Ende der Welt währen läßt (z. B. Spr 8,22: die Weisheit ist das Gesetz;
doch auch Mt 5,18f.). Nach Paulus eignet ihm nur der Charakter eines geschichtlichen Nachtrages. Auch Veranlassung und Aufgabe des Gesetzes sind
nicht positiv: Es soll längst nach dem Auftreten der Sünde diese als Übertretung herausstellen (Röm 4,15). Es besitzt also nicht die Kraft, die bestehende
Sündhaftigkeit zu heilen. Es kann dem Sünder nur seinen empirischen Zustand aufdecken, ihn als gottlos, nächstenfeindlich, todverfallen und mit sich
selbst im Zwiespalt lebend bloßstellen (vgl. Röm 3,20; 5,20; 7,7ff.; [indirekt:]
13,8ff.; Gal 5,14f.; natürlich auch zum Ganzen Gal 3,10ff.). Es qualifiziert den
Sünder zu einem offen erkennbaren Gesetzesbrecher. Dies schließt jede Konkurrenz zur Verheißung aus.

Die zweite Aussage ergänzt den Zeitaspekt, indem sie die Aufgabe des Gesetzes nach vorne begrenzt: Die Zeit des Gesetzes hat den Charakter eines In-
terregnums, das mit Christus abgeschlossen ist. Das Gesetz kommt später als
die Abrahamsverheißung (3,17) und hat mit dem Erscheinen dessen, der Abraham als Heilsstifter angekündigt wurde, seine Schuldigkeit getan, weil Christus vom Fluch des Gesetzes befreit (3,13).

Die dritte Aussage nimmt dem Gesetz in anstößiger Weise den direkten
göttlichen Offenbarungscharakter. Paulus umgeht die in Röm 7,12.22; 8,7
enthaltene Auffassung, das Gesetz sei von Gott gegeben. Gott hat zwar die
Verheißung gestiftet, doch das Gesetz haben Engel verordnet. Man darf diese
Angabe nicht aufweichen, als spräche der Apostel von den Engeln als von Be-
gleitern Gottes oder als seinen Mittlern. Zum einen handeln sie allein; eine Erwähnung Gottes fehlt. Zum anderen ist die Mittlerschaft erst in der nächsten
Aussage aktuell und hier als Folge der Vielzahl der himmlischen Offenba-
rungsträger einem Menschen, nämlich Mose, übertragen. Doch ein weiterer
Tatbestand muß erwähnt werden: Paulus redet vom Gesetz weder als von
einer Welt und Geschichte vorgegebenen himmlischen Größe, noch taucht im
Horizont überhaupt das Problem auf, was mit dem Gesetz jenseits der Geschichte war und ist. Er verfolgt allein das Gesetz von seiner geschichtlichen
Kodifizierung bis zur Beendigung seiner Aufgabe. Darum kennt der Text
nicht die Frage, wie sich Engel und Gott in bezug auf die Gesetzgebung zueinander verhalten. Also Engel haben die geschichtliche Existenz des Gesetzes
besorgt. Dies markiert die Differenz zur Verheißung, die unmittelbar von
Gott gegeben wurde (3,17f.). Damit wird zugleich nachträglich die Argumentation in 3,15ff. schlüssig: V.15 besagte, daß niemand (d. h. keine andere Person) ein rechtskräftiges Testament abändern könne. Dabei war vorausgesetzt,
daß eine Abänderung durch den Erblasser selbst außer Diskussion stand. Dies

trifft jedoch nur zu, wenn Verheißung und Gesetz verschiedene Erblasser haben. Gilt das, kann das Gesetz mit seiner Herkunft von Engeln an der Verheißung mit göttlichem Ursprung nichts ändern. Dieser Gedanke erweist das Interesse, das Paulus an den Engeln haben mußte.

Will man über den kargen Informationsgehalt des Satzes hinausgehen und nach dem göttlichen oder widergöttlichen Charakter der Engel fragen, so läßt sich aus 3,23f.; 5,13f. erschließen, daß der Apostel das Gesetz nicht widergöttlichen Mächten, sondern der Heilsökonomie wie auch dem Willen Gottes zuordnet. Dies stimmt mit Röm 7,12.22; 8,7 überein. Also wird man in Gal 3,19 schwerlich an widergöttliche Engel denken könne. Vielmehr ist die Aufgabe der Engel dann – über die direkte Textaussage hinaus – als Textsignal dafür zu sehen, daß das Gesetz der himmlischen Welt entstammt, also mittelbar aus göttlicher Nähe.

Die letzte Charakteristik betrifft den Mittler. Es sollte kein Zweifel herrschen, daß Mose gemeint ist. Abraham als Adressat der Verheißung konnte **20** direkt angeredet werden. Die Mitteilung des Gesetzes erfolgt nur über den Mittler, da nicht Gott – also ein einzelner – das Gesetz offenbart, sondern eine Mehrzahl, die Engel. So stützt die überlieferte Mittlerschaft des Mose die These der Engeloffenbarung. Dieser Gedankengang macht klar, wie außergewöhnlich die Aussage über die Engel als Offenbarer des Gesetzes auch nach Paulus den Lesern erscheinen mußte. Ganz nebenbei wird zugleich aus dem hochgeehrten jüdischen Mose ein Mann, dessen Aufgabe nur noch Indiz ist für die Inferiorität des Gesetzes. Auch der Name des Mose ist – im Unterschied zu Abraham – nicht genannt.

Mit V.19f. ist das Terrain abgesteckt, auf dem sich eine Antwort auf die **21** Frage ergibt, ja schon ergeben hat: Steht das Gesetz gegen Gottes Verheißungen? Natürlich kann es das nun nicht. Paulus begründet das nochmals durch eine Verdeutlichung zum ersten der vier Aspekte aus V.19. Hieß es dort, das Gesetz sei der Übertretungen wegen hinzugefügt, so jetzt: Wenn ein Gesetz gegeben wäre, das Leben schaffen könnte, so könnte aus solchem Gesetz Gerechtigkeit kommen – und die Konkurrenz zur Glaubensgerechtigkeit läge zutage. Aber die Schrift hat alles (= alle Menschen) unter der Sünde einge- **22** schlossen, d.h. dem Gesetz nur die Aufgabe zugeordnet, ausnahmslos das Sündersein des Menschen zu demaskieren. Wenn die Schrift so verfährt (zur Schrift als aktivem Subjekt vgl. 3,8), gibt sie damit Gottes Willen kund. Nicht nur diese Funktionsbeschreibung, sondern auch die damit verfolgte Absicht ist der Schrift zu entnehmen (vgl. 3,6–8): Statt in Konkurrenz zur Verheißung zu treten, dient das Gesetz so dem alleinigen Heilsweg gemäß der Verheißung, die nur den Glaubenden aufgrund ihres Glaubens an Jesus Christus (3,13f.) zuteil wird.

Paulus und das Alte Testament: In 3,6–18 liegt eines der paulinischen Stücke mit intensivem Schriftgebrauch vor. So liegt es nahe, dieses im ganzen etwas näher zu kennzeichnen. Paulus ist natürlich schon als pharisäischer Jude mit der Schrift in intensiven Kontakt gekommen. Seine Zugehörigkeit zur hellenistischen Synagoge hatte für ihn zeitlebens zur Folge, daß ihm die Septuaginta vertraut war. Nur sie benutzt er. Er verwendet sie wie in seiner Zeit üblich nicht als vollständiges Buch, sondern als Rolle oder Kodex, auf denen Teile der Schrift standen mit oft je eigener Texttradition. Diese ist noch ganz jüdisch. Eine christliche Textgeschichte der Septuaginta gibt es noch nicht.

Natürlich haben die Christen vor der paulinischen Wende auch schon die Schrift benutzt. Für Judenchristen war das eine Selbstverständlichkeit. Der christusbezogene Schriftgebrauch im Horizont der neuen Heilserfahrung hat hier seinen Anfang genommen. Selbstverständlich gilt auch für die antiochenische Gemeinde, der Paulus viele Jahre angehörte, daß sie eine eigene Schriftverwendung ausbaute: Sie mußte ihren Entscheid zur Völkermission und die damit verbundenen theologischen Weichenstellungen neu an der Schrift ausweisen. So tritt Paulus, seit er als selbständiger Missionar Briefe schreibt, in eine Auslegungstradition ein. Allerdings gilt aufs Ganze wohl doch, daß der Apostel meistens sich sehr eigenständig seine Schriftstellen erarbeitet, die er dann in den Briefen aufgreift.

Paulus zitiert in der Regel den schriftlich ihm gerade vorliegenden Text. Da er mit der Schrift aufwächst, kann er auch hier und da aus dem Gedächtnis zitieren. Zitatblöcke wie Röm 3,10–18 entstehen kaum unmittelbar. Es sind schulmäßige, also traditionelle Zusammenstellungen. Gal 3 und Röm 4 zeigen auch, wie Paulus durch Weiterarbeit an einem Thema Zitate als Kernstellen beibehält, andere aber austauscht. Hat es vielleicht sogar größere Sammlungen von Zitaten für bestimmte Zwecke gegeben, sog. Testimoniensammlungen? 4QTest (= 4Q 175) zeigt jedenfalls solche Möglichkeit auf. Doch ist eine christliche Sammlung für die paulinische Zeit bisher nicht bewiesen.

Der Apostel benutzt die Schrift so, daß er direkt zitiert (z. B. Röm 4,6–8) oder nur Anspielungen formuliert (etwa 1. Kor 10,1ff.). Er zitiert gehäuft Jes, Ps, 1. Mose und 5. Mose. Hingegen Jos bis 2. Kön, 1. und 2. Chron, erstaunlicherweise auch Jer, Ez und Dan verwendet er praktisch nicht. Ungleichmäßiger Schriftgebrauch ist auch im Frühjudentum belegt. Hatten Paulus und seine Gemeinden für einzelne Texte gar keine Schriften? Für heutige Zeit schwierig ist zweifelsfrei, daß Paulus sich oft die Zitate durch Umstellungen, Auslassungen oder Wortbestandsänderungen usw. zurechtschneidet. Das tat zwar auch das Frühjudentum, bedingt aber, daß solche Beweisgänge heute zu Kritik Anlaß geben. So können sie zwar immer noch dazu dienen, die paulinische These zu erkunden, aber nicht mehr als „Beweis" gelten.

Paulus ist kein Theoretiker, der seine Hermeneutik als eigenes Thema bedacht und ausformuliert hat. Er kann sich der damals vor allem im hellenistischen Judentum geliebten Allegorie (Gal 4,21ff.) oder Typologie (1. Kor 10,1ff.) bedienen oder etwa den Schluß vom Geringeren auf das Größere ziehen (Röm 5,9f.) oder auch den Analogieschluß mit Hilfe zweier Textstellen ausführen (z. B. Röm 4,3–8). Die beiden letzten Regeln haben zur Annahme geführt, Paulus benutze die sieben Regeln des Rabbi Hillel. Dann kann man Paulus sogar zum Helleliten machen. Aber beide Regeln sind allgemein verbreitet, und es ist sehr wahrscheinlich, daß die sieben Regeln erst später aufgestellt wurden. Das Ergebnis ist: Paulus benutzt selektiv damals übliche Regeln. Dieses geschieht instrumentell im Dienst des jeweiligen Gedankenganges.

Neben den hermeneutischen Einzelregeln wird man nach dem hermeneutischen Ansatz paulinischer Exegese fragen. Dieser ist ganz von der paulinischen Theologie bestimmt. Für Paulus ist das Christusgeschehen und die Erwählung der Völker endzeitliches Handeln Gottes. Darum kann er sich einen dem Frühjudentum bekannten Ansatz (1QpHab 7) formal aneignen: Die Schrift eröffnet das Verständnis der Endzeit. Wie Gott sich zu alttestamentlichen Personen in Beziehung setzt (z. B. zu Abraham), oder was Propheten ankündigen, erschließt Gottes endzeitliches Handeln (2. Kor 6,2). So ist die Schrift um der Gemeinde willen („um unseretwillen") geschrieben (Röm 4,23 f.; 15,3 f.; 1. Kor 9,10; 10,11). Diese auf jetzige Endzeit bezogene Schriftauslegung beherrscht die großen Textabschnitte wie Röm 1,1–7; 3,21–4,25; 1. Kor 10,1–13; 2. Kor 3; Gal 3,6–4,7 und natürlich auch Röm 9–11. Es sind fast alles die Stücke bei Paulus, in denen die Schriftbezüge programmatisch und breit ausgestaltet sind. Dabei kann man noch beobachten: Es ist immer der verheißende (Gal 3) oder handelnde Gott (1. Kor 10), von dem direkt unter Überspringung der Kontinuität israelitischer Geschichte auf die Endzeit geschlossen wird. Paulus stellt die Endzeitgemeinde nicht in einen langen Geschichtslauf hinein, sondern bildet das Kontinuum zwischen Schriftaussage und der Gegenwart über den Gott Israels, der der Vater Jesu Christi geworden ist. An Gal 3 läßt sich die zweite Beobachtung sehr gut festmachen: Das Verhältnis zwischen Gott und Abraham wird zunächst auf Christus hin ausgezogen und von ihm, dem endzeitlichen Heilsträger, auf die Gemeinde. Drittens gilt die Schrift als ganze als Gottes Wort. Darum steht alles in ihr in Harmonie zueinander, und darum muß die Schrift dort, wo sie jetzt keine Geltung mehr besitzen soll, selbst begründen, inwiefern sie überholt ist (vgl. die Gesetzesproblematik!). Viertens fällt auf, daß Paulus gerade dort den intensiven Schriftgebrauch pflegt, wo es damals um die zentralen Themen (christuszentrierter Soteriologie) und die umstrittenen Problemfelder (Geltung des Gesetzes; Israel – Kirche) ging. Endlich weiß das ganze Urchristentum, daß es sich die Schrift mit dem Judentum teilt. Es weiß, daß man im Judentum allerdings das christliche Schriftverständnis nicht teilt. Dies führt zu der Vorstellung, daß die Juden erst dann ihre heilige Schrift richtig auslegen, wenn sie sich zu Christus bekehren (2. Kor 3,14–16). Die christliche Deutung der Schrift ist also dem Glauben entnommen, und das Glaubensverständnis muß dem Schriftverständnis vorausgehen.

Insgesamt kann man abschließend den Schriftgebrauch des Apostels vielleicht so kennzeichnen: Von seiner positionellen Option her zugunsten seines eigenen Evangeliumsverständnisses läßt er mit beharrlicher Konsequenz die Schrift eben dies bezeugen, wobei er die Bedingungen des Zeugnisses sich oft erst selbst zurechtlegt.

3.1.4 Die Gemeinde ist geistliche Erbin Abrahams, also im Stand freier Sohnschaft 3,23–4,7

23 Bevor jedoch der Glaube kam, wurden wir unter dem Gesetz bewacht, eingesperrt bis zum zukünftigen Glauben, der geoffenbart werden sollte. 24 Daher ist das Gesetz unser Zuchtmeister geworden bis zu Christus, damit wir aus Glauben gerechtfertigt würden. 25 Nachdem aber der Glaube gekommen ist, stehen wir unter keinem Zuchtmeister mehr. 26 Denn alle seid ihr durch den Glauben Söhne (Geschwister) Gottes in Christus Jesus. 27 Denn alle, die ihr auf Christus getauft wurdet, habt Christus angezogen: 28 Da gibt es nicht Jude oder Grieche, nicht Sklave oder Freier, nicht männlich und weiblich, alle nämlich seid ihr einer in Christus Jesus. 29 Wenn ihr jedoch Christus gehört, so seid ihr folglich Same Abrahams, Erben gemäß der Verheißung.

1 Ich meine aber: Solange der Erbe unmündig ist, unterscheidet er sich durch nichts von einem Sklaven, obwohl er der Herr über alles ist. 2 Er untersteht vielmehr Vormündern und Hausverwaltern bis zu dem vom Vater angeordneten Termin (der Mündigsprechung). 3 So verhält es sich auch mit uns: Als wir unmündig waren, waren wir unter den Elementen der Welt versklavt. 4 Als aber das Ende der Zeit (der Versklavung) gekommen war, sandte Gott seinen Sohn, geboren von einer Frau, unter das Gesetz getan, 5 um die unter dem Gesetz (Versklavten) loszukaufen, damit wir die Annahme an Sohnes Statt erlangten. 6 Weil ihr Söhne seid, hat Gott den Geist seines Sohnes in unsere Herzen gesendet. Er ruft: Abba, Vater! 7 So bist du kein Sklave mehr, sondern Sohn. Bist du jedoch Sohn, dann auch Erbe durch Gott.

Die Parallelität beider Abschnitte (3,23–29; 4,1–7) springt in die Augen. Beide werden vom Wir-Ton beherrscht, der nun den beschreibenden Stil ablöst. Beide schließen mit der direkten Anrede an die Gemeinde. Beide haben in ihrem Zentrum Gemeindetraditionen (3,26–28; 4,4). Ziel beider ist es, die Gemeinde zu vergewissern, daß gerade auch für sie die Ausführungen von 3,6–22 gelten.

23f. Die Ausführungen werden von einem bestimmten Geschichtsbild beherrscht. Paulus teilt nämlich die Menschheitsgeschichte in eine erste Zeit noch nicht realisierter Verheißung und in eine mit dem Kommen der Christuspredigt einsetzende zweite Zeit des Evangeliums. Diese zweite Zeit ist Endzeit (4,4; vgl. 2.Kor 6,1f.), also die Zeit, in der der Geist das Abba ermöglicht (4,6). Das Gesetz ist in diesem Kontrastschema nur der überwundenen alten Zeit zugeordnet. Das Kontrastschema selbst entstammt einem alten Taufverständnis (1.Kor 6,9–11) und wird nun als Struktur der Geschichte verwendet.

Der erste Zeitraum trägt also als Wesensbestimmung das Gesetz. Es übte uneingeschränkte, wenig freundliche Bewacheraufgaben aus, die einer Kerkerhaft der Menschheit entsprachen. Denn wie die Juden in besonderer Weise durch Mose das Gesetz kennen (3,19f; Röm 2,17–20), so kennen auch die Völker als Geschöpfe in einem allgmeineren Sinn die Gesetzesforderungen

(4,8f.; Röm 1,19f.). So kommt Paulus das Bild eines Aufsehersklaven in den Sinn, der in den Häusern wohlhabender Familien in der Regel mit harter Zucht die unmündigen Kinder beaufsichtigte. Dieser Zeitabschnitt ist endgültig abgetan. Seine Beschreibung erfolgt in der Vergangenheitsform. Der andere Zeitabschnitt hat den „Glauben" zur Wesensbestimmung. Paulus redet von ihm ausnahmsweise sogar als von einer objektiven Größe (vgl. 3,25; 4,4). So wird angedeutet, daß nicht wie schon bei Abraham der Glaube eines einzelnen zu dieser Wesensaussage führt, sondern erst der Glaube an Jesus Christus als Empfang der Verheißung, wie er die christliche Gemeinde bestimmt (3,14). Dieser Glaube führt zur Rechtfertigung, also zum Ziel, das für das Gesetz unerschwinglich war (3,21). Die Christen – Judenchristen und Völkerchristen – lebten ehedem in der Zeit des Gesetzes, weil sie aufbewahrt werden sollten für die Zeit des Glaubens. Nicht daß das Gesetz langsam zum Glauben hingeführt hätte (Weckung von Glaubenssehnsucht, vermehrte Verzweiflung über die Sünde), sondern es verhaftete alle Sünder in ihrem Zustand und schuf so negativ die Voraussetzung – wie nach dem Kommen Christi klar wird –, daß Christus für alle der Verheißungsträger sein und die Befreiung vornehmen konnte. Weil nun mit Christus dieser Glaube gekommen ist, leben alle rückständig und gegen ihre Situationsbestimmung, die sich dem Gesetz als Zuchtmeister unterordnen wollen (vgl. Röm 6,14). So endet auch dieser Gedankengang mit einer kompromißlosen Abkehr von der Position der Irrlehrer: Ihre Gesetzeslehre schafft kein Heil, wohl aber längst überholte Unmündigkeit.

Warum die Christen in der Zeit des Glaubens leben und nicht mehr unter dem Zuchtmeister, begründet Paulus mit einer bestimmten Taufauffassung, an die er die Galater – wie früher an ihren Geistempfang (3,1–5) – offenbar nun erinnert. Dabei bedient sich der Apostel eines festgeprägten gottesdienstlichen Zuspruchs, wie er wohl nach Bekenntnis (etwa: 1. Kor 8,6) und Taufe den soeben Getauften zugesprochen wurde. Paulus eignet sich die Tradition so an, daß er eingangs das begründende „denn" und die Brücke über das Stichwort des Glaubens (3,23.25.26) formuliert und ausgangs (V.29) zum Hauptgedankengang (vgl.3,9.13f.16.18) zurücklenkt. Die Vorlage lautete: [26–28]

1	„[…] Alle seid ihr […] Söhne (Geschwister) Gottes in Christus Jesus!
2 a	Denn alle, die ihr auf Christus getauft wurdet,
b	habt Christus angezogen.
3 a	Da gibt es nicht Jude oder Grieche,
b	Sklave oder Freier,
c	männlich und weiblich.
4	Alle seid ihr nämlich einer in Christus Jesus!"

Auf Tradition weist die inhaltlich in sich ruhende und gerundete Form. So bilden Zeile 1 und 4 eine Inklusion, wobei beide Zeilen fast ganz gleich gebaut sind und die eine Variation dem Textgefälle insgesamt folgt, so daß die „Sohnschaft" als ekklesiale „Einheit" beschrieben wird. Für Tradition sprechen weiter die vielen gegenüber dem Kontext überschießenden Gedanken und neuen Stichworte. Paulus benötigt nur das Stichwortpaar „Jude – Grieche".

Für eine Vorlage sprechen auch die ähnlichen Aussagen in 1. Kor 7,18–22; 12,13; Kol 3,11; Joh 17,21. Die Tradition ist antiochenisch: Hier mußte nach Verlassen der Synagoge und nach Aufgabe des jüdischen Erwählungsprivilegs bestimmt werden, wie man als kirchliche Einheit in Christus leben wollte. Hier mußten jüdische (z. B. „Söhne Gottes" vgl. Röm 9,4; Septuagintazitat 1. Mose 1,27 b in Zeile 3 c) und pagane (z. B. eine Gottheit wie ein Gewand anziehen) Vorstellungen ihr Recht bekommen. Hier war die Taufe als alleiniger Aufnahmeritus in die Kirche (also ohne Beschneidung der Völkerchristen) hochaktuell.

Der Heilszuspruch an die Getauften besagt: Die Taufe auf Christus gliedert in die neue Geschwisterschaft ein. So kommt Gottes endzeitliches Erwählungshandeln allen Völkern gegenüber zum Ziel (1. Thess 1,9; 2,1.11 f.; 4,7; 5,9; auch Gal 3,1–5). Die „Sohnschaft" existiert im Einssein „in Christus". Diese formelhafte Wendung (2. Kor 5,19; 1. Thess 1,1; 2,14; 5,18) bezeichnet den endzeitlichen Heilsraum, in den die Getauften aufgenommen werden, also insbesondere die Kirche. Paulus hat 1. Kor 12; Röm 12 dies mit dem Leib-Christi-Gedanken ausgelegt. Die Taufauffassung interpretiert die Taufe „auf (den Namen) Jesus Christus" (Röm 6,3; 1. Kor 1,13.15; Apg 19,5) nicht mehr nur als Unterstellung unter die Heilsherrschaft Christi, sondern als inniges Vereintwerden mit Christus und nimmt mit der Gewandsymbolik die Sprache hellenistischer Mysterienreligionen auf. Diese innere Neukonstitution des Menschen bewirkt, daß „alle" (so betont eingangs der Zeilen 1 und 4) nicht mehr den üblichen Unterscheidungen in der Welt unterliegen. Ihre neue Einheitsbestimmung macht nämlich die Differenzierung heilsgeschichtlicher (Jude – Grieche), gesellschaftlicher (Sklave – Freier) und geschlechtlicher (männlich – weiblich) Art in bezug auf das neue Heil bedeutungslos. Weil das so ist, spielen auch im Gemeinschaftsleben „in Christus" diese Klassifizierungen keine Rolle mehr: Wer z. B. beschnitten war, kommt aus der Taufe genauso neu qualifiziert heraus wie ein Unbeschnittener. Seine Beschneidung ist nun ohne priviligierende Bedeutung. „In Christus" ist man nicht Jude oder Grieche, sondern erlöster Mensch. Dasselbe gilt für die anderen Unterscheidungen. Allerdings ist man nicht ein Mensch „in Christus" für sich allein, sondern bildet eine Einheitsgemeinschaft mit allen anderen Getauften. Die Taufe verwandelt den einzelnen, damit er in der einen Endzeitgemeinde lebt.

29   Paulus nutzt nun diesen Text, um zu zeigen, wie die Zuchtmeisterschaft des Gesetzes für den Glaubenden nicht mehr gilt. Er erinnert daran, daß Christus ja der „Same Abrahams" ist (3,16 f.) und Christuszugehörigkeit folglich Teilhabe an dieser Nachkommenschaft (3,14) bedeutet. Dann aber ist man auch Erbe der an Abraham ergangenen Verheißung (3,8.17). Da Taufe und Geistbegabung urchristlich zusammengehören, ist also beim Christen mit der Taufe die Geistverheißung eingelöst.

1   Der Gedankengang 4,1–7 wiederholt nochmals mit einem neuen Bild (Mündigsprechung), mit Konkretionen (Weltelemente) und traditionellen Materialien (die geprägte Sendungsaussage in V. 4 und das Wortfeld: Sohnschaft – Geist – Abbaruf in V. 6) den Grundgedanken von 3,23 ff.

Paulus beginnt mit einem Beispiel aus dem bürgerlichen Rechtsleben (wie 3,15). Nach hellenistischem Recht setzt der Vater für den Fall seines Ablebens für den unmündigen Sohn einen Vormund ein bis zu einem festen Termin. Mag der Sohn also Erbe sein: Unter Vormundschaft gleicht er den Sklaven. Er hat kein Verfügungsrecht über das Erbe und unterliegt der Gehorsamspflicht. Nicht mit den üblichen Rechtsgepflogenheiten vereinbar ist der Umstand, 2 daß Paulus von Vormündern und Hausverwaltern spricht. Eine Mehrzahl und Doppelung verschiedener Aufsichtspersonen ist unüblich. Vielleicht liegt Einfluß von der Sachaussage vor: Gesetz und Weltelemente bilden eine Doppelung, und letztere repräsentieren auch eine Pluralität.

Doch solch einem Zustand der Unmündigkeit waren die Christen unter- 3 worfen, insofern sie den „Weltelementen" versklavt waren. Was sind die Weltelemente?

Weltelemente: Von „Elementen der Welt" ist neben 4,3.9 im NT nur noch Kol 2,8.20 gesprochen. Auch hier ist wie im Gal vorausgesetzt, daß die Leser wissen, was mit ihnen inhaltlich gemeint ist. Der Kol hat zwar eine andere Front als der Gal (Gesetzesproblematik und Beschneidungsforderung fehlen), aber es gibt auch Gemeinsamkeiten: Die Werbung von „Philosophen" zugunsten der Weltelemente wird als leerer Trug herausgestellt, der von Christus wegtreibt. Die Irrlehre wird also auch im Kol als Konkurrenz zur Christusverkündigung des Briefverfassers verstanden. Christen sind den Weltelementen, deren Anschauung zu normativen Lebensvorschriften führen, gestorben. D. h. die mit normierender Kraft ausgestalteten Elemente gehören nach Ansicht des Briefautors für Christen zum vorchristlichen Leben, sind Rückfall in vorchristliche Zeit. Dabei tritt diese Auffassung, bei der die Weltelemente eine Rolle spielen, als innerchristliche Position auf, die wohl Anleihen bei der außerchristlichen Konkurrenz der Mysterienreligionen gemacht hat (Kol 2,18). Davon ist wiederum im Gal nichts angedeutet.

Blickt man auf die hellenistische Welt zur Zeit des Paulus, so kann man wohl behaupten, daß die Vorstellung von den vier Weltelementen, nämlich von Erde, Wasser, Luft und Feuer, in der Medizin, Popularphilosophie und Religion eine nicht geringe Rolle spielte. Für die Medizin sind Lebewesen, also auch der Mensch, eine Mischung aus den vier Elementen. Die Philosophie bespricht so u.a. die Zusammensetzung der ganzen Welt und erklärt – wie auch die Religion –, in welcher Weise sich der Mensch zu den Elementen verhalten müsse, wenn er zur Gottesschau oder Erlösung gelangen wolle.

Nun läßt sich die Anschauung von den vier Weltelementen sicherlich in die einzelnen Systeme und religiösen Weltbilder recht flexibel einarbeiten. So können die Pythagoräer sie z. B. mit ihrer Zahlensymbolik verbinden und die griechischen Ärzte mit ihren Heilvorschlägen. Die nicht mehr durchschaubare Variationsbreite ändert aber wohl nichts daran, daß für die Antike das Stichwort „Weltelemente" immer mit der Grundbedeutung der vier physikalischen Größen Erde, Wasser, Luft und Feuer bestimmt war. Nirgends ist bisher angesichts der breit gestreuten Belege aus der hellenistisch-römischen

Kultur erkennbar, daß sie zu mythischen Personifikationen wurden oder sonstwie numinose Valenz erhielten (vgl. z. B. Sib 2,206f.; 3,79–82; Ovid, Metamorphosen 15,236–251; Hippokrates, Nat. Hom. 15,28; M. Aurel, Soliloquia 1,18,1; Sextus Empiricus, Pyrr.Hyp.3,152).

Dies läßt sich auch mit Kol 2,8.20 kaum erweisen. Der Verfasser polemisiert am ehesten gegen eine Verbindlichkeit im Satzungsbereich, die mit Hilfe der Weltelemente aufgebaut wird, aber doch wohl nicht gegen mythische Personalisierungen, die selbst Weisungen geben. Das klingt allerdings in Gal 4,9 anders: Der „Dienst" gegenüber den „schwachen und armen Elementen" hat seine Analogie in dem „Dienst" den heidnischen „Göttern" gegenüber, von dem 4,8 die Rede ist. Ebenso kann man in 4,3 die Versklavung unter die Weltelemente in Analogie zu den „Vormündern" und „Hausverwaltern" stellen. So haben denn auch manche Exegeten die Weltelemente im Gal als mythische Potenzen angesehen. Man kann dazu sogar an Philo, spec.leg.2,255 erinnern, wenn dieser gegen Nichtjuden polemisiert, die den wahren Gott verleugnen und statt ihm die gewordenen Dinge „verehren". Zu ihnen zählt er die vier Elemente, die Gestirne, Himmel und Welt im ganzen und die Götterbilder. Paulus und Philo können also unter Verben der „Verehrung" die verschiedensten Phänomene, u. a. die Elemente, zusammenstellen. Aber beide polemisieren und können schnell etwas pauschalieren. Rät nicht doch der (bisher) einhellige antike Befund davon ab, in den Elementen mythische Phänomene zu sehen?

Lassen sich also die paulinischen Aussagen auch anders verstehen? Das ist möglich. In 4,3 schließt Paulus in dem „Wir" offenbar Judenchristen und Völkerchristen zusammen: Beide Gruppen waren nach ihm einst unter den Elementen der Welt versklavt. Nun konnten Juden wegen des ersten Gebotes wohl kaum die Elemente als mythische Mächte verehrt haben. Das führt zur Frage, wo denn Paulus in seinem Gedankengang 4,1–3 das tertium comparationis zwischen den Vormündern und den Elementen sieht. Jedenfalls wohl doch nicht in der gleichen personalen Qualifikation, sondern viel eher in der Art, wie die Größen die alte Zeit (4,4a!) als Zeit der Sklaverei füllten. Ist das zugestanden, wird man in 4,8f. auch noch einmal genau nachfragen. Die Möglichkeit der Personalisierung der Elemente hängt hier an dem wiederholten Gebrauch des Verbs „dienen". Aber folgt daraus schon, daß die Objekte des Dienstes (also Götter und Elemente) gleicher Art sein müssen? „Dienen" beinhaltet kultische Verehrung, Vollzug von Praktiken und ganz allgemein Übernahme von Normen und Pflichten. Kann Paulus nicht absichtlich dasselbe Verb zur Abqualifikation des Elementedienstes gewählt und dabei eine Bedeutungsbreite einkalkuliert haben? Göttern „diente" man in der Antike z. B. auch durch penible Einhaltung von Ritualen. Elementen „dient" man z. B., indem man die Mischung, mit der sie in der Welt begegnen, in seinem Leben beachtet. Hierbei müssen die Elemente gar keine personalen Numina sein wie die Götter. Die Hauptsache ist, daß beide Größen lebensnormierende Funktionen wahrnehmen. So kommt es also auch 4,8f. darauf an, wo Paulus den entscheidenden Vergleichspunkt gesehen hat. Mit ähnlichen Überlegungen läßt sich übrigens auch die analoge Philo-Stelle deuten.

Klar ist jedenfalls, daß der Dienst den Elementen gegenüber bei Paulus mit einem Festkalender (4,10) in Beziehung stand. Wenn anders Judaisten mit Blick auf die Tora diesen Festzyklus propagierten, werden sie die Elemente schwerlich zu gottgleich zu verehrenden Potenzen gemacht haben. Die Elemente werden vielmehr in der Art, wie an den Festen der Gott Israels verehrt werden sollte, sachliche Mitsprache gehabt, eventuell auch bei Terminfragen zu Entscheidungen geführt haben. Wie man sich das im einzelnen vorzustellen hat, entzieht sich der Beurteilung des Historikers, weil Paulus selbst darüber schweigt. Was z.B. Philo für sich selbst bei der eben angesprochenen polemischen Stelle sonst an eigener Vorstellung von den Elementen mit der Tora vereinbaren konnte (z.B. Aet109; Heres140), wird man auf andere Weise auch den Judaisten zutrauen können. Dazu muß man ihnen noch nicht einmal einen besonders intensiven Synkretismus unterstellen. Wenn die Irrlehrer das Gesetz und eine Elementenlehre verbanden, stand für sie die Tora und der Kosmos in Harmonie. Das aber vertraten im Frühjudentum viele, nachdem die kosmische Weisheit und die Tora identifiziert waren. Wer dabei den Kosmos speziell mit Hilfe einer verbreiteten Weltelemente-Auffassung erklären wollte, brachte damit nur eine Variante innerhalb dieses Identifikationsmodells von Tora und Weisheit ein.

Die Versklavung unter die Weltelemente und unter das Gesetz hat also ein Ende. Dies will die in V.4 vorangestellte Zeitangabe betonen. Das „Ende der Zeit" bezieht sich dabei auf den angeordneten Termin der Mündigsprechung (V.2). Doch bekommt die Aussage zugleich endzeitlichen Klang: Mit der Sendung des Sohnes ist das Alte vergangen, die endzeitliche Neuschöpfung beginnt (3,15–28; 2.Kor 5,14–19). Diese Sendung zielt auf die Freiheit vom Gesetz und den Zuspruch der Sohnschaft: d.h. – im Bild von V.1f. – auf die Einsetzung zum mündigen Sohn. Die nächsten Ausführungen des Apostels sind dabei nicht frei formuliert. Das Satzgefüge, bestehend aus einem Hauptsatz, der davon spricht, daß Gott seinen Sohn sandte, und einem Nebensatz (damit ...), der das Heilsziel angibt, läßt sich mit wenig Variationsbreite auch sonst belegen (Joh 3,16.17; Röm 8,3f.; 1.Joh 4,9). Die Grundaussage ist dabei in sich geschlossen und geht auf einen einheitlichen weisheitlichen Hintergrund zurück (Weish 2,13; 6,19f.; 9,9f.17). Es liegt also weisheitliche Christologie vor, die eine Heilsaussage zum gesamten Werk Jesu Christi macht. Nun fällt weiter auf, daß Paulus mit V.5a einen Rückgriff auf 3,13 macht. So entsteht die auffällige finale Doppelung in V.5. Die damit und in V.4d anklingende Gesetzesthematik braucht Paulus wegen seiner Gedankenführung ab 3,23ff. Daraus kann man die These ableiten, daß die paulinische Vorgabe etwa so lautete: „Gott sandte seinen Sohn, von einer Frau geboren [...], damit wir die Annahme an Sohnes Statt erlangten." Also macht der gesandte „Sohn" Menschen zu „Söhnen". Das geschieht so, daß er selbst „von einer Frau geboren wird", also Mensch wird. Der (andeutungsweise) präexistente Sohn Gottes wird also Mensch und vermittelt so Menschen die Sohnschaft (Gottes). Die Pointe dieser Heilsauffassung ist die Universalisierung des Christusgeschehens. Mit des Sohnes Sendung wendet sich Gott der Menschheit unmittelbar und im ganzen

4f.

zu. Damit leuchtet als Hintergrund der antiochenische Weg zur Völkermission auf. Paulus spitzt im Kontext diese Aussage (sachlich wie Antiochia, vgl. 3,26–28) zu: Mit dieser Sohnschaft ist Mündigkeit gegeben, also Gesetzesfreiheit. Weder Paulus noch seine Vorlage haben übrigens mit der Aussage zur Geburt Jesu etwas mit der Jungfrauengeburt im Sinn. Die Formulierung hat ihre Analogien in Röm 8,3; Phil 2,7; Joh 1,14. Erst viel später (Mt 1,18ff.; Lk 1,26ff.) beginnt man, den Eintritt Jesu in die Welt zu präzisieren.

6   War V.4 mit dem „Wir" der kirchlichen Gemeinschaft formuliert, so redet Paulus nun die Gemeinde (wie 3,26–29) nochmals direkt an, um ihr zu erklären, was für sie Sohnschaft (Geschwisterschaft) bedeutet. War in dem strukturell parallelen Stück 3,26–29 der Zusammenhang Sohnschaft (Geschwisterschaft) – Taufe – Gesetzesfreiheit („weder Jude noch Grieche") für Paulus aktuell, so formuliert er nun mit dem Wortfeld: Sohnschaft – Geist des Sohnes – Abba – nicht mehr Sklave nochmals denselben Sachverhalt. Dabei zeigt ein Blick auf Röm 8,14–17, daß der Apostel wiederum nicht neu formuliert, vielmehr nochmals wie schon in 3,26–28; 4,4f. erkennbar, antiochenische Theologie in geprägter Form benutzt. Nimmt man einmal an, daß diese Traditionen den Galatern schon längst durch Paulus vermittelt waren, dann löst der Apostel mit ihnen, für die Galater überprüfbar, ein, was er 1,8; 3,1–5; 4,12.19 ausspricht: Die Gemeinde bekommt angesichts des Streites mit den Judaisten dasselbe „alte" Evangelium vorgelegt, also den antiochenischen Weg des Evangeliums, wie ihn die Jerusalemer gutgeheißen haben und wie Paulus ihn seither vertritt.

Was sagt Paulus mit V.6f. im einzelnen? Die Gemeinde ist mit Gott geradlinig und erstgradig verwandt. Also sind alle Zwischeninstanzen (Mose, Vormünder, Elemente) überflüssig, hat doch Gott „den Geist seines Sohnes" in die Herzen der Gläubigen gesandt (das Verb ist aus V.4 übernommen). Wiederum ist es die Geisterfahrung (vgl. 2,8f.; 3,1–5), die zur theologischen Reflexion führt. Sachlich gilt: Inniger kann die Gemeinschaft mit Gott über den Sohn nicht formuliert werden! Diese Unmittelbarkeit läßt die Gläubigen direkt Gott als Vater anreden. Mose bekam das Gesetz durch die Engel, also nur mittelbar von Gott (3,19f.). Christen leben in Gottunmittelbarkeit. Man kann fragen, ob mit dem aramäischen „Abba", also einem familiären „Papa", an das Vaterunser gedacht ist. Daß das Gebet Jesu den Antiochenern und dem Apostel bekannt war, ist möglich, wenn auch nicht beweisbar. Dafür kann sprechen, daß begründet werden muß, warum eine Gemeinde wie Antiochia, die griechisch sprach, einen aramäischen Gebetsanruf benutzt. Doch außer dem kontextlosen Abba weist in 4,6f. und Röm 8,14ff. nichts auf das Herrengebet, ja der Zusammenhang Söhne – Geist ist ihm fremd. So bleibt der Bezug zum Vaterunser ungewiß. In jedem Fall ist der paulinische Gedankengang ohne den Hintergrund des Vaterunsers glatt und einsichtig.

7   Damit kann der Apostel für den Gesamtzusammenhang die Schlußfolgerung ziehen: Söhne sind angesichts ihrer Unmittelbarkeit zum Vater keine Sklaven mehr (4,1; 3,23), unterliegen also nicht mehr dem Gesetz. Sie sind vielmehr Erben der göttlichen Verheißung an Abraham (3,8.16.18.29).

3.2 Der zweite Argumentationsgang: Die Gemeinde geht den Weg des Unheils, folgt sie den Gegnern, denn sie gehört unter das gesetzesfreie Evangelium 4,8–5,12

Der zweite Durchgang im Argumentationsprozeß (vgl. die Ausführungen vor 3,1) ist geprägt vom Lob über den einstigen guten Zustand und der Ratlosigkeit über den jetzigen Weg der Gemeinde. Nochmals werden die Galater befragt (vgl. 3,1–5), jetzt zu ihrem eingeschlagenen Irrweg (4,8–11). Es folgt ein von Motiven des Freundschaftsideals bestimmter Abschnitt (4,12–20; vgl. die Einleitung 2.), der an die eindrücklich gute Anfangsgeschichte der Gemeinde erinnert. Paulus wirbt dafür, diese Zeit fortzusetzen. Der erneute (vgl. 3,6ff.) Schriftbeweis (4,21–31) begründet abermals, daß die Schrift auf seiten der gesetzesfreien Christen, nicht der Beschneidungsleute steht. Daraufhin erfolgt der Appell, die Freiheit ohne Wenn und Aber zu gebrauchen (5,1–12).

3.2.1 Der Rückfall in den Elementendienst zerstört das Werk des Paulus 4,8–11

8 Damals jedoch, als ihr Gott nicht kanntet, habt ihr Göttern gedient, die in Wirklichkeit keine sind. 9 Jetzt aber, da ihr Gott erkannt habt, vielmehr von Gott erkannt worden seid, wie könnt ihr euch da erneut zu den schwachen und armen Elementen hinwenden und ihnen wiederum von neuem dienen wollen? 10 Tage haltet ihr ein, wie auch Monate, Festzeiten und Jahre. 11 Ich fürchte, ich habe mich umsonst um euch gemüht!

Der kleine Abschnitt zieht speziell für die vorherrschende Gruppe der Völkerchristen in der Gemeinde die 4,1ff. schon angelegte Konsequenz: Der von den Irrlehrern geforderte Elementendienst (vgl. zu 4,3) ist zugleich Rückkehr ins Heidentum. Abermals (vgl. 1,8f.; 3,1–5; vgl. später 4,12ff.) setzt Paulus beim zeitlichen Anfang der Gemeinde ein: Die Missionsverkündigung des Apostels (vgl. 1.Thess 1,9) bedeutete für die Galater, daß sie ihre Götter fahren ließen, weil sie erkannten, daß sie angesichts des Vaters Jesu Christi bisher Göttern dienten, die in Wirklichkeit keine Gottheiten sind.

Man darf diese Deklassierung der Götter nicht im Zusammenhang einer aufgeklärten Rationalität verstehen und so deuten: Viele Götter sind ein Widerspruch gegen den streng gedachten Sinn des Wortes „Gott", insofern zum Gottsein universale, vollkommene Macht gehört und bei der Vorstellung vieler Götter diese Macht geteilt werden muß. Paulus hat wie das gesamte Urchristentum den Monotheismus vom Judentum übernommen. So sicher dieses u.a. auch im hellenistischen Milieu aufklärerisch (mit Erfolg) um den Monotheismus warb, war der Anspruch Jahwes, allein Gott Israels zu sein, primär der Anspruch, Israel dürfe nur ihn allein verehren. Erst von dieser Ausschließlichkeitsforderung des Gottes Israels her ergab sich dann die Vorstellung, alle Götter seien Nichtse, mit der Begründung, sie hätten keine Macht (Jes 44,6ff.). Das Judentum hat unter diesem Einfluß die Götter entweder zu Dämonen erklärt oder ihnen jede Macht abgestritten, im Gefolge davon dann auch ihre Existenz geleugnet. Ebenso verfährt Paulus: Einerseits sind die Götter für ihn Dämonen (1. Kor 10,19 f.); andererseits gilt: „Es gibt keinen Götzen in der Welt und es gibt keinen Gott außer einem" (1. Kor 8,4). Demzufolge ist Gott der einzige Gott Israels und der Völker (Röm 3,29 f.). Aber Paulus hat diesen ihm und dem ganzen Christentum selbstverständlichen Monotheismus nie als Weltanschauungsproblem erörtert, sondern unter dem Aspekt: Wer hat Macht über die Gemeinde und Anspruch auf alle Menschen. Wer verdient Verehrung? Darum hat er z. B. 1. Kor 8,5 f. das Nichtsein der Götter als ein Nichtigsein ausgelegt: Sie sind Götter und Herren, aber diese Macht gebührt ihnen nicht, schon gar nicht in der Gemeinde, weil „für uns gilt: Einer ist Gott …" So folgt auch Röm 3,30 auf das „Einer ist Gott" sofort der Machterweis Gottes, d. h. sein Rechtfertigen aus Glauben.

9   Ist aber Gott darum allein Gott, weil er sich so der Gemeinde erfahrbar gemacht hat, dann wird verständlich, warum Paulus das Erkennen Gottes durch den Menschen als ein Erkanntwerden der Menschen von Gott interpretiert (1. Kor 8,3; 13,12). Erst die Zuwendung Gottes zum Menschen erweist ihn als den ausschließlichen Einen und damit zugleich die Elemente (vgl. zu 4,3) als „schwach und arm". Es geht also um einen Herrschaftswechsel. Weil Gott sich allein als fähig erwies, Heil zu schaffen, ist er Gott und sind alle anderen Größen, die Wege zum Heil normieren, als macht- und mittellos entlarvt, Heil schaffen zu können. Was beinhaltet konkret diese Gottheit Gottes, die über alles andere triumphiert? Das göttliche Erwählen (1,4 f.), das Rufen zum Evangelium (1,6 f), das Berufen zum Apostel (1,15 f.), das Rechtfertigen aus Glauben (2,16), das Senden des Geistes (3,2.5) und die Befreiung vom Gesetz (3,19 ff.), kurzum: es ist die Macht, mit der die Botschaft vom gekreuzigten Christus Menschen verändert (3,1; 4,19; 5,1). Dann ist der erneute Elementendienst Rückfall ins Heidentum, weil der Christ damit hinter das Von-Gott-Erkanntsein zurückfällt, Christus und Geist nicht als Ablösung alter Ordnungen versteht, sondern neben dem einen Gott Christi anderen Gewalten wieder Macht über sich zuerkennt.

10 f.   Diese Zuwendung zu den Elementen bedingt gesetzliche Pflichten besonderer Art, ist also der Qualität nach ein Rückfall unter das Gesetz. So fordern die Judaisten im Blick auf die Elemente die Einhaltung eines Festkalenders. Die Aufzählung ist sicher traditionell (vgl. äthHen 75,3; 79,2–6; 82,7; Jub 1,14; 2,8–10; 1QS 9,26–10,8; 1QH 12,4–9, neu: 19,4–9) und gibt sich als grobe Kennzeichnung eines jüdischen Festzyklusses zu erkennen. Für das Judentum bilden gesetzliche Vorschriften und kosmische Ordnung eine konstitutive Einheit, wie sie sich u. a. im Festkalender dokumentierte. Die Reihung beginnt mit dem kleinsten Zyklus und endet mit dem größtmöglichen. Dann werden die „Festzeiten" die jahreszeitlich gebundenen Feste sein. Allerdings macht Paulus über die Reihung hinaus keine näheren Angaben. Er braucht den Galatern nicht das, was sie selbst praktizieren, zu erklären, sondern nur generell das Thema anzusprechen. Nicht die Explikation des Festkalenders, sondern seine Abqualifikation ist sein Ziel. Diese äußert sich unmißverständlich zum Abschluß. Revidieren die Galater den Rückfall nicht, hat sich Paulus umsonst

um sie gemüht. Er fürchtet, daß es so ist, denn wer im Festkalender sein Heil sucht, hat Christus und sein Heil abgewertet, d.h. er hat Christus als alleiniges Heilsangebot Gottes verlassen.

3.2.2 Angesichts der alten Freundschaft zwischen der Gemeinde und Paulus ist der Apostel jetzt über die Gemeinde ratlos 4,12–20

12 Werdet wie ich (bin), denn auch ich (bin) wie ihr (wart), Brüder, ich bitte euch!

Durch nichts habt ihr mich gekränkt: 13 Ihr wißt doch, wie ich euch, krank am Körper, das erste Mal das Evangelium verkündigte. 14 Da (lag) die Versuchung für euch in meinem (kranken) Körper, (doch) habt ihr (mich) nicht mit Verachtung abgewiesen noch (vor mir) ausgespuckt, vielmehr habt ihr mich wie einen Gottesboten aufgenommen, wie Jesus Christus (selbst). 15 Wo bleibt eure Seligpreisung? Ja, ich bezeuge euch, daß ihr, wäre es möglich gewesen, euch die Augen ausgerissen und sie mir gegeben hättet! 16 Bin ich also euer Gegner geworden, weil ich euch die Wahrheit gesagt habe?

17 Sie eifern nicht in guter Weise um euch, sondern sie wollen euch ausschließen, damit ihr euch für sie eifrig erweist. 18 Gut ist es schon, wird man im Guten allezeit umworben, auch nicht nur dann, wenn ich bei euch bin, 19 meine Kinder, um die ich erneut Geburtsschmerzen erdulde, bis Christus in euch Gestalt gewinnt. 20 Gerne wäre ich jetzt bei euch und gäbe meiner Stimme den richtigen Ton, denn ich bin euretwegen ratlos.

Oft übersetzt man den einleitenden Imperativ so: „Werdet wie ich (bin), denn **12** auch ich (wurde) wie ihr!" Dann deutet man so: Werdet wie ich gesetzesfrei, denn auch ich bin damals, als ihr euch aufgrund meiner Predigt zum Christentum bekanntet, um euretwillen wie ein Gesetzloser geworden! Dann würde Paulus auf seine missionarische Anpassung Bezug nehmen, wie er sie 1. Kor 9,19–23 beschreibt. Diese Auslegung beruft sich auf die voranstehenden Abschnitte, in denen es um die Gesetzesfreiheit geht, so daß Paulus als ehemaliger Jude sich der Gesetzesfreiheit der Heiden angeglichen hätte. Doch will solch eine Auslegung nicht recht einleuchten: Der voranstehende Text erklärte gerade (3,23; 4,3.8–11), daß die galatischen Christen zuvor als Juden und Heiden nicht frei vom Gesetz, sondern unter ihm geknechtet waren. Also muß der Bezug anders bestimmt werden. Etwa so: Werdet, wie ich als mit Christus Gekreuzigter (2,19) und auf Christus Getaufter (3,27) bin, nämlich dem Gesetz gestorben und im Besitz der freien Sohnschaft, denn ich bin noch wie ihr wart, bevor die Irrlehrer euch davon abbrachten. Auch jetzt ist die Gesetzesfreiheit kontinuierliches Thema, aber die Begründung des Imperativs bezieht sich auf den bis vor kurzem andauernden guten Christenstand der Galater (5,7a). Sie sollen ihren Abfall vom Evangelium (1,6) rückgängig machen, den Paulus nicht mitvollzog, und die ihnen in der Taufe gegebene Sohnschaft ernst nehmen (4,4ff.). Diese Mahnung liegt ganz im Duktus bisheriger Ausführungen (1,6–9; 3,1ff.26ff.; 4,4ff.). Das „Brüder, ich bitte euch" bringt die Ratlosigkeit des Apostels (4,20) zum Ausdruck. Denn gerne würde Paulus dieser Bitte Nachdruck verleihen und die apostolische Autorität in die Waagschale werfen (vgl. zu solchen Bitten 2.Kor 5,20), aber sein Apostelamt ist ja wegen des Streites um das mit ihm engstens verbundene gesetzesfreie Evangelium gerade mit angegriffen (1,10ff.). So erwähnt er seine apostolische Mission in anderem, für die Galater positivem Sinn (4,13f.). Ebenso könnte er als Vater der Gemeinde ermahnen (vgl. 1.Kor 4,14–16; 2.Kor 6,13; 1.Thess 2,11f.). Aber die Gegner haben es dahin kommen lassen, daß er die Vaterschaft erneut erst wieder entstehen lassen muß (4,19). So muß er – beides dennoch im Blick – anders verfahren: Er wirbt mit Hilfe des antiken Ideals der Einheit in der Lebenseinstellung von Freunden. Freunde harmonisieren eigentlich in geistiger Gleichheit. Dazu mögen die Galater sich wieder durchringen.

13   Die Bitte öffnet den Horizont zur Vergangenheit der Galater. Von ihr redet Paulus nun, indem er von seinem damaligen Dienst am Evangelium bei den Galatern redet. Dies gerät zu einem Lob für die Gemeinde: Sie hat bisher seiner Person keine Kränkung zugefügt. Diese Feststellung gilt uneingeschränkt vom Gründungsaufenthalt bis heute. Bisher galt also das Ideal freundschaftlicher Harmonie als verwirklicht. Zuvor hatte er bei seiner Erstmission reichlich Anlaß zu seiner Ablehnung gegeben, also die Freundschaft auf eine harte Probe gestellt, die die Galater blendend bestanden haben. Denn zu dieser Zeit war er ein kranker Mann. Ob dabei „das erste Mal" noch an einen möglichen zweiten Aufenthalt des Apostels bei den galatischen Gemeinden denken läßt (vgl. auch die Einleitung), ist schwer zu entscheiden. Auch die Aussage über die Krankheit läßt sich doppelt fassen: Als Grund der dann mehr zufälligen Mission auch in Galatien oder als Begleitumstand während seiner ersten Anwesenheit dort. Die erste Deutung hat die klassische Grammatik auf ihrer Seite, muß aber in Kauf nehmen, daß Paulus sich in der schon so schwierigen Situation zusätzlich noch kompromittiert: Seine Mission in Galatien ergab sich nur, weil er hier ungewollt als kranker Mann pausieren mußte. Die zweite Deutung ist im spätantiken Griechisch grammatisch möglich. Ihr Sinn ist dieser: Da die paulinische Mission von seiner persönlichen Krankheit begleitet wurde, hätte sie den Galatern Anlaß geben können, den

14 göttlichen Ursprung derselben zu bezweifeln. Diese Auslegung kann nicht nur auf die Analogie in 1,10–12 verweisen, sondern auch auf 4,14: Die Versuchung der Galater bestand nach V.14 nämlich darin, ihn wegen seiner körperlichen Krankheit zu verachten, d.h. seine Botschaft abzuweisen, ja sogar wie gegenüber einem dämonisch Besessenen den Abwehrritus des Ausspuckens zu vollziehen. Damit hätten sie seine Botschaft aufgrund seiner Krankheit des dämonischen Ursprungs bezichtigt, wie sie die Botschaft jetzt unter Einfluß der Irrlehrer als von menschlicher Herkunft bestimmen (1,10ff.). Aber diesen Weg sind die Galater bis heute (V.13c!) nicht gegangen. Vielmehr haben sie damals Paulus als einen Gottesboten, ja als Jesus Christus selbst aufgenommen, also so, wie Paulus seinem apostolischen Selbstverständnis nach aufgenommen werden wollte (2.Kor 5,20; vgl. Did 11,2.4). Seine Krankheit war gerade nicht Anlaß, Christus selbst abzulehnen, den Paulus im Evangelium

ihnen brachte. Darin bestand ihre Seligpreisung, also der Grund, ihnen das 15
Heil zuzusprechen. Im übrigen zeigt die Art der Darstellung, daß Paulus in
Galatien auch jetzt sein Apostelamt nicht wegen seiner Schwachheit angegriffen sah wie in Korinth (2. Kor 11,16ff.). Der Grund zur Seligpreisung ist aber
nun nicht mehr gegeben – freilich aus anderer Veranlassung, als daß die Galater nun doch ihn als dämonischen Besessenen ansehen würden und so Christus verloren hätten. Sie haben Christus aus dem einen in V.17f. genannten
Grunde verloren. Bevor Paulus darauf eingeht, lobt er nochmals die Gemeinde im Sinne der Topik bewährter Freundschaft. Ihre Fürsorge für den kranken Paulus ging so weit, daß sie sogar – wenn möglich – ihre Augen ausgerissen hätten, um sie ihm zu geben. Dies dürfte die konkreteste Stelle sein, die
über die Art seiner Krankheit Auskunft gibt (vgl. noch 2. Kor 4,10f.; 12,7).
Doch hat man darauf hingewiesen, daß in V.15 eine bekannte sprichwörtliche
Wendung stecken kann mit dem Sinn: die Galater hätten Paulus gerne ihr
Liebstes, Wertvollstes gegeben. Allerdings, die Wendung „wäre es möglich
gewesen" besagt mehr. Man muß darum wörtlich auslegen: die Galater hät-
ten, sofern die Möglichkeit einer Augentransplantation gegeben wäre, seinen
Sehstörungen mit ihren Augen ausgeholfen. Leider ist aber auch mit dieser
Deutung eine gesicherte Diagnose nicht möglich. Nach 2. Kor 12,7f. ist seine
Krankheit chronisch und scheint wohl am ehesten auf epileptiforme Anfälle
zu deuten. Waren sie in akuten Stadien mit Sehstörungen verbunden? Paulus
ordnet nach 2. Kor 12,10 die Krankheit den Leiderfahrungen zu, die er um
Christi willen bei der Verkündigung des Evangeliums auf sich nahm. Das legt
es nahe, nicht an eine angeborene Krankheit oder solche aus vorchristlicher
Zeit zu denken. Dann kann man sie vielleicht als Folge der Apg 14,19; 2. Kor
11,25 erwähnten Steinigung verstehen. Diese ereignete sich vor der Erstmission in Galatien und kann zu Hirnverletzungen geführt haben, die sich dann
so, wie Paulus es andeutet, äußerten.

Das Lob für den persönlichen Liebesdienst ändert aber nichts an dem Um- 16
stand, daß ihre Seligpreisung nun in Frage gestellt ist. (Auch dieses „offene
Wort" paßt zum typischen Freundschaftsideal, denn Freunde reden offen miteinander.) Ist dann Paulus also selbst in Gegensatz zur Gemeinde getreten,
weil er ihnen „die Wahrheit gesagt hat", d. h. das Evangelium als gesetzesfrei
auslegte (vgl. 2,5.14)? Nein, denn dies tat er schon längst vor dem Auftreten
der Gegner, und die Galater haben ihm bisher darin zugestimmt. So sind sie
Christen geworden. Weder hat die Gemeinde ihn seiner Krankheit wegen abgewiesen, noch hat er sich mit seinem Verkündigungsinhalt zu ihrem Gegner
gemacht. Der einzige Grund sind die eingedrungenen Missionare! Sie als 17
fremde Eindringlinge machen es erforderlich, daß Paulus die Gemeinde erneut zurückrufen muß in den Stand, in dem Paulus noch steht (4,12). Die Eindringlinge eifern nicht in guter Weise, weil sie die Gemeinde aus der Gnade
Christi reißen wollen (1,6) und das Evangelium verkehren (1,7), so schließen
sie die Galater vom Evangelium aus (2,21) und lassen sie um sich eifern, d. h.
um ihre judaistische Gesetzesauslegung, die nicht göttlich, sondern menschlich ist (Umkehrung von 1,11f.). Paulus verwehrt mitnichten, daß andere 18

neben ihm um die Gemeinde sich im Guten (d.h. im Sinne des gesetzesfreien Evangeliums) mühen. Gut ist dies, wenn es allezeit geschieht, nicht nur, wenn
19 er anwesend ist bei ihnen, seinen Kindern, um deretwillen er nun – eigentlich wider die Natur – erneut (Geburts-)schmerzen erleiden muß, damit Christus unter ihnen Gestalt im Wandel gemäß dem Evangelium (vgl. 2,15–4,7; speziell 3,1) gewinnt. So möchte er seine Vaterschaft bei der Gemeinde zurückgewinnen, in die die Irrlehrer ersatzweise eintreten wollen, indem sie die Gestalt der gesetzlichen Wahrheit (vgl. Röm 2,20) anpreisen.
20   Könnte der Apostel doch persönlich jetzt in der Gemeinde anwesend sein! Er würde seine Stimme „verwandeln", wie man wörtlich übersetzen muß. Dies heißt jedoch nicht, er würde sich des ekstatischen Zungenredens bedienen, sondern daß er väterlich zu überzeugen gedenkt mit Hilfe verständlicher Rede (vgl. V.13: das Evangelium verkündigen). Jedoch wohin will Paulus seine Stimme „verändern"? Vom harten Ton des Briefes (1,6ff.; 3,1ff.) zum milden? Vom gewinnenden Ton beim ersten Aufenthalt (V.13) zum nunmehr strafenden Ton? Doch sind diese Alternativen wohl falsch. Besser nimmt man an, Paulus wolle sagen, er könne bei persönlicher Anwesenheit, der unmittelbaren Gesprächslage entsprechend, jeweils den richtigen Ton wählen, der die Gemeinde gewinnt. Dies ist ihm zur Zeit wegen der geographischen Distanz nicht möglich. Der Brief ist nur Ersatz für ein Gespräch, wie man es gerade auch in stürmischen Zeiten unter Freunden pflegt. Diese Deutung schließt jene andere aus, nach der Paulus gesagt haben soll: Könnte ich doch jetzt meine Stimme so laut ertönen lassen, daß ihr mich trotz der großen Distanz hören könnt! Doch die Zeitangabe „jetzt" ist in den Satz eingetragen, und auch als Irrealis bleibt die Vorstellung abwegig. So wird es bei diesem Sinn der Aussage bleiben: „ Gern wäre ich jetzt bei euch und gäbe (bei meiner Anwesenheit) meiner Stimme (jeweils) den richtigen Ton, denn ich bin euretwegen ratlos, (wie ich euch am besten nochmals Christus predigen soll)." Mit diesem Motiv der Ratlosigkeit schließt der Abschnitt ähnlich wie der vorangehende (V.11). Paulus setzt erneut zur Sachargumentation an!

3.2.3 Das gesetzesfreie Christentum gehört auf die Seite Saras, die Leute der Beschneidung auf die Seite Hagars 4,21–31

21 Sagt mir, die ihr unter dem Gesetz leben wollt, hört ihr das Gesetz nicht? 22 Es steht doch geschrieben, daß Abraham zwei Söhne hatte, einen von der Sklavin und einen von der Freien. 23 Aber der (Sohn) der Sklavin ist auf natürliche Weise gezeugt worden, der von der Freien dagegen kraft Verheißung. 24 Das ist allegorisch gesagt. Denn diese (Frauen) bedeuten zwei Bundesschlüsse: Die eine den vom Berg Sinai. Sie gebiert für Sklaverei. Das ist Hagar. 25 Hagar bedeutet den Berg Sinai in Arabien. Sie entspricht dem jetzigen Jerusalem, denn sie (d.h. diese Stadt) ist Sklavin mit ihren Kindern zusammen. 26 Das obere Jerusalem jedoch ist eine Freie. Sie ist unsere Mutter. 27 Denn es steht geschrieben:
„Freue dich, Unfruchtbare, die du nicht gebierst!
Juble und jauchze, die du nicht in Geburtswehen liegst!

Denn viele Kinder wird die Vereinsamte haben,
mehr als die, die den Ehemann hat."
28 Ihr aber, Brüder, seid in der Weise Isaaks Kinder der Verheißung. 29
Doch wie damals der nach dem Fleisch Geborene den nach dem Geist Gebo-
renen verfolgte, so (ist es) auch jetzt. 30 Aber was sagt die Schrift? „Ver-
stoße die Sklavin samt ihrem Sohn. Denn der Sohn der Sklavin soll nicht
zusammen mit dem Sohn der Freien erben." 31 Darum, Brüder, sind wir
nicht Kinder einer Sklavin, sondern der Freien.

V.22: vgl. 1.Mose 16–17; 21; V.27: Jes. 54,1; V.30: 1.Mose 21,10.

In gewisser Weise steht der erneute Schriftbeweis in sachlicher Konkurrenz zu 3,6ff.
Darf man die Ausführungen über Abraham in 3,6ff. als eigentliche Leistung des Paulus
ansprechen, so liegt es nahe, daß Paulus den Grundstock in 4,21ff. exegetischer Schultradition entlehnt hat, d.h. nach seiner eigenen Problemlösung versucht Paulus, mit Hilfe
eines vorgegebenen Lösungsversuches zu arbeiten.
    Daß relativ fest formulierte Schulexegese vorliegt, erweist sich zunächst an der Dublet-
te von V.28 und 31. Wenn zudem V.31 folgert, die Gemeinde gehöre auf die Seite Saras,
der Freien, dann bleibt uneinsichtig, wie dies aus der V.29f. geschilderten Verfolgungssituation erschlossen werden kann. Erst wenn man V.31 nach V.27 stellt, ist die Folgerung
sinnvoll. Versteht man V.28 als Ersatz für V.31 und zugleich als Vorbereitung für V.29f.,
wo der Blick von den beiden Frauen und dem Tatbestand ihrer Freiheit bzw. Sklaverei
(so 22–27.31) auf die beiden Söhne und ihr Tun gelenkt ist, wird man V.28–30 zum paulinischen Einschub in einer älteren Exegese erklären. Dies trifft sich mit der Beobachtung,
daß das briefliche „Ihr" nur V.28 und in der Überleitung V.21 begegnet. Einige Handschriften haben unter dem Druck des Kontextes (vgl. V.21.31) auch in V.28 ein „wir"
glättend eingetragen. Weiter ist das Motiv des Erbens im Zitat V.30 nicht von ungefähr
Anspielung auf dasselbe Thema in 3,18.29; 4,1.7, der Gegensatz „nach dem Fleisch –
nach dem Geist" typisch paulinisch und stillschweigend an die Stelle des analogen, aber
anders formulierten Gegensatzes V.23 getreten.
    Der traditionelle Bestand zeigt einen geschlossenen Aufbau: Schriftbasis mit typischer
Zitationsformel (V.22), Exegese mit entsprechender Einleitung (V.24–27) und abschließender
Folgerung als Ziel der Schriftauslegung (V.31). Dieser Dreischritt ist bei einiger Variati-
onsbreite oft Strukturprinzip der Schriftbenutzung und weist auf Schultradition. Auch
Paulus kann mit ihm sonst arbeiten (z. B. Röm 3,10–18.19.20; 7,1f.3.4–6; 1.Kor 9,9.10.11;
10,1–5.6–11.12f.; Gal 3,6.7f.9 u.ö.). Traditionell ist auch die eigenartige Mischung von
Typologie und Allegorie, die ihre deutlichsten Parallelen bei Paulus in 2.Kor 3,4ff. hat.
Hier begegnet ebenfalls die Paulus sonst ungebräuchliche Gegenüberstellung vom alten
und neuen Bund, die Gal 4,24 (und in der Abendmahlsüberlieferung 1.Kor 11,25) zugrunde liegt. Dabei dürfte auch der Grundstock von 2.Kor 3,4ff. vorpaulinisch sein.
    Endlich hat 4,21ff. aber auch noch eine weitere eigene Funktion gegenüber 3,6ff. Of-
fenbar gehören 4,29f.; 5,11; 6,12 zusammen. In diesen Versen ist jeweils von der Verfolgung in einem aktuellen Sinn gesprochen. Die Stellen heben sich von den anderen des
Briefes (1,13.23), die noch von einer Verfolgung (speziell des ehemaligen Juden Paulus)
sprechen, deutlich ab. Vertritt nun 4,29 diese Aktualität (vgl. unten), dann wird nicht nur
das unmittelbare Interesse des Paulus an dem Zusatz 4,28–30 deutlich, sondern auch das
Thema der Gesetzesfreiheit um ein aktuelles Moment erweitert, das 3,6ff. noch nicht anzutreffen war.

Paulus beginnt den Argumentationsgang, indem er die Gemeinden bittet, mit 21
ihm das Gesetz, für das sie so intensiv eintreten, genau zu lesen: Erwartet die
Tora überhaupt eine Unterordnung der Gemeinde unter die Gebote? Benutzen die Galater das Gesetz nicht gegen sein Selbstverständnis? Auf derselben

Ebene hatte Paulus schon 3,6ff. argumentiert, indem er mit Hilfe der Tora die Galater lehrte, das gesetzliche Leben als Widerspruch zu Christus und dem Gesetz zu verstehen.

22   Dabei bedient sich Paulus zunächst einer traditionellen Exegese. Die Zitationsformel: „Es steht geschrieben, daß …" leitet eine sinngemäße, für den folgenden Gedankengang kurzgefaßte Wiedergabe der alttestamentlichen Textbasis ein. Abraham, der Verheißungsträger und Garant des Bundes Gottes mit Israel, besaß zwei Söhne, wie 1.Mose 16,15; 21,1f. aussagen. Weil die Namen Ismael und Isaak allgemein bekannt sind, bedürfen sie keiner Nennung, zumal an ihnen selbst kein Interesse besteht, sondern allein an ihrer Herkunft, wie sie durch ihre beiden Mütter, die zwei Frauen Abrahams, be-
23 stimmt ist: Ismaels Mutter Hagar ist Sklavin. Ihr Verhältnis zu Abraham ist eine normale Beziehung zwischen Mann und Frau. So wird Ismael geboren im Sklavenstand und wie jeder andere Mensch auf rein natürliche Weise. Isaak hingegen entstammt der Ehe, die Abraham mit der freien Frau Sara führte. Doch nicht nur dieses unterscheidet ihn von Ismael, sondern zugleich der Umstand, daß die unfruchtbare Sara im hohen Alter allein aufgrund göttlicher Verheißung (1.Mose 15,4; 17,16.19; 18,10) noch empfing. Eigentlich war Sara längst nicht mehr empfängnisfähig. Sie wird es wunderbarerweise aufgrund der Verheißung Gottes. So steht im Rahmen der Antithese von Sklaverei und Freiheit die Verheißung auf der Seite der Freiheit.

24   Dieser alttestamentliche Text soll nun „allegorisch" ausgelegt werden. D. h. es ist vorausgesetzt, daß die beiden Frauen nicht allein in ihrer damaligen geschichtlichen Situation Bedeutung hatten, sondern eine für die jetzige Gemeinde repräsentative Wahrheit vertreten; sie weisen über sich hinaus auf einen tieferen, allgemeingültigen Sinn, der in grundsätzlicher Weise die Situation der Gemeinde beleuchtet. In allegorischer Identifizierung (vgl. 1.Kor 10,4) stehen die beiden Frauen für zwei Bundesschlüsse, die als bekannt vorausgesetzt werden. Hier kommt heilsgeschichtliche Geschichtsdeutung zum Zuge: der alte Bund ist der erste und inzwischen überholte. Der zweite, neue hingegen, der die Überhöhung und damit Ablösung des ersten bedeutet, ist jetzt in der Gemeinde Wirklichkeit. Doch wie werden die Frauen auf die Bundesschlüsse bezogen? Die eine Gleichung lautet: Der Bundesschluß vom
25 Sinai ist sinnbildlich in Hagar und ihrer Sklaverei, die sie ihren Nachkommen vererbt, repräsentiert. Bewiesen wird das damit, daß „Hagar" in Arabien Name des Berges Sinai ist. Allerdings enthält gerade dieser Begründungssatz viele Probleme. Schon die Textüberlieferung ist nicht eindeutig. Auch fehlt eine Möglichkeit zu prüfen, ob die Aussage des Satzes stimmt. Nun wußten Juden und Christen, daß der Sinaibund den Nachkommen Isaaks galt. Wer hier durch Namensallegorie konträr zur Geschichte auslegen wollte, mußte gute Gründe vorlegen. Der vorliegende ist sicher nicht besonders stark. Doch interpretiert der Vers weiter mit Hilfe eines neu eingeführten – wiederum traditionellen – Gegensatzpaares: irdisches und himmlisches Jerusalem (vgl. dazu Jes 54,10ff.; 60ff.; Tob 13,9ff.; 1QH 6,24ff., neu: 14,24ff.; OrSib 5,250ff.; TestDan 5,12; äthHen 53,6; 90,28ff.; 4.Esra 7,26f.; syrBar 5,1ff.; 32,2ff.; Offb 12; 21

u. ö.). Die Verwendung dieses neuen Bezugsrahmens ergibt, daß das irdische, jetzige Jerusalem als der „klassische" Ort des Gesetzes auf die Seite der Gleichung Sinai = Hagar gehört, denn Jerusalem mit ihren Kindern, also alle Juden und Judaisten, dienen dem Gesetz, wobei der Dienst abwertend als Sklaverei, wie sie Hagar repräsentiert, verstanden ist. Damit ist die eine allegorische Ableitung zum Ziel gebracht: Hagar – Sklaverei – Sinaibund – irdisches Jerusalem gehören zusammen.

Die zweite Reihe, beginnend mit Sara – Freiheit, kann nun kraft der antithetischen Struktur erschlossen werden, wobei ein dem Sinai entsprechendes Glied fehlt. Es reicht aus, das himmlische Jerusalem mittelbar einzuführen. Es gehört auf die Seite der freien Sara, weil das irdische Jerusalem auf die andere Seite gehört. Doch damit ist die Exegese noch nicht beendet. Alles Interesse ruht darauf, himmlisches Jerusalem und christliche Kirche zu verbinden. Das geschieht über das Motiv der Mutterschaft. Das am Ende der Tage erwartete himmlische Jerusalem als ewiger Aufenthaltsort der Gerechten ist die Mutter der jetzigen Gemeinde. Versteckt kommt darin zum Ausdruck, daß die jetzige Gemeinde schon endzeitlichen Charakter hat. Weil das himmlische Jerusalem jetzt schon im Irdischen als christliche Gemeinde anwesend ist, ist bereits Endzeit. Damit ist diese Exegese auch für damalige Leser legitimiert. Das Alte Testament legt die Endzeit aus. Jetzt ist Endzeit. Also gilt die Schrift für die jetzige Generation (vgl. zu diesem hermeneutischen Grundsatz z. B. 1QpHab 7; Apg 2,17; 2.Kor 6,2 u. ö.). Doch inwiefern ist es erlaubt, christliche Gemeinde und himmlisches Jerusalem zu verbinden? Dazu hilft das Schriftzitat aus Jes 54,1. Der Text wird verstanden als Rede über Sara: Die Unfruchtbare wird reiche Nachkommen haben. Diese vielen Kinder aber erwartet der Prophet noch. Die Verheißung ist also nicht mit dem irdischen Israel als den leiblichen Nachkommen Isaaks eingelöst. Vielmehr redet der Prophet nach dem eben genannten Grundsatz von der Endzeit und kann darum nur die christliche Gemeinde meinen.

Nun kann die entscheidende Schlußfolgerung gezogen werden: Die christliche Gemeinde gehört nicht unter das Gesetz, sondern zu Sara als der Freien. In ihr ist die Verheißung der Freiheit endzeitlich erfüllt. Das Gesetz steht im Widerspruch zu ihrer Lebensweise.

Diese Einsicht zwingt, die Frage zu beantworten: Wo gab es in der urchristlichen Geschichte eine Situation, in der solche Exegese benötigt wurde? Wo gab es 1. exegetische Schultradition mit allegorischen Zügen, 2. die Unterscheidung des Alten Testamentes als „Gesetz" und „Verheißung", wobei das Gesetz außer Kraft gesetzt sein soll, die Verheißung hingegen Geltung hat, 3. die Vorstellung, daß in der Gemeinde der neue Bund und das himmlische Jerusalem endzeitliche Realität sind, und 4. die aktuelle Notwendigkeit, die christliche Freiheit mit Hilfe des Alten Testamentes gegen eine entgegengesetzte Auffassung ausdrücklich zu rechtfertigen? Ein solcher Freiheitsbegriff mit gesetzeskritischer Pointe begegnet in Antiochia (2,4), und nach allem, was über die Situation in Antiochia aufgrund von Gal 2 erkennbar ist, ist diese Stadt am ehesten als Ursprungsort dieser Tradition zu denken. So mag in den Jahren des Paulus in Antiochia diese Exegese als relativ feste Tradition dem Apostel zugewachsen oder sogar einst von ihm entworfen worden sein.

28   Paulus aktualisiert sie für Galatien, indem er eine weitere Pointe einbringt. Er wendet sich unmittelbar an die galatischen Gemeinden und spricht ihnen zu, in der Weise Isaaks unter die Verheißung zu gehören. Dann geht er auf
29 eine Auslegung zu 1.Mose 21,9 ein. Dort ist ausgesagt, Isaak und Ismael hätten zusammen „gespielt". Dies deutet die schriftgelehrte Interpretation (Tosefta Sota 6,6 [304]; Genesis Rabba 53 [34a]) im feindlichen Sinn um: Ismael habe versucht, beim Spiel Isaak zu töten. Dieses Verständnis der Stelle dient Paulus dazu, sie mit der Gegenwart zu parallelisieren: Wie damals Ismael als Repräsentant des irdischen Jerusalem und des Sinaibundes den verfolgte, der der Repräsentant des himmlischen Jerusalem, der Freiheit und der Verheißung war, so zeige sich in der jetzigen Situation ein ganz analoges Bild. Klar ist, daß dabei die jetzige gesetzesfreie Kirche die Verfolgte ist. Aber wer übt Verfolgung aus? Wenn die Stellen des Briefes, die offenbar dieselbe Situation im Blick haben (5,11; 6,12), die Beschneidung als Hauptforderung der Verfolgenden nennen, und wenn weiter die Judaisten dieser Verfolgung durch Aufstellung des Beschneidungsgebotes entgehen wollen, dann müssen es offenbar Juden sein. Erneut kommt damit das sich ausbreitende zelotisch-nationale Element Israels ins Blickfeld (vgl. zu 2,4), das auf die Dauer das Judenchristentum zwang, sich vom Judentum auf die Seite des Heidentums zu stellen oder
30 mit kompromißloser Strenge judaistisch zu werden. Die judaistischen Eindringlinge in Galatien haben den letzteren Standpunkt gewählt. Paulus macht mit V.30 deutlich, daß die Schrift nur die erste Möglichkeit gutheißt. Die Aufforderung Saras an Abraham in 1.Mose 21,10, Ismael fortzujagen und vom Erbe auszuschließen, ist von Gott gutgeheißen (1.Mose 21,12). Das Gesetz, das die Judaisten in Galatien unter dem Druck des Judentums aufrichten wollen, spricht selbst gegen dieses Unternehmen: Christen als Erben der Verheißung verhalten sich „gesetzesgemäß", wenn sie die Trennung von denen vollziehen, die das Gesetz im legalistischen Sinn aufrichten.

3.2.4 Die Gemeinde soll ihre Freiheit ohne Abstriche gebrauchen, das Gericht über die Gegner ist unabänderlich 5,1–12

1 **Zur Freiheit hat uns Christus befreit. Steht fest (in ihr) und laßt euch nicht wieder mit einem sklavischen Joch belasten!** 2 **Seht, ich, Paulus, sage euch: Wenn ihr euch beschneiden laßt, kann euch Christus nichts nützen.** 3 **Ich bezeuge nochmals jedem Menschen, der sich beschneiden läßt, daß er verpflichtet ist, das ganze Gesetz zu tun.** 4 **Ihr seid zugrunde gerichtet, von Christus (entfernt), die ihr durch das Gesetz gerecht werden wollt, aus der Gnade seid ihr herausgefallen.** 5 **Denn wir erwarten im Geist aus Glauben das Hoffnungsgut der Gerechtigkeit.** 6 **Denn in Christus hat weder Beschneidung noch Unbeschnittensein Wert, sondern Glaube, der durch Liebe wirksam ist.**
7 **Ihr lieft gut. Wer hat euch behindert, der Wahrheit zu gehorchen?** 8 **Die Überredung (dazu) kommt nicht von dem, der euch beruft.** 9 **Ein**

bißchen Sauerteig säuert den ganzen Teig.   10 Ich habe im Herrn das Vertrauen zu euch, daß ihr nichts anderes denken werdet. Der euch jedoch verwirrt, wird das Urteil (Gottes) zu tragen haben, wer er auch sein mag.   11 Ich aber, Brüder, wenn ich noch die Beschneidung predige, warum werde ich noch verfolgt? Dann ist ja das Ärgernis des Kreuzes beseitigt: 12 Sollen sie sich doch verschneiden lassen, die euch aufhetzen!

Der Abschnitt setzt das Thema der Freiheit fort, indem er die 4,21 ff. vorgeführte Exegese unmittelbar mit Hilfe verschiedener Grundgedanken des ganzen Briefes auf die galatische Situation hin auszieht und so ein abschließendes Furioso des doppelten Argumentationsganges (3,1 ff.) bildet. Noch einmal geht es um den Grundsatzentscheid zwischen Gesetz und Christus. Der Gedankengang wird lockerer, z. T. assoziativ, ganz im Unterschied zu Stücken wie z. B. 3,6–14. Paulus hat sein Anliegen argumentativ eigentlich vollständig vorgetragen. So variiert und wiederholt er, um den Gemeinden den Sachverhalt noch klarer zu machen. Er tut dies mit hoher Emotionalität, weniger mit geschliffener Rationalität.

Paulus setzt mit der Feststellung ein: Christus hat uns befreit. Wie das geschah, 1 hat er den Galatern 1,4; 2,20; 3,13; 4,4 (u. ö.) ausgeführt. Dies ist nun nicht mehr sein Thema. Vielmehr zielt er jetzt auf das Ergebnis der Befreiung. Die betonte Voranstellung des Begriffs Freiheit am Satzanfang hat polemischen Klang (vgl. auch Gal 2,4; 5,13). Die Freiheit ist für die Leser nach 4,21–31 in doppelter Weise bereits festgelegt: Sie korrespondiert der Freiheit Saras und Isaaks. Verheißung und Erbe sind darum ihre Insignien. Aber sie steht zugleich im Gegensatz zu dem, was die Magd Hagar repräsentiert. Es geht also im umfassenden Sinn um die Freiheit als Lebensordnung, um die kompromißlos vollzogene Trennung vom Gesetz und den Weltelementen (vgl. 4,3.9). Freiheit, das ist hier, auf einen Begriff gebracht, das ganze Anliegen der paulinischen theologischen Konzeption. Darum wird zu gelten haben: Freiheit heißt hier zugleich programmatisch die Freiheit von der Sünde (1,4), das Gerufensein unter die Gnade Christi und unter das Evangelium (1,6), Gerechtfertigtsein aufgrund des Glaubens an Christus (2,16; 3,8 f.), Geistbesitz (3,2.14) und Sohnschaft (4,5). In dieser Freiheit sollen die Leser ihren Standort behalten. So wird die Freiheit wie in der korinthischen Korrespondenz für Paulus auch hier zum christlichen Leitbegriff überhaupt. Diese Freiheit sollen die Galater nicht aufgeben, indem sie den Fremdeinflüssen erliegen und sich mit einem Joch, das Rückkehr in die Sklaverei ist, belasten lassen. Solches Joch – der Ausdruck ist geläufiges Bild zur Kennzeichnung des Sklavenloses – wären das Gesetz und die Mächte (3,19 ff.; 4,1 ff.). Weil Christusglaube und Gesetzesobservanz unvereinbar sind, darum kann es für die Galater nur das Beharren in der Freiheit oder erneute Knechtschaft geben. Evangelium und Gesetz lassen sich für Pau- 2 lus nicht vermischen, wohl ganz im Gegensatz zu den eingedrungenen Judaisten. Mit seiner eigenen Autorität („Seht, ich, Paulus, sage euch, …") weist er darauf hin: Wer die Beschneidung auf sich nimmt, also es mit dem Gesetz als

Heilsweg ernst nehmen will, dem kann Christus nichts nützen. „Denn wenn durch das Gesetz Gerechtigkeit (erlangt werden kann), dann ist Christus umsonst gestorben," so hat es Paulus den Galatern 2,21 schon erklärt. Die durch Christus geschenkte Gerechtigkeit verträgt sich nicht mit solcher, die durch Gesetzesbefolgung erlangt wird. V.2 macht im übrigen für die Rekonstruktion der historischen Situation zweierlei deutlich: Einmal, daß die Gemeinden in keinem Fall schon generell die Beschneidung vollzogen haben und somit den Irrlehrern schon restlos verfallen sind. Der Aufforderungscharakter von V.1f. hat jedenfalls nur Sinn, wenn Paulus die Situation noch nicht endgültig durch vollzogene Beschneidung für verloren hält. Zum anderen: Die Beschneidungsforderung stützt entschieden die These, daß die Irrlehrer Judaisten waren. Die Heilsnotwendigkeit der Beschneidung ist gerade in den letzten Jahrzehnten vor dem großen Aufstand 68–71 ein brandaktuelles Thema im Judentum, ja der Zelotismus praktizierte sogar die Zwangsbeschneidung.

3   Mit V.3 verläßt Paulus die eindringliche Apodiktik, mit der er thetisch ohne Begründung V.1f. gestaltete. Er setzt neu ein, indem er nochmals an seine frühere Verkündigung in Galatien erinnert und die Konsequenzen freilegt, die auf den Völkerchristen warten, wenn er der Beschneidungsforderung nachkommt. Wer die Beschneidung auf sich nimmt um des Gesetzes willen, das diese fordert, soll wissen, daß dies nicht die einzige Forderung des Gesetzes ist. Beschneidung ist vielmehr der Beginn lebenslanger Forderung, dem Gesetz zu gehorchen.

Man kann dies als situationsbedingten Hinweis verstehen und dann annehmen, die Missionare des Gesetzes hätten zwar die Beschneidung lautstark propagiert und dementsprechend die notwendige Inkorporation in das Judentum und damit die Teilhabe an seiner Heilsgeschichte betont, jedoch von der Beobachtung des ganzen Gesetzes weniger deutlich geredet, sei es aus taktischen Gründen, um den Völkerchristen nicht gleich alles zuzumuten, sei es aufgrund der eigenen vergleichsweise liberalen Anschauung, oder sei es endlich, weil der Segen der Beschneidung überhaupt im Vordergrund ihrer Ausführungen stand, sie also als „Evangelium" und nicht als „Gesetz" verstanden wurde. Die zuletzt genannte Position – die anderen beiden sind reine Hypothesen neuerer Ausleger – hat jedenfalls die allgemeine Auffassung von der Beschneidung im Judentum auf ihrer Seite. Das Judentum hätte sich generell geweigert, die für es einseitige paulinische Konsequenz anzuerkennen. Sicherlich: das Gesetz ist als ganzes Israel gegeben, aber die Beschneidung führt nicht nur einfach unter diese Totalität, sondern bringt zugleich die Segnungen des Abrahambundes mit sich, also auch Sündenvergebung und Leben.

Aber mit hoher Wahrscheinlichkeit sind solche Erwägungen über die Gegner überhaupt verfehlt. Paulus will gar nicht eine wunde Stelle in der Verkündigung der Gegner bloßstellen; denn er formuliert überhaupt nicht so konkret im Blick auf sie. Vielmehr erinnert er an eine Grundüberzeugung, die er selbst mit seiner Theologie vertritt. Einmal nützt die Beschneidung nur, wenn das Gesetz befolgt wird. Wer als Beschnittener das Gesetz übertritt, ist wie ein Unbeschnittener (Röm 2,25). Sodann: Das Gesetz fordert seine Einhaltung im ganzen, was aber ebenfalls nach der Schrift niemandem möglich ist (vgl. zu Gal 3,10–12; auch Apg 15,10). Also kann niemand über die Gesetzeserfüllung vor Gott gerecht werden. Folglich: Ist die Beschneidung durch Übertretung hinfällig und ist das Gesetz als ganzes nicht zu halten, dann führt dieser Weg, den die Irrlehrer vorschlagen, zurück unter den Fluch, von dem die Gemeinden doch gerade frei geworden sind (Gal 3,13f.). Beschneidung und Gesetz lassen sich also keineswegs als mögliche Heilskonkurrenz zur Freiheit in Christus auffassen, sondern sie sind Unheilsweg. Nichts weniger als dieses will Paulus erneut den Lesern zeigen, wie nun auch V.4 erweist. Die Gemeinden richten sich selbst zugrunde, wenn sie sich von Christus wegwenden. Sie fallen aus der Gnade, d.h. aus der Heilserkenntnis des gesetzesfreien Evangeliums (vgl. 1,6), wenn sie Gerechtigkeit aus dem Gesetz erlangen wollen. Meinen die Galater mit den Judaisten, Gesetz und Christus bei der Heilserlangung verbinden zu können, irren sie zutiefst. Christus ist allein Heilsweg, die Hinwendung zum Gesetz bringt Fluch und Vernichtung. 4

Diesen Heilsweg beschreibt Paulus nochmals in V.5. Indem er alle Christen, die dem Gesetzesweg entsagen, in einem „Wir" zusammenschließt, formuliert er deren gemeinsames Heilsziel aufgrund ihres gemeinsamen Heilsweges. Der Weg ist zunächst definiert als Weg im Geist. Der Leser wird so an Gal 3,1–5.14; 4,6 erinnert und weiß, daß für Paulus der Geist eine Gabe aufgrund des Hörens der Heilsbotschaft ist, d.h. daß Gott den wahren Söhnen Abrahams den Geist seines Sohnes sendet. Keinesfalls kommt der Geist aus dem Gesetz. Die zweite Bestimmung lautet: aus Glauben. Sie wird gleichfalls in der gedrängten Sprache des Apostels nur durchsichtig, wenn sie in ihrer Erinnerungsfunktion verstanden wird: Der Apostel läßt nochmals Stellen wie 3,6–18 anklingen. Aus Glauben, das meint abermals: ohne Gesetzeswerke, und positiv: durch Christus allein. Zu beiden Bestimmungen gehört ein analoger Erwartungshorizont. Erhofft wird als Ziel des Weges die Gerechtigkeit. Das ist im Rahmen der paulinischen Theologie eine erstaunliche Aussage, denn für den Apostel ist der Christ eigentlich schon jetzt gerechtfertigt und die „Gerechtigkeit" gegenwärtige Heilsgabe (Röm 5,1.9; 8,30; Gal 2,16–21). Kennt Paulus demnach eine doppelte, eine gegenwärtige und eine künftige Rechtfertigung? Das würde der Vorstellung einer gegenwärtigen Gerechtsprechung alle Ernsthaftigkeit rauben. Aussagen wie Gal 2,16; 3,13; 4,4; Röm 5,1.9f. usw. müßten umgeschrieben werden. 5

Scheidet solche Interpretation als Mißverständnis der paulinischen Theologie aus, so bleibt zu erwägen, ob Paulus hier nicht unter dem Druck eines ihm vorgegebenen Gedankenganges formuliert. Jedenfalls hat Paulus ständig die Antithetik zum Gesetzesweg vor Augen. Dieser Weg wäre korrekt so zu beschreiben: Wir erwarten als Beschnittene aufgrund der Gesetzesbefolgung Gottes endgerichtliches Urteil, das uns gerecht spricht und damit Leben gibt (vgl. z.B. Röm 2,13.20). Nimmt man an, der Apostel hätte solche schlüssige Aussage im Kopf und wollte ihr gegenüber die Antithese herausstellen, dann ergibt sich ein Satz wie V.5. Dann kann man so sagen: „Gerechtigkeit" ist hier nicht spezifisch paulinisch gebraucht. Paulus müßte unmißverständlicher im

Sinne seiner üblichen Terminologie vom ewigen Leben (Röm 5,21) oder vom Zusammensein mit dem Herrn (z.B. 1.Thess 4,17) reden. Doch muß erwähnt werden, daß Paulus diese terminologische Strenge auch Röm 5,19; 14,10 in anderer Weise vermissen läßt. Vergleichbar ist noch, daß Gal 3,26–4,7 die Sohnschaft als gegenwärtig gefaßt ist, nach Röm 8,23 f. aber erst erhofft wird.

6   Daß Paulus V.5 eine frühjüdische Grundaussage im Hintergrund seiner Formulierung erkennen läßt, bestätigt V.6. Der Vers dürfte nämlich antiochenische Tradition sein, die den antiochenischen Grundentscheid angesichts der auch hinter V.5 erkennbaren frühjüdischen Position formuliert. Daß solche Tradition vorliegt, kann so begründet werden: Die Aufhebung des Heilswertes der Beschneidung entspricht der traditionellen Auffassung in 3,26–28. Diese Aufhebung zu formulieren, ist dort aktuell, wo Christen die Synagoge verlassen und „in Jesus Christus" eine neue Gemeinschaft gründen. Das geschah in Antiochia, wohin auch die ekklesiologische Einheitsformel „in Jesus Christus" weist (vgl. Gal 2,4; 3,26.28). Wenn der neue „Glaube" an Christus in V.6 an die Stelle der Antithetik von Beschnittenheit und Unbeschnittenheit tritt, so erinnert dieses Stichwort „Glaube" an die Annahme der urchristlichen Missionspredigt (vgl. etwa 1.Thess 1,8f.). Darum können Christen intern einfach als „Glaubende" bezeichnet werden (1.Thess 1,7; 2,10.13). Dieser Glaube, bewirkt durch Evangelium und Geist (1.Thess 1,4f.), führt zum Gott wohlgefälligen Wandel (1.Thess 2,12; 4,1), der in der Liebe (1.Thess 4,9) aktiv werden soll. Glaube, der so als Liebe wirkt, hat nach V.6 den „Wert", der vorher der Beschneidung samt der Folge zukam, den Gesetzesweg zu gehen. Wie der Gesetzesweg auf Gottes endgerichtliches Urteil wartete, so wird nun die Liebe, dem Glauben entsprungen, zum Objekt endgerichtlicher Beurteilung. Geht es so in V.6 um die Frage nach dem Wert, den Gott einer Lebensweise im Endgericht beilegt (vgl. Röm 2,25f.), als der Juden und Christen einenden Grundfrage des Lebens, dann heben sich die antiochenischen Christen von der Synagoge mit V.6 dadurch ab, daß sie neu bestimmen, was von Gott beurteilt werden wird, worauf also sein Urteil: „Du bist gerecht" fußen wird. Paulus hat diese Position nochmals radikalisiert, indem er den Glaubenden schon jetzt gerecht sein läßt (Röm 5,1). Doch benutzt er dennoch V.(5.)6 diese ältere antiochenische Tradition, weil die damals zwischen Glaube und Beschneidung entschiedene Alternative auch in der galatischen Situation den Weg weist. So ist die zitierte Tradition ein Grundsatz, der unmißverständlich die Richtung angibt, die die Galater gehen sollen. Vielleicht kennen die Galater sogar diesen antiochenischen Grundsatz. Dann werden sie stillschweigend an die Situationen aus 2,1–21 erinnert und müssen sich nun entscheiden, ob sie Nachfolger der Antiochener zu bleiben gedenken.

7   Noch vor kurzem haben sie diese Position geteilt. Darum kann der Apostel den Gemeinden bestätigen: Ihr liefet (vgl. 1.Kor 9,24; Gal 2,2; Phil 2,16) gut! Gerade das uneingeschränkte Lob führt angesichts der Gegenwart zu der ratlosen und bekümmerten Frage: Wer hat euch behindert, der Wahrheit zu gehorchen? Diese Frage entstammt nicht der Unwissenheit des Apostels, sondern seinem Unverständnis für den Umschwung (vgl. 1,6f.; 3,1f.; 4,15). Die

Wahrheit ist die Wahrheit des Evangeliums (vgl. 2,5.14; 4,16). Davon sind die 8
Galater abgefallen, und darum kommt die Überredung dazu nicht von dem,
der sie berief. Die Irrlehrer beziehen sich ganz zu Unrecht auf Gott (vgl.
1,7.9; 3,5; 4,17; 5,4). Doch das sollen sich die Gemeinden mit Hilfe des Sprich- 9
wortes (vgl. 1.Kor 5,6), das auch ihnen nicht unbekannt ist, sagen lassen: Schon
ein bißchen Sauerteig säuert den ganzen Teig. Gibt die Gemeinde dem Werben der Irrlehrer auch nur ein wenig nach, ist bei ihnen alles verloren. Hier
kann man keinen taktischen Ausgleich suchen. Gerade diese Entschiedenheit 10
hofft Paulus noch in den Gemeinden anzutreffen und durch seinen Brief zu
stärken. Doch angesichts der Ausführungen in 1,6–9; 3,1; 4,9.20 gibt diese
Aussage weniger den faktischen Zustand in Galatien wieder als die von Paulus zu seinen Gunsten vorweggenommene Entscheidung, die er erreichen
möchte. Dazu paßt, daß Paulus unmittelbar anschließend die Irrlehrer
nochmals wie in 1,8 verflucht. Sein Ziel ist es, die Trennung der Gemeinde
von den Missionaren zu erreichen und sie zugleich auf den guten Weg seiner
Botschaft zurückzuführen.

Viel diskutiert ist dabei in V.10b die Aussage: „wer er auch sein mag".
Steckt hinter diesem Satz ein Hinweis auf die Person, die die Irrlehrer als ihre
Autorität betrachten? Doch wird diese Frage so falsch gestellt sein. Der Singu-
lar im Satz ist generischer Art, also analog zu 1,8f., zu deuten: Wer immer die
Eindringlinge sind, sie werden das Gerichtsurteil Gottes zu tragen haben.
Dann bleibt jedoch noch zu fragen: Kannte Paulus die Irrlehrer nicht, oder
wollte er – etwa wegen ihres hohen Ansehens – ihre Namen hier nicht nennen?
Nun ist letzteres wohl darum unwahrscheinlich, weil Paulus gerade in 2,1–13
Namensnennungen in einem analog gelagerten Fall nicht scheut. Also sind die
Missionare ihm wohl namentlich unbekannt. Denkbar wäre zusätzlich, daß
Paulus in Aufnahme von 1,8 nochmals steigern will: Mögen selbst Engel im
Spiel sein, Gott wird ihr Richter sein!

Für heutige Leser überraschend folgt die Bemerkung in V.11. Sie muß si- 11
tuationsbezogen verstanden werden und wird den damaligen Lesern wohl
kaum so isoliert erschienen sein. Zuerst gilt es darum zu klären, worin möglicherweise diese historische Konkretion zu sehen ist. Hat man eventuell Paulus den Vorwurf gemacht, er selbst predige ja noch dann und wann die Beschneidung? Zugunsten solcher Vermutung ist immer wieder auf Apg 16,1ff.
und 1.Kor 9,20 verwiesen worden. Doch ist die Beschneidung des Timotheus
historisch zweifelhaft, und 1.Kor 9,20 redet mitnichten von einer Botschaft
des Paulus, in der die Beschneidung des Christen grundlegende Bedeutung
hat. In gar keinem Fall geben beide Stellen her, daß Paulus je im glatten Widerspruch zu Gal 1,13–16 gepredigt hätte, die Beschneidung sei konstitutiv.
Außerdem wäre es befremdlich, wenn Paulus erst jetzt und so nebenbei am
Ende des Briefes solchen Vorwurf der Gegner erwiderte. Man wird darum
einen anderen Weg zur Interpretation beschreiten müssen. Der Ausdruck
„die Beschneidung predigen" ist kein Vorwurf an Paulus, sondern von Paulus
selbst polemisch in Antithese zur Wendung „Christus verkündigen" (vgl.
1.Kor 1,23; 15,12; 2.Kor 1,19; 4,5 usw.; auch Gal 2,2) gebildet. Sie soll den In-

halt der gegnerischen Verkündigung im Kontrast zu seiner eigenen kennzeichnen. Weiter aber muß V.11 im Zusammenhang mit 4,29 und 6,12f. ausgelegt werden. Daraus ergibt sich als rekonstruierbare Situation: Die Judaisten
treten entschieden für die Beschneidung ein, weil sie auf diese Weise selbst
der Verfolgung durch die Juden entgehen wollen (vgl. zu 2,4f.; 6,12f.). Dies
setzt voraus: das damalige Frühjudentum duldete keine Christen, die über Judenchristen in indirektem Zusammenhang mit der Synagoge lebten und die
Beschneidung für sich ablehnten. Daraus entsteht die Verfolgungssituation,
von der 4,29 spricht: die gesetzesfreie Kirche steht unter dem Verfolgungs-
druck der Juden und Judaisten. Wo hingegen der Beschneidungsforderung
nachgegeben wird, ist die Verfolgung grundlos geworden und bleibt aus. Auf
diesem Hintergrund spricht Paulus: Wenn ich, Paulus, noch wie in meiner
vorchristlichen Zeit auch jetzt die Beschneidung bei euch Galatern predigte in
analoger Form wie die eingedrungenen Judaisten, warum werde ich dann
(z. B. von den Missionaren) verfolgt? Ihr seht doch selbst, daß die Differenz
zwischen ihnen und mir unüberbrückbar ist! Ihr müßt euch für eine von beiden Seiten entscheiden. Ihr könnt nicht einen Kompromiß (V.9!) schließen.
Dann wäre das Ärgernis des Kreuzes beseitigt. Das Kreuz Christi ist nach
Paulus Ärgernis, weil sich Gottes Gottheit gerade in der Niedrigkeit und dem
Scheitern des Gekreuzigten zeigt (1. Kor 1,23 f.). Ebenso vollendet sich Gottes
Macht in der Schwachheit des Menschen (2. Kor 12,9). So wird das Kreuz Er-
weis des Gottes, der die Toten – nur sie! – erweckt (Röm 4,17), das Schwache
und Unansehnliche erwählt (1. Kor 1,27). Diese paulinische Interpretation des
Kreuzes ist nur die andere Seite seiner Botschaft von der Rechtfertigung des
Gottlosen (Röm 4,5; 5,10). So gehören Kreuz und Evangelium zusammen. Wer
Beschneidung und Gesetz predigt, nimmt genau daran Anstoß. Er will ja des
Frommen Rechtfertigung und Anerkennung von Gottes Seite. Diese Position
führt zum Ruhm vor Gott, wo doch Gott nur will, daß man sich seiner rühmt
als dessen, der allein um Christi willen ohne Gesetzeswerke rechtfertigt (Röm
3,27 f.).

12   Stehen somit die Grundlagen der gesamten paulinischen Theologie auf dem
Spiel, dann ist verständlich, wenn der Apostel den zweiten Hauptteil mit
einer sarkastischen indirekten Grußadresse und Empfehlung an die Judaisten
enden läßt: Mögen doch die Beschneidungsfanatiker sich gleich ganz entmannen,
wie man es z. B. aus dem Attis- und Kybelekult kennt! Ein wirklich grimmi-
ger Spott, bedenkt man, daß nach 5. Mose 23,2 Kastrierte aus der Gemeinde
Gottes auszuschließen sind! Aber für Paulus kommen Gesetzesbefolgung im
Sinne der Beschneidung und Widergesetzlichkeit im Sinne der Kastration aufs
selbe hinaus: Beides trennt von dem Gott, der das Ärgernis des Kreuzes als
Offenbarung seines Wesens aufgerichtet hat.

Zur Theologie der Judaisten: Daß Paulus im Gal eine höchst polemische Situation zu bewältigen versucht, ist unbestritten. Der harte Kern dieser Auseinandersetzung geht dabei um die Beschneidungsforderung der in Galatien
eingedrungenen Fremdmissionare, die von den Völkerchristen durch Be-

schneidung Inkorporation in den Bund Abrahams fordern und ein Christentum außerhalb des Heilsvolkes für illegitim erklären (Gal 5,11f.; 6,12f.). Gegen eine gleiche Front wehrt sich Paulus auch in Phil 3, und vielleicht steht sie auch hinter Röm 15,17–20. Damit hat Paulus in seiner ephesischen Zeit und kurz danach mit zwei großen Gefährdungen seiner Gemeinde zu tun: mit der enthusiastischen (1. und 2. Kor) und mit der judaistischen Gefahr.

Wieweit läßt sich die judaistische Gegenmission noch näher kennzeichnen? Jedenfalls wird man sich davor hüten, jede Abgrenzung und Antithese bei Paulus sofort mit den Gegnern in Verbindung zu bringen. Denn es könnte bloßer rhetorischer Stil vorliegen. Auch war Paulus ein kämpferischer Polemiker, der nur schlagwortartig zugespitzt und abwertend auf Gegner einging. Wie die Gegner sich selbst sehen, oder wie die Gemeinde sie einschätzt, bleibt dabei ungenannt. Allerdings zeigen die Anlage des Gal, die Funktion einzelner Abschnitte und das wiederholte Eingehen auf dieselbe Sache, daß Paulus mehr von den Judaisten weiß als nur die isolierte Beschneidungsforderung. Es läßt sich nicht ernsthaft bezweifeln, daß Paulus zuverlässige Nachrichten aus Galatien erhalten hat (1,6; 3,1; 4,8–11.21.29; 5,1.7–12; 6,12f.). Auch von seiner eigenen Geschichte her (1,13f.; 2,4f.) ist ihm die judaistische Position der Sache nach vertraut.

Die von außen kommende Gegenmission (vgl. die Einleitung und 1,7.9; 3,1; 4,17; 5,7; ganz anders z.B. 1.Joh 2,19) zielt auf völkerchristliche Gemeinden des Apostels (Röm 11,13; 15,17f.). Es ist keine allgemeine jüdische Proselytenwerbung (Mt 23,15), denn die Missionare vertreten nach paulinischer Auffassung „ein anderes Evangelium" (1,6f.). Sie stellen die christliche Taufe nicht in Frage (sonst wäre die Argumentation in 3,26–27 sinnlos), streiten aber gegen die spezielle paulinische Christologie mit einer, die Gesetz und Christus in Einklang bringt (3,1–5,12; vgl. als Analogie Mt 5,17–19). Diese judenchristlichen Missionare entpuppen sich durch ihr Ziel, Völkerchristen (Gal 4,8f.) synagogal einzubinden, als Feinde des Jerusalemer Konvents (Apg 15; Gal 2,1–10). Für sie ist paulinisches Christentum keine mögliche Form christlicher Existenz. Sie sind also theologisch mit den Gegnern Antiochias auf dem Konvent geistesverwandt (Apg 15,1.5; Gal 2,4), nicht aber mit den Jakobusleuten beim antiochenischen Zwischenfall, weil diese nur eine Trennung von Juden- und Völkerchristen wollen (2,11f.).

Die gegnerische Einstellung gegen das Völkerchristentum überhaupt bedingt auch eine Kritik, die sich gegen den Apostel als Vertreter des gesetzesfreien Evangeliums selbst richtet. Damit setzt sich Paulus sofort eingangs des Gal auseinander (1,1–2,21). Auffällig oft betont er in diesem Teil seinerseits die Unabhängigkeit von Menschen und die Unmittelbarkeit zu Gott (1,1.10–12.15f.). Dieses präzise geknüpfte Netz ist schon wegen der konkreten Distanznahme zu Jerusalem (so wiederum mehrfach: 1,17.18.22;2,1f.) und des direkten Bezugs auf die Gegner in Gal 1,6–9 nicht nur Rhetorik (so etwa 1.Thess 2,4.6). Da zudem die späteren antithetischen Stichworte wie Christus, Evangelium und Freiheit, bzw. Beschneidung und Gesetz damit eng verwoben sind, wird man die Stellen aus dem inhaltlichen Streit heraus verstehen (vgl. noch 4,16). Die Gegner sagen dann etwa: Paulus macht Christus mit seinem gesetzesfreien Evangelium zum Diener der Sünde (2,17). So ermäßigt er für sich auf menschliche Weise den Preis des Christentums. Wer die göttlich autorisierte Tora so degradiert, kann nur menschliche, nicht aber göttliche Autorität haben. Wegen dieser Einstellung hat Paulus auch – so denken sie – ein gestörtes Verhältnis zu Jerusalem, dem Entstehungsort des Christentums. Geistig ist er von diesem maßgeblichen Christentum abgefallen. Dagegen setzt Paulus: er ist unmittelbar von Gott berufen. Im Wissen (1,22.24) um seine Unabhängigkeit von Jerusalem, ja trotz derselben, haben ihn die judäischen Gemeinden und die Säulen anerkannt. Diese Selbständigkeit seiner Person und seines Evangeliums hat er gegenüber Petrus auch bewährt (2,11ff.).

In 3,1–5,12 setzt Paulus sich dann mit der Theologie der Judaisten auseinander. Ihre Beschneidungsforderung ist Ausdruck einer heilsgeschichtlichen Bundestheologie. Dabei ist Abraham der erwählte Verheißungsträger Israels und das Gesetz die Israel geschenkte Lebensordnung. Angehörige der Völker können daran Anteil erhalten, wenn sie Proselyten werden. Dieser Rückschluß auf die Gegner ist darum gut kalkulierbar, weil so das ganze Frühjudentum dachte und Paulus diese beiden Themen, also Abrahambund und Mosegesetz, nacheinander in seinem Verständnis auslegt (3,5ff.; 3,19ff.). Daß die Freiheit von der Tora nicht Zügellosigkeit bedeutet, bespricht Paulus dann 5,13ff. Mit diesem Standpunkt beharren die Gegner auf der einmaligen und einstigen Erwählung Israels, während Paulus im jetzt ergehenden Evangelium die endzeitliche Erwählung der Völker am Werk sieht, wie sie durch das Christusgeschehen begründet ist (1,4; 2,20; 3,16; 4,4f.) und durch den Geist (3,1–5; 4,4–6) verwirklicht wird.

Zur Gesetzesobservanz gehören auch eine spezielle Elementenlehre und ein Festkalender (4,8–11) als Besonderheit der galatischen Judaisten. Da das Gesetz, mit der Weisheit identifiziert (Sir 24), als Schöpfungsmittlerin und Durchwalterin des Kosmos galt, muß man solche Sonderlehre nicht gleich für eine außerjüdische Überfremdung halten. Die Missionare werden jedenfalls darin einen legitimen Ausdruck ihrer Torafrömmigkeit erblickt haben. Daß die Weltwirklichkeit torahaltig ist, Kult und Kultzeiten göttlicher Schöpfungsordnung entsprechen müssen, und alle Wirklichkeit denselben göttlichen Willen atmet wie die Tora, also ein Leben in Harmonie zur Schöpfung und zum Kult nur eine andere Seite der Torakonformität ist, das entspricht frühjüdischer Theologie. Der Kult ist natürlich Heilsinstitut. Also besitzt das Gesetz soteriologische Qualität, was Paulus natürlich von seiner Christologie her bestreitet.

Da Paulus Bund und Gesetz zum Leitfaden seiner Entgegnung macht, treten die Unterschiede zur gegnerischen Christologie für ihn zurück. Nur so viel ist erkennbar: Wenn für Paulus von Christus her schlechterdings alles neu qualifiziert wird (1,4; 2,16–21; 3,25f.; 4,4f.19; 5,1.6; 6,14f.), dann haben die Gegner Bund und Gesetz mit dem Christusereignis in Harmonie gesehen, sonst könnten sie nicht Gesetzesvertreter sein.

Wie kommt es, daß nach ihrer Niederlage auf dem Jerusalemer Konvent gerade jetzt die Judaisten sich wieder stark wähnen, das Völkerchristentum in

Frage zu stellen? Diese Frage läßt sich naturgemäß nur hypothetisch beantworten. Doch fällt auf, daß es in Galatien und dem mazedonischen Philippi um die Kollekte für die Judenchristen in Jerusalem gegangen sein wird (Gal 2,10; 1. Kor 16,1–4; 2. Kor 8f.). Nach Röm 15,30–32 hat Paulus ernste Befürchtungen, daß die völkerchristliche und darum „unreine" Kollekte aus Mazedonien und Achaja in Jerusalem nicht angenommen werden könnte. Das zwingt zur Annahme, daß innerhalb der Synagoge die Judenchristen Jerusalems ins Zwielicht geraten sind, weil sie mit den „unreinen" heidenchristlichen Schwestergemeinden zu enge Kontakte pflegten. Möglich sind solche Kontakte mit Christen, die sich beschneiden lassen und das Mosegesetz einhalten. Warum ist zur Zeit des Gal dieses Problem in Jerusalem offenbar brisanter als zur Teit des Apostelkonvents? Die Antwort liegt nahe: Die national-zelotische Einstellung des Judentums hat zugenommen. Die Antistimmung gegen alles Heidnische eskaliert und wird sich bald im ersten antirömischen Aufstand entladen. In wenigen Jahren (um 62 n. Chr.) wird der Herrenbruder Jakobus als Haupt der Jerusalemer Judenchristen hingerichtet werden (Josephus, Altertümer 20,200). Die Judaisten, die schon immer gegen den Konventsbeschluß waren, versuchen also nun, mit ihrer theologischen Einstellung das heidenchristliche Problem gesetzeskonform zu lösen.

4. Die Verbindlichkeit der Lebensführung in der evangelischen Freiheit
5,13–6,10

Die Abgrenzung zum vorangehenden Hauptteil ist umstritten. Vor allem wird häufiger 5,1–12 als Anfang von 5,13ff. verstanden. Aber 5,1ff. bringt die theologische Grundsatzdebatte auf den Punkt und streitet nochmals direkt mit den Gegnern. Das wird erst wieder 6,11ff. am Schluß des Briefes geschehen. Wie dieser Abschnitt mit dem Eingang 1,6–9 den Rahmen des Briefes abgibt, so schließt 5,1ff. mit 3,1–6 den großen Mittelteil zusammen. 5,1ff. bringt auch nicht wie 5,13ff. Paränese, also Gestaltungshinweise zum christlichen Wandel, sondern reflektiert abschließend den grundsätzlichen Gegensatz von Gesetz und Freiheit. Das Stichwort „Freiheit" wird dann vom neuen Hauptteil übernommen (5,13), jedoch unter neuen Gesichtspunkten erörtert: Die christliche Freiheit, wie sie Paulus versteht, ist nicht gegen das Gesetz (5,14.18.23), wenn der Christ die Freiheit als Verbindlichkeit zur Liebe versteht (5,13f.), als Kampf gegen seine eigenen zerstörerischen Kräfte (5,24) und als gemeinschaftsfördernde Kraft (6,1f.).

Gegenüber den Gegnern ist Paulus in einer heiklen Lage. Sie können argwöhnen, daß der, der so die Freiheit vom Gesetz propagiert wie Paulus, der zügellosen Beliebigkeit Tor und Tür öffnet (vgl. 2,17). Wird nicht auf diese Weise des Menschen Bosheit aufblühen? Sie werden auch fragen, wo denn bei Paulus Beschneidung, jüdischer Festkalender und das Ritualgesetz bleiben. Stehen diese Dinge etwa nicht in der Tora? Paulus geht auf die zweite Frage gar nicht mehr ein. Für ihn ist seit dem Jerusalemer Konvent entschieden, daß

der die Menschen heiligende Geist Gottes (vgl. zu 2,7–9) diesen Teil der Tora
außer Kraft gesetzt hat. Jedoch will er sich nicht nachsagen lassen, daß, wenn
er die Vormundschaft des Gesetzes nicht mehr gelten läßt (3,23; 4,1–5), dann
Zügellosigkeit die Folge sei. So setzt er alles daran, angesichts der Mündigkeit
der Christen eine innere Verbindlichkeit der Lebensführung zu beschreiben,
die aus dem gesetzesfreien Evangelium selbst entspringt. Weil dieses Evangelium erfüllte Verheißung der Tora ist (3,6ff.), kann sich dann auch die Freiheit
als Liebe zum Nächsten und als Kampf gegen die eigene Bosheit nur als tora-
konform erweisen.

In dieser grundsätzlichen Orientierung des Hauptteiles sind die Ausführungen also hochaktuell. Würde Paulus seine Position in diese Richtung nicht ausziehen, hätte er wohl von vornherein in Galatien verloren. Insofern sind seine
Erwägungen sachlich dringend notwendig. Doch ist es eine andere Frage, ob man
darüber hinaus auch einzelne Angaben im Text auf aktuellem Hintergrund
deuten kann. So hat man vermutet, der Apostel spreche gegen eine akute liber-
tinistische Front, also etwa gegen Freigeister oder Gnostiker. Oder die Galater
seien in ihrer Lebensführung, mit dem paulinischen Evangelium allein gelas-
sen, in Turbulenzen geraten. Das sei das Einfallstor der Judaisten geworden.
Sie hätten die, die mit ihrer christlichen Lebensführung nicht zurechtkamen,
mit Hilfe des Gesetzes auf den rechten Weg gebracht. Darum müsse Paulus
nun konkret einzelne Mißstände in der Gemeinde ansprechen und der Gemeinde helfen, aus ihren internen Schwierigkeiten wieder herauszukommen.

Aber diese aktualistische Deutung einzelner Motive empfiehlt sich nicht.
Die Mißstände in der Gemeinde diagnostiziert Paulus dort, wo es um die Bedrohung durch die Gegner und um ihre Gesetzespredigt geht. Im übrigen ist
nicht ersichtlich, daß Paulus überhaupt einzelne Lebensführungsprobleme in
der Gemeinde kennt. Darin besteht gerade ein großer Unterschied zum 1. Kor.
Der Apostel setzt vielmehr voraus, daß im üblichen Alltag der Gemeinde nichts
seines besonderen Eingriffes bedarf. Nur diesen Alltag grundsätzlich und im
ganzen unter die Freiheit des Evangeliums zu stellen, ist ihm wichtig. Diese
Perspektive verfolgt er dadurch, daß er typische Entscheidungssituationen, die
in jeder christlichen Gemeinde immer wieder anfallen, aufgreift und zur Konkretion seiner großen Perspektive mit ihrem hohen Aktualitätsgrad benutzt.
Also: die Gemeinde ist nicht in der Liebe lahm und im Kampf gegen die innere
Bosheit lässig. Sie geht nicht dem Götzendienst nach oder läßt Selbstzucht
vermissen. Vielmehr: sie steht in der Gefahr, ihren Alltag unter das Gesetz zu
stellen, und darum konkretisiert der Apostel an typischen Phänomenen, wie
das Evangelium einen Lebensstil erschließt, der zu einem Gott wohlgefälligen
Leben führt.

Zu diesem Ansatz paßt, daß in Röm 12,1–13; 14; 1.Thess 4,1–12; 5,12–22
enge Strukturparallelen zu den Ausführungen in Gal 5,13ff. vorliegen. Diese
Textabschnitte sind durchweg typische, besser: usuelle Paränese. Überhaupt
gibt es zu den einzelnen Konkretionen des Apostels zum Teil reichliches ur-
christliches Material. Das alles stützt die Annahme, daß Paulus bei den Konkretionen allgemein und topisch bleibt.

Die strukturelle Anlage des Hauptteils 5,13–6,10 läßt sich so beschreiben: Eingangs stößt man auf die alles leitende Perspektive (Stichworte: Freiheit – Liebe). Sie wird – für das Thema des Gal wichtig – zur Gesetzesthematik in Beziehung gesetzt (5,13–15). Am Schluß steht ein für solche Mahnung typischer Hinweis auf das göttliche Endgericht (6,7–10). Innerhalb dieses Rahmens wird zunächst im Blick auf die inneren Verhältnisse des Menschen in drei Absätzen der Kampf zwischen „Geist" und „Fleisch" besprochen (5,16–18.19–21.22–24). Er bekam wohl im Gal diese hervorragende Stellung, weil ein besonderes Merkmal aller Torafrömmigkeit die Internalisierung des Willens Gottes ist: Wer die Tora befolgen will, soll Gottes Willen zu seinem Willen machen und so den bösen Trieb in sich dämpfen. Paulus weist auf, wie sein Freiheitsbegriff ganz Ähnliches leistet. Sodann folgt – wiederum unter dem Aspekt des Geistes – eine zweiteilige Ausführung zum gegenseitigen Verhalten der Gemeindeglieder untereinander, vor allem auch angesichts der Schwächen der Menschen (5,25 f.; 6,1–6).

4.1 Die Liebe als Innensicht der Freiheit und Erfüllung des Gesetzes 5,13–15

13 Denn ihr seid zur Freiheit berufen, Brüder. Nur (laßt) die Freiheit nicht zur (günstigen) Gelegenheit für das Fleisch (werden), sondern dient einander durch die Liebe! 14 Denn das ganze Gesetz ist in dem einen Wort vollständig enthalten, (nämlich) in diesem: Du sollst deinen Nächsten lieben wie dich selbst! 15 Wenn ihr jedoch einander beißt und freßt, dann gebt nur acht, daß ihr nicht einer vom anderen verschlungen werdet!

V.14: 3.Mose 19,18.

In 5,1–12 wurde die Freiheit als Kennzeichen wahren Christentums in ihrem   13
Gegensatz zum Gesetz polemisch, ja zum Teil sogar sarkastisch erörtert. Das Thema der Freiheit wird nun zunächst nochmals indikativisch als Aussage über die Wesensbestimmung aller Christen festgehalten: Christen sind zur Freiheit berufen. Dabei bezieht sich das begründende „denn" auf den ganzen voranstehenden Abschnitt. Die Formulierung lehnt sich eng an 5,1 an. Solche Berufung, die alle Christen zu Geschwistern zusammenschließt, muß sich beim einzelnen Christen zugunsten der Geschwisterschaft auswirken. Freiheit ohne gelebte Konkretion ist ein Unding. Darum folgt dem Konstatieren des Seins der Christen direkt der Aufruf zum Lebensvollzug. Dies ist der typische Ansatz paulinischer Mahnung (vgl. Röm 6,1–23; Gal 5,25 u. ö.). Die im Glauben erfahrene Wahrheit lebt als Konkretion im Verhalten der christlichen Gemeinde. Zur Freiheit berufene Geschwister verwirklichen die Freiheit im geschwisterlichen Umgang. Eine Freiheit, die nicht so unmittelbar und selbstverständlich wirksam ist, existiert für den Apostel gar nicht. Allerdings gibt es die Möglichkeit, die Freiheit als günstige Gelegenheit für das Fleisch zu benutzen. „Fleisch" ist der Mensch als Unerlöster, d.h. alles Sein, Denken, Handeln und Hoffen des Menschen außerhalb des Glaubens wird so vom Glaubensstandort her bezeichnet. Wenn dabei christliche Freiheit als gegenseitiger Liebesdienst Gestalt gewinnt, dann läßt sich von dort her für diesen Fall das

fleischliche Verhalten als Selbstsucht, als egoistisches Suchen nach dem eigenen Vorteil zu Lasten der Gemeinschaft bestimmen. Dies aber ist für den Apostel Unfreiheit. Paulus kennt keine christliche Freiheit, die darin besteht, die Macht zu haben oder sich zu nehmen, andere zu seinem eigenen Vorteil auszunutzen. Freiheit ist vielmehr ihrem Wesen nach definiert als Möglichkeit, von sich frei zu sein, um dem anderen zu dienen (vgl. Röm 13,8–10; 14,7ff.; 15,1; 1.Kor 8,7–13; 9,19ff.; 10,23ff.; 13,4ff.). Also sagt V.13 aus: Die christliche Freiheit kann in der Gefahr stehen, durch Selbstsucht in ihr Gegenteil verkehrt zu werden. Sie wird dort angemessen verwirklicht, wo gegenseitiger Liebesdienst praktiziert wird.

V.13 gibt zugleich den Horizont an, der für die folgenden Ermahnungen Geltung hat: das Innenverhältnis der Gemeindeglieder zueinander, das gemeinsame Leben derer, die sich Geschwister nennen (vgl. weiter: 5,15; 6,1.2.6). Nur am Schluß in 6,10 geht die Mahnung auch über diese Grenze direkt hinaus. Es geht Paulus also immer zuerst um das Innenverhältnis der Gemeinde. Doch bedenkt er (auch ausführlicher und differenzierter) das Außenverhältnis in der Regel danach: vgl. Röm 12,3–16a sowie 12,16b–13,7; 1.Thess 4,1–10a sowie 4,10b–12; 5,12f. sowie 5,14f.

14   V.14 irritiert zunächst. Der Paulus, der gerade mit schärfster Polemik das Gesetz als christlich verbindliche Norm abgewehrt hat, begründet nunmehr das Liebesgebot mit der Tora (3.Mose 19,18)! Gilt nicht das Gesetz nur als Zuchtmeister, bis Christus kam (Gal 3,23f.)? Hat Christus die Christen nicht vom Gesetz befreit (4,4f.)? Schließen sich nicht Geistbesitz und Gesetzesweg aus (3,1–5)? Dies alles darf in der Tat in keinem Fall zurückgenommen werden! Darum darf auch keinesfalls so gesprochen werden: Weil im Gesetz 3.Mose 19,18 steht, sollen die Christen dies Gebot halten. Diese Begründung würde sofort Anlaß zu der Frage geben: Warum soll dann die Beschneidung und vieles andere nicht mehr ausgeführt werden, wo diese Dinge doch gleichfalls in der Tora geboten sind? In solcher Unmittelbarkeit darf aber das Gesetz dem Christen wirklich nichts mehr sagen. So will es Paulus auch V.14 nicht verstanden wissen. Denn es gilt zu beachten, daß er das Liebesgebot zunächst in V.13 aus dem Wesen des christlichen Heils selbst begründete. Die Vorrangigkeit dieser Begründung ist schlechterdings entscheidend. Also: Das Liebesgebot gilt, weil es Wesensbestimmung der Söhne Gottes ist, nicht mehr sich selbst zu leben, sondern für den, der sich für sie dahingab (Gal 2,20). Daraus ergibt sich christliche Freiheit (5.1.13). Sie kann schwerlich anderes sein als Dienst am Nächsten. Nun erst, davon geschieden und nachträglich, kann auch auf das Gesetz abgehoben werden: Wie das Gesetz selbst seine Unfähigkeit zum Heil (Gal 3,10ff.21f.) oder auch selbst die dann in Christus verwirklichte Gerechtigkeit kundtut (3,6ff.16ff.), so kann analog zu solchem christlichen Gebrauch des Alten Testaments der Christ auch feststellen, daß das seinem Stande gemäße Verhalten dem Alten Testament bekannt und mit ihm konform ist.

Dabei ist zu beachten, daß Paulus auf die Totalität der Tora verweist und nicht eine zufällige Einzelstelle wahllos herausgreift. Wie etwa 1.Mose 15,6 in Gal 3,6 die Schriftstelle ist, in der das ganze Wesen des Gesetzes unter dem

Gesichtspunkt der Gerechtigkeit zutage tritt, so nimmt für Paulus 3. Mose 19,18 eine analoge Stellung in bezug auf die Liebe ein.

Noch eines ist in diesem Zusammenhang von Bedeutung: Nach Röm 12,2; 1. Thess 5,21f.; Phil 4,8 sollen die Christen prüfen, was sie aus ihrer gesamten Umwelt an guten möglichen Grundsätzen für die christliche Lebensgestaltung aufgreifen können. Paulus verfährt nun in V.14 selbst nach diesem Grundsatz, indem er solche Prüfung an der Tora vollzieht, und zwar mit positivem Ausgang. Dieses Vorgehen läßt sich an Röm 12–13 überprüfen: Auch hier wird das christliche Verhalten in 12,1f.; 13,11–14 begründet und motiviert. Innerhalb dieser Rahmung stößt man auf vielfältige traditionelle Einzelmahnungen (12,3–13,7) und am Schluß als Zusammenfassung der Einzelmahnungen auf das Liebesgebot (13,8–10). Der Unterschied zu Gal 5,13–6,10 besteht nur darin, daß hier das Liebesgebot als Perspektive für alle Einzelmahnungen diesen vorgeordnet ist.

Von diesen Beobachtungen her kann nun auch die Leistung des Paulus in bezug auf die Begründung und Entfaltung christlichen Verhaltens beschrieben werden: Die eine Leistung besteht in der kompromißlosen Strenge, mit der er eine Fremdbestimmung christlichen Lebens ausschließt. Die neue Schöpfung selbst (6,15) – und keine andere mögliche Autorität – begründet primär den Sollgehalt der Lebensgestaltung: Sei, was du geworden bist, zum Nutzen des Nächsten! In der Entfaltung dieses Grundsatzes im einzelnen – das ist das Zweite – hat er weder eine christliche Sonderethik noch eine besondere Autorität außerhalb der eben genannten zugelassen. Vielmehr erwartet er das gleichberechtigte Prüfen aller vorhandenen menschlichen Verhaltensregeln auf ihre Angemessenheit für den Christenstand. Daraus soll sich kein „übermenschliches" sondern das beste menschliche Verhalten ergeben.

Wie in V.13 so setzt Paulus auch in V.15 dem Liebesgebot das Ausbrechen 15 aus seiner Ordnung entgegen. Beißen, Fressen und Verschlingen sind starke bildhafte Ausdrücke, die auch sonst ähnlich gebraucht werden. Sie stehen für selbstsüchtiges Zerstören der Gemeinschaft. Das Plastische der Aussage darf nicht dazu verleiten, eine spezielle Gemeindesituation hineinzulesen. Die Mahnung liebt solche spitzen Aussagen gerade bei negativen Abgrenzungen. Auch findet sich des öfteren beim Liebesgebot der Hinweis, wie seine Beachtung das die Gemeinschaft Zerstörende abwehrt, wobei die sonst drohende Zerstörung mit grellen Farben geschildert wird (z. B. TestSeb 8,5–9,3). So wird die Kontrastbildung Topik enthalten. Jedoch sollte klar bleiben: Außerhalb der christlichen Gebundenheit an die Liebe haben für Paulus die zerstörerischen Kräfte des Menschen die Oberhand.

4.2 Der fortwährende Kampf im Christen zwischen Geist und Fleisch 5,16–24

16 Ich sage: Wandelt im Geist, und ihr werdet das Begehren des Fleisches nicht vollbringen! 17 Denn das Fleisch begehrt gegen den Geist auf, der Geist gegen das Fleisch. Denn diese liegen miteinander im Streit, damit ihr nicht das tut, was ihr tun wollt. 18 Wenn ihr euch vom Geist leiten laßt, seid ihr nicht unter dem Gesetz.

**19 Offenkundig sind die Werke des Fleisches, als da sind Unzucht, unsaube-
re Dinge, Zügellosigkeit,   20 Götzendienst, Zauberei, Feindschaften, Streit,
Eifer(sucht), Zorn, Intrigen, Zwietracht, Parteiungen,   21 Neid, Trunken-
heit, Gelage und was (sonst noch) diesen ähnlich ist. Davor warne ich euch,
wie ich euch schon zuvor gewarnt habe: Die solches tun, werden das Gottesreich nicht ererben.**

**22 Die Frucht des Geistes aber ist Liebe, Freude, Friede, Langmut, Güte,
Rechtschaffenheit, Treue,   23 Sanftmut, Selbstzucht. Gegen die, die so
handeln, ist das Gesetz nicht.   24 Die zu Christus Jesus gehören, haben das
Fleisch samt seinen Leidenschaften und Lüsten gekreuzigt.**

16 Mit V.16 lenkt der Apostel modifizierend zu V.13 zurück, indem er nunmehr
das dortige Gegensatzpaar Freiheit – Fleisch neu als Geist und Fleisch bestimmt. Die Berufung in den Stand der Freiheit meint den Wandel nach dem
Geist . Der Geistempfang aufgrund der Evangeliumspredigt (3,1–5) ist die Berufung in die Freiheit, die im Wandel nach dem Geist sich vollzieht. Dann
aber muß die Liebe (V.14 f.) ebenfalls Vollzug des geistlichen Wandels sein. In
der Tat: als erste Frucht des Geistes ist sie V.22 genannt.

Dem geistlichen Verhalten gilt die Verheißung, dem Begehren des Fleisches
entsagen zu können, d.h. sich von allem freihalten zu können, was sich nicht
mit der Liebe zur Deckung bringen läßt (V.13 b). Dabei wertet Paulus das Begehren durch den Negativbegriff „Fleisch" als selbstsüchtiges Begehren ab
und sieht das Fleisch als eine Macht an. Das bedeutet: Das negativ qualifizierte
Verhalten des sündigen Menschen ist durch den Geist nicht so überwunden,
daß es einfach abgestorben ist. Durch den Geist wird der Mensch vielmehr so
erneuert, daß er nun in Widerspruch zu seiner bisherigen existentiellen Ausrichtung gerät. Diesen Widerspruch gilt es immer wieder zu meistern. Freilich
nicht im gesetzlichen Sinn durch die Ausrichtung nach dem Gebot: Du sollst
nicht begehren! Solche Forderung führt nach Paulus nur tiefer in die Sünde
hinein (Röm 7,8) und läßt das Begehren des Fleisches sich nur um so intensiver
austoben. Das Gesetz ist geradezu der beste Nährboden für das Erstarken der
Sünde und des Fleisches (Röm 7,9f.). Beim Christen soll aber gerade das Gegenteil herauskommen: das geistliche Verhalten, das befähigt, das Begehren des
Fleisches zu besiegen. Das geht nach Paulus so zu: Christus befreit vom Gesetz,
damit ist das Gesetz als Anlaß zum Mächtigwerden des Fleisches ausgeschaltet.
Weil Christen um Christi willen gerechtfertigt sind, können sie zudem – frei
davon, sich das Heil selber erwerben zu müssen – für Christus und den Nächsten leben (Gal 2,15ff.; 5,13 f.). So ist vom Gesetz und vom Zustand des Menschen her dem Fleisch die Basis entzogen. Außerdem sporn der Geist als le-
bensbestimmende Macht den Christen zum stetigen Liebesdienst an. Er hat
dabei u.a. aufgrund der beiden genannten anthropologischen neuen Voraus-
setzungen dem Begehren des Geistes gegenüber die bessere Position. So ist es
„nur" noch Aufgabe des Menschen, dem Geist nicht zu wehren.

17   Diesen im Streit zwischen Geist und Fleisch stets auszutragenden Kampf
schildert von einem anderen Blickwinkel her in Form einer zusätzlichen Erläuterung V.17, indem hier die beiden Mächte, deren Herrschaft der Christ bei

seinem Tun ausgeliefert ist, als sich bekämpfende objektive Gewalten dargestellt sind. So wird aus dem Menschen eine dritte Größe, ein Kampffeld. Dies
führt zur Konsequenz, daß nun der Mensch nur noch tut, was die beiden Mächte wollen. Bevor man diese Aussage von Röm 7 her versteht oder überhaupt als
selbständige anthropologische Konzeption des Paulus bedenkt, sollte man den
Vers in seinem Kontext von V.16 und 18 stehen lassen. Dieser gibt Auskunft, daß
weder Geist noch Fleisch im strengen Sinn dem Menschen fremde Mächte sind,
sondern zugleich des Menschen eigenes Wollen. Fleisch ist der Mensch als
selbstsüchtig Begehrender und Geist als Liebender. So ist er selbst sein Wandel
im Geist oder Fleisch. Der Widerspruch zwischen dieser Kontextaussage und
V.17 löst sich auf, wenn man die verschiedenen Gesichtspunkte betrachtet, unter
denen formuliert ist. Der Kontext blickt auf den verantwortlich handelnden
Menschen, dem die Ermahnung gilt. V.17 entwirft seine Aussage von den Mächten her. Isoliert man V.17, ist der Mensch ethisch nicht ansprechbar. Doch
gehört V.17 ja in den Zusammenhang der ethischen Unterweisung. Also ist die
Aussage von den Mächten dem Kontext und seinem Gefälle unterzuordnen.

Sind Geist und Liebe in der beschriebenen Weise zusammen zu sehen, dann **18**
ist eine weitere Aussage selbstverständlich: Geistliche Existenz ist Leben, das
nicht mehr unter dem Gesetz steht. Die Ausdrucksweise „unter dem Gesetz"
hat von 3,23; 4,4f. her (vgl. 5,1) negativen Sinn und meint die Versklavung unter
die (nicht erfüllbaren) Forderungen des Gesetzes, wodurch die Sündhaftigkeit
des Menschen immer tiefer wird. Ist die Liebe das Getriebensein vom Geist
und zugleich des Gesetzes Erfüllung, dann ist der Christ das Gesetz los. Die
Aussage V.18 ist gut paulinisch: vgl. Röm 6,14; 8,14; 2.Kor 3,17.

In zwei antithetischen Reihungen bringt Paulus nun eine katalogische Auf- **19 f.**
zählung traditioneller negativer und positiver Verhaltensweisen, sog. Tugend-
und Lasterkataloge. Allerdings sind die Begriffe „Tugend" und „Laster" im Griechentum zuhause. Dort adelt und vervollkommnet sich die autonome Persön-
lichkeit durch Tugenden oder befleckt durch Laster ihr besseres Selbst. So
können das Urchristentum und Paulus nicht reden. Paulus z.B. spricht darum
von „den Werken des Fleisches" und „der Frucht des Geistes". Dabei sind
Geist und Fleisch Mächte, die den Menschen beherrschen (V.16!). So denkt
Paulus nicht von einem Persönlichkeitsideal her, sondern sieht den Menschen
in Bindungen stehen, die Machtcharakter haben, unter denen er seine Verhaltensweisen zu Gott und Welt gestaltet. So kann bei ihm von Tugenden und
Lastern nur im ungriechischen Sinn gesprochen werden.

Zunächst folgt die Reihung der Werke des Fleisches. Solche katalogische
Ermahnung ist Paulus aus dem Judentum und der kynisch-stoischen Popularphilosophie bekannt. Am nächsten kommt der negativen und positiven Reihe
in Anlage und Inhalt 1QS 3,25–4,14. Literarisch bieten im Urchristentum die
Paulusbriefe die ältesten Belege. Lasterkataloge stehen: Röm 1,29–31; 13,13;
1.Kor 5,10f.; 6,9f.; 2.Kor 12,20f.; nachpaulinisch: Eph 4,31; 5,3–5; Kol 3,5–8;
1.Tim 1,9f. 2.Tim 3,2–7; Did 1–6; Herm., Mand. 8. Die Typik zeigt, daß nicht
erst der Apostel diese Kataloge in die ethische Unterweisung der Christen
einführte. Indizien (griechisches Sprachgewand, Polemik gegen Göttervereh-

rung und Zauberei) weisen darauf hin, daß offenbar das hellenistische Juden-christentum der erste christliche Traditionsträger solcher Reihungen war.

Alle Laster aus V.19–21 lassen sich einzeln oder in Katalogen auch sonst in christlichen und außerchristlichen Ermahnungen nachweisen. Die Anord-nung der Laster ist oftmals ein komplexes Gebilde und läßt auf eine längere Vorgeschichte der Reihe schließen. Die vorliegende Aufzählung hat eingangs offenbar eine Dreiergruppe unter dem Leitgedanken geschlechtlicher Emp-fehlungen: illegitimer Geschlechtsverkehr und jede Art der Unreinheit und Ausschweifung, vornehmlich im Bereich der Unzuchtsünde. Es folgt wohl eine Paarung von zwei Sünden, die mit dem Götzendienst zusammenhängen: Verehrung heidnischer Götter und Zauberei, d.h. Tätigkeiten, die mit Hilfe von heidnischen Mächten zustande kommen. Acht weitere Sünden stehen dann wahrscheinlich unter dem Oberbegriff des gemeinschaftszerstörenden Verhaltens. Im einzelnen sind sie teilweise kaum noch präzise voneinander abzuheben und überschneiden sich in ihrem Bedeutungsbereich. Dies ist für Paulus kein Problem, denn es kommt ihm offenbar nur darauf an, durch die
21 Fülle der Begriffe gerade hier zu akzentuieren. Die letzten beiden Laster be-nennen Trink- und Festgelage. Sachlich gehören beide zur ersten oder zwei-ten Gruppe. Vielleicht hat sich die voranstehende Achtergruppe zum Thema Unfrieden in eine ältere Reihung hineingedrängt. Paulus weiß um die Unvoll-ständigkeit der Aufzählung. Auch dieser Hinweis ist typisch und des öfteren zu beobachten. Außerdem erinnert Paulus daran, daß er solche Aufzählungen mitsamt der nachfolgenden Androhung des Ausschlusses aus dem Reich Gottes schon früher in den Gemeinden artikuliert hat (vgl. 1.Thess 4,6). Sie gehören also zum festen Bestand seiner Unterweisung. Endlich ist auch der Abschluß des Katalogs mit dem Verweis auf den drohenden Ausschluß aus dem Gottesreich vorpaulinisch (vgl. z.B. 1.Kor 6,9f.; (15,50;) Eph 5,5f.; Kol 3,6 – überall liegt feste, geprägte Formulierung vor).

Man hat anhand der Laster auf die galatische Situation schließen und zelo-tische Gewalttaten (Eifer usw.) wie gnostische Verhaltensweisen (die ersten fünf Laster) wiederfinden wollen. Aber zum einen ist kein Laster speziell nur typisch für die Gnosis oder den Zelotismus. Zum anderen zeigen die Aufzäh-lungen und ihre Fortsetzung in V.21 allzu deutlich die Traditionsverwurze-lung. Selbst die allgemeine Applikation auf die Gemeindesituation in der Form, daß man von der Fülle der gemeinschaftszerstörenden Laster auf hefti-ge Streitereien in Galatien schließt, ist verfehlt. Der Brief weiß sonst nichts von Spaltungen in der Gemeinde, sondern redet sie als Einheit an. Außerdem stehen diese Laster im thematischen Kontext zu V.14 und nehmen das Thema aus V.15 wieder auf. Sie sind also sachlich als Kontrast zur Liebe betont.
22 Im Gegensatz zu den Lastern steht die Frucht des Geistes (vgl. Cicero, Tusculum 5,68: „… dreifache Frucht des Geistes …“). Der in sich differen-zierten Vielfalt der Werke des Fleisches steht nur eine Frucht des Geistes ge-genüber, nämlich das gemeinschaftsfördernde Verhalten, wie es sich in neun Varianten derselben Grundhaltung widerspiegelt. Der Ausdruck „Frucht" bringt den Charakter der Gabe zum Ausdruck, mit der der Mensch sich nicht

rühmen kann. Es ist mitnichten des Christen Verdienst, wenn er sich liebend zum Nächsten verhält. Die Aufzählung selbst ist, analog zum Lasterkatalog, traditionell. Tugendkataloge stehen im Neuen Testament noch: 2. Kor 6,6; Eph 4,2f.; Kol 3,12f.; 1.Tim 4,12; 6,11; 2.Tim 3,10; 1.Petr 3,8; 2.Petr 1,5ff.; vgl. auch 1.Kor 13,4ff. Man kann V.22f. in vier Gruppen aufgliedern: Liebe, Freude und Friede stehen nicht zufällig zusammen (vgl. etwa: Röm 14,17; 15,13; 2.Kor 13,11; Eph 6,23; Kol 3,14f.). Sie sind die herausragenden auffälligsten Kennzeichen christlicher Gemeinschaft. Auch Langmut und Güte sind tradi- 23 tionelle Geschwister (vgl. 1.Kor 13,4; 2.Kor 6,6 u.ö.). Rechtschaffenheit und Treue garantieren die Verläßlichkeit des Christen. Dabei ist die Rechtschaffenheit in ähnlichen Zusammenhängen selten anzutreffen und begegnet überhaupt nur im biblischen Traditionsbereich und im Neuen Testament nur in der paulinischen Literatur (Röm 15,14; 2.Thess 1,11; Eph 5,9). Sanftmut und Selbstzucht stehen wahrscheinlich für die Beherrschung der Begierden nach außen zum Nächsten und nach innen gegenüber sich selbst.

Gegen die, die so handeln, steht das Gesetz nicht. Man kann aber auch übersetzen: Gegen derartiges, d.h. gegen solche Frucht des Geistes, steht das Gesetz nicht. Doch spricht die parallele Formulierung in V.21 für das erste Verständnis. Der Satz greift wiederholend auf V.14 zurück. Die Frucht des Geistes ist Zeichen freier Sohnschaft (4,1–7), durch die die vorübergehende Geltung des Gesetzes zu Ende gekommen ist. Auch intendiert ja nach 3.Mose 19,18 gerade das Gesetz solches Verhalten (Gal 5,14), so daß – selbst wenn es in Geltung stünde – es nichts aussetzen kann. Denn für die Christen ist der Entscheid 24 zwischen Geist und Fleisch längst gefallen. Dieser Streit ist kein Kampf gleichrangiger Rivalen, sondern steht längst unter dem Zeichen des Sieges für den Geist, denn Christen haben durch Taufe und Glauben (Gal 3,26–4,7) schon ihr Fleisch als existentiellen Ort der Leidenschaften und Lüste, die V.19–21 genannt sind, gekreuzigt (Röm 6,6; 8,10.13; Gal 2,19; auch Gal 6,14).

4.3 Der geistliche Wandel als gegenseitige Annahme 5,25–6,6

25 Wenn wir im Geiste leben, so laßt uns auch nach dem Geiste uns ausrichten!   26 Laßt uns nicht eitler Ehre nachjagen, nicht einander herausfordern, (auch) einander nicht beneiden!
 6,1 Brüder, wenn auch ein Mensch von einem Fehltritt übereilt wird, so sollt ihr, die Geistlichen, den Betreffenden im Geist der Sanftmut zurechtbringen. Achte (dabei) auf dich selbst, daß nicht auch du versucht wirst!   2 Tragt die Last voneinander, und so werdet ihr das Gesetz Christi erfüllen!   3 Denn wenn jemand meint, etwas darzustellen, obwohl er nichts ist, der täuscht sich selbst.   4 Jeder prüfe sein eigenes Werk, und dann wird er nur für sich selbst allein den Ruhm haben und nicht im Hinblick auf den anderen.   5 Denn jeder wird seine eigene Bürde zu tragen haben.   6 Wer Unterricht in der Botschaft erhält, gebe seinen Lehrern an allen Gütern Anteil!

Der Abschnitt bringt unter der Generalanweisung von V.25 einzelne Konkretionen zum Wandel im Geist. Diese Grundsatzmahnung ist kaum – wie manche annehmen – Abschluß von 5,13–24, sondern bildet in formaler Parallelität

zu 5,13 den vorangestellten umfassenden Imperativ für die nachgeordneten Einzelmahnungen. V.25 ist dabei wohl der kürzeste und zugleich treffendste Grundsatz, der das paulinische Verhältnis vom neuen christlichen Sein und dem entsprechenden Wandel beschreibt (vgl. die Ausführungen zu 5,13 f.). Der Christ
soll die Christuswirklichkeit vollziehen, die er bereits geworden ist, wandeln
als einer, der im Geist lebt (3,1–5) und dessen fleischliche Existenz bereits gekreuzigt ist (5,24). Sein neuer Stand und sein Verhalten müssen kongruent
sein, denn die Gabe des Geistes als neue Bestimmung des Menschen darf nicht
mit seinen Lebensäußerungen im Zwiespalt stehen. Diese Generalanweisung
zum christlichen Verhalten trägt keinen aktuellen polemischen Zug. Gnostiker, deren äußeres Erscheinungsbild ihrem Anspruch auf Geistbesitz nach
dem Urteil des Paulus nicht entspricht, wird man als Anlaß der Mahnung
nicht vermuten dürfen. Nicht nur zeigt ein Vergleich zur bewegten Polemik
gegen falsch verstandenes Geistchristentum im 1. und 2. Kor, wie Paulus im
Gegensatz dazu hier allgemein und grundsätzlich redet, sondern die Aussage
deckt sich auch so eindeutig mit der paulinischen Theologie, daß derartige
Vermutungen grundlos sind.

26   Das erste Beispiel zur Konkretion des Grundsatzes spricht von der Ehrsucht, der gegenseitigen Herausforderung und dem Neid. Alle drei Worte sind
nur hier im Neuen Testament belegt. Die Gier nach Ruhm und das neidische
Verhalten sind aber sonst typische Laster, die in christlicher und außerchristlicher Ethik gegeißelt werden. So fällt es schwer, den Ausführungen konkreten Sinn abzugewinnen, zumal Paulus den Wir-Stil aus V.25 fortsetzt, aber
wohl absichtsvoll allgemein bleibt. Sachlich sind die drei Untugenden zu den
acht gemeinschaftszerstörenden Werken des Fleisches (V.20) zu stellen. Wie
diese den präzisen Gegensatz zum Liebesgebot bilden, so diese drei zum
Wandel im Geist, der ja die Liebe ist.

6,1   Durch die Anrede „Brüder" abgehoben, folgt ein neues Beispiel für den Wandel im Geist, das gütige und verstehende Zurechtbringen des Sünders. Der
Satz enthält ein Übersetzungsproblem. Man kann übertragen: Wenn jemand
durch einen Fehltritt übereilt wird, oder: Wenn jemand bei einem Fehltritt
(von anderen) ertappt wird. Da ausdrücklich die grundsätzliche Versuchlichkeit aller Christen am Schluß des Satzes thematisiert ist, wird man wohl auch
hier annehmen sollen, der Gefallene sei nicht nur mehr oder weniger zufällig
ertappt und darum diese mißliche Öffentlichkeit seiner Sünde ein Problem,
sondern grundsätzlicher: Jeden, der aufgrund seiner Versuchlichkeit gegen
seine eigentliche Grundeinstellung der Sünde unterliegt, gilt es, im Geist der
Güte, die aufhilft und nicht zerstört, wieder auf den rechten Weg zu leiten. Es
ist nicht Aufgabe der Gemeinde, Strafe zu verhängen und Sühne einzutreiben
(vgl. Röm 12,17–21), sondern dem Sünder den Neuanfang und die Wiederaufnahme in die Gemeinschaft zu ermöglichen. Es sei betont, daß Paulus hier
vom innergemeindlichen Verhalten spricht. Von den Organen des Staates hat
er anderes erwartet (vgl. Röm 13,4 f.).

2   Die Hilfe für den gefallenen Bruder ist ein Beispiel, wie die Aufforderung
zum gegenseitigen Tragen der Lasten erfüllt wird. Ein weiteres von Paulus

selbst ausgeführtes Beispiel steht Röm 15,1–3. Lasten sind in der umfassendsten und weitesten Form Schwierigkeiten, durch die einzelne das christliche Gemeindeleben erschweren. Die Gemeinde muß mit diesen so fertig werden, daß die Auferbauung der Gemeinde (Röm 15,2) nicht Schaden nimmt. Auf diese Weise wird das Gesetz Christi erfüllt. Unter diesem ist wohl das Lebensprinzip zu verstehen, unter dem Christus selbst stand und das er erfüllte (Röm 15,3; Phil 2,5) und das in der Form des Liebesgebotes (Gal 5,13f.) das neue Band der christlichen Gemeinschaft ist. Nach den Ausführungen zu 5,13 kann dieses Gebot nicht mehr gesetzlicher Mißdeutung ausgeliefert sein, zumal die Aufforderung in V.2 Modell zu 5,25 ist.

Eine Motivierung zu dieser Mahnung bringt dann V.3, denn V.3–5 stehen   3 mit gleicher Funktion an analoger Stelle wie V.1c. Das Wissen um die eigene Versuchlichkeit korrespondiert dem Achtgeben auf die allzuleichte Selbstüberschätzung. Die unkritische Selbstbeurteilung – eine typisch menschliche Schwäche – führt allzuschnell zu einer solchen Selbstwertbestimmung, bei der Anspruch und Realität nicht deckungsgleich sind. Diesen Selbstbetrug soll man scharf im Auge behalten. Dann wird man erkennen, daß der Realität viel eher der Normalfall entspricht, daß man den anderen Gliedern der Gemeinschaft auch Lasten von sich selbst zu tragen abverlangt. So ist man dann viel eher geneigt, das gegenseitige Lastentragen als Notwendigkeit anzuerkennen. Dann mag der einzelne – ohne Selbsttäuschung – sein eigenes Tun prüfen. Als   4 Ergebnis mag er Rühmliches, gute Taten, bei sich ausmachen. Allerdings schließt diese Diagnose den Vergleich mit den Mitchristen aus, denn der Ruhm ist nicht als Konkurrenz zum Nächsten, als ein Rühmen vor ihm, einsetzbar. Gute Taten sind Frucht des Geistes (5,22), den alle Christen als Gabe erhielten. An diesem Geist gemessen, ist eine Tat nur gut, wenn sie zur Förderung der Gemeinde angewendet wird. Werden Taten als Selbstruhm vor der Gemeinde mißbraucht, sind sie schon nicht mehr gut, vielmehr Ausdruck der Herrschaft des Fleisches (vgl. zum ganzen Gedankengang V.3f., auch 1.Kor   5 3,6–15; 9,13–18). Lasten oder Ruhmreiches – einerlei: die eigene Bürde als Summe aller Taten wird jeder selbst zu tragen haben, d.h. sie sind im Endgericht präsent, und jeder wird für sie einstehen müssen (zur Vorstellung vgl. Offb 14,13; 4.Esra 7,35; Avoth 6,9; allgemein: Röm 14,4.10–12; 1.Kor 3,13ff.).

Mit 5,25 geht Paulus endlich als letztes ohne sachlich erkennbaren Zusammenhang   6 menhang zum Voranstehenden und ohne neue Motivation mit V.6 auf das Verhältnis zwischen den Lehrern und den Gemeindegliedern ein. Die relative Isoliertheit des Satzes hat zu manchen Spekulationen Anlaß gegeben. Man hat erwogen, den Vers als Glosse auszuscheiden, oder die nicht unmittelbar erkennbare Motivation, aus der heraus Paulus ihn schrieb, bei gnostischen Gegnern zu suchen, die wegen ihres geistlichen Selbstbewußtseins die radikale Emanzipation von den Lehrern der Gemeinde forderten. Aber der Satz atmet nicht den Geist polemischen Eifers, noch sollte es im Zusammenhang einer Kette von Mahnungen irritieren, wenn Anschlüsse fehlen und die Themenabfolge locker ist. Man könnte mit dem gleichen Recht dann z.B. Röm 13,1–7 aus dem Zusammenhang 12,1–13,14 lösen, weil der Abschnitt übergangslos und isoliert dasteht, oder als Motivation fordern, die römische Gemeinde sei besonders kritisch gegenüber den staatlichen Organen eingestellt gewesen und werde darum zurechtgewiesen. Doch gegenüber solchen sachfremden Hypothesen gilt es festzuhalten: Lockere Kontextbeziehung und fehlende konkrete Veranlassung sind typisch für allgemeine christliche Unterweisung. Im übrigen steht 1.Thess 5,12 eine sachlich verwandte Mahnung am Anfang einer Paränese.

Den Inhalt von V.6 kann man in doppelter Weise verstehen: Man kann in ihm die Mahnung zur Unterhaltspflicht des Lehrers durch den Schüler erkennen. Oder man versteht so: Wer Unterricht in der Botschaft erhält, lasse seinen Lehrer an allen guten Dingen Anteil haben, d.h. an allen guten Taten, die als Folge der Botschaft durch den Christen im Sinne von 5,22f. entstehen. Endlich gibt es den Kompromißvorschlag, beide Auslegungen zu vereinen und zu betonen, V.6 wolle gerade in dieser Weite und Offenheit verstanden werden. Bei einem Entscheid muß festgehalten werden, daß die Mahnung zur Unterhaltspflicht einen historisch faßbaren gemeindeorganisatorischen Hintergrund hat (1.Kor 9,7–14; 2.Kor 11,7f.; 1.Tim 5,17f.). Umgekehrt fragt man sich bei der zweiten Deutung, warum speziell die Lehrer ausdrücklich so bedacht werden sollen, wo doch ganz selbstverständlich der Gemeinde überhaupt solche Geistesfrucht zugute kommt. Zudem sind die Lehrer in dem ganzen Kontext der einzige Stand, der besonders bedacht wird. Dann aber wird man annehmen dürfen, daß ihnen auch etwas nur auf sie Zutreffendes zugesprochen werden soll. So kommt man wiederum auf ihren Unterhalt. Fällt damit die zweite Auslegung aus, dann ist auch der Kompromißvorschlag gegenstandslos geworden. Paulus zählt also zum geistlichen Leben der Gemeinde auch die Sorge um den Unterhalt der Lehrer.

4.4 Die abschließende eschatologische Motivation der Mahnung 6,7–10

7 Irrt euch nicht, Gott läßt sich nicht verspotten! Denn was ein Mensch sät, das wird er auch ernten. 8 Denn wer auf sein Fleisch sät, wird von dem Fleisch Verderben ernten. Wer jedoch auf den Geist sät, wird aus dem Geist ewiges Leben ernten. 9 Gutes zu tun, laßt uns nicht müde werden. Denn zur bestimmten Zeit werden wir ernten, wenn wir nicht ermatten. 10 Darum laßt uns, solange wir Zeit haben, allen gegenüber Gutes tun, am meisten jedoch an den Glaubensgenossen!

7　Die Motivation in V.7–9 entfaltet den Blick auf das endgerichtliche Ergehen, warum der Wandel im Geist die Verheißung ewigen Lebens zu Recht auf seiner Seite hat. Darum können die Verse auch nicht nur auf 6,6 oder auf 5,26–6,6 bezogen werden, sondern müssen als Abschluß des gesamten vierten Hauptteils gelten, der durchgehend von dem auch hier nochmals anzutreffenden Gegensatz Geist – Fleisch beherrscht ist. Solcher Ausblick auf die Erwartung des Endheils ist als Abschluß einer Ermahnung typisch und auch bei Paulus beispielsweise Röm 13,11ff.; 1.Thess 5,23f. zu finden.

Der Einsatz: Irrt euch nicht, hat hier traditionellerweise die Funktion, die Galater an eine geprägte Überlieferung oder eine bekannte Vorstellung zu erinnern, deren Inhalt sie eigentlich zustimmen. Vor- oder nachgeordnet stößt man auf diese Wendung mit derselben Funktion z.B. in 1.Kor 6,9; 15,33; Jak 1,16. Paulus weiß sich also im grundsätzlichen Einvernehmen mit den Gemeinden und weist sie nur nochmals auf ihre gegenseitige Übereinstimmung hin, an der sie festhalten sollen. Zu dieser gehört auch der Hinweis, daß man Gott nicht verächtlich behandeln kann, was geschieht, wenn man den Wirkungen des von Gott kommenden Geistes nicht bei sich Raum gibt, oder allgemeiner: das nachfolgende Gesetz von Saat und Ernte als göttliche Ordnung verachtet. Das Bild von Saat und Ernte stammt aus der Weisheitsliteratur, erweitert durch das apokalyptische Motiv des Endgerichts. Zum Bild als solchem vgl. Hos 8,7; Hiob 4,8; Spr 22,8; TestLevi 13,6; Lk 19,21; 2.Kor 9,6. Es setzt die Erfahrungstatsache aus dem bäuerlichen Leben voraus, daß bestimmtes Saatgut einen bestimmten Ernteertrag hervorbringt. Gerste erbringt Gerste, aber auch: schlechtes Saatgut führt zur schlechten Ernte. Dieses Gesetz von Saat und Ernte trifft im weisheitlichen Weltbild auch auf das menschliche Handeln und seine Folgen zu. Des Menschen Ergehen ist in direkter Weise Folge seines Verhaltens. 8 Doch ehe Paulus das Bild nun auf das irdische Tun des Menschen und sein endzeitliches Ergehen anwendet, prägt er es um. Nicht mehr das Saatgut, vielmehr das Ackerland wird Gegenstand weiterer Beschreibung. Weil der Mensch nicht Geist und Fleisch säen, sondern nur sich unter beiden in entsprechender Weise verhalten kann, wird im Bild das Motiv des Ackerlandes ausgewertet. Wer auf sein Fleisch sät (nach dem Saatgut darf nun nicht mehr als nach einem eigenem Thema gefragt werden), wird von diesem schlechten Ackerland nur Schlechtes, nämlich ewiges Verderben als Ertrag erzielen. Wer auf den Geist sät, wird ewiges Leben ernten. Ohne Bild beschreibt Paulus diesen Vorgang Röm 6,20ff. Wer sich existentiell auf sein Fleisch, d.h. seinen unerlösten Zustand gründet und sein Handeln davon leiten läßt, bleibt ohne Erlösung am Ende der Tage. Wer sich aber ganz auf den Geist Gottes einläßt, darf als Hoffnungsgut das ewige Leben erwarten.

Folgernd appelliert darum V.9 nochmals an die Gläubigen: Gebt, ohne je 9 zu ermüden, dem Geist Gottes Raum bei euch in der Gestalt der guten Taten (5,22f.); denn jetzt ist die Zeit der Aussaat. Darum säet, solange es noch Zeit ist. Dann wird eingebracht werden, was im unermüdlichen Fleiß gesät wurde. Darum – so lautet die Schlußfolgerung für die gesamte Mahnung aufgrund des zu erwartenden Endgerichts – gilt es, die befristete Zeit auszukaufen. Daß diese Frist für Paulus und seine Generation als kurz bemessen galt, drückt zwar V.10 nicht selbst aus, doch zeigen dies die paulinischen Stellen, die die Naherwartung bezeugen, z.B. Röm 13,11f.; 16,20; 1.Kor 7,29; 10,11; 16,22; 10 Phil 4,5; 1.Thess 4,13ff. Also muß man Paulus so verstehen: Gerade weil das Ende unmittelbar nahe ist, gilt es, um so eifriger und unermüdlicher noch, solange Zeit ist, Gutes zu tun. Daß die Naherwartung für Paulus nicht zur Weltflucht oder zum ethischen Chaos als Zeichen der Verachtung der überwundenen Welt führte, zeigt ähnlich wie V.10 auch etwa Röm 13,11ff. Paulus äußert dies in diesem Zusammenhang nur unpolemisch im Blick auf die positive Seite. Eine aktuelle Abgrenzung gegen eschatologisches Schwärmertum liegt offenbar nicht vor. Dies fällt besonders im Gegensatz zum ersten und zweiten Korintherbrief auf (vgl. auch 2.Thess 3,6ff.). Also weiß er sich wohl mit den Gemeinden in Galatien (und seinen judaistischen Gegnern) in der Distanz gegenüber solcher Front stillschweigend einig. Hier liegt kein Problem, weil alle den Imperativ, Gutes zu tun, ernst nehmen. Nur was Paulus als Äußerung geistlicher Freiheit versteht, ordnen die Judaisten ihrem Gesetzesverständnis unter.

Noch ein weiterer Aspekt ist an V.10 bemerkenswert: In der gesamten Ermahnung tritt nur in diesem Vers die nichtchristliche Welt ausdrücklich als Objekt christlichen Verhaltens ins Blickfeld, freilich von dem primären Ziel des Handelns, nämlich den christlichen Geschwistern, abgehoben. Generellen Mahnungen, der Umwelt gegenüber Wohlverhalten zu üben, begegnet man in der paulinischen Ethik des öfteren (vgl. Röm 12,17; 13,1ff.; 2.Kor 4,2; Phil 4,5). Sie gehören im weiteren Sinn in den Rahmen solcher Handlungsanweisungen, die den christlichen Wandel der Gemeinde unter missionarischem Aspekt sehen (vgl. 1.Thess 4,11f.; Kol 4,5; Phil 2,15). Paulus hat seine apostolische Mission noch spezieller unter diesem Gesichtspunkt durchgeführt (1.Kor 10,32f.). Auch späteres christliches Schrifttum verarbeitet regelmäßig dieses Motiv: 1.Tim 3,7; 6,1; Tit 2,5.8.10; Jak 2,7; 1.Petr 2,12.15; 3,1.16; 1.Clem 47,6f.; 2.Clem 13; IgnEph 10,1; Trall 3,2; 8,2. Bei den Apologeten wird dieses Wohlverhalten der Christen den Heiden vorgehalten zur Verteidigung des Christentums, am illustrativsten wohl in Tertullians Apologeticum. Wenn das Christentum diese Verhaltensanweisung auch dem Judentum entlehnte (vgl. CD 12,6ff.; TestNaph 8,4.6), so steht doch außer Zweifel, daß diese Praxis ein ganz entscheidender Grund für die Ausbreitung des Christentums war.

Endlich läßt sich noch sehr schön an der Begriffsbildung „Glaubensgenossen", wörtlich: Hausgenossen des Glaubens, die soziologische Situation der frühen christlichen Gemeinden erkennen. Das Christentum ist zur Zeit des Paulus keine offizielle Staatsreligion, wie sie z.B. durch die römischen und hellenistischen Götter vertreten wurde, noch ein staatlich anerkannter Kultverein (wie z.B. bestimmte Mysterienreligionen), noch eine von Rom anerkannte volksgeschichtlich gewachsene Religion eines bestimmten ethnischen Verbandes (wie z.B. das Judentum), sondern ein freier Zusammenschluß auf privater Basis ohne eine irgendwie rechtsverbindliche Anerkennung durch Staat und Gesellschaft. Die Organisationsform dieser privaten Einheit war die Hausgemeinde (vgl. 1.Kor 16,19; Kol 4,15; Phlm 2; Apg 12,12.).

Briefschluß 6,11–18

11 Seht, mit wie großen Buchstaben ich euch eigenhändig geschrieben habe!
12 Alle, die ein gutes Ansehen durch das Fleisch erlangen wollen, die nötigen euch zur Beschneidung, nur damit sie nicht wegen des Kreuzes Christi

verfolgt werden.   13 Denn selbst als Beschnittene halten sie das Gesetz nicht, wollen vielmehr eure Beschneidung, um sich durch euer Fleisch Ruhm zu erwerben.

14 Für mich jedoch soll es keinen anderen Ruhmesgrund geben als das Kreuz unseres Herrn Jesu Christi, durch das die Welt mir gekreuzigt ist und ich der Welt.   15 Denn weder Beschneidung gilt etwas noch Unbeschnittensein, sondern (nur noch) neue Schöpfung.   16 Und alle, die sich an diesem Kanon ausrichten werden – Friede über sie und Erbarmen, und über das Israel Gottes!

17 In Zukunft bereite mir keiner mehr Schwierigkeiten, denn ich trage die Malzeichen Jesu an meinem Leibe.   18 Die Gnade unseres Herrn Jesu Christi sei mit eurem Geist, Brüder! Amen.

Der Briefschluß ist durch V.11 deutlich markiert. Er entspricht allerdings 11 nicht paulinischer Gepflogenheit. Der Apostel bringt sonst in der Regel Grußlisten oder allgemeine Grüße (Röm 16,21ff.; 1.Kor 16,15ff.; 2.Kor 13,12; Phil 4,21f.; 1.Thess 5,26). Ihr Fehlen muß im Zusammenhang mit den 1,1f. nicht namentlich genannten Mitadressaten gedeutet werden. Offenbar wird Paulus durch die schwierige Situation in Galatien veranlaßt, den Kontakt zwischen den dortigen Gemeinden und den Christen seines gesamten Missionsgebietes nicht zu fördern. Ein eigenhändiger Briefschluß steht jedoch auch sonst im paulinischen Postskript (vgl. 1.Kor 16,21; Phlm 19; als Nachahmung: Kol 4.18; 2.Thess 3,17). Dies weist jedesmal darauf hin, daß ein Sekretär den Brief nach Diktat schrieb und Paulus nur weniges eigenhändig anfügte. Auch der Sekretär kann einen persönlichen Gruß übermitteln (Röm 16,22). Daß Paulus dabei V.11 in der Vergangenheitsform von seinen eigenhändigen Buchstaben spricht, darf nicht zu der Meinung Anlaß geben, er habe den ganzen Brief selbst geschrieben. Er benutzt das Präteritum im Blick auf die Lesersituation: Die Leser werden den Gruß als Geschriebenes bei Erhalt des Schreibens vorfinden (vgl. Phlm 19). Die Größe der Buchstaben dient zur Hervorhebung des folgenden wichtigen Inhalts.

Die nächsten fünf Verse bringen nochmals gezielte Polemik. Die Werbung 12 um die Galater und die Demaskierung der Judaisten wird als Abschluß mit überlegter Absicht und scharfer Feder nochmals aufgenommen. Kaum zufällig weist der Aufbau eine antithetische Parallelität zu 1,6–9 auf: War 1,6f. beherrscht von der anklagenden Beschreibung der Gegner, so gilt dasselbe für 6,12f. In 1,7–9 war als Maßstab der Beurteilung auf das den Galatern schon früher verkündigte Evangelium verwiesen. Nun bringt der Apostel in 6,14f. eine kurze Zusammenfassung seiner Existenzweise unter dem Evangelium. Diese Antithese zum Verhalten der Judaisten ist wiederum Kriterium für die Ablehnung ihrer 6,12f. beschriebenen Haltung. In 1,8f. erfolgte endlich die Verfluchung der Gegner. Anstelle des Fluches steht nun aber 6,16 der bedingte Segen für alle Christen. Paulus möchte, daß die galatischen Christen dazugehören. Die Vergleichsbasis für beide Stücke läßt sich erweitern: Zweimal hintereinander stößt man im Phil auf folgenden Aufbau: 1. Polemik gegen Irrlehrer (3,2; 3,18f.). 2. Darstellung des Evangeliums und der paulinischen bzw.

christlichen Existenzweise unter ihm (3,3–14; 3,20f.). 3. Aufforderung zum
Wandel unter dem Evangelium (3,15–17; 4,1–7). Wahrscheinlich ist dieses
Schema typisch für die Mahnung urchristlicher Prophetie. Dabei ist deutlich,
daß sich die beiden Stücke im Gal durch ihren Abschluß von der mahnenden
Prophetie unterschieden. An der Stelle der Mahnung stehen Fluch oder Segen.
Auch ist zu beachten, daß die Darstellung des Evangeliums in Gal 1,7–9 kein
selbständiges Element ist, so daß hier der Aufbau nur die Anklage und Verfluchung kennt. Aber nicht von ungefähr konnte auch 1,6–9 der Prophetie
zugeordnet werden. 6,12–16 kennt zum einen wie die beiden Stücke im Phil
die Darstellung des Evangeliums als selbständiges Strukturelement, ist jedoch
zum anderen nicht Mahnung, sondern zielt auf den Segenszuspruch. Dieser
Gesamtvergleich zeigt: Offenbar sind 1,6–9 und 6,12–16 mit Absicht an ihre
Stellen im Brief gesetzt. Sie sind bei formaler Verwandtschaft als Kontrast
einander zugeordnet. Sie erlauben nochmals einen gesicherten Schluß auf die
Strategie, die Paulus mit seinem Brief verfolgt: Die Gemeinden werden sofort
von den zu verfluchenden Gegnern getrennt. So soll der Weg zur Zurück-
führung bzw. Erhaltung der Gemeinden unter dem Evangelium freigemacht
werden, damit auch ihnen noch der Segen 6,16 gelten kann.

Aus der Beschreibung der Gegner ist die Angabe „sie zwingen euch zur
Beschneidung" durch 5,2–12 als Forderung der Judaisten erweisbar. Von vergleichbaren Zwängen – nicht im Sinne physischer Gewaltanwendung, wohl
aber als heilsnotwendige Forderung – redet Paulus noch Gal 2,3.14. Nach 2,3
fordern die paulinischen Gesprächspartner gerade im Gegensatz zu den Judaisten von Titus keine Beschneidung. In 2,14 rügt Paulus das Verhalten des Petrus, der die Völkerchristen zwingt, gesetzliche Vorschriften einzuhalten. 6,12
gibt aber nun noch zwei Motive an, warum die Gegner sich judaistisch gebär-
den: 1. Sie wollen ein gutes Ansehen „durch das Fleisch" erlangen. 2. Sie wollen nicht „wegen des Kreuzes Christi" verfolgt werden. Die erste Aussage
enthält schon in der Übersetzung eine umstrittene Deutung. Man kann sie
nämlich so verstehen: Die Judaisten wollten eine Rolle im Fleisch spielen.
Dann würde Paulus sagen: Die Beschneidungsforderung der Gegner vertritt
ein von meiner Warte her theologisch illegitimes Interesse. Sie baut auf das
Fleisch (vgl. besonders 3,3), nicht auf den Geist. Diese Auslegung ist denkbar.
Aber dennoch befriedigt dieses Verständnis nicht, denn man muß die Aussage
im Zusammenhang mit V.13 sehen. Dort heißt es, die Gegner wollen die Beschneidung der Gemeinden, um sich durch deren „Fleisch" Ruhm zu erwerben, d.h. durch deren nachgeholte Beschneidung. Faßt man auch V.12 „im
Fleisch" instrumental und konkret auf, ergibt sich ein guter Sinn. Die Judaisten wollen sich durch die Beschneidung der Galater Ansehen verschaffen.

Dies fügt sich gut zum zweiten Motiv aus V.12, denn dem Ziel, sich durch
Beschneidung von Völkerchristen Ansehen zu verschaffen, korrespondiert die
aus Furcht erwachsene Absicht, nicht wegen des Kreuzes Christi verfolgt zu
werden. Solche Verfolgung erleidet Paulus nach 5,11, wie er sie nach 1,13.23
vor seiner Berufung zum Apostel selbst ausübte und wie sie nach 4,29 aus alt-
testamentlicher Exegese erhoben werden kann. Jeweils geht es an den genann-

ten Stellen um das Ärgernis des gesetzesfreien Evangeliums. Juden bzw. Judaisten verfolgen diese Position. So verhält es sich auch 6,14: Das Kreuz Christi
ist Voraussetzung dafür, daß – wie V.15 ausführt – vor Gott weder Beschneidung noch Unbeschnittenheit etwas gilt, sondern nur die neue Schöpfung.

Dann ergibt sich: Für die Judaisten existiert eine Instanz, von deren Seite
sie Verfolgung fürchten müssen, wenn sie die Beschneidungspredigt vor Völkerchristen aufgeben. Umgekehrt stärkt „erzwungene" Beschneidung von
Völkerchristen ihre Position vor derselben Autorität. Solche kann nur in Jerusalem und Judäa gesucht werden. Sie ist identisch mit jüdischen Kreisen, die
unter dem Druck nationalistisch-zelotischen Denkens das Verhältnis der Völkerchristen zu den Judenchristen Judäas argwöhnisch beobachten (vgl. die
Ausführungen zu 2,3–5). Das macht die Position der Judenchristen in diesem
Territorium so konfliktgeladen. Nicht zuletzt das Verhältnis der Judenchristen Judäas zu den Völkerchristen war dabei ein delikates Ärgernis für die
Juden. Darum gab es offenbar Judenchristen, die nicht einfach mit den Jako-
bus- oder den Petrusleuten identisch sind (denn zumindest zur Zeit des Streites in Antiochia fordert von diesen keiner die Beschneidung der Völkerchristen, vgl. zu 2,12), die jedoch aus heilsgeschichtlich-theologischen Gründen
und nicht zuletzt unter politischem Druck als strenge Judaisten die Beschneidung auch der Völkerchristen fordern. Mit der Gegnerschaft solcher Kreise
rechnet Paulus auch für seine anstehende Kollektenreise nach Jerusalem (Röm
15,31). Man muß dazu noch beachten: Weder steht eine Verfolgung der Galater durch Juden an, noch spricht Paulus in Röm 15,31 von einer Verfolgung
außerhalb Judäas. Die Atmosphäre jüdischen Eifers hat in Judäa ihren Ort.
Die in Galatien eingedrungenen Judaisten bangen also um ihren Ruf in Judäa
bzw. um die Verfolgung des dortigen Judenchristentums überhaupt. Wie
ernst die Lage war, kann der Umstand erhellen, daß wenige Jahre nach Abfassung des Gal Jakobus, der Herrenbruder, von Juden umgebracht wird (62
v. Chr., vgl. Josephus, Altertümer 20,200).

Nunmehr kann auch die spezielle Funktion von 6,11 im Briefganzen beschrieben werden: Nachdem Paulus in 1,10–5,12 die theologische Konzeption
der Missionare argumentierend als christlich unerträglich herausgestellt hat,
legt er abschließend auch ihre politischen Motive frei: Sie verraten das Völkerchristentum zugunsten einer Allianz mit dem religiös-politischen Nationalis-
mus des Judentums. Die Völkerchristen sind dabei politisches Opfer. Den Judaisten ist Jerusalem solches Opfer wert.

V.13 setzt die Bloßstellung der Judaisten fort. Das Partizip, das mit „Be- [13]
schnittene" übertragen wurde, hat wegen seiner grammatisch präsentischen
Form Anlaß zu manchen Spekulationen gegeben. Die wörtliche Übersetzung:
„die, die sich beschneiden lassen" – so sagt man – läßt eigentlich an Beschnei-
dungswillige, also an Völkerchristen denken, die mit den Judaisten gemeinsam oder allein auftreten; denn für Judenchristen, die selbstverständlich als jüdische Kleinkinder beschnitten wurden, ist das Perfekt zu erwarten. Aber ein
Subjektwechsel von V.12 zu V.13 ist durch nichts angezeigt. Das rückt diese
Konstruktion in ein wenig günstiges Licht. Außerdem läßt sich das Partizip

sehr gut medial und kausativ verstehen. Gemeint sind dann diejenigen, die die Beschneidung fordern, d. h. die Beschneidungsprediger, die natürlich beschnitten sind. Diese setzen sich nach Paulus in den Widerspruch zum Gesetz, um dessentwillen sie Beschneidung predigen. Sie halten es nicht ein.

Man kann diese Abwertung der Gegner moralisch verstehen, ja sogar als typisch für Ketzerpolemik, die den Widerspruch zwischen Anspruch und Wirklichkeit aufdecken will (vgl. Röm 2,1.21–24; außerpaulinisch: Mt 23; Joh 7,19). Das würde allerdings zu den konkreten historischen Bezügen im Kontext eine Spannung ergeben. Auch will Paulus gar nicht sagen, daß Judaisten ab und an auch einmal gegen das Gesetz verstoßen, sondern er zielt auf ihre grundsätzliche Einstellung gegenüber der Tora. Man kann den Satz religionsgeschichtlich auswerten: Solche Position sei typisch für Libertinisten, denen aus theologischen Gründen an konsequenter Gesetzesobservanz gar nicht gelegen sein kann. Dies deckt Paulus auf. Aber dem würde V.12 entgegenstehen. Auch bedarf diese Auskunft der Verlegenheitshypothese, Paulus würde im Gal aus Informationsmangel gegen eine von ihm aufgebaute Scheinfront von Judaisten kämpfen. Weiter besteht die Möglichkeit, die paulinische Charakteristik der Gegner Stellen wie 3,10; 5,3 zuzuordnen. Der Apostel redete dann vom Unerfüllbarkeitsgrundsatz aus dem Zusammenhang seiner Gesetzestheologie heraus: Da es unmöglich ist, das ganze Gesetz zu halten, können es auch die Gegner nicht. Da sie es nicht können, ist ihre Beschneidung wie Unbeschnittensein (Röm 2,25). Doch so paulinisch der Gedanke ist, so wenig ist er im Kontext von V.12f. angelegt. In jedem Fall wird die Spitze schärfer und das erkannte Gesamtanliegen von 6,11ff. besser vertreten, wenn man bedenkt, daß Paulus in diesem Brief daran gelegen war, das Gesetz selbst die eigene Überholtheit und Heilsunfähigkeit herausstellen zu lassen. So fordert er von den Galatern, die sich unter das Gesetz stellen wollen, gerade das ganze Gesetz zu beachten (4,21), und daraus die Freiheit der Christen vom Gesetz zu erkennen (4,28). Dies freie Leben ist ja Anlaß für die Verfolgung von seiten der Unfreien (4,29). Unter diesem Blickwinkel wirft Paulus den Judaisten vor, sie lebten an dem Selbstverständnis des Gesetzes vorbei. Ihre heilsgeschichtliche Theologie des Gesetzes hat keine Basis im Gesetz selbst.

Mit dieser Aussage entsteht nun ein klarer Gedankenschritt zum Nachsatz V.13b. Paulus behauptet, daß die Beschneidungsleute sich bis zur letzten Konsequenz demaskieren lassen. Ihre theologischen Gründe haben keinen Anhalt im Gesetz, wie im ganzen Brief aufgezeigt wurde. Würden sie das Gesetz beachten, müßten sie die Völkerchristen anerkennen. Das tun sie nicht, weil sich ihre falsche Theologie an einem national-zelotischen Judäa ausrichtet. Die Eindringlinge wollen also die Beschneidung der Galater als Mittel, um in Judäa für sich selbst Ehre einlegen zu können. Diese Formulierung beachtet, daß Paulus weder hier vom „Ruhm" vor Gott spricht, noch das „Rühmen" an sich tadelt. Er legt vielmehr gegen den Grund und gegen die Bezugsgröße des judaistischen Ruhmes Einspruch ein, wie V.14 erweisen wird, d. h. 1. die nachgeholte Beschneidung hat für Paulus keinen Wert, und 2. lohnt es sich schon gar nicht, dabei nach Judäa zu sehen.

Im Gegensatz zur judaistischen Suche nach Ehre gegenüber den Juden mit 14
Hilfe nachgeholter Beschneidung will Paulus sich nur des Kreuzes Christi
rühmen. Damit klingt nochmals das Stichwort an, das das spezifische Zentrum der paulinischen Theologie signalisiert. Es leuchtete jeweils an entscheidender Stelle auf: 2,20; 3,1; 5,11.24 (vgl. noch 1. Kor 1,17 f. 23; 2,2). Wer nach
Paulus vom Kreuz Christi angemessen reden will, muß in bezug auf das Rühmen von der Beschneidung als Grund ganz Abstand nehmen (3,28). Der
Christ rühmt sich Gottes durch den Herrn Jesus Christus (Röm 5,11; vgl.
Phil 3,3), oder zugespitzt: Er rühmt sich des Kreuzes Jesu Christi. Durch dieses Kreuz ist der Glaubende der Welt gestorben und die Welt ihm. Nach
2,16 ff. bedeutet das in bezug auf die Rechtfertigung: Abschied von der Gerechtigkeit aus dem Gesetz (vgl. Phil 3,2–11). Von 4,29; 5,11 (vgl. 2. Kor 12,9;
Phil 3,10) her wird der dazugehörige Aspekt christlicher Existenz sichtbar:
Schwachheit und Verfolgung sind Merkmale der Kreuzesnachfolge, denn in
solchem Geschick vollendet sich die Stärke Gottes und wird Christi Leben
offenbar (vgl. 2. Kor 1,8–10 4,10–12; 12,7–10). Gal 5,24 macht die Folgen für
die Ethik deutlich: Kreuzestheologie ist immer auch Kreuzigung des Fleisches. Nun wird die Kreuzestheologie in eine letzte Dimension hin ausgezogen, wobei die anderen mitschwingen: Das Kalkül der Irrlehrer, Verfolgung
zu vermeiden, indem sie Völkerchristen gesetzlichen Zwang auferlegen, ist
strikt gegen das Kreuz Christi. Denn die Orientierung an der Situation in
Judäa kann keine Möglichkeit christlichen Verhaltens sein. Wer weiter die Alternative von Beschneidung und Unbeschnittenheit überhaupt noch aufstellt,
soll wissen, daß beides keine Heilsvorzüge sein können, sondern unter den
Kosmos fallen, dem der Christ gekreuzigt ist. Seit Christus gilt nur noch die
„neue Schöpfung", wie sie in der Kreuzesnachfolge in Erscheinung tritt. Wer
wie die Judaisten verfährt, stempelt sich selbst zum Feind des Kreuzes Christi
ab (vgl. Phil 3,18).

Das Stichwort „neue Schöpfung" taucht dabei überraschend auf. Seine im 15
Gal unvermittelte Benutzung macht nur Sinn, wenn die Galater wissen, was
Paulus damit sagen will. Daß Paulus aber der Unterscheidung von Beschneidung und Unbeschnittensein keine Heilsrelevanz mehr zuerkennt, haben die
Leser schon 5,6 erfahren. Sie wissen, daß der Apostel sich damit auf den Konvent beruft (2,7–9). Jedoch ist das Wortplakat „neue Schöpfung" damit noch
nicht vorbereitet. Paulus benutzt es nochmals – auch offenbar als vorgegebenes Stichwort – 2. Kor 5,17 mit einer nachgestellten Erläuterung: „Das Alte ist
vergangen, siehe Neues ist geworden". Damit ist die endzeitliche kosmische
Wende beschrieben, die die alte Schöpfung insgesamt ablöst und eine neue
schafft. Das erinnert an frühjüdische Endzeiterwartung wie in Jub 1,29; 4,26;
11QT (= 11Q 19) 29,9, nur daß bei Paulus daraus eine Gegenwartsaussage
wird. Darum kann er auch Gal 2,19 f. denselben Sachverhalt als existentielles
Präsens fassen. Dies nimmt er auch in 6,14 auf als Vorbereitung für V.15. Ist
dies erkannt, wird man an die antiochenische Tradition in 3,26–28 erinnert:
Erklärte nicht dieser Text die alte Schöpfung mit ihren Differenzierungen „in
Christus" für überholt? So bringt offenbar das Stichwort „neue Schöpfung"

antiochenische Theologie auf den Begriff: Die „Freiheit in Christus" und die „Wahrheit des Evangeliums" (2,4f.) erhalten so ihr Koordinatensystem. Es ist durch die Christologie vermessen: Mit Christi Geschick ist neue Schöpfung auf dem Plan. Das Alte (wie z. B. Beschnittenheit und Unbeschnittenheit) ist vergangen. Ein Christ ist mit Christus der Welt gestorben – also auch dem Gesetz. So signalisiert „neue Schöpfung" das prinzipiell Neue, das mit Christus gekommen ist und mit jeder Person, die Christ wird, mehr Realität wird. Damit hat Paulus innerhalb des Briefes eine Brücke zum Anfang geschlagen, wenn er dort dieses prinzipiell und endzeitlich Neue so beschrieb, daß Christus aus dieser bösen Weltzeit herausreißt (1,4).

16   Daß V.15 für Paulus ein theologischer Fundamentalsatz ist, wird nun an V.16 deutlich, wenn Paulus den Satz als einen „Kanon" bezeichnet, also als verbindlichen Maßstab bei der Bestimmung des Christlichen. Der Kanon nimmt dabei exakt die Stellung ein, die in 1,6–9 das Evangelium hat. Wie dieses dort verbindlicher Maßstab war, um die Judaisten verfluchen zu können, so hat V.15 hier entsprechend die Funktion, den Kreis derer, die gesegnet sein sollen, abzugrenzen. Auch das Verb „ausrichten" besitzt bei Paulus immer solchen grundsätzlichen Akzent. Nach Röm 4,12; Gal 5,25; Phil 3,16 ist ebenso wie hier in V.16 die gesamte Lebensausrichtung, die allen einzelnen Handlungen vorrangige Entscheidung für das Evangelium, den Geist, die Gesetzesfreiheit, ausgesagt.

Allen, die auf dieser Basis stehen, soll der Segen Gottes gelten, natürlich insbesondere einschließlich der Galater, die Paulus mit seinem Brief gewinnen möchte. Dabei ist ja der Segen nicht etwas, was zusätzlich zum Christenstand hinzukäme, sondern Zuspruch der neuen Schöpfung, von der her die wahre Gemeinde schon existiert. Frieden hat Gott schon mit den an Christus Glaubenden geschlossen (Röm 5,1), und Erbarmen ist ihnen schon zuteil geworden (Röm 11,30–32; 2.Kor 4,1). Sie erhalten im Segen also die Rechtfertigung und ihre Folgen zugesprochen. So war ja auch der Fluch in 1,8f. nur endgültige Zusage des Unheils, in dem die Irrlehrer sich bereits befanden. Frieden und Erbarmen sind zudem typische Worte aus der Sprache der Segnungen. Vielleicht mag Paulus bei V.16 die neunzehnte Benediktion des Achtzehngebets im Ohr geklungen haben: „Lege Frieden, Glück und Segen, Gnade und Liebe und Erbarmen auf uns und auf dein Volk Israel …". So würde sich jedenfalls auch die singuläre Bezeichnung „Israel Gottes" etwas erklären lassen. In jedem Fall will die Formulierung eine Totalität benennen, etwa so: Friede über alle, die sich – in Galatien – nach dem Kanon richten, und über die christliche Kirche insgesamt. „Israel Gottes" meint jedenfalls die Kirche. Dies ist von 3,7.29 her angelegt (Christen sind Nachkommen Abrahams). Ebenso ist 4,21ff. die Linie Sara – Isaak – Kirche als Söhne Isaaks ausgezogen. Einen Vorboten von Röm 11,25ff. wird man also im Text nicht sehen können.

17   Dies war des Apostels letztes Wort in der galatischen Angelegenheit. In Zukunft will er damit nicht mehr belästigt werden; denn an der Kompromißlosigkeit seiner Position wird sich nichts ändern, trägt er doch die Malzeichen Jesu an seinem Leib. Dies bedeutet: er führt seine Existenz unter der

Kreuzestheologie. Die davon zurückgebliebenen Spuren sind nicht tilgbar (vgl. 1. Kor 4,10). Sie sind vielmehr – analog den Stigmatisierungen in den Mysterienkulten – Ausweis, wessen Eigentum er zeitlebens ist und als wessen Repräsentant er zu gelten hat. Aus dieser Existenz kann er gar nicht mehr ausbrechen. Bei den Malzeichen ist natürlich an die Wunden zu denken, die der Apostel davontrug (vgl. 2. Kor 1,8f.; 4,9f.; 6,4; 11,23–33). Nicht einfach auszuschließen ist dabei, daß Paulus eventuell speziell an die kürzlich erlittene Drangsal in Asien denkt (2. Kor 1,8f.), deren Narben noch nicht verwachsen sind. Doch bleibt V.17 allgemein. Nicht spezielle Ereignisse, sondern die Wundmale überhaupt sind im Blick. Abzuweisen ist in jedem Fall die Vermutung, Paulus stelle die Stigmata bewußt der von den Irrlehrern als Eigentumszeichen verstandenen Beschneidung gegenüber. Nach V.11–16 (mit Segensschluß!) ist selbst eine indirekte Polemik nicht mehr stilgemäß. V.17 holt nicht Polemik nach, sondern setzt gerade der Auseinandersetzung ein Ende. Selbst auf die Leidensscheu der Judaisten (6,12) ist nicht mehr als Kontrast abgehoben. Der begründende Satz mit dem Verweis auf die Wundmale will also die Endgültigkeit des Vordersatzes begründen.

Der apostolische Segen am Schluß ist stilgemäß, wie alle paulinischen Briefe 18 zeigen. Auch den galatischen Gemeinden wird der Segen noch erteilt. Ja, sie werden sogar nochmals – gegen die sonstige Gewohnheit des Apostels – mit der geschwisterlichen Anrede umworben. Das abschließende Amen steht nur noch Röm 15,33; 16,27. Damit erhält der Segen den Akzent: So soll es sein! Doch weiß der Historiker nicht zu berichten, wie der Streit in Galatien ausging.

Der Brief an die Epheser

Übersetzt und erklärt von
Ulrich Luz

Einleitung

1. Aufbau. Der Brief ist ähnlich aufgebaut wie der Römer-, Galater- und der Kolosserbrief: Er besteht aus einem sogenannten „lehrhaften" Teil (Kap. 1–3) und einem „ethischen" Teil (Kap. 4–6).

Der „lehrhafte Teil" des Briefes beginnt mit einem ausführlichen Lobpreis (1,3–14) und einem Fürbittegebet (1,15–23). Er schließt in umgekehrter Reihenfolge mit einem Fürbittegebet (3,14–19) und einem Lobpreis (3,20f.). Beide Gebetsabschnitte sind deutlich aufeinander bezogen (vgl. zu 1,16b–20a). Dazwischen liegen zwei Abschnitte, die ich im Anschluß an 2,11 als „Erinnerung" bezeichnen möchte (2,1–10; 2,11–3,13). Der Verfasser erinnert die Gemeinden an den Grund, wofür sie Gott loben dürfen: In 2,1–10 formuliert er ihn mit Blick auf das Leben der Adressatinnen und Adressaten: Gott hat in seinem Erbarmen sie aus „dem Äon dieser Welt" gerettet (2,2). Damit bereitet er auch seinen paränetischen Teil vor, vor allem 4,17–24 und 6,10–17. In 2,11–3,13 formuliert er ihn heilsgeschichtlich: Die ehemals heidnischen Gemeindeglieder sind durch Christus Glieder des einen Leibs der Kirche geworden, und zwar, wie 3,1–13 nachträgt, durch den Dienst des Apostels Paulus. Damit bereitet der Verfasser auch seine Grundlegung der Paränese, nämlich den Abschnitt 4,1–16 vor. Ich verstehe also den sogenannten „lehrhaften" Teil des Epheserbriefes als ein lobpreisendes Gebet, das durch eine ausführliche Erinnerung an das, wofür die Gemeindeglieder danken dürfen, unterbrochen wird.

Im zweiten, „ethischen" Teil des Briefes hebt sich zunächst der Abschnitt 4,1–16 als Einheit ab. Er ist durch Kol 3,12f. angeregt, im übrigen aber selbständig formuliert. Sein Thema ist durch das rahmende „in Liebe" (V.2.15f.) angedeutet: das Zusammenleben in der einen Kirche. 4,17–6,20 sind im Aufbau im wesentlichen durch die Paränese Kol 3,5–4,6 bestimmt. Dabei ist die Haustafel, 5,21–6,9, klar als besonderer Block erkennbar, während der vorangehende Abschnitt 4,17–5,20 kaum einem einheitlichen Thema zuzuordnen ist. 6,10–20, die Mahnung zum Anziehen der Waffenrüstung Gottes, bildet wieder einen in sich geschlossenen Abschnitt. Auffällig ist, daß in zwei markanten Schlußabschnitten, nämlich in 5,19f. und 6,18–20, eine Mahnung zum Beten steht.

Eine Gliederung nach dem klassischen Aufbauschema einer Rede in einen „Bericht" (narratio), eine „Darlegung" (propositio) und eine „Bündelung" (peroratio) legt sich nicht nahe: Zwar enthalten 2,1–3,13 Elemente einer „narratio" und 6,10–20 solche einer „peroratio", aber es fehlt eine „propositio". Vor allem läßt sich die Rahmung der erinnernden, bzw. erzählenden Teile in 2,1–3,13 durch Gebete (1,3–23; 3,14–21) so nicht erfassen (anders A. T. Lincoln).

Das theologische Interesse der meisten Ausleger liegt beim ersten Teil. Manche bestimmen den Brief als eine „Weisheitsrede" (H. Schlier) oder als eine

„theologische Abhandlung", deren Thema dann die Kirche wäre (A. Lindemann 13 f.). Ganz abgesehen davon, daß formgeschichtlich sehr unklar ist, was in der Antike unter „Abhandlung" zu verstehen ist, fällt auf, daß das eigentliche Thema des Briefes dann erst in 1,22 f. – und da sehr beiläufig – genannt wäre. Von der Kirche ist im theoretischen Teil thematisch nur in 2,15–22 die Rede; in 3,6.10.21 erscheint sie nebenbei. Das ganze erste Kapitel, ein ausführliches Lobpreis- und Fürbittegebet, sowie der Abschnitt 3,14–21, der wiederum Fürbitte und Lobpreis enthält, lassen sich in eine solche Deutung jedenfalls nicht integrieren.

Gegenüber anderen Paulusbriefen fällt die Länge des ethischen Teils Kap. 4–6 auf. Dieser zweite Teil war für den Verfasser offenbar außerordentlich wichtig. Die folgende Auslegung möchte diesem Teil sein Gewicht geben.

2. Gattung. Der Epheserbrief ist zwar keine „Abhandlung", aber auch kein normaler Gemeindebrief. Über die Adressatinnen und Adressaten erfahren wir abgesehen davon, daß sie nach 2,11 wohl Heidenchristen gewesen sind, gar nichts. Zur Situation der Gemeinde wird nichts mitgeteilt. 1,15 und 3,2 scheinen vorauszusetzen, daß Paulus die Adressaten nicht kennt. Zur Gemeinde von Ephesus, in der Paulus sehr lange gewirkt hat (vgl. Apg 19,10; 20,31) paßt das nicht. Außerdem fehlt im Präskript 1,1 „in Ephesus" in den besten alten Handschriften. Der verbleibende Text ist so, wie er dasteht, nicht sinnvoll (vgl. die Übersetzung). Er enthielt wahrscheinlich eine Lücke. In sie konnte der Name der jeweiligen Empfängergemeinde eingesetzt werden. Der Brief ist also wohl ein Rundschreiben oder Zirkularbrief. Dazu paßt, daß er kaum Nachrichten über die Situation der Gemeinde enthält, daß die brieflichen Nachrichten in 6,21 f. auf ein Minimum reduziert sind und daß der Brief keine persönlichen Grüße enthält. Spätere Abschreiber haben vermutlich erschlossen, unser Brief sei an die Epheser gerichtet. Das wäre aus zwei Gründen verständlich: Der in 6,21 erwähnte Tychikus stammt aus der Asia (Apg 20,4) und gehört nach 2.Tim 4,12 nach Ephesus. Sodann war auffällig, daß die Gemeinde von Ephesus, in der Paulus am längsten gewirkt hatte, von ihm keinen Brief bekam. Die Ergänzung des Präskripts durch „in Ephesus" legte sich also für spätere Abschreiber nahe. Daß der Brief uns als Epheserbrief überliefert wurde, muß also nicht unbedingt so erklärt werden, daß – vielleicht aus dem Gemeindearchiv der alten und berühmten Gemeinde von Ephesus – gerade das für Ephesus bestimmte Exemplar des Rundbriefes erhalten blieb. Wir wissen also nicht, ob Ephesus zu den Adressatengemeinden gehörte (können es aber auch nicht ausschließen).

3. Echtheit. Der Epheserbrief gilt heute fast allgemein als pseudonym, d. h. von einem Paulusschüler verfaßt (anders z. B. H. Schlier; M. Barth). Gegenüber der ersten Hälfte unseres Jahrhunderts, wo er noch überwiegend als paulinisch galt, bedeutet das einen markanten Umschwung. Auch von der katholischen Forschung wird heute die Pseudonymitätshypothese weitgehend geteilt. Der große und bedeutende Kommentar von H. Schlier, der den Epheserbrief als paulinischen Altersbrief ansah, vermochte keine Trendwende herbeizuführen. Ein dreifaches Bündel von Gründen, die gegen paulinische Verfasserschaft sprechen, erwies sich als zu stark, nämlich 1. stilistische Überlegungen, 2. theologische Überlegungen und 3. die Abhängigkeit unseres Briefes vom Kolosserbrief. Davon handeln die folgenden Abschnitte. Auch in dieser Auslegung wird die Pseudonymitätshypothese vertreten.

Dabei muß man allerdings zwischen verschiedenen Formen der Pseudonymität unterscheiden. Schülerarbeiten, von Schülern im Geist ihrer Lehrer verfaßt, waren in der Antike durchaus akzeptiert. Zu ihnen gehören z.B. die pseudoplatonischen Briefe. Von ihnen zu unterscheiden sind die eigentlichen Fälschungen, die auch in der Antike nicht allgemein akzeptiert waren. Sie sind daran erkennbar, daß sie mit literarischen Mitteln versuchen, ihre Echtheit zu erweisen. Zu ihnen sind im Neuen Testament etwa der 2. Thessalonicherbrief (vgl. 3,17!) oder die Pastoralbriefe (vgl. die umfangreichen Personalnotizen 2. Tim 4!) zu rechnen. Der Epheserbrief macht keine Versuche, seine eigene Echtheit plausibel zu machen. Das zeigt, daß er zur ersten Gruppe, den Schülerarbeiten gehört.

4. Theologie. Bei den verschiedenen Gründen, die für die Unechtheit des Briefes angeführt wurden, möchte ich vor allem in bezug auf die theologischen Argumente zur Vorsicht raten. Theologische Gründe geraten leicht in die Gefahr von Zirkelschlüssen und Selbstbestätigungen. Zwar trägt die Theologie des Epheserbriefs deutlich eigenständige Züge, aber es ist nicht leicht, sie für schlechterdings unpaulinisch zu erklären: Christologisch dominieren der kosmische Christus und der Erhöhungsgedanke, während der Tod Jesu zurücktritt. In gewisser Weise ist das aber auch im Philipperbrief so. Rechtfertigungsaussagen und Aussagen über das Gesetz treten zurück. Aber auch hier wird man mit Blick auf den 1. Thessalonicherbrief, den Philipperbrief und die Korintherbriefe vorsichtig sein müssen. Wer die Rechtfertigungslehre für das einzige Zentrum paulinischer Verkündigung und den Römerbrief für die abschließende Darstellung paulinischer Theologie hält, wird dazu neigen, den Epheserbrief deswegen für unecht zu halten. Manchen Protestanten fällt das deshalb von ihrem Paulusbild her leichter als manchen Katholiken, die offener sind gegenüber ekklesiologischen und mystischen Dimensionen paulinischer Theologie. Es ist auffällig, wie oft sich gerade bei Protestanten die entschiedene Feststellung, daß „die Lehre von der Kirche und ihren notae ... das eine Thema" des Briefes bildet (E. Käsemann, Interpretationsproblem 253f.), mit einem ebenso entschiedenen Nein gegenüber seinem paulinischen Ursprung verbindet. Der Epheserbrief denkt m. E. wie Paulus theozentrisch und christozentrisch, aber nicht auf den einzelnen Menschen, sondern auf die Welt und die Kirche hin; anthropologische Aussagen enthält er kaum. Deshalb fällt es manchen Anhängern einer von R. Bultmann bestimmten existenzialen Paulusinterpretation relativ leicht, ihn für unpaulinisch anzusehen. In der Eschatologie dominieren die präsentischen Aussagen. Im ganzen sind die räumlichen Dimensionen wichtiger als die zeitlichen, auch wenn man nicht programmatisch mit A. Lindemann von einer „Aufhebung der Zeit" im Epheserbrief sprechen kann. Von hier aus fällt Auslegern, die Paulus als apokalyptischen Theologen verstehen, der Abschied von der paulinischen Herkunft des Epheserbriefes leichter als andern.

Theologische Argumentationen für oder gegen die Echtheit sind also oft bewußt oder unbewußt interessengeleitet. Ich selber vertrete in dieser Auslegung die These, daß der – nachpaulinische – Briefverfasser mit einer einzigen Ausnahme ein guter paulinischer Theologe gewesen ist und Paulus nicht kritisieren, sondern bewahren und vertiefen wollte. Er ist für mich ein Zeuge dafür, daß man Paulus in nachpaulinischer Zeit nicht in erster Linie als Rechtfertigungs- und als Kreuzestheologen verstand. Die einzige Ausnahme von seiner Paulustreue ist sein Verständnis der Ehe (5,22–33), das sich m. E. direkt gegen das paulinische richtet.

5. Stil. Der Stil unseres Briefes ist eigentümlich: Die Sätze sind im Vergleich zu Paulus überdurchschnittlich lang. Es häufen sich präpositionale Wendungen, Genetivattribute, Relativsätze und locker angefügte Infinitive. Der Verfasser neigt zu Wortreichtum und zu Wiederholungen durch Synonyme. Seine Sprache ist vor allem in den Kapiteln 1–3 oft nicht präzis, sondern will eher durch Plerophorie und Überschwänglichkeit die Leserinnen und Leser emotional affizieren. Im ganzen gilt: Der Stil des Epheserbriefes ist eher assoziativ als argumentativ. Seine Sätze sind in ihrer syntaktischen Struktur oft nicht eindeutig bestimmbar. Manchmal helfen Parallelismen und Wiederholungen dazu, den Satzaufbau zu erraten. Oft bleibt er aber unklar.

Ich habe in der Übersetzung relativ häufig aufgrund von Parallelismen oder Wiederholungen den Text in Kurzzeilen gedruckt. Damit will ich nicht sagen, daß bestimmte Abschnitte des Epheserbriefes poetisch wären, sondern ich möchte eine didaktische Hilfe geben, daß Leserinnen und Leser des Kommentars Strukturierungselemente schnell erkennen und sofort sehen, welche Strukturierungsvorschläge ich an schwierigen Stellen mache. Im ganzen versuchte ich beim Übersetzen, die Satzkonstruktionen in ihrer ganzen Länge, in ihrer logischen Unschärfe und in ihrer Überfüllung stehen zu lassen und nicht durch die Übersetzung klarer, kürzer oder verständlicher zu machen. Die Übersetzung wirkt also beim Lesen oft schwerfällig. Ich empfehle meinen Leserinnen und Lesern, sie sich laut vorlesen zu lassen. Sie werden dann am ehesten etwas von der Kraft der sprachlichen Überfüllung des Briefes entdecken und weniger an den syntaktischen Unbestimmtheiten hängen bleiben.

Ist der Stil des Epheserbriefes paulinisch? Liegt hier paulinischer „Altersstil" vor (so H. Schlier)? Das Urteil der meisten Exegeten lautet: Nein. Wahrscheinlich haben sie recht. Immerhin gilt: Dem Stil des Kolosserbriefes steht unser Brief recht nahe (vgl. Einleitung in den Kolosserbrief, 4a). Wäre der Kolosserbrief von Paulus selbst geschrieben, so müßte die Frage auch beim Epheserbrief neu aufgerollt werden.

6. Das Verhältnis zum Kolosserbrief. Unser Briefverfasser hat den Kolosserbrief literarisch benutzt. Er hat ihn nicht nur gut im Gedächtnis gehabt. Das

scheint mir eindeutig zu sein, weil nicht nur viele Anklänge an den Wortlaut
des Kolosserbriefes im Epheserbrief auftauchen, sondern weil auch die Reihenfolge des Kolosserbriefes in diesen Anspielungen weithin bewahrt ist.

Für den ersten Teil des Briefes gilt dieses Urteil allerdings nur einge-
schränkt: Der Verfasser formuliert diesen ersten Briefteil weitgehend unabhängig vom Kolosserbrief und sehr selbständig. Er übernimmt da und dort
einzelne Wendungen aus dem ersten Kapitel des Kolosserbriefes, vor allem aus
dem „Hymnus" 1,15–20. Aber man kann nur in einem einzigen Fall, nämlich bei
Kol 1,24–29, sagen, daß die Gedankenführung eines ganzen Abschnitts, nämlich
von Eph 3,1–7.8–13, vom Kolosserbrief bestimmt ist. Manche anderen Abschnitte sind fast ebenso stark von anderen Paulusabschnitten her geprägt, beispielsweise 1,3–14 von 2.Kor 1, 3–11; 2,14–18 von Röm 5,1–11 und 1.Kor
12,13; 3,2 f. 8 von Gal 1,15 f. und 1.Kor 15,9 f. Ob der Verfasser des Briefes diese
Briefe auch, wie den Kolosserbrief, vor sich hatte, oder ob er sie nur aus der
Erinnerung gut kannte, läßt sich kaum sicher entscheiden.

Anders ist es dann aber im paränetischen Teil ab 4,17. Er ist nichts anderes
als eine Neuedition und Erweiterung der Paränese von Kol 3,5–4,6. Die Richtung der Abhängigkeit ist dabei eindeutig, denn es ist durchweg der Epheserbrief, der die Aussagen des Kolosserbriefs vertieft, interpretiert und weiterführt. Daß ein und derselbe Autor, nämlich Paulus, in dieser Weise sich selbst
abgeschrieben hätte, wäre einmalig. Viel verständlicher ist, daß ein treuer Schüler
des Paulus möglichst nahe an den Worten seines Lehrers bleiben wollte. Hier
liegt m.E. das überzeugendste Argument für die Herkunft des Briefes von
einem Paulusschüler.

Warum aber hat unser Verfasser ausgerechnet auf den Kolosserbrief
zurückgegriffen? Eine Negativantwort ist möglich: Es ist nicht so, daß er andere Paulusbriefe nicht gekannt hätte. In Erinnerung hat er vielmehr auch den
Römerbrief, den 1. und 2. Korintherbrief und den Galaterbrief, vielleicht auch den
1.Thessalonicherbrief (vgl. u. zu 1,3 f.13 f. 22; 2,15–17; 3,2.8; 4,1.7. 11.17–19.24 f.28;
5,10.17; 6,14–17.20). Röm 12 hat er vielleicht sogar literarisch benutzt (vgl. u.
S. 151 f. 159 f.). Vom Kolosserbrief ist er aber durchweg abhängig. Warum? Klar
kann man sagen: Der Verfasser hat den Kolosserbrief mit hoher Wahrscheinlichkeit für einen echten Paulusbrief gehalten. Die Annahme, er mache sich
von einem von ihm selbst als pseudonym durchschauten Brief abhängig, führte zu ganz komplizierten Konstruktionen. Plausibel ist die Überlegung, daß
der Epheserbrief ebenso wie der Kolosserbrief aus Kleinasien stammt. Dafür
spricht jedenfalls die Erwähnung des Tychikus aus Asien (6,21; vgl. Kol 4,7;
Apg 20,4; 2.Tim 4,12). Stellen wie 6,21 („damit *aber auch* ihr wißt") könnten
dafür sprechen, daß er damit rechnete, daß auch seine Leserinnen und Leser
den Kolosserbrief kannten, sodaß sie seine Paulustreue selbst feststellen konnten. Aber eine wirkliche Erklärung für das besonderes Verhältnis unseres Briefes zum Kolosserbrief ist das alles angesichts der Vertrautheit des Verfassers
auch mit anderen Paulusbriefen nicht.

Warum also ist gerade der Kolosserbrief seine Vorlage? Man kann hier auf
allgemeine theologische Affinitäten zwischen beiden Briefen hinweisen, z. B.

auf die kosmische Christologie von Kol 1,15–20, die auch für den Verfasser des
Epheserbriefes wichtig war, oder auf die kosmische Dimension der Kirche.
Am wichtigsten scheint mir aber der Hinweis auf die Paränese des Kolosser-
briefes: Sie, und nur sie, hat der Verfasser des Epheserbriefes vollständig über-
nommen. Sie muß ihm besonders wichtig gewesen sein. Sie konnte er in seinem
Rundschreiben brauchen, weil sie viel weniger situationsspezifisch ist als die
Paränesen anderer paulinischer Briefe. Sie ist nach Röm 12f. die zweitlängste
nicht situationsspezifische paulinische Paränese. Röm 12 wurde übrigens in
Eph 4–6 vermutlich ebenfalls literarisch benutzt!

7. Situation und Abfassungszweck. Der Verfasser will die Gemeinden des göttlichen Segens versichern, in dem sie stehen (1,3–14), sie an ihre eigene Abwendung vom Heidentum und an das erinnern, was sie dem Apostel Paulus verdanken (2,1–3,13) und durch die Fürbitte (1,15–23; 3,14–19) ihren Zusammenhalt
stärken (vgl. 4,1–16). Er will in seinem Brief mit seinen Adressaten und für sie
beten.
    Daß sein Brief ein Rundschreiben ist, paßt zur Situation nach dem Tod der
Apostel: Ihr Tod beraubte die Gemeinden der wichtigsten gesamtkirchlichen
Autorität, die es in der Frühzeit gegeben hat. So sind gerade die pseudoaposto-
lischen Briefe an ganze Kirchengebiete (Eph, 1/2.Tim, 1.Petr, 1.Joh?, vgl. Offb
2–3) oder an die Gesamtkirche (Jak, 2.Petr) gerichtet; sie waren für die Bewahrung der Einheit der Kirche wichtig. In diesem allgemeinen Sinn gehört
unser Rundbrief mit den späteren Pastoralbriefen zusammen. Es gibt aber dennoch zwischen ihm und ihnen beträchtliche Unterschiede. Anders als sie wehrt
er nicht eine bestimmte Irrlehre mithilfe des Gedankens der unverändert zu
bewahrenden apostolischen Tradition ab. Nur ganz allgemein deutet 4,14 an,
daß die Einheit des Glaubens in den Gemeinden durch menschliche Irrlehren
gefährdet sein könnte (vgl. die Auslegung). Kol 2 mit seiner konkreten Irrlehrer-
polemik wurde vom Verfasser des Epheserbriefs kaum benutzt. Die „funda-
mentalen“ Apostel (und Propheten!) sind noch nicht so einseitig wie in den
Pastoralbriefen Garanten der rechten Lehre, und die apostolische Zeit ist noch
nicht von der Gegenwart unterschiedene normative Anfangszeit. Vielmehr
sieht der Verfasser die Kirche als einen Raum, in dem seine Gemeinden und er
mit den „Fundamenten“, den Aposteln und Propheten, zusammengehören
(vgl. 2,19–22). Verbundenheit mit dem Apostel Paulus heißt für ihn, in Erinnerung an sein Werk Gott zu danken und die Verkündigung des Paulus weiter-
zudenken. Anders als die Pastoralbriefe, aber ähnlich wie Paulus selbst, hat
unser Verfasser auch kein Interesse an einer bestimmten Kirchenordnung, welche
die Wahrheit in der Kirche schützt (vgl. zu 4,11).
    Vor allem aber geht es ihm um die Paränese. Die Tendenz zur Abgrenzung
gegenüber dem, was früher war, nämlich dem heidnischen Leben, durchzieht
sie als durchgehender roter Faden. Die Gemeindeglieder werden durch ihr
neues Leben von ihrer heidnischen Umwelt unterscheidbar. Der Raum des erhöhten Christus, der die Kirche erfüllt (4,10, vgl. 1,23), ist ein *Lebens*raum. Die
eigene Erhöhung der Gemeinde zu Christus (2,6), das Leben aus Gottes Segens-

kraft (1,3) und die Erinnerung an die durch Paulus gestiftete Eingliederung in den einen Leib der Kirche (2,16) sind die Grundlagen, auf der die Gemeinde ihren Kampf gegen die sie immer noch bedrängende Macht des Bösen (6,10–17) führen kann. Darum geht es dem Verfasser.

Wer dieser Paulusschüler war, wissen wir nicht. Nach 2,11–15 ist er vielleicht ein hellenistischer Judenchrist, der dem besonderen Gesetz Israels distanziert gegenübergestanden sein mag, aber mit jüdischen exegetischen Traditionen (vgl. bes. 4,8; 6,14–17) und mit jüdischer Gebetssprache (vgl. u. 117 zu 1,3 ff.) gut vertraut war. Sein Wirkungsfeld war wohl Kleinasien. Eine genaue Datierung ist nicht möglich, da zeitgeschichtliche Anspielungen fehlen. Da der Brief weder eine Verfolgungssituation noch eine Auseinandersetzung mit einer christlichen Gnosis voraussetzt, ist er wohl eher zwischen 70 und 90 als später anzusetzen.

Wissenschaftliche Kommentare: M. Barth, Ephesians, 2 Bde (Anchor Bible 34 und 34A), New York 1974; M. Bouttier, L'épître de saint Paul aux Ephésiens (Commentaire du Nouveau Testament 9 b), Genève 1991; M. Dibelius – H. Greeven, An die Kolosser, Epheser, an Philemon (Handbuch zum NT 12), Tübingen 1953; J. Gnilka, Der Epheserbrief (Herders theol. Kommentar zum NT 10/2), Freiburg ³1980; A. T. Lincoln, Ephesians (Word Biblical Commentary 42) Dallas 1990; F. Mussner, Der Brief an die Epheser (Ökumenischer Taschenbuchkommentar 10), Gütersloh-Würzburg 1982; H. Schlier, Der Brief an die Epheser, Düsseldorf 1957; R. Schnackenburg, Der Brief an die Epheser (Evangelisch-katholischer Kommentar 10), Neukirchen-Zürich 1982.

Allgemeinverständliche Auslegungen: H. Conzelmann, Der Brief an die Epheser, in: J. Becker u. a., Die Briefe an die Galater, Epheser etc (Das Neue Testament Deutsch 8), Göttingen ¹⁷1990, 86–124 (immer noch lesenswerte Vorgängerin dieser Kommentierung); J. Ernst, Die Briefe an die Philipper, an Philemon, an die Kolosser, an die Epheser (Regensburger Neues Testament), Regensburg 1974, 245–405; A. Lindemann, Der Epheserbrief (Zürcher Bibelkommentare. NT 8), Zürich 1985; J. Pfammatter, Epheserbrief. Kolosserbrief (Die Neue Echter Bibel), Würzburg 1987.

Ausgewählte wichtige Abhandlungen und Aufsätze: C. E. Arnold, Ephesians. Power and Magic (SNTS. Monograph Series 63), Cambridge 1989; J. Ernst, Pleroma und Pleroma Christi. Geschichte und Deutung eines Begriffs der paulinischen Antilegomena (Biblische Untersuchungen 5), Regensburg 1970; K. M. Fischer, Tendenz und Absicht des Epheserbriefs (Forschungen zur Religion und Literatur des Alten und Neuen Testaments 111), Göttingen 1973; E. Käsemann, Leib und Leib Christi, Beiträge zur historischen Theologie 9, Tübingen 1933; ders., Das Interpretationsproblem des Epheserbriefs, in: ders., Exegetische Versuche und Besinnungen II, Göttingen 1964, 253–261; A. Lindemann, Die Aufhebung der Zeit. Geschichtsverständnis und Eschatologie im Epheserbrief (Studien zum NT 12), Gütersloh 1975; ders., Die Kirche als Leib, Zeitschrift für Theologie und Kirche 92 (1995) 140–165; U. Luz, Überlegungen zum Epheserbrief und seiner Paränese, in: Neues Testament und Ethik (Festschrift R. Schnackenburg), hrsg. H. Merklein, Freiburg 1989, 376–396; H. Merkel, Der Epheserbrief in der neueren Diskussion, in: Aufstieg und Niedergang der römischen Welt II/25/4, Berlin 1987, 3156–3246; H. Merklein, Das kirchliche Amt nach dem Epheserbrief (Studien zum Alten und Neuen Testament 33), München 1973; ders., Paulinische Theologie in der Rezeption des Kolosser- und Epheserbriefs, in: ders., Studien zu Jesus und Paulus, Wissenschaftliche Untersuchungen zum Neuen Testament 43, Tübingen 1987, 409–447; ders., Entstehung und Gehalt des paulinischen Leib-Christi-Gedankens, ebd. 319–344; F. Mussner, Christus, das All und die Kirche, Trier ²1968; H. W. Park, Die Kirche als Leib Christi bei Paulus, Gießen 1992; H. Schlier,

Christus und die Kirche im Epheserbrief, Beiträge zur historischen Theologie 6, Tübingen 1930; E. Schweizer, Die Kirche als Leib Christi in den paulinischen Antilegomena, in: ders., Neotestamentica, Zürich 1963, 293–316.

Der Eingangsgruß 1,1–2

1 Paulus, Apostel Christi Jesu durch den Willen Gottes, an die Heiligen, die sind ..., und Gläubigen in Christus Jesus: 2 Gnade sei mit euch und Friede von Gott, unserem Vater, und dem Herrn Jesus Christus.

Der Briefeingang ist zweiteilig, wie in allen paulinischen Briefen (vgl. zu Gal 1,1f.) A und ist auch inhaltlich ähnlich wie andere Briefanfänge. Das Wort „Gemeinde" fehlt im Briefeingang wie im Römer-, Philipper- und im Kolosserbrief. Die Ortsangabe fehlt; das Partizip „die sind", das eine Fortsetzung erwarten läßt, macht deutlich, daß eine wirkliche Lücke vorliegt. Die wahrscheinlichste Erklärung ist die, daß hier der Ort der jeweiligen Empfängergemeinde dieses Zirkularbriefes eingefügt wurde (vgl. Einleitung 2). Die Adressaten sind „Heilige" und „Gläubige" wie in Kol 1,2. Im Unterschied zu Kol 1,2 nennt der Verfasser sie nicht „Brüder"; das tut Paulus sonst in den Briefeingängen auch nie. Ebenfalls wie Paulus, aber anders als Kol 1,2 formuliert er: „Friede von Gott, unserem Vater" mit der Zufügung „und dem Herrn Jesus Christus". Er formuliert also gleichsam „paulinischer" als der Eingang des Kolosserbriefes. Als weitere Besonderheit fällt auf: Es gibt keine Mitabsender, wie sonst in allen paulinischen Briefen abgesehen vom Römer- und vom Philemonbrief. Auch in den eindeutig nachapostolischen Briefen an Timotheus und Titus ist das so. Der große Apostel Paulus ist für den Schüler, der nach seinem Tod in seinem Namen diesen Brief schreibt, die alleinige Autorität, die ihn trägt.

Mit dem ganzen Gewicht des Apostolats des Paulus beginnt der Verfasser B seinen Brief. Durch ihn spricht nicht die Privatperson oder der Theologe Paulus. „Der Segensgruß ist mehr als ein frommer Wunsch" (H. Conzelmann). Die Gemeinden, denen die Briefe in ihren Versammlungen vorgelesen wurden, erinnerte dieser Segen an gottesdienstliche Sprache (vgl. 1. Kor 16,22 b f.). Urheber der Gnade und des Friedens sind „unser Vater" und „der Herr Jesus Christus". Beides sind Beziehungsbegriffe. Sie beschreiben Gott und Christus nicht, wie sie an sich sind, sondern bezeichnen sie in ihrem Verhältnis zu den Gläubigen.

1. Lobpreis an Gott und Dank für seine Gnade, die die Gemeinden durch das Werk des Apostels Paulus erfahren haben 1,3–3,21

1.1 Der Lobpreis (1,3–14)

3 Gepriesen sei der Gott und Vater unseres Herrn Jesus Christus,
     der uns gesegnet hat mit allem geistlichen Segen in den Himmeln in
                                                                    Christus,

4   wie er uns in ihm erwählte vor der Grundlegung der Welt,
       daß wir heilig und untadelig vor ihm seien in Liebe,
5   der uns zur Sohnschaft vorherbestimmt hat durch Jesus Christus zu ihm hin,
       nach dem Beschluß seines Willens,
6   zum Lob der Herrlichkeit seiner Gnade,
             die er uns geschenkt hat in dem Geliebten;
7 in ihm haben wir die Erlösung durch sein Blut,
       die Vergebung der Übertretungen,
          nach dem Reichtum seiner Gnade,
8   die er uns überreich zukommen ließ in aller Weisheit und Einsicht,
9   der uns kundtat das Geheimnis seines Willens
       nach seinem Beschluß, den er zuvor in ihm gefaßt hatte,
10   zur Anordnung der Fülle der Zeiten,
             um alles zusammenzufassen in Christus,
                das in den Himmeln und das auf der Erde in ihm;
11 in ihm empfingen wir auch unser Los,
       die wir vorherbestimmt wurden
          nach dem Vorsatz dessen, der alles bewirkt,
          nach dem Rat seines Willens,
12   damit wir zum Lob seiner Herrlichkeit seien,
             die wir im voraus Hoffnung haben in Christus;
13 in ihm seid auch ihr,
       die ihr das Wort der Wahrheit hörtet,
       das Evangelium eurer Rettung,
    in ihm seid ihr auch gläubig geworden und versiegelt worden
       durch den verheißenen heiligen Geist:
14   er ist das Angeld unseres Erbes,
             zur Erlösung, (die in seiner) Erlangung (besteht),
             zum Lob seiner Herrlichkeit.

V.3–14: 2.Kor 1,3–7; V.4: Kol 1,22; V.5: Röm 8,15.28–30; Gal 4,5; V.7: Röm 3,24; Kol 1,14; V.8: Kol 1,9; V.10: Gal 4,4; Kol 1,16.18.20; V.11: Röm 8,28; V.12f.: Kol 1,5; V.13f.: 2.Kor 1,20–22.

A Die paulinischen Briefe beginnen normalerweise nach dem Briefeingang mit einem Dankgebet. Nur im 2. Korintherbrief und im Epheserbrief ist das anders. Hier steht zu Beginn ein Lobpreis. Er erinnert formal an die jüdische Gebetsformel „gepriesen sei …“. Briefe, die mit einer solchen Gebetsformel beginnen, gibt es im Judentum kaum. Der Verfasser orientiert sich am paulinischen zweiten Korintherbrief. Nicht nur der Anfang in V.3 („gepriesen sei der Gott und Vater unseres Herrn Jesus Christus“) ist wörtlich diesem Brief entnommen, sondern auch im folgenden ist die Konstruktion durch 2.Kor 1,3–5 bestimmt, und der Schluß, V.13f., erinnert an 2.Kor. 1,20.22. Es wird deutlich: Der Verfasser will bewußt einen im Stil *paulinischen* Brief schreiben. In V.15f. fährt er dann mit dem bei Paulus nach dem Briefeingang üblichen Dankgebet, der sog. Eucharistie, weiter. Er kombiniert also die Normalform eines paulinischen Briefes mit der Variante im 2. Korintherbrief und schreibt so formal einen hyperpaulinischen Briefanfang! Damit sind aber die inhaltlichen Probleme noch nicht gelöst. Die Frage lautet: Warum folgt er nicht einfach dem normalen Muster paulinischer Briefe? Warum stellt er die paulinische „Ausnahmeform" des Lobpreises sogar noch vor die übliche Danksagung? Das muß die Interpretation zeigen.

Der eigentliche Lobpreis umfaßt nur V.3, die Segnung und die daran angeschlossene Ausführung. Deutlich hebt sich auch wieder der Schluß, V.13f. ab, weil in V.13 der Verfasser in die direkte Anrede in der 2. Person Plural übergeht. An den Lobpreis von V.3 aber schließt sich „ein wahres Ungetüm von Satz, das im Neuen Testament und darüber hinaus in der gesamten griechischen Literatur nicht seinesgleichen hat" (H. Conzelmann). Eine Gliederung von V.4–12 kann man nur ahnen; der Satzbau ist im Griechischen so locker, daß man manche Satzteile auch anders zuordnen kann als in der Übersetzung. Einschnitte bemerkt man vor V.7.11.13, die jeweils mit „in ihm" anfangen; ähnlich ist es in V.4. In den folgenden Abschnitten wiederholen sich jeweils, aber nicht ganz immer, mehrere Textelemente: Zuerst kommt ein mit Partizip der Vergangenheit eingeleiteter Satzteil, der das Handeln Gottes beschreibt (V.5.9, vgl. V.11 im Passiv; im Deutschen wurden sie als Relativsätze übersetzt); es folgen mit „nach" eingeleitete Umstandsbestimmungen, die auf die Macht Gottes hinweisen (V.5.7.9.11 [2 x]); dreimal wiederholt sich dann die Wendung „zum Lob seiner Herrlichkeit" (V.6.12.14). Eine exakte Symmetrie besteht aber in den einzelnen Unterabschnitten nicht. Die Formulierungen sind überladen und wortreich. Inhaltlich liegt im ersten Abschnitt, V.4–6, das Gewicht auf der vorzeitlichen Erwählung. Im zweiten und dritten Abschnitt geht es um das Christusgeschehen, wobei der zweite, V.7–10, aus der Perspektive Gottes, der dritte, V.11f., aus der Perspektive der empfangenden Menschen formuliert ist. V.13f. sprechen dann zum Schluß von ihren konkreten Heilserfahrungen, vor allem der Taufe.

Sprachlich enthält unser Lobpreis zahlreiche Formulierungen, welche an die Gebetssprache der Qumranpsalmen erinnern, und auch manche Semitismen. Allerdings ist er als ganzer Text griechisch formuliert; das zeigen schon die zahlreichen Hypotaxen (Unterordnungen von Nebensätzen). Er ist ein eigenes, vom Verfasser selbst formuliertes Gebet in traditioneller Gebetssprache, ähnlich wie noch heute Menschen sich im freien Gebet an traditionelle Gebetssprache anlehnen. Auch inhaltlich ist manches christlich-traditionell: V.7 und 13 erinnern an Taufsprache (vgl. Röm 3,24–26; 2.Kor 1,22; Apg 2,38 u. ö.). Auch die Aussagen über die Vorherbestimmung zum Heil und über die Sohnschaft (V.5) entsprechen christlicher Gemeindesprache (vgl. Röm 8,15.28–30; Gal 4,5). Das Nebeneinander von „Lob" und „Herrlichkeit" ist paulinisch (Phil 1,11). Viele Wendungen stammen aus den Eingangsgebeten des Kolosserbriefs (V.4: Kol 1,22; V.7: Kol 1,14; V.8: Kol 1,9; V.10: Kol 1,16; V.12f: Kol 1,5). Der Lobpreis enthält kaum eine Aussage, die den Gemeinden nicht vertraut gewesen wäre, und ist in einem Stil formuliert, der sie an ihre eigenen gottesdienstlichen Gebete erinnern mußte. Pragmatisch heißt das, daß unser Text, wenn er in der Gemeindeversammlung vorgelesen wurde, die Hörerinnen und Hörer zum Mitbeten einlud. Dem entspricht das „wir", das den Verfasser mit seinen Adressaten verbindet (nur V.13 enthält eine Anrede). Unser

Text will also seine Leserinnen und Leser nicht informieren oder über theologische Sachverhalte belehren, sondern er lädt zum Mitbeten, zum Mitpreisen ein. Er wirkt auf sie weniger intellektuell durch seine begriffliche Präzision, als vielmehr emotional: Er identifiziert sie und führt sie hinein ins Gebet. Wenn er gebetet wird, d. h. wenn die Leserinnen und Leser mit dem Verfasser in seinen Lobpreis einstimmen, wird er richtig verstanden. Nicht umsonst steht am Schluß seiner einzelnen Unterabschnitte: „zum Lobe seiner Herrlichkeit". Ähnlich wird auch der ganze erste, sogenannte „dogmatische" Teil des Epheserbriefes in 3,20f. mit einer Doxologie enden. Der Epheserbrief ist ein Gebetsbrief.

B 3   Das Wort „preisen" in V. 3 ist im Griechischen dasselbe wie das Wort „segnen". Dreimal taucht dieser Wortstamm in unserem Vers auf und gibt gleichsam seine Melodie an. Dadurch wird deutlich, daß der nach oben gerichtete menschliche Lobpreis Gottes und der von Gott zum Menschen strömende Segen zusammengehören: Eine einzige Bewegung des Segens geht von Gott zum Menschen und ermöglicht den menschlichen Lobpreis, als welcher der Segen (das Wort für „Lobpreis" und „Segen" ist im Hebräischen wie im Griechischen dasselbe!) wieder zurück zu Gott kommt. Diese Bewegung des Segens geschieht „in Christus". Es ist schwer, diese in unserem Brief häufige Wendung genau zu bestimmen. Der Sinn schwankt zwischen einem instrumentalen („durch Christus", der das Heil ermöglichte) und einem lokalen („in Christus", der ein Raum des Heils ist). Christus ist im Epheserbrief sowohl der Herr, der durch seine Auferstehung alles ermöglichte und jetzt über allem thront, als auch der Geist, der alles durchwaltet und „in" dem wir sind. Auf das eine deutet „unser Herr", auf das andere der Ausdruck „geistlicher Segen". Dieser Segen geschieht „in den Himmeln". Für den Epheserbrief leben die Christen bereits mit dem erhöhten Christus „in den Himmeln" (2,6f.), obwohl sie natürlich noch auf der Welt leben und dort mit den bösen Mächten zu kämpfen haben (6,11–13). Man darf solche Aussagen nicht weltanschaulich pressen: Wo Gott seinen Segen ausgießt und menschlichen Lobpreis ermöglicht, werden die Grenzen zwischen Himmel und Erde fließend, und die Gläubigen sind schon auf der Erde bei Gott. Das Gebet, der Lobpreis, transzendiert die Welt. Der Lobpreis Gottes ist hier weit mehr als ein Blick nach oben oder eine psychische Entlastung bedrängter Menschen: Er ist Bei-Christus-Sein.

4   Der Segen besteht zunächst in der Erwählung: Gott hat uns „vor der Grundlegung der Welt" auserwählt, schon damals „in Christus" (vgl. Röm 8,28). Christus ist also als „präexistent" gedacht; er existierte schon vor der Erschaffung der Welt bei Gott (vgl. Kol 1,15–17; Joh 1,1). Warum verlegt der Verfasser die Erwählung der Gemeinde in die Urzeit? Er denkt hier weder an eine Präexistenz der Seelen, noch an eine präexistente Kirche, sondern er will die *Gnade* betonen: Gottes Erwählung steht fest; sie ist früher, gewisser, unbedingter als alles andere. Calvin, für den unsere Stelle eine Schlüsselstelle ist, schließt in seiner Auslegung mit Recht jeden Verdienstgedanken aus: Bevor der Mensch irgend etwas sein konnte, ja bevor die Welt überhaupt existierte, hat ihn Gott erwählt. Um auszudrücken, daß wir Gott alles, schlechterdings

alles verdanken, formuliert der Verfasser hier prädestinatianisch. V. 4 formuliert aber nicht nur die letzte Ursache allen Heils, sondern auch das Ziel: „daß
wir heilig und untadelig vor ihm seien in Liebe". Diese Zielangabe enthält eine
ethische Note und erinnert an das letzte Gericht (vgl. Kol 1,22; Phil 1,10f.) Sie
entspricht dem Gewicht, das die Ethik, mit der Liebe als Zentrum, in Kap. 4–6
bekommen wird (vgl. bes. 4,2.15f.). Deutlich ist aber auch, daß der handelnde
Mensch hier nicht die entscheidende Instanz ist: Es ist Gottes vorzeitliches Erwählen, das in menschlicher Heiligkeit und Untadeligkeit im Gericht zum Ziel
kommt; das menschliche Handeln ist hier nur als Folge von Gottes Erwählung
gesehen.

Der Verfasser kehrt zurück zum vorzeitlichen Handeln Gottes: Gott hat 5f.
uns zur „Sohnschaft" bestimmt. „Sohnschaft" ist ein paulinischer Ausdruck
(Röm 8,15; Gal 4,5) und meint, daß die Christen als Kinder mit ihrem himmlischen Vater im Geist verbunden sind. „Zu ihm hin" bezieht sich vermutlich
wie in Kol 1,16.20 auf Christus und nicht auf Gott. Vielleicht ist damit gemeint, daß wir im Eschaton Christus gleichgestaltig sein werden (1. Kor 15,49;
Röm 8,29). Das braucht der Verfasser aber gar nicht auszuführen. Wichtig ist
vielmehr die Bewegung, in die er seine Leserinnen und Leser hineinnimmt:
Durch Christus zu Christus, von Gott zum Gotteslob. Der Verfasser, der ja
den ganzen Text theologisch, mit Gott als Subjekt formuliert, betont mit der
Wendung „nach dem Reichtum seiner Gnade" (V. 7) die Souveränität Gottes,
der in seiner Weisheit das Heil geschaffen hat. Das ganze Leben der Gemeinde
ist also eingebettet in eine Bewegung, die von Gott her kommt und auf ihn hin-
führt. Alles geschieht „zum Lob der Herrlichkeit seiner Gnade". Der Lobpreis
ist viel mehr als irgend etwas, was der Mensch unter anderem tut. Der Lobpreis ist Sinn und Ziel des Lebens überhaupt. Leben ist von Gott her und auf
Gott hin, was könnte es für einen anderen Sinn haben als Ausdruck des Gottes-
lobes zu sein, in das alles Leben mündet? Man muß begreifen, wie theozentrisch der Verfasser denkt, um zu ahnen, daß die Gebetsform unseres Textes
nicht zufälliges literarisches Genre ist. Gebet, Lobpreis ist vielmehr der grundlegendste Ausdruck des Menschseins, und dies deshalb, weil alles, was der
Mensch ist, von Urzeiten an, Gnade ist, die Gott im kosmischen und präexistenten Christus schenkt.

Von V. 7 an konzentriert sich der Gedankengang auf Gottes geschichtliches 7–9
Handeln in Christus. Der Verfasser bedient sich traditioneller Sprache. Es klingt
das von Paulus in Röm 3,24f. zitierte Kerygma vom Sühnetod Christi und in
V. 9 der Gedanke des einst verborgenen, jetzt aber offenbarten Geheimnisses
Gottes an, den Paulus benutzt (1. Kor 2,7ff., vgl. Röm 16,25ff.) und der dann
im Kolosserbrief (1,26f.) wichtig wird. Es klingt weiter der Text des der Gemeinde bekannten Kolosserbriefs an, nämlich Kol 1,9.14. Außerdem braucht
der Verfasser bewußt paulinische Sprache: Dazu gehört die Formulierung vom
„Reichtum der Gnade" (vgl. Röm 2,4; 9,23; 10,12 ; Phil 4,19) und das „Über-
fließen" der Gnade (vgl. Röm 5,15; 2. Kor 4,15; 9,8). Alles das ist nicht einfach
eine Aufhäufung von Traditionssplittern, sondern bewußtes Aufnehmen von
vorgegebener Sprache. Dem vorgegebenen Geheimnis Christi entspricht die

Vorgabe traditioneller, überindividueller Sprache. Die gemeinsame Sprache der Gemeinde hat Vorrang vor individueller Sprachgestaltung.

Die mitbetende Gemeinde wird also an die Gnade erinnert, die sie empfangen hat. Ausdrücke, die ihren Reichtum andeuten, sind gehäuft: „Reichtum" (V.7), „überreich", „alle" (V.8). Das Gewicht liegt ganz auf der jetzt schon, in der Gegenwart erfahrenen Erlösung (anders z.B. Röm 8,23) und Christi jetzt kundgewordenem Geheimnis. Charakteristisch für den Epheserbrief ist, daß der Zukunftsaspekt, also das, was am Heil noch aussteht, stark zurücktritt, auch wenn er nicht völlig fehlt (vgl. z.B. 1,14; 2,21; 4,16 oder 6,10–17). Das bedeutet nicht in erster Linie, daß der Epheserbrief eine gegenüber Paulus grundsätzlich verschiedene Eschatologie hätte (obwohl Unterschiede natürlich da sind!), sondern weist auf den Gebetscharakter des Briefs: Wer Gott preist, wird ihn für das preisen, was er getan *hat* und nicht dem nachdenken, was noch aussteht (vgl. Phil 2,9–11; Kol 1,15–20). Charakteristisch für den Epheserbrief ist ferner, daß in seinem Verständnis der Gnade die Dimension der Erkenntnis stark im Vordergrund steht: „In aller Weisheit und Einsicht" meint die Weisheit und Einsicht, die Gottes überreiche Gnade uns geschenkt hat (vgl. V.3: „in allem geistlichen Segen", V.4 „in Liebe"), nicht die Weisheit, die Gott selbst hat. Vielleicht darf man an das paulinische Charisma der Weisheitsrede (1.Kor 12,8) erinnern. V.9 formuliert, worin diese Weisheit und Einsicht besteht: Sie besteht darin, das Geheimnis von Gottes Willen zu erfassen, seinen Ratschluß, der in Christus deutlich geworden ist. Weil es um geschenkte Erkenntnis geht, kann sie auch nur im Lobpreis, und nicht etwa durch abstrakte Theologie, nachvollzogen werden.

10   V.10 enthält die Zielbestimmung. Eine zeitliche und eine lokale Aussage über das Handeln Gottes stehen nebeneinander. Zeitlich formuliert ist „zur Anordnung der Fülle der Zeiten". Der Gedanke ist vermutlich trotz verschiedener Formulierung derselbe wie in Gal 4,4: Als die Zeit erfüllt war, sandte Gott seinen Sohn. Der Verfasser greift wohl auf die apokalyptische Vorstellung zurück, daß die „vorhergesagten Zeiten sich vollenden" (syrBar 40,3) bzw. daß „alle Zeiten Gottes nach ihrer Ordnung kommen" (1QpHab 7,13). Neben die zeitliche Zielangabe tritt in V.10b die räumliche. Das von uns mit „zusammenfassen" übersetzte Verb spielt in der Mathematik und in der Rhetorik eine Rolle und meint „die Summe ziehen" bzw. von einer Rede oder einem Dokument: „resümieren", „rekapitulieren". Wie in diesem zuletzt genannten, aus dem Lateinischen stammenden Wort so klingt auch in unserem griechischen Verb das Wort „Haupt, Kopf" an. Die Leserinnen und Leser erinnern sich vielleicht an Kol 1,18, wo Christus das Haupt des Leibes, der Kirche ist. Der Verfasser fügt „das in den Himmeln und das auf der Erde" aus Kol 1,16.20 zu und zeigt somit, daß die Anspielung an den Kolosserhymnus gewollt ist. M.E. denkt er hier nicht an seine erste Strophe Kol 1,15–17, die davon spricht, daß die ganze Schöpfung in Christus ihren Bestand hat, sondern an die zweite Kol 1,18–20, die von der Versöhnung des Alls in Christus spricht. In seinem Herrschaftsbereich kommt die zerbrochene Welt wieder zur Ganzheit. Dafür spricht einerseits der Kontext, wo von der Erlösung durch Jesu Blut (V.7, vgl. Kol 1,20)

die Rede ist, andererseits die Zeitform des griechischen Infinitivs, die auf ein einmaliges Geschehen weist. Die kosmische „Zusammenfassung des Alls" ist also das Ziel von Christi Versöhnungstod, nicht etwa die Kirche, von der der Verfasser hier noch nicht spricht.

Der nächste Gedankengang, V. 11 f., formuliert aus menschlicher Perspektive 11 f. nochmals Gottes vorzeitliches Erwählen und betont wieder die absolute Souveränität des allein wirkenden Gottes, dem allein wir unser Sein verdanken. Dieses Sein formuliert der Text mit dem alttestamentlichen Bild des Loses, das an die Landnahme Israels erinnert und zugleich ein in den Gebetstexten von Qumran häufiger Ausdruck ist. Wie in V. 6 lautet die Zielangabe: „zum Lob seiner Herrlichkeit". Wieder ist das Gotteslob der Inbegriff und der alleinige Sinn unseres Lebens, das Ziel der ganzen Heilsveranstaltung Gottes. Schwierigkeiten bereitet das Schlußsätzlein „die wir im voraus Hoffnung haben in Christus". Der Verfasser denkt hier wohl nicht an die Judenchristen, die zuvor, nämlich vor Christus als Juden, auf den Messias hofften. Vielmehr spricht er nach wie vor von „uns", d. h. allen Christen und ihrer in Christus ruhenden Hoffnung in der Gegenwart. Das „im voraus" des Hoffens bezieht sich wohl wie in Kol 1,5 auf das noch im Himmel verborgene Hoffnungsgut, das wir noch nicht besitzen, sondern „im Wort der Wahrheit" des Evangeliums im voraus hörten. Christus, „in" dem die Hoffnung ruht, ist zugleich ihr noch verborgener Inhalt.

In V. 13 redet der Verfasser die Adressatinnen – nicht bloß die Heidenchristen, 13 f. sondern alle Christinnen und Christen – an. Er erinnert sie daran, wie sie Christen wurden. Die Reihenfolge der Aussagen ist bedeutsam: Sie hörten das Wort, kamen zum Glauben und wurden versiegelt. Dieselbe Reihenfolge finden wir z. B. in Apg 8,12, nur daß dort anstelle der Versiegelung die Taufe genannt ist. Sie ist vermutlich auch hier gemeint, wie am Schluß des Lobpreises des zweiten Korintherbriefs, zu dem der Verfasser jetzt zurückkehrt (2. Kor 1,22). Auch vom „Angeld" des Geistes, der bei der Taufe gleichsam als Faustpfand für die künftige Erlösung geschenkt wird, ist dort die Rede. Diese Erlösung wird hier „Erbe" genannt – auch das ist wohl ein schon früher mit der Taufe verbundener Ausdruck (vgl. 1. Kor 6,9 f.; Röm 8,17; 1. Petr 1,4) – und besteht in der künftigen „Erlangung" des Erbes. Es geht um mehr als einen bloßen Ausblick aus einer trostlosen Gegenwart in eine bessere Zukunft; vielmehr ist durch die Erfahrung der Taufe, die die Gemeindeglieder natürlich bewußt erlebt haben, diese Zukunft jetzt schon verbürgt. Damit steht der Verfasser schon wieder, zum dritten Mal (vgl. V. 6.12), beim Lobpreis. Passend formuliert er wieder im Wir-Stil, denn im Lobpreis ist er mit den Adressaten verbunden. So endet der Abschnitt nochmals mit „zum Lob seiner Herrlichkeit". Lobpreis ist für ihn das Ziel des Heilshandelns Gottes, ja der Sinn menschlichen Lebens überhaupt.

Dieser Lobpreis ist mehr als der Anfang des Briefes. Er ist vielmehr sein sachlicher Grundton. Vom Lobpreis wird der Verfasser über den Dank (V. 15–23) zur Erinnerung an erfahrenes Heil (Kap. 2) und von dort wieder zum Lobpreis zurückkehren (3,14–21). Der Epheserbrief ist ein Gebetsbrief. Der Lobpreis wird in ihm zur Signatur des theologischen Denkens. Sein Denken ist Danken und Anbetung.

1.2 Danksagung und Fürbitte 1,15–23

15 Deswegen, da auch ich gehört habe vom Glauben bei euch im Herrn Jesus
                                    und von der Liebe zu allen Heiligen,
16 höre ich nicht auf, für euch Dank zu sagen,
      indem ich (an euch) in meinen Gebeten denke,
17   damit der Gott unseres Herrn Jesus Christus,
              der Vater der Herrlichkeit,
          euch Geist der Weisheit und der Offenbarung gebe, ihn zu erkennen,
18   erleuchtete Augen eures Herzens, damit ihr wißt,
              was die Hoffnung seiner Berufung ist,
          was der Reichtum seines herrlichen Erbteils bei den Heiligen und
19   was die überragende Größe seiner Macht im Blick auf uns, die
                                                                Glaubenden,
          gemäß der Wirksamkeit der Kraft seiner Stärke,
20 die er wirksam sein läßt in Christus,
      indem er ihn von den Toten auferweckte
      und zu seiner Rechten setzte in den Himmeln,
21   über jeder Macht und Gewalt und Kraft und Herrschaft
          und über jedem Namen, der genannt wird,
              nicht nur in diesem Äon, sondern auch im kommenden,
22   und „alles hat er unter seine Füße gelegt",
          und ihn hat er als Haupt über alles der Kirche gegeben,
23   die sein Leib ist,
          die Fülle dessen, der alles in allem erfüllt.

V.15–17: Kol 1,3f.9f.; V.18: Röm 9,23; V.20–22: 1.Kor 15,24–28; Kol 1,16.18; Ps 110,1; Phil 2,9–11; Röm 8,34; 1.Petr 3,22; Hebr 1,3; V.22: Ps 8,7; V.23: Kol 1,19.

A An den Lobpreis schließt sich das Dankgebet an, das in den paulinischen Briefen üblich ist. Es besteht aus drei Teilen, nämlich 1. dem eigentlichen Dankgebet V.15–16a, 2. der Fürbitte 16b–20a und 3. einem christologischen Bekenntnistext (V.20b–23), der sich an „in Christus" (V.20a) anschließt. Diese Abfolge
entspricht im Ganzen derjenigen von Kol 1 (vgl. V.3–8.9–11.12–20), aber auch
der Abfolge von Dankgebet und Fürbitte im Philemonbrief (V.4f.6) und im
Philipperbrief (1,3–6.9f.). Die Fürbitte ist feierlich (vgl. Barn 21,5; 1.Clem 64)
und in biblischer Sprache formuliert (vgl. Jes 11,2; Weis 7,7; Ps 18,9 LXX; 28,2
LXX). Sie erinnert wieder an gottesdienstliche Sprache. Ihr Inhalt wird in
V.18f. rhetorisch wirksam in drei mit „was" eingeleiteten Sätzchen ausgedrückt, die immer länger werden und etwas vom Überschwang christlicher
Erkenntnis ausdrücken. Die Zahl der Genetive, welche die Feierlichkeit er-
höhen, ist hier besonders groß. Die bekenntnisartige Formulierung am Schluß
besteht aus je zwei Hauptaussagen (V.20bc.22), die unterbrochen sind durch
die Aufzählung der Mächte (V.21a) und die Erwähnung der Äonen (V.21b).
An sie schließt sich der locker angehängte V.23 an, der Näheres über die Kirche sagt. Der ganze Text ist wiederum sehr unförmig und besteht aus einem
einzigen Satz. Seine (in der Übersetzung angedeutete) Struktur wird den Hö-
rern und Hörerinnen in der Gemeindeversammlung nicht deutlich; sie werden

vielmehr wie in einer Liturgie von einer Aussage zur nächsten getragen, beten die Fürbitte mit und stimmen ab V. 20 mit dem Verfasser in sein Christusbekenntnis ein.

Bei der Formulierung der Danksagung lehnt sich der Verfasser an Kol 1,4.9, **B 15–16a** indirekt an Phlm 4 f.; 1. Thess 1,2 f. und Röm 1,8–10 an. Er dankt wie Paulus für den Glauben und die Liebe der Gemeinde; die Hoffnung wird er in V. 18 zufügen, vgl. 1. Thess 1,3. Die ökumenische Dimension der Danksagung („zu allen Heiligen") paßt gut zum Rundschreiben, welches der Epheserbrief ist; ähnliche Züge kennen aber auch paulinische Danksagungen, vgl. aber schon Kol 1,4, Röm 1,8 und Phlm 5.

Ganz unmerklich gleitet der Text mit V. 16b zur Fürbitte über. Sie richtet sich **16b–20a** an den „Gott unseres Herrn Jesus Christus". Damit erinnert der Verfasser wieder daran, daß die ganze geistliche Bewegung von Gott her und zu Gott hin, von dem unser Kapitel zeugt, nur „in Christus" möglich ist. Dieser Gott ist „Vater der Herrlichkeit" (vgl. Ps 28,2 LXX, Apg 7,2; 1. Kor 2,8). Dabei geht es ähnlich wie beim Ausdruck „Vater des Erbarmens" in 2. Kor 1,3 nicht darum, daß Gott herrlich *ist,* sondern darum, daß er den Reichtum der Herrlichkeit, die sein eigen ist, den Seinen geben wird. Am Schluß des ersten Hauptteils, in 3,14–21, wird der Verfasser diesen Gedanken wieder aufnehmen: Dort kehrt er – in umgekehrter Reihenfolge als 1,3–23 – von der Fürbitte für die Gemeinde wiederum zum Lobpreis des Vaters zurück. In 3,16 bittet er nochmals um den Reichtum der Herrlichkeit für die Gemeinde, und in 3,21 endet er mit einer Doxologie: „Ihm sei die Herrlichkeit in Ewigkeit". Da in 3,14–21 auch sonst Ausdrücke aus unserem Abschnitt aufgenommen werden, sind die Anklänge nicht zufällig und zeigen, wie wichtig der Gedanke der göttlichen Herrlichkeit ist.

Die Bitte bezieht sich auf Erkenntnis. Die vielen Erkenntnisbegriffe in V. 17b–18 lassen sich nicht präzis gegeneinander abgrenzen; sie deuten etwas von der Überfülle von Gottes geschenkter Erkenntnis an. Ihr Inhalt ist Gott. Alle drei „was"-Sätze in V. 18 und 19 sprechen von Gott, seiner Berufung, der Herrlichkeit seines Erbes, der Größe seiner Macht und der Wirksamkeit der Kraft seiner Stärke. Die Fülle der Parallelausdrücke lassen etwas vom Überschwang der göttlichen Macht ahnen. Gotteserkenntnis ist aber nicht Erkenntnis Gottes an sich, sondern bezieht sich auf das, was Gott an uns tut. Erkannt werden soll in V. 18b die Hoffnung, zu der uns Gott berufen hat, in V. 18c die Erbschaft, die er für uns unter den „Heiligen" (d. h. wohl den Engeln) bereithalten wird, in V. 19 die Größe der Macht Gottes an „uns, den Glaubenden". Christliche Erkenntnis besteht also nicht darin, daß man über die Geheimnisse Gottes Bescheid weiß, sondern darin, daß man für das zu danken beginnt, was er an uns tut. Diese Gotteserkenntnis ist nicht das Produkt menschlich-intellektueller Bemühung, sondern eine geschenkte Erkenntnis; darum muß der Verfasser um sie bitten, und darum wird sie wiederum im Lobpreis enden (3,14–21).

Die Danksagung endet mit einer bekenntnisartigen Formulierung, die fest- **20b–22** hält, daß es Christus ist, durch den Gottes Macht für uns wirksam wurde. Sie

lehnt sich dabei an traditionelle Bekenntnissätze an, nämlich an das Bekenntnis zur Auferweckung Jesu durch Gott und an den Satz von seinem Sitzen zur
Rechten Gottes (vgl. 1. Petr 3,22; Röm 8,34; Hebr 1,3; Apg 2,33 f.) und an die Aussage von der Unterwerfung der Mächte unter den Erhöhten, wie wir sie etwa
in Phil 2,9–11; 3,21 finden; aber der Verfasser zitiert nicht einfach ein vorgegebenes Bekenntnis. Besonders eng verwandt ist der paulinische Text 1. Kor
15,24–28 mit Anspielungen auf die gleichen beiden Psalmstellen LXX Ps 109,1
und 8,7 (in fast demselben Wortlaut), einer fast gleichlautenden Aufzählung
der Mächte und dem Ausdruck „alles in allem". Ich denke, daß der Verfasser
diesen Text vor Augen hatte und daneben Kol 1,16 (vgl. V. 21), 18 (vgl. V. 22)
und 19 (vgl. V. 23). Der Vergleich mit diesen Traditionen und Texten lehrt das
Besondere unserer Verse erkennen: Der Verfasser formuliert erstens durchweg
theologisch, mit Gott als Subjekt, auch wenn er über Christus redet. Das paßt
zum ersten Hauptteil dieses Gebetsbriefes, der in 1,3–14 mit einem Lobpreis
beginnt und in 3,14–21 mit einer Doxologie enden wird. In unserem Bekenntnistext fehlt zweitens jeder Hinweis auf den Tod Jesu und das Kreuz. Die christologische Grundlegung fängt mit der Auferstehung an. Der Text zielt auf die
Herrscherstellung des erhöhten Christus. Er will die Realität der bereits geschehenen Erlösung betonen (vgl. 2,5–8). Drittens fällt auf, daß die zukünftige
Dimension stark zurücktritt. Anders als 1. Kor 15,24–28 sind die Mächte schon
unterworfen. Die apokalyptische Unterscheidung der beiden Äonen wird anders gebraucht als üblich: Die gegenwärtige Weltzeit ist nicht heillos und dun-
kel, sondern bereits jetzt hat Christus die Mächte unterworfen. Das hängt wiederum mit der Situation von Lobpreis und Gebet zusammen; wer betet, dankt
Gott für das, was er getan hat (vgl. zu V. 7–9). Die Paränese wird zeigen, daß
der Verfasser sehr wohl weiß, daß es gegen die Mächte noch zu kämpfen gilt,
obwohl sie Christus bereits grundsätzlich unterworfen hat (vgl. zu 6,12).

23   Die vierte Besonderheit unseres Textes ist schließlich der nachklappende
Vers 23 über die Kirche. Erst hier spricht der Verfasser zum ersten Mal von ihr
(vgl. Einleitung 1), und dann erst noch in einem beiläufigen Zusatz im Rahmen
einer Aussage, die von Christus als Herrn des ganzen Kosmos spricht: *Christus*
(vgl. das betont vorausgestellte „ihn" in V. 22b!) ist es, den Gott „als Haupt
über alles der Kirche gegeben" hat, wobei „Haupt über alles" das aufnimmt,
was in V. 21–22a gesagt war. V. 23 endet dann wieder mit einem übergewichti-
gen Abschluß: „dessen, der alles in allem erfüllt". Damit ist vermutlich nicht
Christus (vgl. 4,10), sondern Gott (vgl. 3,19 und 1. Kor 15,28; Kol 1,19; 2,9) gemeint; Christus kann schlecht – als Leib – das Erfüllte und zugleich der Erfüllende sein. Ist das so, so spricht unser Text von Gottes Handeln in Christus
und endet wieder bei Gott, dem A und O unseres Kapitels. Nur im Vorüber-
gehen macht er eine Aussage über die Kirche, der das Handeln Gottes zugute
kommt.
Die Kirche ist *Leib* Christi. Wie im Kolosserbrief, aber anders als in den meisten paulinischen Aussagen, meint „Leib Christi" nicht die Einzelgemeinde,
sondern die Gesamtkirche. Dasselbe gilt für das Wort „Kirche", das bei Paulus in der Regel die Ortsgemeinde meint (vgl. Weiteres bei Kol 1,18). Christus

ist also nicht nur als ihr Herr das „Haupt" der Kirche, so wie er das Haupt der Welt ist und deren Mächte sich unterworfen hat, sondern er ist zugleich selber die Kirche. Ebenso sind „in Christus" die Gläubigen zugleich von ihm bestimmt und leben „in" seinem Segensraum (vgl. zu V.3). Die Schlußaussage tönt geradezu pantheistisch: Die Kirche ist die „Fülle" des alles erfüllenden Gottes. Hatte Kol 1,19 diese Aussagen auf Christus konzentriert, in dem die ganze Fülle der Gottheit wohnte (vgl. Auslegung z.St.), so verlängert unser Text diese Aussage gleichsam in die Kirche hinein, die nichts anderes ist als Christi Leib und als sein Leib von Gott ganz erfüllt. Unser Text steht theologiegeschichtlich auf halbem Wege zwischen dem stoischen Pantheismus und der späteren Gnosis: Der Ort der Fülle Gottes ist nicht mehr wie in der Stoa die ganze geschaffene Welt, aber er ist noch nicht wie später in der Gnosis die jenseitige Welt, die mit der geschaffenen Welt gar keine Berührung haben kann. Der Ort, den der alles erfüllende Gott erfüllt, ist vielmehr ein besonderer Raum *in* der Welt, nämlich die Kirche.

Wie redet unser Verfasser von der Kirche? Er denkt sie ganz von oben, von Gott und von Christus her. Kirche ist gleichsam der Ort der Realpräsenz Christi und Gottes in der Welt. Das vierte bis sechste Kapitel unseres Briefes wird aber zeigen, daß er die Kirche zugleich sehr irdisch denkt: Die Kirche ist der Ort der Liebe (4,2) und der Ort des ausführlich eingeschärften neuen Lebenswandels der Gläubigen. Gegen ein vulgäres protestantisches Verständnis von Kirche sagt er: Die Kirche ist zwar kein selbständiges theologisches Thema neben Christus, aber sie ist nicht unwichtig, sondern „sakramental" der Ort seiner Gegenwart und seiner Wirksamkeit. Gegen ein vulgäres katholisches Verständnis von Kirche sagt er: Die Kirche ist nicht primär heilige Institution, sondern Ort der Fülle Gottes, an dem Gottes Segen als gelebter Lobpreis Gestalt gewinnt. Vielleicht steht dieses „sakramentale" Verständnis der Kirche der östlichen Orthodoxie am nächsten. Auch das Verständnis von Theologie als anbetendes Denken, das für den ganzen Brief charakteristisch ist, steht ihr sehr nahe.

Das theozentrische, christozentrische, anbetende Denken unseres Briefes hat für mich etwas Großartiges: Es ist allein die Wirklichkeit der göttlichen Gnade und des göttlichen Segens, die zählt. Zugleich weckt es Fragen: Wo bleibt die irdische Realität? Wo bleibt die Realität der kleinen, isolierten, am Rande der Gesellschaft lebenden Minigemeinden Kleinasiens? Bisher kam diese irdische Wirklichkeit in unserem Brief kaum vor. Es scheint alles hineingenommen in die Glorie der göttlichen Segensströme des auferstandenen und erhöhten Christus. Ist das Ausdruck einer wirklichkeitsfremden und triumphalistischen Kompensationsfrömmigkeit? Daß dies nicht so ist, zeigt m.E. der zweite Teil des Briefes. Mehr als seine Hälfte besteht aus handfester Paränese, die in manchen Abschnitten so weltlich und scheinbar langweilig ist, daß viele Interpreten sich lieber nicht mit ihr, sondern mit den himmlischen Geheimnissen der Kirche beschäftigen. Aber das tiefste Geheimnis der Kirche im Epheserbrief besteht vielleicht gerade darin, daß die so sehr weltbezogene Paränese von Kap 4–6 zu ihr gehört.

Exkurs: Leib und Leib Christi bei Paulus und in den Deuteropaulinen

1. Der Textbefund. Bei *Paulus* sprechen nur wenige Texte vom „Leib Christi". Genau genommen ist dies nur im großen Text über den Leib und die Glieder 1. Kor 12,12–27 explizit der Fall, wo aber erst in V. 27 die Spitzenaussage erscheint: „Ihr aber seid Leib Christi" (nicht: „*der* Leib Christi"). Der ganze Text handelt vom Zusammenleben in der Einzelgemeinde, in der die einzelnen Charismatikerinnen und Charismatiker sich wie Glieder eines Leibes verhalten sollen. In der Parallele Röm 12,3–8 wird die Gemeinde mit einem Leib verglichen, aber nicht als Leib Christi bezeichnet. Die Zahl möglicher paulinischer Texte, die vom Leib Christi handeln könnten, wird allerdings größer, wenn man solche mit heranzieht, in denen das Wort „Leib" zwar nicht fällt, die aber möglicherweise den Gedanken von der Kirche als Leib Christi voraussetzen. Dazu gehören Gal 3,26–29 (V. 28: „denn ihr alle seid einer"); 1. Kor 1,13 („ist Christus geteilt?"); 1. Kor 6,15–17 (V. 15: „Wißt ihr nicht, daß eure Leiber Glieder Christi sind"); 1. Kor 10,16 f. (V. 17:"ein Leib sind wir, die vielen"). Auch der Anfang des berühmten Abschnittes vom Leib Christi in 1. Kor 12 scheint die Identifikation des Leibes, der die Kirche ist, mit Christus vorauszusetzen (1. Kor 12,13: „wir wurden alle in einen Leib getauft"). Abgesehen von Gal 3,26–29 stammen alle diese Stellen aus dem 1. Korintherbrief.

Anders ist es im *Kolosserbrief.* Der Verfasser des Kolosserbriefes bezieht den Gedanken des Weltleibes auf die Kirche (1,18, vgl. die Auslegung dazu), deren Haupt Christus ist. In seiner Widerlegung der Gegner greift er in 2,17.19 auf diesen Gedanken zurück. In Kol 3,15 spricht er in paulinischer Weise von „einem Leib"; aus dem Zusammenhang des Briefes ist klar, daß damit der Leib Christi gemeint ist. Im *Epheserbrief* schließlich wird der Gedanke des Leibes Christi zentral. In 1,23 wird im Anschluß an den Kolosserhymnus die Kirche als Christi Leib bestimmt. 2,16 nimmt den Gedanken auf. Er wird vor allem in der Paränese bestimmend: In ihrem Anfang, in Eph 4,1–16, ist die Einheit des Leibes der tragende Gedanke, und in der Haustafel greift der Verfasser in soteriologischer und paränetischer Absicht zweimal auf diesen Anfang zurück (5,23.30).

In anderen neutestamentlichen Schriften kommt der Leib-Christi-Gedanke nicht vor. Sachlich verwandt, aber im Bild völlig anders ist die Selbstbezeichnung Christi als wahrer Weinstock Joh 15,1–8. Auch in den nachneutestamentlichen sog. Apostolischen Vätern taucht er nur spärlich auf; stärker hat er die christlichen Gnostiker beschäftigt. Während die unmittelbare Nachgeschichte des Leib-Christi-Gedankens also gering ist, ist seine Fernwirkung beträchtlich: Seit Augustin und Dionysius Areopagita ist er zum tragenden Gedanken katholischer Ekklesiologie geworden. In der protestantischen Ekklesiologie spielt er nicht dieselbe Rolle, vermutlich deswegen nicht, weil es sich mindestens im Kolosser- und im Epheserbrief um eine Interpretation der sichtbaren Universalkirche handelt. Gerade deswegen aber haben die protestantischen Exegeten sich immer besonders für die Leib-Christi-Stellen in den echten paulinischen Briefen interessiert, weil Paulus hier den Gedanken auf die einzelne Gemeinde anwendet und vielleicht die Kirche gar nicht mit dem Leib Christi identifiziert.

2. Der religionsgeschichtliche Hintergrund des Leib-Christi-Gedankens. Für die religionsgeschichtliche Herleitung des Leib-Christi-Gedankens stehen zwei ganz verschiedene Denkmodelle zur Verfügung.

a) Das eine Denkmodell weist auf antike Texte, in denen ein sozialer Organismus, z. B. ein Staat, mit einem Leib und seinen Gliedern verglichen wird. Das berühmteste Beispiel ist die Fabel des Menenius Agrippa, die uns Livius, Ab urbe condita II,32,9–12 überliefert. Der römische Patrizier Menenius Agrippa erzählt den gegen die Senatoren rebellierenden Plebejern die Geschichte von den Gliedern eines Leibes, die gegen den untätigen Magen revoltiert hätten. Er erreicht mit dieser Geschichte, daß in der Situation einer akuten militärischen Bedrohung die Plebejer sich mit den Senatoren zur Verteidigung Roms zusammentun. Das Bild vom Leib und seinen Gliedern ist in der ganzen Antike weitverbreitet. Es kann verschieden verwendet werden, z. B. zur Stabilisierung einer bestehenden Ordnung, um übergeordnete Interessen gegen partikulare Interessen zu verteidigen, oder um die wechselseitige Bezogenheit der Glieder eines Staates aufeinander zu betonen. So betont z. B. Plato, daß dann, wenn ein Glied im Staat leidet, der ganze Staat leide (Plato, Politeia 462 cd), und Aristoteles ruft mithilfe dieses Bildes die Bewohner eines Staates zur „Symmetrie" auf (Aristoteles, Politik 5,3 = 1302 b). Es ist deutlich, daß diese Herleitung zu den paulinischen Texten 1. Kor 12 und Röm 12 am besten paßt. Sie geht aus vom Bild des *Leibes* und nicht vom theologischen Gedanken des Leibes Christi.

b) In der zweiten Gruppe von Herleitungsversuchen steht eben der Gedanke des Leibes *Christi* im Vordergrund. Sie passen darum besonders gut zu den Texten des Kolosser- und des Epheserbriefes, wo die Gesamtkirche der Leib Christi ist. Die Forscher, die diesen Lösungtyp vertreten, stellen verschiedene Möglichkeiten zur Diskussion. Während Jahrzehnten war die Herleitung aus einer gnostischen Vorstellung vom Urmenschen am beliebtesten (z. B. E. Käsemann; H. Schlier), aber dieser Urmensch hat sich inzwischen als Wissenschaftskonstrukt erwiesen, und die von ihm angeblich sprechenden Texte sind im wesentlichen nachchristlich. Eine andere Herleitungsmöglichkeit war die aus dem vor allem in semitischen und jüdischen Texten verbreiteten Stammvater-Gedanken (z. B. E. Schweizer; H. W. Park; F. Lang, Die Korintherbriefe, NTD 7, 1986, 179). Bei Paulus könnte man hier an die Adam-Christus-Typologie von Röm 5,12–19 erinnern. Eine große Schwierigkeit dieser Herleitung besteht aber darin, daß es für den Gedanken eines kosmischen Leibes eines Stammvaters kaum Belege gibt. So hat sich m. E. eine dritte Möglichkeit der Herleitung, nämlich diejenige aus hellenistisch-pantheistischen Vorstellungen vom Allgott, als am brauchbarsten erwiesen (so z. B. K. M. Fischer). In orphischen Texten kann z. B. Zeus als Haupt seines die ganze Welt umfassenden kosmischen Leibes gepriesen werden. Die mythologische Vorstellung vom kosmischen Allgott wird dann vor allem durch die stoischen Philosophen

„entmythologisiert" und taucht auch im hellenistischen Judentum z.B. bei Philo auf (für ausgewählte Belege vgl. die Auslegung zu Kol 1,18). Ein schönes Beispiel aus einem Brief des Philosophen Seneca, das vor allem zu 1. Kor 12 und Röm 12 gut paßt, sei hier angefügt: „Dieses Ganze, was du siehst, wodurch Göttliches und Menschliches umschlossen wird, ist Eines: wir sind Glieder eines großen Leibes. Die Natur hat uns als Verwandte hervorgebracht … Sie pflanzte uns Liebe zueinander ein und machte uns gemeinschaftsfähig" (Ep 95,52).

Wie sind nun diese Gedanken bei Paulus und seinen Schülern rezipiert worden?

3. Das traditionsgeschichtliche Problem. Hier stehen sich zwei verschiedene Hypothesen gegenüber.

a) Nach den einen Forschern verstehen nicht nur der Kolosser- und der Epheserbrief, sondern auch Paulus selbst die Kirche als wirklichen Leib Christi. Diese These ist heute vor allem bei denjenigen Forschern beliebt, die den Kolosser- (und den Epheserbrief) nicht allzu weit von Paulus entfernen möchten. Für den Epheser- und den Kolosserbrief besteht hier ein Konsens, nicht aber für Paulus. Warum kommt die Vorstellung vom Leib Christi fast nur im 1. Korintherbrief vor? Warum spricht Paulus nur ein einziges Mal direkt von einem „Leib Christi" (1. Kor 12,27), während er sonst entweder vergleichsweise den Leib als Bild braucht oder nur andeutungsweise auf den Gedanken des Leibes Christi anzuspielen scheint? Paulus selbst würde nach dieser Hypothese dem Gedanken des Leibes Christi mit großer Zurückhaltung gegenüberstehen. Warum?

b) Vermutlich die Mehrzahl der deutschsprachigen Forscher vertritt heute aber eine andere Hypothese (z.B. H. Merklein, A. Lindemann). Nach ihnen ist Paulus selbst *nur* vom antiken Organismusgedanken abhängig. Er kennt also nur den *Vergleich* der Gemeinde mit einem Leib, und es ist unmöglich, im Gedanken des Leibes Christi „das spezifisch neue Verständnis der Kirche bei Paulus zu finden" (so F. Lang, a.a.O. 177). Die Formulierung von 1. Kor 12,27 („ihr aber seid Leib Christi") ist dann eine von Paulus selbst formulierte rhetorisch zugespitzte „einmalige Spitzenaussage" (A. Lindemann). Die übrigen Stellen, die auf den Leib-Christi-Gedanken vielleicht anspielen, sind alle anders zu erklären. Erst nach Paulus ist dann durch den Verfasser des Kolosserbriefes und des Epheserbriefes der Gedanke des kosmischen Leibes Christi entwickelt worden, der die Kirche wirklich mit Christus identifiziert. Der Verfasser des Kolosserbriefs ist dann der eigentliche Schöpfer dieses ekklesiologisch so wichtigen Gedankens. Seiner Konzeption standen zwei „Paten" zu Gevatter: Seinem Lehrer Paulus verdankte er vor allem den Ausdruck „Leib Christi"; die pantheistische Allgott-Vorstellung lieferte ihm ein analoges Vorstellungsmodell. – Es ist verständlich, daß diese These vor allem von solchen Forschern vertreten wird, die nicht nur den Epheser-, sondern auch den Kolosserbrief als deutlich nachpaulinische Dokumente betrachten. Theologisch verbindet sich mit dieser Spätdatierung des Leib-Christi-Gedankens oft ein tiefes (protestantisches und manchmal auch katholisches!) Misstrauen gegen die Gefahr einer Identifizierung Christi mit der Kirche, die im Kolosser- und im Epheserbrief aufzukommen scheint.

Klar ist, daß der Kolosser- und der Epheserbrief von der Gesamtkirche als wirklichem Leib Christi sprechen, eine Vorstellung, die sich m. E. am besten unter Zuhilfenahme von orphischen, stoischen und philonischen Allgott-Aussagen erklären läßt. Umstritten ist also nur, wie Paulus hier einzuordnen ist, und damit auch, wie sich der Kolosser- und der Epheserbrief in diesem Punkt zu ihm verhalten. Ich neige selber – in Übereinstimmung mit meiner Frühdatierung des Kolosserbriefes – eher zur ersten Hypothese. Im Blick auf die Schwierigkeiten, die sich für Paulus ergeben könnten, muß ich dies kurz begründen.

4. Ein kurzer Rückblick auf Paulus. Mir scheint, man könne Paulus doch nicht so leicht den Gedanken einer wirklichen Identifikation der Kirche mit dem Leib Christi absprechen. Zwar würde ich Gal 3,28 nicht für diesen Gedanken in Anspruch nehmen: „Einer" meint nicht den Leib Christi, sondern den neuen Menschen in Christus, der nicht mehr zwei ist, also nicht mehr Jude oder Grieche, nicht mehr Frau oder Mann. Aber die in Gal 3,26 mit der Taufe verbundene Formulierung „in Christus" und die von Paulus übernommene Interpretation der Taufe als „Anziehen" Christi zeigt, daß er auch im Galaterbrief vom Gedanken eines kosmischen Christus nicht allzuweit entfernt gewesen sein muß. Der prägnanten Formulierung vom „Leib Christi" ist er dann wohl in Korinth begegnet; darum kann er sie an verschiedenen Stellen des 1. Korintherbriefs als bekannt voraussetzen. Ob man 1. Kor 1,10 und 10,16 f. zwingend vom Leib-Christi-Gedanken her deuten muß, mag man diskutieren, aber im Fall von 1. Kor 6,15–17 und von 1. Kor 12,13.27 ist dieser Hintergrund m. E. klar.

Dann muß man allerdings sagen, daß Paulus diesen Gedanken nicht sonderlich geliebt haben kann, da er außerhalb des 1. Korintherbriefs kaum vorkommt. Warum seine Zurückhaltung? Der Gedanke der Kirche als Leib Christi paßt m. E. nur zu gut zum Sakramentalismus der korinthischen Gemeindeglieder, die annahmen, mit der Taufe in eine neue Geistwirklichkeit hineingetaucht worden zu sein, wo ihnen nichts mehr passieren könne (vgl. 1. Kor 10,1 ff.), ja sogar, nach ihrer Taufe bereits mit Christus auferstanden zu sein (vgl. F. Lang a. a. O. 6). Paulus wendet sich im 1. Korintherbrief gegen solche Tendenzen und spricht vom Gekreuzigten, von der Liebe und von der künftigen Auferstehung. Er nimmt deshalb den (vielleicht korinthischen) Leib-Christi-Gedanken nur im 1. Korintherbrief auf, nennt ihn nur einmal direkt, und vor allem: Er wendet ihn paränetisch auf das Zusammenleben der Gemeindeglieder in der Einzelgemeinde an, indem er ihn im Sinn des antiken Organismusgedankens neu akzentuiert. Ganz parallel dazu hat er den christlichen Gedanken von der Taufe als Auferstehung mit Christus in Röm 6 paränetisch und futurisch umgeprägt (vgl. die Auslegung zu Kol 2,6–3,4 A).

Ist diese Hypothese richtig, so haben der Mitarbeiter des Paulus, der den Kolosserbrief schrieb, und der Paulusschüler, der später den Epheserbrief schrieb, einen Gedanken, den Paulus *auch* kannte, auf neue und eigenständige Art und Weise entfaltet. Sie erweisen sich als gute, aber sehr selbständig denkende Pauliner. Das Zentrum der paulinischen Ekklesiologie ist der Leib-Christi-Gedanke auch nach dieser Hypothese keineswegs.

1.3 Altes und neues Leben 2,1–10

1 Und euch, die ihr tot wart durch eure Verfehlungen und Sünden,
2   in denen ihr einst gewandelt seid
      nach dem Äon dieser Welt,
      nach dem Herrschers des Luftreichs,
       des Geistes, der jetzt in den Söhnen des Ungehorsams am Werk ist, 3 –
unter ihnen wandelten einst auch wir alle in den Begierden unseres Fleisches, als wir die Willensentscheidungen des Fleisches und der Gedanken ausführten, und wir waren von Natur Kinder des Zorns, wie auch die anderen – ...
4 Gott aber, reich an Erbarmen, wegen seiner großen Liebe, mit der er uns liebte, 5 hat auch uns, die wir ja tot waren durch die Verfehlungen,
     mit Christus lebendig gemacht – aus Gnade seid ihr gerettet! –
6   und mitauferweckt
   und mitgesetzt in den Himmeln in Christus Jesus,
7 damit er in den kommenden Äonen den überragenden Reichtum seiner Gnade zeige, in (seiner) Güte uns gegenüber in Christus Jesus. 8 Aus Gnade seid ihr nämlich gerettet durch den Glauben, und das nicht aus euch, von Gott kommt das Geschenk, 9 nicht aus Werken, damit niemand sich rühme; 10 denn wir sind sein Gebilde, geschaffen in Christus Jesus zu guten Werken, die Gott zuvor bereitet hat, damit wir in ihnen wandeln.

V.1–7: 1.Kor 6,9–11; Tit 3,3–7; Kol 1,21–23; 3,7f.; V.3: 4,17–19; V.5f.: Röm 6,3–11; Kol 2,12f.; V.9: Röm 3,27; 1.Kor 1,29; Gal 2,16; V.10: 2.Kor 5,17.

A Wie im Römerbrief, so folgt auch im Epheserbrief der Danksagung eine Gegenüberstellung von einst und jetzt, des früheren Lebens ohne Christus und des jetzigen neuen Lebens. Die Verbindung zum vorigen Abschnitt ist eng: Unser Abschnitt wendet den Ertrag der Auferweckung Jesu und seines Sitzens zur Rechten Gottes in den Himmelsregionen (1,20–22) auf die Gläubigen an (vgl. 2,4–7). Formal ist auch unser Abschnitt ein „Monstrum". Bis V.7 besteht er aus einem einzigen Satz. Er ist dem Verfasser zerbrochen: V.1–3 sind ein Anakoluth. Die Konstruktion, die ihm vorschwebte, wird durch die Wiederaufnahme von V.1 in V.5 angedeutet: Und euch, die ihr tot wart ..., hat Gott lebendig gemacht. Das Subjekt „Gott" wird erst in V.4 nachgetragen. Der ganze Abschnitt läßt sich am besten in zwei Teile gliedern: V.1–7 enthalten die Hauptaussage von der Auferweckung der ehemaligen Sünder durch Gott, wobei V.1–3 vom alten Leben, V.4–7 vom neuen Leben sprechen. V.8–10 enthalten einen Nachtrag, der die Zwischenbemerkung von V.5b „aus Gnade seid ihr gerettet!" entfaltet und vertieft.

    Der Abschnitt ist durch verschiedenartige Traditionen geprägt. 1. Die Gegenüberstellung von einst und jetzt ist ein im Urchristentum verbreitetes Schema der Tauferinnerungspredigt. Paulinische Beispiele sind Röm 6,15–23;

7,5 f.; 1. Kor 6,9–11; Gal 4,8 f.; vgl. Kol. 1,21–23; 3,7 f.; Tit 3,3–7. Besonders der letzte Text, ein alter christlicher Tauftext, enthält zahlreiche Parallelen zum Ganzen von Eph 2,1–10. 2. Unser Verfasser benutzt Kol 2,12 f. als Grundstelle. Dort wird uns ein altes, vermutlich verbreitetes christliches Taufverständnis überliefert: Die Taufe ist Mitauferstehen mit Christus (vgl. die Auslegung zu Kol 2,12 f.). 3. In V. 5 b und in V. 8–10 scheint der Verfasser dem Text durch die Hinweise auf die Gnade, den Glauben und den Gegensatz zu den Werken eine paulinische Färbung zu geben. Man muß allerdings vorsichtig sein: Es gibt keine paulinische Stelle, auf die er sich direkt bezieht. Rechtfertigungsaussagen sind auch unabhängig von Paulus zur Interpretation der Taufe verwendet worden (vgl. 1. Kor 6,9–11; Tit 3,3–7). Auch der Gedanke von der gegenwärtigen Rettung V. 5 b. 8 a ist nicht paulinisch. Nur V. 9 hat eindeutig paulinische Färbung. Der Verfasser zieht gleichsam die paulinische Theologie in die traditionelle Tauftheologie der Gemeinde hinein.

V. 1–3 sprechen vom einstigen Leben in der Sünde. Wie in Kol 2,13 führt die B 1 Sünde in den Tod (vgl. bei Paulus Röm 5,12 f.; 7,7–25), während die Taufe Auferweckung und Leben bedeutet. Darum wird hier nicht wie in Röm 6,3–8; Gal 2,19 das Sterben Christi und das Mitbegrabenwerden mit ihm, sondern allein seine Auferstehung und das Mitauferstehen mit ihm zum Heilsereignis. „Sünden" ist ganz unpaulinisch im Plural gebraucht. Für Paulus bedeutet die Sünde, die der Mensch tut, zugleich eine Macht, unter der er steht. Darum braucht er fast nur die Einzahl. Für unseren Verfasser sind „Sünden" und „Verfehlungen" dasselbe. Den Machtgedanken drückt er in mythologischer Sprache aus: Er spricht in V. 2 von der Macht des „Äons dieser Welt" und vom „Herrscher des   2 Luftreichs". Der zweite Ausdruck ist verständlich: Der Verfasser denkt an den Teufel, der seinen Sitz in den unteren Luftregionen hat. Nach dem Weltbild unseres Briefes, das damals weit verbreitet war, waren die unteren Luftregionen durch böse Mächte beherrscht (z. B. die Planeten, vgl. 6,12), deren Herrscher der Teufel ist. Eine Unterwelt gibt es nicht. Christus „in den Himmeln" sind diese Mächte unterworfen (1,21), aber dennoch treiben sie noch ihr böses Spiel. Unsicher ist der Parallelausdruck „Äon dieser Welt": Es läßt sich kaum sicher entscheiden, ob der Verfasser sachlich an die „Zeit dieser Welt" denkt oder ob er den Äon als einen bösen heidnischen Gott versteht. Die Frage ist wahrscheinlich gar nicht alternativ entscheidbar: Diese Weltzeit ist eben eine Macht, und der Gott Äon ist gar nichts anderes als die die Menschen beherrschende böse Zeit. Hinter personalen Mächten wie dem Teufel oder dem „Äon" stehen immer auch Erfahrungen, etwa die der Übermacht des Bösen, dem man ausgeliefert ist, oder die der beherrschenden Macht des Zeitgeists bzw. des Konformitätsdrucks der Welt, dem man sich nicht entziehen kann. In diesem Sinn sind die Mächte der Geist, „der jetzt in den Söhnen des Ungehorsams (d. h. den ungläubigen Heiden) am Werke ist". Der Verfasser malt schwarzweiß: Vor der Taufe waren die Heiden *ganz* durch den Ungehorsam bestimmt. Es war damals nichts Gutes an den Adressaten. Darum waren sie „tot".

Worin besteht nun das Böse? V. 3 macht klar, woran der Verfasser denkt: an   3 den konkreten Lebenswandel. „Begierde des Fleisches" ist ein paulinischer Ausdruck (Gal 5,16, vgl. Röm 1,24; 13,14). „Fleisch" ist der Mensch als Kreatur; „Fleisch" ist aber auch der Ort des bösen Triebs. Hinter dem Epheserbrief steht aber nicht eine dualistische Anthropologie, etwa so, daß das Böse im Körperlichen, das Gute aber im Denken, im Geistigen steckte. Die „Gedanken" sind vielmehr genauso wie das „Fleisch" an der Sünde beteiligt. Die Nichtchristen sind „Kinder des Zorns", d. h. sie stehen unter dem Zorn Gottes. Sie sind „von Natur" böse, d. h. nicht nur zufällig und teilweise durch einzelne böse Taten, sondern grundsätzlich. An dieser Aussage fand später die klassische Erbsündentheorie einen wichtigen Anhaltspunkt. Der Verfasser denkt aber nicht an sie, sondern wie Paulus in Röm 1,18–3,20 daran, daß alle Nichtchristen faktisch, durch ihre Taten, sündigen. In 4,17–19.22 wird er das näher ausführen. Die bösen Mächte, unter denen die ungläubigen Menschen stehen, dienen also nicht der Entlastung, als ob sie und nicht die Menschen an allem schuld wären, sondern drücken nur aus, wie hoffnungslos es um die Menschen bestellt ist.

Uns sind solche Argumentationen nicht leicht zugänglich. Zwar können wir heute wieder besser verstehen, daß Sünde mehr als eine individuelle und freiwillige Tat ist und daß es Mächte gibt, z. B. den Zeitgeist, gesellschaftliche und ökonomische Grundbedingungen etc., die zur Sünde führen und denen man sich nicht entziehen kann. Mühe macht uns heute vor allem, daß der Verfasser die Schwarz-Weiß-Malerei auf Nichtchrist/innen und Christen verteilt, als ob die Nichtchrist/innen schlecht wären und die Getauften gut. Dieselben Fragen wie an den Epheserbrief müssen wir an Paulus, z. B. an Röm 1,18–3,20 und an Röm 7,7–25 stellen. Den ersten Leserinnen und Lesern unseres Textes stellten sich solche Fragen wohl nicht. Sie blickten, anders als wir, auf die erfahrene Taufe als radikale Wende in ihrem eigenen Leben zurück und neigten, wie viele Konvertiten, dazu, den Gegensatz zwischen altem und neuem Leben zu verabsolutieren. Das neue Leben ist aber auch für sie kein Besitz, sondern ein Zuspruch, der durch ihr Verhalten eingeholt werden muß (vgl. 4,17 ff.). Um neu leben zu können, ist es für sie entscheidend, daß durch ihre Taufe eine *wirkliche* Veränderung mit ihnen vorgegangen ist. Davon sprechen die Verse 4–7.

4   Den Menschen in ihrer Sünde tritt Gott als Subjekt gegenüber. Jetzt geht es um ihn und seine Tat. Der Hinweis auf Gott prägt den ganzen Abschnitt: Es geht um den Reichtum *seiner* Gnade und Güte (V.7). „Erbarmen" taucht in nachpaulinischen Texten im Zusammenhang mit der Taufe auf (1.Petr 1,3; Tit 3,5), aber nicht bei Paulus selbst. Gottes Erbarmen besteht in seiner Liebe: Die

5 f.   griechische Zeitform und die Parallelen 5,2.25 zeigen, daß der Verfasser an das Christusgeschehen denkt. V.5 f. führen aus, was das Christusgeschehen für die Menschen bedeutet: Sprach das Bekenntnis in 1,20–22 von der Auferweckung und Erhöhung Christi, so zieht unser Text diese Heilsereignisse ins menschliche Leben hinein. Das Mitlebendigmachen, Mitauferstehen und das Miterhöhtwerden in den Himmel *sind* bereits geschehen. Unser Verfasser folgt hier nicht Paulus, für den das alles noch aussteht (Röm 6,3–11; aber auch 1.Kor 15,23 ff.), sondern seiner Quelle Kol 2,12 f., die für ihn natürlich auch ein pau-

linischer Text ist. Gegenüber dem Kolosserbrief hat er die Konzentration auf die Gegenwart noch verstärkt: Auch das Sitzen im Himmel ist in der Taufe bereits geschehen. Ihm liegt also daran zu sagen, daß mit der Taufe ein totaler Umbruch im Leben der Menschen stattgefunden hat. In der Verbindung mit Christus geschah der Durchbruch vom Tod ins Leben. Taufe bedeutet, real in einen neuen Lebensraum versetzt zu werden. Dieser Lebensraum ist der kosmische Leib Christi (vgl. Kol 1,12f.). Wie Christus befindet sich jetzt der Getaufte *über* den ihn bedrängenden bösen Mächten der Luft, „in den Himmeln". Wieder ist es die Gebetshaltung, diesmal die Haltung des Dankes, die den Verfasser zu den Gegenwartsaussagen führt (vgl. zu 1,7–9.20b–22 und u. S. 201 zu Kol 1,15–20). Sie wird besonders deutlich an der 1. Person Plural. Immer wieder fällt der Verfasser aus dem Anrede-Stil des Briefes heraus und formuliert im Wir-Stil des gemeinsamen Betens. Wer aber nach oben blickt und betet, redet nicht von dem, was Gott noch nicht getan hat, sondern faßt die ganze Zukunft in seinem Dank zusammen. Man darf das nicht einfach in eine dogmatische Aussage ummünzen. Es geht dem Verfasser nicht um eine von Paulus verschiedene Theologie (die er dann durch Zusätze notdürftig mit Paulus verbinden müßte) und auch nicht um Verinnerlichung und Vergeistlichung einer realen und kosmischen Auferstehungshoffnung, sondern um den Dank für erfahrene Gnade.

Auch wenn die Akzente anders gesetzt sind als in Röm 6, so stehen wir m. E. an diesem Punkt nicht vor einer grundlegenden Veränderung der paulinischen Theologie. Auch Paulus konnte im Lobpreis präsentisch formulieren (vgl. Röm 8,28–39). Auch in unserem Text bleibt der Blick in die Zukunft offen: „In 7 den kommenden Äonen", d. h. für alle Zeiträume (kaum: unter den herzukommenden, personal verstandenen Äonengöttern), wird Gottes Güte und Gnade sichtbar bleiben. Und die Ethik, die Paulus in Röm 6 so wichtig ist, wird in Kap. 4–6 unseres Briefes ein ebenso großes Gewicht erhalten. Etwas fehlt allerdings: Für Paulus war die Taufe Sterben gegenüber der Macht der Sünde und dem Gesetz (Gal 2,19f.). Davon ist im Epheserbrief nicht die Rede. Paulus interpretierte das, was in der Taufe geschah, durch seine Rechtfertigungslehre. Sie fehlt im Epheserbrief fast vollständig.

In V.5b schiebt der Verfasser eine Anrede an die Gemeinde ein: „Aus Gnade 5b seid ihr gerettet!". Sie zeigt, worauf die Verse 4–7, insbesondere die Aussagen über die bereits geschehene Auferstehung mit Christus, hinauswollen: Sie wollen zeigen, daß die Gemeinden alles, was sie sind, der Gnade verdanken. Die Formulierung ist nicht spezifisch paulinisch; „Gnade" ist ein Zentralwort des Urchristentums und auch des Epheserbriefes (vgl. 1,6f.); von der gegenwärtigen Rettung sprach Paulus kaum. Dennoch weiß sich unser Verfasser in tiefer Übereinstimmung mit Paulus. Das zeigt sein „Anhang" in V.8–10, der V.5b 8–10 aufnimmt und interpretiert. V.9 ist dabei ganz paulinisch formuliert (vgl. Röm 3,27; 11,6; Gal 2,16; 3,5; 6,13; 1.Kor 1,29). Der Verfasser erklärt nicht weiter, was er unter „aus Werken" und unter „sich rühmen" versteht, sondern setzt voraus, daß seine Leserinnen und Leser mit paulinischem Denken vertraut sind und vielleicht sogar paulinische Briefe kennen. Er greift auf Paulus

8–10   zurück, weil er sich in selbstverständlicher Übereinstimmung mit ihm weiß und weil, wie 2,11–13 zeigen werden, seine Gemeinden und er selbst ihr eigenes Christsein dem Völkerapostel verdanken. Seine eigenen Formulierungen für dieselbe Sache finden wir in V.8b und V.10: „Nicht aus euch, von Gott kommt das Geschenk" betont wie V.4.7 den theozentrischen Grundzug, der in unserem Brief so wichtig ist. In V.10 zeigt sich der Verfasser als sehr selbständiger Pauliner: Paulus spricht nie im Plural von den guten Werken der Christen, sondern von der „Frucht" des z.B. Geistes (vgl. Gal 5,22). Unser Verfasser weiß das genau (vgl. 5,9–11). Wenn er hier trotzdem von den „guten Werken" spricht, dann tut er es absichtlich und überlegt: Die guten Werke sind in V.10 ja nicht solche des Menschen, sondern solche, die Gott zuvor bereitet hat und „in" denen der Mensch wandelt. Der Text ist vom Gedanken der neuen Schöpfung in Christus bestimmt (2.Kor 5,17). Der in seinen früheren Sünden tote, durch Christus auferweckte Mensch ist nun, in Christus, erst eigentlich Gottes Geschöpf. Er ist so radikal und vollständig Gottes Geschöpf, daß auch die „guten Werke", die er tut, gar nicht mehr seine eigenen Werke sind, sondern Gottes Taten, die dieser längst vorbereitet hat. Unser Verfasser spitzt also den Grundgedanken von Kol 1,15–17, daß in Christus die Welt geschaffen wurde, auf den einzelnen Menschen hin zu. Er verwendet den paulinischen Gedanken von der neuen Schöpfung in Christus, um die Gnade zu vertiefen. Auf diese Weise interpretiert er das paulinische „nicht aus Werken" in seinem eigenen Denken neu. Er erweist sich darin als selbständiger und guter Pauliner. Auf die paulinische Rechtfertigungslehre und auf die Antithese gegenüber dem Gesetz greift er nicht zurück, ähnlich wie andere Paulusschüler auch nicht. Schon für Paulus waren sie nicht in allen seinen Briefen und gegenüber allen seinen Adressaten grundlegend. In nachpaulinischen heidenchristlichen Gemeinden, denen das jüdische Gesetz fern gerückt ist und für die z.B. Beschneidung zur „sogenannten Beschneidung" (V.11) geworden war, ließ sich die Gnade offensichtlich nicht mehr in der Sprache des Galater- und des Römerbriefes auslegen. Vielleicht war für unseren Verfasser die paulinische Botschaft von der Rechtfertigung ohne die Werke des Gesetzes eher eine antijüdische Kampfeslehre als eine Grundaussage paulinischer Theologie. Blicke ich auf das Ganze unseres Briefes, so denke ich, es sei auf diese Weise keine schlechte Paulusinterpretation herausgekommen!

Für mich bleibt angesichts dieses Abschnittes nicht, wie für manche anderen Interpreten, ein ungutes Gefühl, als ob die Tiefe paulinischer Theologie hier verschwunden sei. Für mich bleibt eher ein Gefühl der Nachdenklichkeit: Wir begegnen hier Menschen, die ihre Taufe als Geschenk ewigen Lebens erfahren haben. Sie wissen sich in einem neuen, nicht irdischen, sondern himmlischen Lebensraum verankert und gewinnen gerade von da her ihre Kraft, zu handeln. Wir begegnen Menschen, für die das Handeln Gottes in Christus alles bedeutete: das Geheimnis des Geschaffen-Seins und das Geheimnis des Himmels in dieser Welt. Ich möchte nicht über den Sakramentsrealismus und den Enthusiasmus, der hinter diesem Text auch sichtbar wird, kritisch urteilen, sondern eher meine Betroffenheit und meine Trauer darüber ausdrücken, daß wir heute das

Handeln Gottes in der Kirche kaum mehr in dieser Weise als real, als lebendig und das ganze Leben bestimmend erfahren können.

1.4. Erinnerung an die widerfahrene Gnade für die Heiden 2,11–22

11 **Darum denkt dran,**
       daß ihr einst Heiden im Fleisch wart, Vorhaut genannt von der soge-
       nannten Beschneidung, die am Fleisch mit Händen gemacht wird,
12   **daß ihr zu jener Zeit ohne Christus wart, ausgeschlossen von der Ver-**
       fassung Israels und Fremde gegenüber den Bundesschlüssen der Ver-
       heißung, ohne Hoffnung und gottlos in der Welt.
13 **Jetzt aber in Christus Jesus seid ihr, die einst Fernen, zu Nahen geworden**
durch das Blut Christi.
14 **Denn er ist unser Friede,**
       der beides zu einem gemacht hat,
       der die Trennwand des Zaunes zerstört hat, die Feindschaft, durch sein
                                                                    Fleisch,
15   **der das Gesetz der Gebote mit den Verordnungen zerstörte,**
       damit er in sich die zwei zu einem (einzigen) neuen Menschen schüfe,
       indem er Frieden stiftete,
16   **und die beiden für Gott versöhne in einem (einzigen) Leib durch das Kreuz,**
       indem er die Feindschaft in sich tötete.
17 **Er kam und verkündete euch „Frieden, den Fernen, und Frieden den**
Nahen", 18 denn durch ihn haben wir beide den Zugang zum Vater in einem
(einzigen) Geist.
19 **Also seid ihr nun nicht mehr Fremde und Hintersaßen, sondern ihr seid**
Mitbürger der Heiligen und Hausgenossen Gottes, 20 erbaut auf dem Fun-
dament der Apostel und Propheten, wobei Christus Jesus selbst der Schluß-
stein ist, 21 in welchem der ganze Bau zusammengefügt wird und wächst zu
einem heiligen Tempel im Herrn, 22 in welchem auch ihr miterbaut werdet
zu einer Wohnung Gottes im Geist.

V. 13–17: Jes 57,19; V. 13: Kol 1,20; V. 15: Kol 2,14; V. 15 f.: Gal 3,28; Röm 5,9–11; 2. Kor 5,14–6,2; V. 17 f.: Jes 52,7; Röm 5,1 f.; V. 20: Jes 28,16; 1. Kor 3,10–17.

Unser Abschnitt und der folgende (3,1–13) gehören eng zusammen: Zahlreiche A gemeinsame Stichworte verbinden sie, nämlich „Heiden" (2,11; 3,1.6), „Apo-stel und Propheten" (2,20; 3,5), „im Geist" (2,18; 3,5), „ein Leib/Mit-Leib" (2,16; 3,6), „Verheißung" (2,12; 3,6), „verkünden" (den Heiden) (2,17;3,8), „wir haben den Zugang" (2,18; 3,12). 3,6 faßt den Inhalt von 2,11–22 zusam-men. In 3,3 f. gibt der Verfasser überdies einen Rückverweis auf den vorher ge-schriebenen Briefabschnitt 2,11–22. Die beiden Abschnitte 2,11–22 und 3,1–13 behandeln dasselbe unter verschiedenem Gesichtspunkt: Vom Wunder des Hinzutretens der Heiden in 2,11–22 schreibt der Verfasser, weil das das Ge-heimnis ist, um dessentwillen der Apostel Paulus berufen wurde und das er den Heiden verkündete (3,1–13). 2,11–22 enthält den inhaltlichen, 3,1–13 den biographischen Rückblick auf das paulinische Evangelium. Das ist wichtig für die Themaangabe unseres Abschnittes: Es geht nicht um eine christologische Grundsatzerklärung und auch nicht um eine theoretisch-theologische Abhandlung über die universale Kirche aus Juden und Heiden. Es geht auch nicht um eine Ermahnung, z.B. an die Heidenchristen, daß auch die Judenchristen ein Recht auf eigene Identität in der Kirche hätten (so K.M. Fischer 79–94); unser Verfasser lebt in einer Zeit, wo das Verhältnis von ursprünglich aus dem Judentum stammenden Christen zu den Heidenchristen längst kein Problem mehr ist. Vielmehr geht es um eine „Erinnerung" (V.11) der Gemeinden an den eigenen Ursprung, den sie, wie 3,1–13 zeigen wird, dem Apostel Paulus verdanken. Die Gemeinde soll an das denken, was ihr aus lauter unverdienter Gnade durch Christus und durch den Apostolat des Paulus widerfahren ist, um dann mit dem Verfasser in 3,14–21 ins Dank- und Lobgebet einstimmen zu können.

Der Abschnitt besteht aus drei Unterabschnitten, nämlich V.11–13, V.14–18 und V.19–21. Die beiden rahmenden Abschnitte sind aufeinander bezogen; V.19–21 nehmen V.11–13 antithetisch wieder auf. Der mittlere Abschnitt V.14–18 ist thetisch-christologisch in der 3. Person formuliert, eine Art Bekenntnis, das verstehen lehrt, warum es zu dem großen Wandel zwischen einst und jetzt gekommen ist.

Viele Forscher rechnen hier mit einem traditionellen Bekenntnistext, den der Verfasser aufgenommen und kommentiert hätte. Die parallelen Nebensätze, die vor allem V.14–16 erkennbar werden (vgl. die Übersetzung), entsprechen aber dem Stil unseres Briefverfassers (vgl. Einleitung 5). Auffällig ist ferner, daß die Konstruktion mit V.17 wechselt: Der Verfasser setzt – mitten in dem angeblichen Bekenntnistext – zu einem neuen Hauptsatz an und redet die Leserinnen und Leser in der 2. Person direkt an. Man kann das Bekenntnis auch nicht gut mit V.16 enden lassen: Der Schluß von V.18 („in einem [einzigen] Geist") entspricht genau „in einem (einzigen) Leib" von V.16. Das zeigt, daß beide Verse zusammengehören. Die Gründe, weswegen viele Exegeten mit einer vorgegebenen Tradition rechnen, sind denn auch nicht so sehr sprachliche oder stilistische, sondern religionsgeschichtliche: Unser Abschnitt enthält verschiedene auffällige Vorstellungen, die man früher gern aus der Gnosis herleitete.

Wir nehmen also kein traditionelles Bekenntnis an. Es gibt keine deutlichen sprachlichen und stilistischen Gründe, welche darauf hinweisen. Die inhaltlichen Besonderheiten werden zum großen Teil verständlich, wenn man erkennt, daß der Verfasser in V.13–17 einen alttestamentlichen Text aufnimmt, nämlich Jes 57,19. Dieser Text spricht von den Zerschlagenen und Gebeugten in Israel, die Gott fern zu sein scheinen, und lautet in der griechischen Bibel: „Frieden über Frieden für die, die fern, und für die, die nahe sind". Aus ihm nimmt unser Verfasser bereits von V.13 an Stichworte auf. Der Hauptsatz V.14a ist eine vorweggenommene christologische Exegese von Jes 57,19. Aber erst in V.17 wird der Bibeltext zitiert. V.14b–16 entfalten inhaltlich, inwiefern Christus „unser Friede" ist. Dabei denkt der Verfasser vom Hymnus Kol 1,15–20 her. Daraus stammen die Stichworte „versöhnen", „Leib", „Kreuz", „Blut" (V.13) und der Gedanke der „in ihm" geschehenen Schöpfung. Der Verfasser wendet also Grundaussagen des Kolosserhymnus auf die Versöhnung von Juden und

Heiden an und legt Jes 57,19 im Lichte von Kol 1,15–20 auf die Versöhnung der Heiden durch Christus aus. So erklären sich die meisten Besonderheiten des Textes. Es bleiben noch einige wenige, vor allem die eigenartige Vorstellung von der Scheidewand, die wir bei der Interpretation besprechen werden.

Der Verfasser erinnert seine heidenchristlichen Leserinnen und Leser an ihr B 11 f.
einstiges Heidentum. Was fehlte damals den Heiden? Je nach dem, wie man diese Frage beantwortet, kann man unser Kapitel auf zwei Weisen interpretieren. Nach dem ersten Interpretationstyp (z. B. M. Barth, F. Mussner) ist das Entscheidende, daß sie damals nicht zu *Israel* gehörten. Positiv ist dann wichtig, daß die ehemaligen Heiden durch Christus, d.h. den Messias Israels, in Israel „eingeleibt" (vgl. 3,6) werden und Anteil an den Verheißungen und der Hoffnung Israels bekommen. Nach dem zweiten Interpretationstyp (z. B. A. Lindemann) geht es nicht in erster Linie um das Verhältnis der Heiden zu Israel, sondern darum, daß die einst gottfernen Heiden durch Christus in der *Kirche* mit Gott versöhnt werden. Daß sie einst Israel fern waren, ist dann nur eine der damaligen Situation entsprechende Beschreibung ihrer Gott-Losigkeit. Nach der ersten Interpretation ist die Kirche die neue Gestalt Israels oder zusammen mit Israel das Gottesvolk der Gegenwart. Nach der zweiten Interpretation ist die Kirche etwas gegenüber dem Heidentum und Israel in gleicher Weise Neues, und es geht darum, daß die ehemaligen Heiden und die ehemaligen Juden in einem *neuen* Leib, in Christus, miteinander versöhnt worden sind. Die Schwierigkeit besteht darin, daß die Verse 11f. tatsächlich von der Distanz der Heiden gegenüber *Israel* zu sprechen scheinen, während in den Versen 19–22 Israel nicht mehr vorzukommen scheint.

Ich denke, daß die zweite Interpretation eher richtig ist. V. 11–13 beschreiben zwar die Gottferne der ehemaligen Heiden als Distanz zu Israel; aber wie hätte der Verfasser, der ja vom Missionswerk des Apostels Paulus sprechen wollte, das anders ausdrücken sollen? Sie waren von der „Verfassung" (so die Übersetzung; dann ist das Gesetz gemeint), oder von der „Bürgerschaft" Israels (das kann das griechische Wort auch meinen; dann ist die Gemeinschaft des Gottesvolks gemeint) „ausgeschlossen". Sie hatten keinen Anteil an den „Bundesschlüssen der Verheißung": Gemeint sind wohl die verschiedenen Bundesschlüsse Gottes mit Israel, von denen die Bibel berichtet (vgl. Röm 9,4). Sie alle enthielten eine Verheißung, wie der Verfasser in paulinischem Stil im Singular formuliert. Ohne Bezug auf Israel formuliert der Verfasser, daß sie „ohne Christus" waren (nicht: ohne den Messias – dann müßte der bestimmte Artikel stehen). Auch „gottlos" ist ein ganz allgemeines Wort, das damals normalerweise von den Griechen für diejenigen Menschen gebraucht wurde, die die Götter der Stadt nicht verehrten. Vor allem zeigt die Formulierung „Vorhaut genannt von der sogenannten Beschneidung, die am Fleisch mit Händen gemacht wird" die Distanz des Verfassers zum Judentum. Für den Verfasser ist die Unterscheidung von Beschneidung und Vorhaut nur eine vordergründige, eben eine „sogenannte". Das zeigt, wie weit er selbst schon vom jüdischen Gesetz entfernt ist. Die Formulierung nimmt judenchristliche Traditionen auf, die das „äußere" Ritualgesetz dem wahren Gesetz Gottes kritisch gegenüber-

stellen (vgl. Röm 2,27–29; Apg 7,47 f.) und ist mit der Theologie des Hebräer-
briefes verwandt, für den alle Rituale, die von irdischen, sichtbaren Priestern
angeordnet wurden, nicht mehr als Schatten sind (vgl. Hebr 7,18 f.; 8,3–7;
9,1–10). Diese Formulierungen passen zur Tatsache, daß unser Text in V.19–22
von der Kirche, in der die ehemaligen Juden und die ehemaligen Heiden versöhnt worden sind, ganz ohne Bezug auf Israel spricht. V.11 f. wollen also vermutlich nur sagen: Ihr seid früher keine Juden gewesen und so Teil einer ge-
spaltenen Menschheit und gerade nicht „zu einem einzigen Menschen"
versöhnt. Der Text will natürlich nicht leugnen, daß dem vorchristlichen Israel
wirklich die Verheißungen Gottes gegeben waren (wie das später in vielen Inter-
pretationen der Kirchenväter geschah!), aber er legt darauf auch kein Gewicht.

13   V.13 formuliert das „Jetzt". Der Text nimmt aus Jes 57,19 die Stichworte
„fern" und „nahe" vorweg und spitzt sie auf die Heiden zu: Sie sind die Fernen,
die nun nahe geworden sind. Dieses Geschenk der Nähe zu Gott geschah den
Heiden, so sagt er im Anschluß an Kol 1,20, „durch das Blut Christi", d. h. durch
Jesu Sühnetod. Er interpretiert also mit Hilfe von Jes 57,19 die Bedeutung, die
das Heilswerk Christi nicht für den Einzelnen, sondern für die Kirche hat.

14 f.   V.14 nimmt das Stichwort „Frieden" aus Jes 57,19 auf und gibt ihm eine
neue Dimension: Christus selbst ist unser Friede. Solche Aussagen, die ein Heilsgut gleichsam in der Person Christi personalisieren, finden wir im Neuen Testament gelegentlich, z. B. in 1. Kor 1,30 (Christus ist Weisheit, Gerechtigkeit,
Heiligung, Erlösung) und in Kol 3,4 (Christus ist „euer Leben") und später besonders in den Ich-bin-Worten des Johannesevangeliums. Das heißt: Alles,
was Menschen an Friedenshoffnungen und -vorstellungen in sich herumtra-
gen, wird in Christus konkret. Für den Verfasser ist das keine abstrakte Theorie.
Er kommt vielmehr von einer konkreten Erfahrung her: Durch Christus ist die
Trennwand zwischen Juden und Heiden aufgehoben worden. Diese Erfahrung
formuliert er in V.14 b–15 a in drei parallelen Partizipialsätzen (die ich als Relativsätze übersetze), an die sich zwei parallele Finalsätze schließen. Der erste
Partizipialsatz, „der beides zu einem gemacht hat", ist dabei eine Art positive
Überschrift, während die beiden folgenden zeigen, was aufgehoben werden
mußte, damit Juden und Heiden eins werden konnten.

Die Vorstellung von der „Trennwand des Zaunes" hat zu vielen religionsgeschichtlichen Spekulationen Anlaß gegeben. Man sollte sich die Sache aber
nicht zu kompliziert machen. Es ist kaum an die Mauer gedacht, die im Tempel den Israeliten- und den Frauenvorhof vom Heidenvorhof trennte; diese
Mauer war kein „Zaun" und war damals übrigens ohnehin zerstört, nicht
durch Christus, sondern durch die Römer. Noch weniger geht es um die
Mauer, die in der jüdischen Esoterik den Himmel, bzw. das Paradies von der
Welt trennte, oder gar um die Mauer, mit der in der Gnosis die bösen Welt-
mächte sich vor dem Eindringen des Erlösers schützen wollen. Unser Text
denkt nicht an die Aufhebung der Grenze zwischen Himmel und Erde, sondern zwischen Juden und Heiden. V.15 a sagt präzis, was die Mauer ist, nämlich das Gesetz. Zahlreiche jüdische Texte bezeichnen das Gesetz als eine
Mauer oder einen Zaun. Am nächsten verwandt sind zwei Stellen im Aristeas-

brief (139.142), die das Ritualgesetz als eine Mauer interpretieren, mit der Gott Israel zu seinem Schutz umgab, um es vor Unreinheit und dem falschen Götzendienst der Heiden zu bewahren. Und eben dieses Gesetz, von Israel als Gabe Gottes zu seinem Schutz interpretiert, war aus heidnischer Sicht der Grund der „Feindschaft": Die Juden, welche das Gesetz hielten, sonderten sich von den Heiden ab, hielten sich z.B. von gemeinsamen Mahlzeiten mit Heiden zurück und waren deswegen verhaßt (3. Makk 3,4). Der Vorwurf des „Sich-Nicht-Mischens", d.h. der Absonderung, fehlender Assimilation und fehlender kosmopolitischer Gesinnung war in der Antike der wichtigste Grund für einen immer stärker werdenden Antisemitismus. Die „Trennwand" ist also das Gesetz. Das sagt V.15a im Anschluß an Kol 2,14 im Klartext: Christus hat „das Gesetz der Gebote mit den Verordnungen" aufgehoben. Die Fülle der drei Substantive läßt etwas davon spüren, was den Verfasser bewegt, nämlich die Fülle der Vorschriften der Torah, die er offenbar als Belastung empfindet. Zahlreiche Juden, vor allem in der Diaspora, mögen Ähnliches empfunden haben, und bereits die hellenistische Partei in Jerusalem vor dem Makkabäeraufstand versuchte, über die Barriere des Gesetzes hinwegzukommen und kosmopolitisch zu denken. Aus solchen jüdischen Kreisen mag der Verfasser stammen; ihre Hoffnungen haben sich für ihn in Christus erfüllt. Die Erfahrung der Tischgemeinschaft in den christlichen Gemeinden – der sog. Zwischenfall von Antiochia Gal 2,11–14 beleuchtet sie – wird solche Empfindungen noch verstärkt haben.

Wir verstehen nun auch besser, warum im Epheserbrief das Gesetz keine bedeutsame theologische Rolle spielt: Es steht nicht wie bei Paulus modellhaft für etwas allgemein-Menschliches, nämlich für das religiöse Prinzip, das den Menschen zum Sündigen verführt. Es ist vielmehr das Partikulare, das nun durch Christus aufgehoben und erledigt ist und wovon man jetzt nicht mehr zu reden braucht. Für unseren Verfasser ist das Gesetz ausschließlich jüdisches Gesetz. Der Tod Jesu – das meint „durch sein Fleisch" – ist für ihn vielleicht das einmalige Opfer Christi, das weitere kultische Opfer künftig überflüssig machte (vgl. Röm 3,25; 8,3 und die Christologie von Hebr 5–10) und den Unterschied von rein und unrein aufhob (vgl. Röm 14,14).

Es folgen zwei parallele Zielangaben in V.15b und 16. Die erste spricht von der Erschaffung eines neuen Menschen in Christus. Am nächsten bei unserer Stelle ist Gal 3,28f: Nun ist nicht Jude noch Grieche ..., ihr alle seid einer in Christus Jesus". Verwandt ist auch 1. Kor 12,13: „In *einem* Geist sind wir alle in einen Leib getauft worden, sei es Juden oder Griechen, sei es Sklaven oder Freie ..." „*Ein* Leib" und „*ein* Geist" tauchen in unserem Text wieder auf (V.16.18). Verwandt ist auch Kol 3,11, wo statt des „einen Menschen" steht: „alles und in allem Christus". Kol 1,20 spricht von der Versöhnung „auf ihn" hin. Gal 6,15 und 2. Kor 5,17 sprechen vom einzelnen Christen als neuem Geschöpf. Solche paulinischen Aussagen stehen m.E. hinter unserem Text. Sie haben relativ häufig mit der Taufe zu tun. Der „neue Mensch" ist hier wohl Christus, verstanden als kosmischer Leib. Der Verfasser spricht hier nicht in gnostischen, sondern in paulinischen Bildern.

15b–16

Dasselbe gilt für die zweite Zielangabe in V.16: Auch die Versöhnungsaussage ist sachlich paulinisch (Röm 5,9–11; 2.Kor 5,18–21). Auch in 2.Kor 5,14–6,2 stehen Versöhnung und Neuschöpfung nebeneinander. Unmittelbarer Anknüpfungspunkt für V.16 ist aber Kol 1,20. Hier taucht neben dem Friedenstiften auch das Wort „versöhnen" auf. „Frieden" und „Versöhnung" beziehen sich im Epheserbrief allerdings nicht mehr in erster Linie vertikal auf das Verhältnis der Menschen zu Gott, sondern horizontal auf das zwischen Juden und Heiden, d.h. der Menschen untereinander – und dies „für Gott". Unser Verfasser zieht also das „religiöse" Ereignis des Kreuzestodes in die Welt hinein, indem er die horizontale Dimension von „Friede" und „Versöhnung" betont. Damit leistet er nicht nur einen wichtigen Beitrag zur Kreuzestheologie, sondern auch zur Überwindung des Antisemitismus seiner Zeit.

17f.   V.17 führt zusammenfassend das Schriftwort Jes 57,19 an, das hinter dem ganzen Abschnitt steht. Vielleicht klingt auch das Wort vom Freudenboten an, der Frieden verkündigt (Jes 52,7). Daß Christus unser Friede *ist*, heißt nichts anderes, als daß er ihn verkündigt. In seinem Wort ereignet sich das, was er ist. An welche Verkündigung gedacht ist, deutet der Verfasser nicht an. Denkt er an den irdischen Jesus? Oder an seine öffentliche Manifestation durch die Auferstehung (vgl. 1.Tim 3,16)? In V.18 nennt der Verfasser den Ertrag der Tat Christi: Vielleicht erinnert er sich an Röm 5,1f.; Stichworte aus jenem Abschnitt, nämlich „Frieden" und „Zugang", tauchten auch hier wieder auf. Das Ergebnis der Heilstat Christi ist jedenfalls dasselbe wie in Röm 1,18–5,11: Beide, Juden und Heiden, sind nun versöhnt und haben Zugang zu ihrem gemeinsamen Vater, und zwar „in dem einen Geist", den sie durch die Taufe empfangen haben (vgl. 1.Kor 12,13). Das Besondere unserer Stelle gegenüber dem Römerbrief besteht darin, daß der Verfasser auslegt, was die Versöhnung mit Gott für das Verhältnis der Versöhnten untereinander bedeutet.

19   V.19–22 kehren wieder zur direkten Anrede an die Heidenchristen zurück. Die Bilder, die der Verfasser braucht, sind allen Bewohnern und Bewohnerinnen antiker Städte vertraut: Sie sind nicht mehr „Fremde" und politisch rechtlose „Hintersassen", sondern haben das volle Bürgerrecht. Es geht hier nicht mehr um das Bürgerrecht Israels (vgl. V.12), sondern darum, daß die Heidenchristen Mitbürger der „Heiligen" sind. Damit sind kaum die Judenchristen allein gemeint, auch nicht die Engel (vgl. 1,12), sondern, wie meistens in unserem Brief, die Christen insgesamt. Das entspricht der zweiten Formulierung: „Hausgenossen Gottes". Hinter ihr steht der Gedanke an die Kirche als Haus, bzw. Tempel Gottes. Er hat seine Analogie in der Qumrangemeinde, die ja den sichtbaren Tempel mit dem Hohenpriester in Jerusalem ablehnte und sich selbst als „heiliges Haus für Israel" (1QS 8,5), als „Allerheiligstes" (1QS 9,6) oder als „Bau" mit „ewigen Fundamenten" (1QH 7,9) bezeichnete. Die Vorstellung von der Kirche als Tempel oder Haus war im Urchristentum eine der ältesten und verbreitetsten; vermutlich setzt bereits die Rede von den drei „Säulen" (Gal 2,9) sie voraus (vgl. ferner 1.Kor 3,10–17; Gal 6,10; 1.Petr 2,4–8; 1.Tim 3,15; Mt 16,18). V.19 knüpft also an ein verbreitetes Kirchenverständnis an und will sagen: Durch Christus sind die Heiden Mitbürgerinnen der Kirche geworden und Gott nahe gekommen.

Die folgenden Verse modulieren das Motivfeld von der Kirche als Bau, ähn- 20–22
lich wie ein Musikstück ein Motiv variiert. Verschiedene Akzente treten in den
Vordergrund, ohne daß das Bild immer völlig homogen und eindeutig bliebe.
In V. 20 werden wie in 1. Petr 2,5 die Christen zu den Steinen, die von Gott in
seinem Bau verwendet werden. In diesem Bau sind Apostel und Propheten
„Fundament", d. h. die Grundmauer. Mit Propheten sind, wie sich aus 3,5; 4,11
ergibt, nicht alttestamentliche, sondern christliche Propheten gemeint. Bei
Paulus galt Christus als Fundament, das der Baumeister Paulus durch seine
Predigt gelegt hat (1. Kor 3,10f.). Wir beobachten also eine Akzentverschie-
bung: In der nachapostolischen Zeit wird die Gründergeneration der Kirche,
die Apostel und Propheten, wichtiger (vgl. Mt 16,18; Offb 21,14). Man darf
aber noch nicht einen ausgebildeten Traditionsgedanken eintragen und die
Apostel und Propheten in katholischem Sinn als „Traditionsnorm" (Merklein)
interpretieren. Vielmehr ist der Gedanke der, daß im einen „Raum" des Baus
der Kirche die Fundamentsteine und die darauf gebauten Mauersteine zusammengehören. Auch meint unser Text selbstverständlich nicht, daß Christus gegenüber den Aposteln und Propheten weniger wichtig werde. Das zeigt der
betonte Hinweis „wobei Christus Jesus selbst der Schlußstein ist". Das griechische Wort kann dabei sowohl den „Eckstein" im Fundament meinen, der
einem ganzen Bau seine Ausrichtung gibt, als auch den obersten „Schlußstein", der z. B. im Portalbogen das Ganze zusammenhält. In der im Neuen
Testament mehrmals zitierten biblischen Grundstelle Jes 28,16 (vgl. Röm 9,33;
10,11; 1. Petr 2,6), an die sich der Verfasser wohl erinnert, ist der „Eckstein" gemeint (nur dort kommt dieses Wort in der Bibel vor!), hier eher der oberste
„Schlußstein", weil ja Christus in unserem Brief das himmlische Haupt der
Kirche ist (vgl. 1,22) und weil das seltene griechische Verb in V. 21a eher „zusammenfügen" (so die Übersetzung) als „ausrichten" heißt. In 4,15f. wird der
Verfasser dasselbe nochmals sagen. Zum Bild des Baus paßt das „Wachsen"
schlecht, das eher mit dem „Leib" zusammenhängt und aus Kol 2,19 stammt.
Christus ist für den Verfasser Grund und Ziel des Wachstums. Die Kirche ist
für ihn etwas Dynamisches; sie ist in Bewegung. Woran ist gedacht? Man kann
an die Mission denken oder – im Sinn des Verfassers wohl eher – an inneres
Wachstum im Geist (vgl. zu 4,15). Indem die Kirche im Geist lebt, betet, Gott
erkennt, sich auf das Haupt Christus ausrichtet, liebt und Gott lobt, „wächst"
sie. Das „Wachsen" deutet an, daß Kirche nur ist, wenn sie lebendig ist und so
in ihr Christus sich verwirklicht (vgl. 1,23). Das drückt der abschließende V. 22
nochmals aus und zwar in einem passiven Satz: Die Kirche ist Tempel Gottes,
indem Christus handelt und die ehemaligen Heiden als Steine „mit-ein-baut".
Alles, die ganze Kirche, ist von Christus aus gedacht. Die Kirche ist gegenüber
Christus nichts Selbständiges.

Wir blicken auf die ganze „Erinnerung" an die Heidenchristen zurück: Für
das Thema Israel gab unser Text nicht viel her. Der Verfasser interessiert sich
nicht für die Gegenwart oder gar die Zukunft des nicht-christusgläubigen
Israel, sondern nur für den in der Kirche mit den Heiden versöhnten Teil
Israels. Eph 2 ist gerade kein Analogon zu Röm 11,25–32. Israel kommt hier

nur vor, insofern es erwähltes Volk *war* und insofern auch es, als die „Nahen",
durch Christus in einem Leib versöhnt worden ist. Auslegungen unseres Textes auf Israel hin, die es heute oft gibt, entsprechen eher unserer heutigen (nur
zu berechtigten!) Sensibilität gegenüber Israel als dem Text. Ihm geht es vielmehr um den durch Christi Versöhnungstat entstandenen neuen Heilsraum,
die Kirche. Wie ist von ihr die Rede? Sie erscheint nicht als Institution mit
einer festen Ordnung. Es ist nicht von ihren konkreten Problemen die Rede,
sondern es geht einzig und allein um die Kirche als Ort des Handelns Gottes
durch Christus: Kirche wird, Kirche geschieht, indem Christus als Gottes
Friede bestehende Scheidewände einreißt, indem Menschen in Gottes Tempel
eingebaut werden und indem Christus als Schlußstein verfeindete Menschen in
sich verbindet. In der Kirche ist Gott am Werk. Darum geschieht in ihr reales
Heil, aber nicht so, daß sie selbst Trägerin dieses Heils wird. Solches Heil geschah für die Heiden durch das Werk des Paulus, und dafür wird der Verfasser jetzt dann zum Dankgebet ansetzen (3,1.14). Daß Kirche dann, wenn Christus in ihr wirksam ist, ein Ort wirklicher Versöhnung verfeindeter Menschen
ist, das ist der Zuspruch und der Anspruch, den unser Text über seine eigene
Situation hinaus enthält. Diesen Anspruch gilt es dann auch kritisch und
selbstkritisch im Lichte der geschichtlichen Erfahrung zu reflektieren, daß gerade die Kirche zur wirkungsmächtigen Erbauerin einer neuen Trennwand
zwischen Juden und Heidenchristen geworden ist. So gewinnt unser Text indirekt – nicht direkt – eine Bedeutung auch für das heutige Verhältnis der Kirche zu Israel.

1.5 Paulus als Verkündiger dieses Geheimnisses (3,1–13)

1 Deswegen (bitte) ich, Paulus, der Gefangene Christi Jesu für euch, die Heiden –
2 ihr habt ja von der Veranstaltung der Gnade Gottes gehört, die mir für
euch geschenkt wurde: 3 Mir wurde gemäß einer Offenbarung das Geheimnis kundgetan, wie ich vorher kurz geschrieben habe, 4 woran ihr, wenn ihr
es lest, mein Verständnis für das Geheimnis Christi erkennen könnt,
5   das in früheren Generationen den Menschenkindern nicht kundgetan
                                                                      wurde,
       wie es jetzt seinen heiligen Aposteln und Propheten im Geist offenbart
                                                                      wurde,
6 daß die Heiden Mit-Erben, Mit-Leib und Mit-Teilhaber der Verheißung
sind, in Christus Jesus durch das Evangelium, 7 dessen Diener ich nach dem
Geschenk der Gnade Gottes wurde, die mir geschenkt wurde nach dem Wirken seiner Kraft.
8 Mir, der geringsterer ist als alle Heiligen, wurde diese Gnade gegeben, den
Heiden den unerspürbaren Reichtum Christi zu verkündigen, 9 und alle
(darin) zu erleuchten, was der Plan des Geheimnisses ist,
       das verborgen war seit Äonen in Gott, dem Schöpfer des Alls,
10   damit jetzt kundgetan würde den Mächten und Gewalten in den Him-
             meln die vielgestaltige Weisheit Gottes durch die Kirche,

11 nach der Vorherbestimmung der Äonen, die er getroffen hat in Christus Jesus, unserem Herrn, 12 in dem wir den Mut haben und Zugang im Vertrauen durch den Glauben an ihn.
13 So bitte ich, nicht mutlos zu werden durch meine Leiden für euch – das ist euer Ruhm!

V.1–7: Kol 1,24–29; V.2: Gal 1,15f. 1.Kor 15,10; V.6: 1,13f.; 2,11–22; V.8: 1.Kor 15,9f.; V.9: Hiob 28,21–27;
Röm 16,25–27; 1.Kor 2,7; V.10: 1.Tim 3,16; V.13: Kol 1,24.

Der Abschnitt beginnt in V.1 mit einem *Anakoluth*. Was der Verfasser sagen   A
wollte, ergibt sich aus V.14, wo V.1 wieder aufgenommen wird: „Deswegen
beuge ich meine Knie …". Es kam ihm also etwas dazwischen, als er zum Gebet
ansetzen wollte. Was? Offensichtlich blieb er mit seinen Gedanken am „ich,
Paulus, der Gefangene Christi Jesu für euch, die Heiden" hängen. Was folgt,
ist ein Exkurs zur Person des Apostels Paulus. Inhaltlich ist er ganz durch
2,11–22 bestimmt und mit jenem Abschnitt eng verbunden (vgl. zu 2,11–22 A).
Unser Abschnitt dient dazu, in das Heil der Heiden, von dem in 2,11–22 die
Rede war, die Person des Paulus einzusetzen. Das, wovon Kap. 2,11–22
sprach, ist nichts anderes als das Ergebnis des apostolischen Werks des Paulus,
der mit dem Dienst am Geheimnis der Offenbarung Christi für die Heiden beauftragt war. Die Erinnerung, zu der der Verfasser in 2,11–22 die heidenchristlichen Gemeinden aufforderte, ist die dankbare Erinnerung an Paulus.
    Dabei ließ sich der Verfasser von Kol 1,24–29 inspirieren. Die Grundstruk-
tur von 3,1–7 und Kol 1,24–29 ist ähnlich: Der Verfasser beginnt in V.1 mit der
Person des gefangenen Paulus (= Kol 1,24), spricht in V.2 von der Paulus geschenkten Heilsveranstaltung (= Kol 1,25), kommt in V.3–6 zum Geheimnis,
das einst verborgen, jetzt aber offenbar ist (= Kol 1,26f.), um in V.7 zum Auftrag des Paulus zurückzukehren (= Kol 1,28f.23). Mit Kol 1,26f. übernimmt
er zugleich ein geprägtes Predigtschema aus der Gemeindeverkündigung, das
sog. „Offenbarungsschema" (vgl. zu Kol 1,24–29 A). Ganz eigenständig ist nur
der Inhalt des Geheimnisses im Anschluß an 2,11–22 umschrieben (V.6).
    In V.8–13 scheint sich der Ablauf von V.2–7 – in größerer Freiheit von Kol
1,24–29 – nochmals zu wiederholen: Der Verfasser setzt mit einem neuen
Hauptsatz ein, spricht V.8 wieder von der Paulus geschenkten Gnade, V.9–11
wieder vom Geheimnis, das einst verborgen, jetzt aber offenbar ist (vgl. Kol
1,26f.), diesmal ausgeweitet in kosmische Dimensionen. Nach einer Zusammenfassung des Heilsertrags in V.12 kehrt er in V.13 wieder zum Ausgangspunkt in V.1, zum Leiden des Paulus zurück, wobei er wiederum Kol 1,24
anklingen läßt. Der Kreis hat sich geschlossen; der Verfasser kann in V.14 nun
endlich zum Gebet übergehen, wie er das schon in V.1 beabsichtigt hatte. Zusätzlich enthält unser Text Reminiszenzen an die beiden Texte, in denen Paulus selbst über seine Berufung spricht: V.2 erinnert an Gal 1,15f. und V.8 an
1.Kor 15,9. Hier wird besonders deutlich sichtbar, wie gut der Verfasser seinen
Paulus kennt.
    „Paulus" stellt sich, wie manchmal auch der echte Paulus (2.Kor 10,1; Gal   B1
5,2; Phlm 19 etc), betont vor, und zwar als Gefangener. Mehr als das: Paulus

ist *der* Gefangene Christi Jesu. Der bestimmte Artikel weist vielleicht schon auf die Sonderrolle des Paulus. Die Formulierung „Gefangener Christi" (wie Phlm 9) ist abgekürzt: Paulus ist Gefangener der Römer, aber er ist für die Sache Christi im Gefängnis. „Für euch" wird z. B. von Phil 1,12–17 oder 2.Kor 4,10 her verständlich: Die Gefangenschaft des Paulus kommt der Verkündigung des Evangeliums unter den Heiden und darin dem Leben der Gemeinden zugute. Daß die *Person* des Apostels in der nachapostolischen Zeit stärker in den Vordergrund rückt, ist auch anderswo, vor allem im 2.Timotheusbrief zu beobachten; aber bereits Paulus selbst konnte in starken Worten betonen, daß die Gemeinden an ihn, der ihnen das Evangelium verkündete, gebunden waren (z.B. 1.Kor 4,15f.; Gal 4,19). Die nachpaulinische Zeit führt sich immer wieder das Bild des *gefangenen* Paulus vor Augen. Das hat verschiedene Gründe: Einerseits beschloß Paulus sein Leben als Gefangener; deshalb können nachgelassene, testamentarische Briefe besonders gut mit der Gefangenschaft des Paulus verbunden werden. Andererseits hatte schon Paulus seine Leiden christologisch als Leiden Christi und als Leiden für die Gemeinde gedeutet (2.Kor 4,10–12, vgl. 1,6; 12,15; 13,4). Seine Nachfahren konnten an ihn selbst anschließen, wenn sie seine Leiden als Leiden für die Gemeinde verstanden (ähnlich V.13, noch stärker Kol 1,24; etwas anders 2.Tim 1,12f.; 4,6). Der Verfasser will sagen: Wir Nachfahren stehen gegenüber dem Apostel Paulus in einer unermeßlichen Dankesschuld. Von einer beginnenden „Heiligsprechung" des Paulus zu reden (so F. Mussner 98), ist aber mißverständlich; es geht dem Verfasser jedenfalls nicht um die Vorbildhaftigkeit des Leidens Pauli, z.B. seine Standhaftigkeit und Glaubenstreue, sondern darum, was er selbst und seine Gemeinden Paulus verdanken.

2f.   Sinngemäß erinnert er darum an Gal 1,15f., die Berufung des Paulus vor Damaskus, wo ihm aus Gottes „Gnade" das göttliche Geheimnis, d.h. der Sohn „offenbart" wurde. Auch für Paulus selbst bestand das „Evangelium" (V.6, vgl. Gal 1,11), das ihm vor Damaskus „geschenkt" wurde, im Auftrag zur Verkündigung von Gottes „Gnade" „für euch", d.h. die „Heiden" (V.6, vgl. Gal 1,16). Das griechische Wort, das wir in V.2 mit „Veranstaltung", in V.9 mit „Plan" und in 1,10 mit „Anordnung" übersetzten, hat eine sehr offene Bedeutung;

3–6   auch die Nuance „Auftrag" oder „Amt" kann mitschwingen. Statt, wie Paulus, vom Evangelium zu reden, spricht der Verfasser in V.3f. vom „Geheimnis Christi" mit den Worten des traditionellen Predigtschemas, das er aus Kol 1,26f. übernommen hat. Dieses Schema wandelt er an zwei Punkten ab: Inhalt

6   des Geheimnisses ist nicht mehr „Jesus Christus" (Röm 16,25f.) oder „Christus in euch" (Kol 1,27), sondern daß die Heiden in die Kirche mit-einverleibt werden und am allen Christen verheißenen Erbe und an der Kraft der Taufverheißung Anteil gewinnen. Der Verfasser nimmt hier 2,11–22 und 1,13f. wieder auf und spricht von dem, was der erhöhte Christus durch Paulus getan hat. Er verlängert so Christus gleichsam in die Kirchengeschichte hinein. Dies tut er durchaus im Sinn des Paulus, dessen Evangelium auch nicht darin bestand, daß er die Geschichte Jesu erzählte, sondern darin, daß er das jetzt ge-

5   schehende Heil für die Heiden verkündete. Die zweite Besonderheit unseres

Textes besteht darin, daß nicht mehr allgemein „allen Heiden" (Röm 16,26) oder „seinen Heiligen" (Kol 1,26) das Geheimnis geoffenbart wird, sondern „seinen heiligen Aposteln und Propheten" (V.5), d. h. den von Gott besonders Beauftragten der christlichen Gründergeneration. Dabei werden die Apostel durch die vermutlich nur ihnen geltenden Attribute „seine" und „heilige" besonders herausgehoben; „heilig" drückt, ähnlich wie etwa im Ausdruck „heilige Schriften", ein Verhältnis besonderer Ehrfurcht aus. Die Propheten sind natürlich die urchristlichen Propheten; das ergibt sich aus dem Wörtlein „jetzt" ganz klar. Deutlich sehen wir, wie in der nachapostolischen Zeit vor allem die Apostel als Offenbarungsempfänger und als diejenigen, die mit der Durchführung des göttlichen Gnadenauftrags betraut wurden, ein eigenes Gewicht gewinnen. Aber die Bedeutung der Apostel ist noch nicht einseitig eine solche für die Lehre der Kirche (so H. Merklein, Amt 342–345. 393–398, der von der „Traditionsnorm" spricht). Vielmehr ist das apostolische Werk, d.h. die „Veranstaltung der Gnade Gottes" gegenüber den Heiden (V.2) ebenso wichtig wie das darauf sich beziehende „Verständnis für das Geheimnis Christi" (V.4). Erst in den Pastoralbriefen wird Paulus einseitig der Urheber des „anvertrauten Gutes" (2.Tim 1,12.14) und der „gesunden Lehre" (1.Tim 1,10 u.ö.), die es treu zu bewahren gilt. V.7 liefert eine Bestätigung für diese Interpretation: Hier ist in einer bei unserem Verfasser beliebten Formulierung (vgl. 1,11.19 f.; 3,20) von der Kraft die Rede, die im paulinischen Gnadenauftrag wirksam war. Nicht um die Bewahrung apostolischer Traditionen geht es also, sondern um das Geheimnis Christi, das durch Christi Kraft in der paulinischen Mission wirksam war. Hier stehen die Gemeinden bleibend in der Schuld des Apostels. 7

V.8 setzt neu ein: Wieder erinnert der Verfasser an die dem Apostel Paulus 8 geschenkte Gnade für die Heiden. Das Gegenüber der Unwürdigkeit des Paulus – der „geringsterer als alle Heiligen", d.h. alle Christen, ist, wie es in Anspielung auf 1.Kor 15,9 f. in einer auch griechisch unmöglichen Formulierung heißt – und des „unerspürbaren Reichtums Christi" ist rhetorisch und will die Leserinnen und Leser ins Staunen führen über die unerforschlichen Wege von Gottes Gnade (vgl. Röm 11,33). „Erleuchten" (V.9), das parallel zu „verkündi- 9 gen" steht, ist ein Verb, das nicht nur an mystische Frömmigkeit erinnert, sondern auch an das Tauflied von 5,14. Es geht nicht nur um rational-theologische Erkenntnis des göttlichen Heilsplans, die Paulus vermittelte, sondern um Erkenntnis des Herzens (vgl. 1,18), die zugleich Leben ist. Der Inhalt der Erkenntnis wird wiederum in Anlehnung an das traditionelle Offenbarungsschema formuliert: Wieder geht es um den „Plan" oder die „Veranstaltung" – der Sinn des Wortes ist kaum präzise zu definieren – des Geheimnisses, also um seine Kundgabe und Verwirklichung in der Geschichte. Es war verborgen – vermutlich eher zeitlich „seit Äonen" an als personal „vor den Äonenmächten" (vgl. 2,7; Röm 16,25; 1.Kor 2,7) – „in Gott, dem Schöpfer des Alls". Auch für jüdische Weisheitstheologie, die hinter dem traditionellen „Offenbarungsschema" steht, ist die Weisheit den Menschen verborgen, aber dem Schöpfergott bekannt (Hiob 28,21–27; Bar 3,31–36). Unser Text zeigt deutlich, daß der

Epheserbrief noch vor jenem Bruch steht, der dann in der Gnosis den Schöpfergott vom Erlöser trennte und der im zweiten Jahrhundert Marcion dazu führte, unseren Text in „verborgen dem Gott, dem Schöpfer des Alls", umzuformulieren.

10   V.10 nennt die Weisheit als Inhalt des jetzt verkündigten Geheimnisses und läßt damit noch etwas vom mythologischen Hintergrund unserer Aussagen spüren. Gottes „vielgestaltige" – es ist ganz unklar, woran man bei diesem Wort denken soll – Weisheit ist nach V.9 am ehesten sein Heilsplan, den er durch Christus verwirklichte. Er wird von der Kirche auch den himmlischen Mächten und Gewalten gepredigt. Dabei denkt der Verfasser vielleicht an die Planetenmächte (vgl. zu 6,12), die die Menschen versklaven. Weltanschaulich darf man daran erinnern, daß die Kirche eine kosmische Größe ist, deren Haupt, Christus, „über jeder Macht und Gewalt" (1,21) steht und die darum auch im Luftraum den Mächten predigen kann. Das entspricht etwa 1.Tim 3,16 (Christus ist den Engeln erschienen) oder 1.Petr 1,12 (selbst die Engel begehren das Evangelium zu sehen). Wichtiger als diese eigentümliche Vorstellung ist die Sache, die dahinter sichtbar wird: Die Predigt des Evangeliums soll auch Mächte – seien dies nun Zauberei, Astrologie, oder in der Perspektive unseres Textes heute vielleicht wirtschaftliche oder politische Mächte – mit der Wahrheit des Evangeliums konfrontieren und sie in Schranken weisen. Das Christusgeschehen betrifft also nicht nur Paulus oder die Heiden, sondern den ganzen Kosmos.

Der Verfasser macht hier gewaltige Aussagen über die Kirche. Er versteht sie als eine kosmische Größe. Als solche ist sie den einzelnen Gemeinden und auch den einzelnen Gläubigen vorgeordnet. Er spricht hier nicht nach protestantischer Weise von der unsichtbaren himmlischen Kirche, sondern von der einen, sichtbaren Kirche, dem Leib Christi, die kosmische Dimensionen hat und von den Gläubigen unten auf der Erde bis zum Haupt im Himmel reicht. Sie wird von Gottes Energie, Segen und Weisheit durchflutet und ist tendenziell identisch mit der von Gott gewollten und von Christus beherrschten Welt. Der Verfasser des Epheserbriefes wäre der letzte gewesen, der das Christuszeugnis für eine Angelegenheit der religiösen Überzeugung Einzelner und die Kirche für einen nur mit Religion sich befassenden Kultverein gehalten hätte. Seine Sicht der Kirche gibt gerade protestantischer Ekklesiologie einiges zu denken (vgl. zu 4,4–6). Aber auch für unseren Vers gilt: Sein Thema ist nicht das „Heilsmysterium" der Kirche (R. Schnackenburg), sondern die Weisheit Gottes; und die Kirche ist nicht mehr als das Instrument der Verkündigung.

11   In V.11 fügt der Verfasser eine Zusatzbestimmung an, die deutlich macht, daß Gott der Herr über die ganze Weltgeschichte ist. In Christus, der wieder als präexistent gedacht ist, hat er nicht nur über einzelne Menschen (vgl. 1,4f.), sondern über alle Weltzeiten vorherbestimmt. Das entspricht der theozentrischen und christozentrischen Perspektive unseres Briefs: Alles steht unter dem Plan Gottes; alles ist durch seinen Heilswillen bestimmt, der in Christus wirk-

12   sam wurde. V.12 lenkt zurück zur Situation der Gemeinden: Nicht um kosmische Spekulationen über die Kirche und nicht um einen abstrakten Rückblick

auf die Heilsgeschichte geht es, sondern um den Grund ihrer eigenen Hoffnung. „Mut" ist in der griechischen Stadt die Haltung des freien Bürgers, der
offen reden und handeln kann und sich nicht zu fürchten braucht. „Zugang"
erinnert nochmals an den vorangehenden Abschnitt (2,18!) und meint ursprünglich den Zutritt zu Gott im Tempel. „Vertrauen" meint die subjektive Seite des
Glaubens, im Unterschied zu „Glauben", das in unserem Brief eher den Glau-
bensinhalt meint (vgl. z. B. 4,5.13). Der ganze Vers ist durch und durch paulinisch formuliert (vgl. z. B. 2. Kor 3,4.12; Röm 3,25; Röm 5,2; Gal 2,16).

V. 13 schließt den Abschnitt ab. „Paulus" bittet die Leserinnen und Leser,   13
nicht mutlos zu werden. Sein Leiden kommt ihnen zugute; Märtyrer sind
außerdem der „Ruhm" der Kirche. Der Verfasser steht damit wieder beim
Ausgangspunkt, bei V. 1. Deutlicher als vorher wissen nun die Gemeinden, daß
sie Paulus ihr ganzes christliches Leben verdanken. Das soll ihnen Mut geben,
vielleicht auch im Blick auf eigene Leiden. Und das soll sie vorbereiten, nun
mit Paulus in sein Dankgebet einzustimmen.

1.6 Fürbitte und Lobpreis 3,14–21

14 **Deshalb beuge ich meine Knie zum Vater,**
15   **von dem jedes Geschlecht in den Himmeln und auf Erden den Namen hat,**
16   **damit er euch nach dem Reichtum seiner Herrlichkeit gebe,**
        daß ihr erstarkt an Kraft durch seinen Geist am inneren Menschen,
17   **daß Christus durch den Glauben in euren Herzen wohne,**
          in Liebe verwurzelt und gegründet,
18   **damit ihr fähig werdet,**
        zu begreifen mit allen Heiligen,
          was die Breite und Länge und Höhe und Tiefe ist,
19   **und die Liebe Christi zu erkennen, die die Erkenntnis überragt,**
          damit ihr erfüllt werdet zur ganzen Fülle Gottes.
20 **Dem, der weit mehr zu tun die Kraft hat, über alles hinaus, was wir bit-**
ten oder denken, nach der Kraft, die in uns wirksam ist, 21 **ihm sei die Herr-**
lichkeit in der Kirche und in Christus Jesus, für alle Geschlechter des Äons
der Äonen. Amen.

V. 14–19: 1,16–19; V. 15: Jes 40,26; V. 19: 1,23; V. 20f: Röm 11,36; Gal 1,5: Phil 4,20.

Nun setzt die Fürbitte ein, die dem Verfasser schon seit Beginn des Kapitels   A
vor Augen stand. Sie besteht bis V. 19 nur aus einem einzigen langen Satz. Die
Konstruktion ist locker; die hier vorgeschlagene Übersetzung ist nur eine
Möglichkeit, die verschiedenen Satzteile einander zuzuordnen. Mit V. 18f. ist
ein gewisser Höhepunkt erreicht: Die beiden Verben „zu begreifen" und „zu
erkennen" formulieren das Ziel der Fürbitte mit Erkenntnisbegriffen. Über-
boten werden sie nur noch durch den abschließenden V. 19b, der sehr volltönend formuliert ist. Die Fürbitte gewinnt dadurch einen ähnlichen Abschluß
wie die erste Fürbitte des Briefes in 1,23.

Damit ist schon angedeutet, daß die Beziehungen zur ersten Fürbitte 1,15–23,
vor allem zu 1,16–19 sehr eng sind. Es gibt im griechischen Urtext zwischen

den beiden Abschnitten etwa ein Dutzend gemeinsamer Stichworte und Wendungen. Inhaltlich ist die Bitte um Glaubenserkenntnis und die abschließende Zielangabe, die Fülle Gottes, gemeinsam. Nach der Erinnerung der Adressaten an die Gnade, die sie in ihrer Taufe und durch das Werk des Apostels Paulus empfangen haben (Kap. 2,1–3,13), kehrt der Verfasser zur Fürbitte von Kap. 1 zurück. Vom Kolosserbrief ist er hier kaum bestimmt. In der Abfolge des Kolosserbriefes müßte jetzt Kap. 2 unserem Verfasser zum Grundtext werden. Dieses Kapitel ist aber in unserem Brief, wo es nicht um die Auseinandersetzung mit Gegnern geht, kaum aufgenommen.

(V.20f) schließen die Fürbitte mit einer Doxologie, einem Lobpreis von Gottes Herrlichkeit, ab. Solche Doxologien gibt es in urchristlichen Texten recht häufig (vgl. Gal 1,5; Röm 11,36; Phil 4,20; Hebr 13,21; 1.Tim 1,17; 2.Tim 4,18; Offb 1,5f.; Jud 25; 2.Petr 3,18; 2.Clem 20,5; der Zusatz zum Unservater etc.), während es in frühjüdischen Texten nur wenige Vorbilder gibt. Eine Doxologie besteht aus drei, jeweils variationsfähigen Teilen: aus dem Gottesnamen bzw. seiner Umschreibung im Dativ, aus dem eigentlichen Preis (fast immer mit „Herrlichkeit", oft mit zusätzlichen Ausdrücken) und schließlich aus einer Ewigkeitsformel mit Amen. Die feste Form läßt vermuten, daß Doxologien ihren Sitz im Leben in urchristlichen Gottesdiensten hatten. Wenn unser Brief in der Gemeindeversammlung vorgelesen wird, folgt also in V.20f. auf die Fürbitte die den Leserinnen und Lesern bekannte Doxologie, in die sie beim Vorlesen innerlich einstimmen. Wiederum lädt also der Verfasser seine Leserinnen zum gemeinsamen Lobpreis ein. Dem entspricht das gemeinschaftliche „wir" in V.20.

B14   Ein feierliches Gebet setzt ein. Nicht Knien ist im Judentum und Urchristentum die normale Gebetshaltung, sondern Stehen. Knien deutet Unterwerfung unter einen Höheren an. Dem scheint das Gottesprädikat „Vater" zu widersprechen. Aber hier ist nicht an den lieben, persönlichen Vater individueller

15   Frömmigkeit gedacht, sondern an den Gott, der als Schöpfer Vater der Welt ist. Vom Vater, so sagt der Verfasser mit einem Wortspiel, das im Deutschen nicht nachgeahmt werden kann, haben alle, die von einem gemeinsamen Vater abstammen, ihren Namen. Er denkt dabei an Engel, Tiere, Gestirne, Pflanzen, Menschen, kurz alle, die Gott beim Namen ruft (vgl. Jes 40,26; Ps 147,4). Es geht also, wie in 3,9, um den Schöpfergott, und wie in 1,17, um den Vater, von dem alle Herrlichkeit herkommt. Darum bittet der Verfasser, Gott möge nach

16a   dem Reichtum seiner Herrlichkeit, d.h. seiner Macht, seines Segens, seiner Hoheit, seines Lichts, seines Glücks schenken.

16b.17 Der Inhalt der Bitte wird in V.16b und V.17 mit zwei locker parallelen Infinitiven formuliert. Kräftigwerden durch den Geist und das Wohnen Christi im Menschen entsprechen sich und interpretieren sich gegenseitig. Ähnlich spricht auch Paulus synonym vom Wohnen Christi, bzw. des Geistes in uns (Röm 8,9–11). Beide Bitten werden durch anthropologische Aussagen abgeschlossen: „am inneren Menschen" (V.16b) und „in euren Herzen" (V.17). Sie können nicht etwas ganz Verschiedenes meinen. „Herz" meint in biblischer Tradition den ganzen Menschen in seinem Denken, Fühlen und Wollen. Der „innere Mensch" ist ein sehr offener Ausdruck, der bei den Griechen in verschiedenen Akzentuierungen den vernünftigen, von äußeren Leidenschaften unabhängigen, freien, sittlichen Menschen meint, dann später in der Gnosis den geistlichen Menschen, der nichts mit der Materie gemeinsam hat. Bei Paulus ist in 2. Kor 4,16 die tägliche Erneuerung der Christen, die ganz unabhängig von allen äußeren Leiden geschieht, mit diesem Ausdruck beschrieben. Auch hier kann in V. 16b – neben V. 17 – nicht gemeint sein, daß nur im innersten Wesenskern des Menschen, nicht aber in seinem Körper, der Geist wirksam ist. Vielleicht ist der innere Mensch identisch mit dem neuen Menschen von 4,22–24, der zwar durch die Taufe von Gott geschaffen ist, aber im praktischen Leben noch sichtbar werden muß. Daß der Verfasser an die Praxis denkt, zeigt die Zusatzbestimmung „in Liebe verwurzelt und gegründet". „In Liebe" ist betont vorausgestellt; der zweite Hauptteil wird in 4,2 wiederum mit „in Liebe" beginnen. Die Doppelbitte zeigt exemplarisch, wie wenig sich, bei Paulus wie anderswo, mystische Aussagen wie die von der Einwohnung Christi von ethischen trennen lassen.

V. 18f. formulieren die zweite Bitte. Jetzt, nach der Bitte um den Geist, geht 18–19a es um das Erkennen. „Mit allen Heiligen" betont das gemeinschaftliche Erkennen im Schoß der Kirche. Theologie ist keine Sache für individuelle Stars. Sehr schwer zu deuten ist die Reihe „Breite, Länge, Höhe und Tiefe". Die Ausdrucksweise klingt wie für Eingeweihte bestimmt. Weisheitliche Texte betonen, daß kein Mensch die Tiefen Gottes ergründen oder seine Vollkommenheit erfassen könne, die höher ist als der Himmel, tiefer als die Unterwelt, weiter als Erde und Meer (Hiob 11,7–9, vgl. Sir 1,3). Auch Paulus spricht vom Ergründen der Tiefen Gottes (1. Kor 2,10). Hellenistische Texte aus der Mystik oder Zaubertexte verstehen die Gottesschau als Offenbarung von Licht, Weite, Tiefe, Länge, Höhe, Glanz oder als eine Himmelsreise und ein Ausmessen der himmlischen Dimensionen (bei M. Dibelius – H. Greeven 97). So etwas klingt hier an. Gotteserkenntnis hat für den Verfasser offenbar etwas mit mystischer Gotteserfahrung zu tun. Es überrascht, daß der Verfasser diese Sprache aufnimmt. Er kann dies tun, weil er in V. 17 klar gemacht hat, daß es um die Einwohnung *Christi* geht, und weil er in V. 19a zu Christus zurückkehrt: Die Liebe Christi, die es zu erkennen gilt, überragt alle Erkenntnis. Daß die Liebe Christi alle Erkenntnis übersteigt, ist Inhalt der letzten, tiefsten Erkenntnis. Paulus hatte 1. Kor 8,1–3 ähnliches gesagt.

Die Fürbitte schließt in V. 19b mit einer Zielangabe, die an 1,23 erinnert. Es 19b geht um Gott, der die ganze Welt mit sich selbst erfüllen will und wird. Der erste Hauptteil des Epheserbriefes schließt also theozentrisch, ähnlich wie Paulus in 1. Kor 15,28 oder Röm 11,33–36. Für die Theologie des Epheserbriefes ist der Spannungsbogen „Von Gott / zu Gott", der 1,3–3,21 umschließt, grundlegend. Über Paulus hinaus ist in dieser Theozentrik des Epheserbriefes der Gedanke der Vergottung der Menschen eingeschlossen. Das Ziel, um das der Verfasser bittet, ist, Teil der Fülle Gottes zu werden. Das ist eine Aussage, die auf manches, was später bei den griechischen Vätern und bei orthodoxen Theologen zu lesen ist, vorausweist, aber für westliche Christen, zumal Protestanten fremd ist. Wichtig ist: *Dieser* Gedanke der Gotterfüllung der Menschen, der von der Liebe Christi ausgeht und in einer Doxologie endet, hebt das „allein aus Gnade" gerade nicht auf.

20f.   Das Gebet endet in einem Lobpreis. Daran zeigt sich, daß die Bitte um Gott-Erfüllung nicht den Abstand zwischen Gott und Menschen aufheben will. Gott ist der, der die Kraft hat und der jedem menschlichen Denken und auch jedem menschlichen Bitten weit voraus ist. Damit relativiert der Verfasser auch sein eigenes Gebet, ja alles, was er selbst in seinem Brief gedacht hat. Gott bewirkt das alles, denn alles Denken und Beten ist immer schon Ausfluß von Gottes Kraft, die in den Menschen wirksam ist. Das ist das eigentliche Wunder des Lebens, des Denkens und des Betens. Aber Gott selbst ist weit mehr als das. Und so endet das Denken unseres Verfassers nicht, wie bei einem schlechten Theologen, in einem abschließenden Gedankensystem, und nicht, wie bei einem schlechten Mystiker, in Ergriffenheit oder Versunkenheit in Gott, sondern in der Doxologie. Das ist der „Lobpreis der Herrlichkeit", den der Verfasser in 1,6.12.14 als Zielbestimmung menschlichen Lebens angegeben hat. Leben erreicht sein Ziel in der Doxologie. Gott allein, der viel mehr ist als alles Denken, Erfahren und Beten, gehört die „Herrlichkeit", die nichts anderes als der Inbegriff des göttlichen Lebens ist. Eigenartig ist das Nebeneinander von „in der Kirche" und „in Christus Jesus". Vielleicht fügte der Verfasser „in der Kirche" ein, um das Gemeinschaftliche des Gotteslobs zu betonen. Eine Ewigkeitsformel schließt die Doxologie ab. Das Gotteslob umgreift die Zeit und zielt auf Ewigkeit. Mit „Amen" schließt der Verfasser, wie dies bei Doxologien üblich ist. Hier spricht die Gemeinde bei der gottesdienstlichen Lesung des Briefes mit; sie stimmt ein in das Gotteslob „in der Kirche".

2. Das Leben der Gemeinden in der Welt (4,1–6,20)

2.1 Grundlegung: Die Einheit in der Kirche 4,1–16

1 Ich ermahne euch nun, ich, der Gefangene im Herrn, der Berufung würdig zu wandeln, zu der ihr berufen wurdet,
2   mit aller Demut und Milde,
      mit Langmut,
         indem ihr einander aushaltet in Liebe
3   und bestrebt seid, die Einheit des Geistes zu bewahren durch das
                                                    Band des Friedens:
4   *ein* Leib und *ein* Geist,
      wie ihr auch berufen wurdet in *einer* Hoffnung eurer Berufung;
5   *ein* Herr, *ein* Glaube, *eine* Taufe,
6   *ein* Gott und Vater von allem,
      der über allem und durch alles und in allem (wirkt).
7 Jedem einzelnen aber von uns wurde die Gnade nach dem Maß der Gabe Christi gegeben, 8 weshalb es heißt:
         „Er stieg hinauf zur Höhe,
         erbeutete Kriegsgefangene,
         und gab den Menschen Gaben".

9 Das „er stieg hinauf" – was besagt es anderes, als daß er auch hinabstieg zu den unteren Teilen der Erde? 10 Er, der hinabgestiegen war, ist eben der, der auch „hinaufstieg", höher als alle Himmel, um alles zu erfüllen.
11 Und *er* „gab" die einen als Apostel, andere als Propheten, andere als Evangelisten, andere als Hirten und Lehrer,
12 um die Heiligen zuzurüsten
>   zum Werk des Dienstes,
>   zur Auferbauung des Leibes Christi,
13   bis daß wir alle zur Einheit des Glaubens und der Erkenntnis des
>>   Gottessohns gelangen,
>>   zum erwachsenen Mann,
>>   zum Maß der Reife der Fülle Christi,
14 damit wir nicht mehr unmündig sind,
>   geschaukelt von den Wellen,
>   umhergetrieben von jedem Wind der Lehre
>>   im Würfelspiel der Menschen,
>>   in Schurkerei zum Holzweg der Täuschung,
15 sondern wahrhaftig reden in Liebe und auf ihn hin in allem wachsen, der das Haupt ist, Christus, 16 von dem her der ganze Leib – zusammengefügt und zusammengehalten durch jedes unterstützende Gelenk nach der Kraft im Maß des Anteils jedes einzelnen – das Wachstum des Leibes vollzieht zu seinem Aufbau in Liebe.

V.1: Röm 12,1; V.2: Kol 3,12 f.; V.3: Kol 3,14 f.; V.4–6: 1. Kor 8,6; V.6: Dtn 6,4; V.7: Röm 12,3; V.8: Ps 68,19; V.11: 1. Kor 12,28; V.16: Kol 2,19.

Der Abschnitt besteht aus zwei Teilen: V.1–6 und 7–16. Mit V.6 ist deutlich ein A vorläufiger Abschluß erreicht. Dennoch haben wir einen einzigen, zusammenhängenden Textabschnitt: Das zeigt sich daran, daß „in Liebe" (V.2) in V.15 f. wiederholt wird und daß „ein Glaube" (V.5) im zweiten Teil als „Einheit des Glaubens" (V.13) wieder auftaucht. Der zweite Teil konkretisiert also einen Punkt in der langen Liste der Eins-Akklamationen von V.4–6, nämlich den „einen Glauben".

V.1–6 beginnen mit einer allgemeinen Paränese, und zwar in V.1 genau mit den ersten Worten von Röm 12,1. Sie lehnt sich inhaltlich an Kol 3,12–14 an. Unser Verfasser greift also ein ihm passend erscheinendes Stück aus der Paränese des Kolosserbriefes heraus und beginnt nicht an ihrem Anfang. Erst ab V.17 wird er sich an die Reihenfolge des Kolosserbriefes halten. Den Einleitungsabschnitt der Paränese des Kolosserbriefes, Kol 3,1–4, läßt er weg; Eph 4,1–16 steht also gleichsam an dessen Stelle. Das Wort „Friede" in V.3, das anstelle von „Vollkommenheit" in Kol 3,14 steht, nimmt das Zentralwort von 2,14–18 auf; „ein Leib" und „ein Geist" erinnern an 2,16.18. In V.3 gibt „Einheit des Geistes" das Stichwort zu der in V.4–6 folgenden Reihe von Eins-Aussagen. Sie ist sorgfältig gegliedert. Die Verse 4 und 5 enthalten je drei solche Aussagen, wobei V.4 mit den Stichworten „berufen" und „Berufung" V.1 aufnimmt und in V.5 die drei Einheitsaussagen im Griechischen durch den Wechsel des Geschlechts rhetorisch äußerst wirkungsvoll sind. V.6 enthält nur noch eine, aber dafür längere Eins-Aussage, die in V.6b wiederum dreifach ausgeführt wird: „über allem – durch alles – in allem". Ein Vergleich mit 1. Kor 8,6 zeigt, wovon der Verfasser inspiriert ist: Dort zitiert Paulus einen traditionellen gottesdienstlichen „Zuruf", eine sog. Akklamation: „Ein Gott – der Vater, aus dem alles ist und wir auf ihn hin! Ein Herr, Jesus Christus, durch den alles ist und wir durch ihn" (vgl. Röm 11,36; 1. Kor 12,6). Der Leib, der Geist, die Hoffnung, der Glaube und die Taufe waren allerdings nie Gegenstand solcher Zurufe. Der Verfasser erweitert also die gottesdienstliche Akklamation in der Richtung, die er selbst durch 2,14–18 vorgezeichnet hat, und deutet an, was für Konsequenzen die Einheit Gottes und Christi im Leben der Kirche hat.

Auch V.7–16 haben keine Parallele im Kolosserbrief; nur ganz am Schluß, in V.16, formuliert der Verfasser mit den Worten von Kol 2,19. Wiederum tauchen mit „Apostel", „Propheten", „Leib", „bauen", „wachsen" und „zusammenfügen" zahlreiche Stichworte aus Eph 2,16–22 auf. In V.7 hat der Verfasser Röm 12,3 vor Augen; auch später, nämlich in 4,23.25.28; 5,10.17 werden Ausdrücke aus Röm 12,1–8 anklingen. Mit Worten von Röm 12,3 formuliert der Verfasser also in V.7 eine allgemeine These. Zu dieser These führt er in V.8 ein dreiteiliges Schriftzitat aus Ps 68,19 an. In den Versen 9–11 exegesiert er zwei Stichworte aus dem ersten und dem dritten Satz dieses Zitates: „er stieg hinauf" und „er gab". Das mittlere Sätzchen des Zitats exegesiert er nicht. Der erste Teil der Exegese, V.9f, enthält die grundlegende christologische Aussage unseres Abschnittes. Der zweite, V.11, der von der „Gabe" der Verkündiger an die Gemeinden spricht, enthält eine ekklesiologische Aussage und ist wiederum ein Grundsatz, der in V.12–16 durch zahlreiche Zielaussagen erläutert wird. Ihre syntaktische Zuordnung ist, wie oft im Epheserbrief, nicht überall eindeutig, sodaß die Übersetzung nur einen Vorschlag darstellt. V.15f. beenden die Zielaussagen mit einem Ausblick nach oben, auf Christus, und führen damit die Aussagen über die Kirche zu dem zurück, der eigentlich in der Kirche allein wirkt: Christus als Haupt seines Leibs.

14   V.14 spricht auffällig ausführlich von den Gefahren, die der Kirche drohen: Der Verfasser sieht sie in der Unmündigkeit der Gemeindeglieder, die hilflos wie Schiffbrüchige den Stürmen der Irrlehre ausgesetzt sind (vgl. Kol 2,22; Hebr 13,9; Jud 12f.). Die Formulierungen wecken negative Assoziationen: „Würfelspiel" erinnert an Zufälliges und Betrügerisches. Das Wort, das wir mit „Schurkerei" übersetzt haben, meint das Verhalten derer, die zu allem fähig sind, und kann auch subjektiv „List", „Verschlagenheit", „Betrug" meinen. „Täuschung" ist ein Ausdruck, der oft für Irrlehrer verwendet wird (vgl. z. B. Mt 24,4f.11.24; 1. Tim 4,1; 2. Joh 7; 2. Petr 2,15.18; Offb 2,20). Das griechische Wort für „Holzweg" ist dasselbe, das hinter unserem Fremdwort „Methode" steckt; gemeint ist der Irrweg, auf den falsche Lehrer führen (vgl. 6,11). Alles das wird am besten verstehbar, wenn der Verfasser von Irrlehren in den Gemeinden weiß. Dann wird auch verständlich, warum er in V.11 die Liste der paulinischen Charismen so auffällig auf die Dienste der Verkündigung und Lehre reduziert und warum er in V.13 das Stichwort der „Einheit des Glaubens" wieder aufnimmt. Was für Irrlehren gemeint sind, läßt sich allerdings dem Brief nicht entnehmen; der Verfasser bleibt in seinem Rundbrief ganz allgemein, und man kann also

nicht auf die Gnosis schließen (so H. Conzelmann). Die Gefährdung der Lehre ist ein allgemeines Kennzeichen der Spätzeit, in der die Apostel und Propheten, die Fundamente der Kirche (2,20), nicht mehr da sind.

Die Ermahnung beginnt mit einem betonten „ich" und einem Hinweis auf die Gefangenschaft des Apostels „im Herrn"; sie ist dadurch betont als apostolische Ermahnung gekennzeichnet. Sie ist Vermächtnis des Apostels an seine Gemeinde, mehr als bloße christliche Predigt. Der Lebenswandel der Gemeindeglieder muß ihrer Berufung entsprechen (vgl. 1.Thess 2,12), d. h. auf Gott ausgerichtet sein: Die Maßstäbe christlicher Ethik werden also „von oben" gesetzt (vgl. Kol 3,1–4), auch wenn faktisch christliche Paränese in manchem sich nicht wesentlich von jüdischer oder popularphilosophischer unterscheiden mag. Das zeigt sich vor allem daran, daß sie von vornherein auf die Gemeinde als den Raum ausgerichtet ist, in dem Christus Gestalt gewinnt. Negativ heißt das: Urchristliche Paränese ist nicht auf den einzelnen ausgerichtet und nicht an seiner Tugend, seiner Weisheit, seiner Vollkommenheit oder seinem Glück orientiert. Negativ heißt das auch: Urchristliche Paränese ist nicht auf die Gestaltung der Welt ausgerichtet; das Verhältnis zur Welt ist zugleich durch Abgrenzung und missionarische Zuwendung bestimmt, aber nicht durch den Willen zur Weltgestaltung. Positiv heißt das: Der Verfasser beginnt seine Paränese mit einer Mahnung zur Liebe und zur Einheit in der Kirche. Dies ist für ihn die grundlegendste Mahnung, die es gibt, weil in der Kirche Christus „alles erfüllt" (V.10). Die Distanz dieser Sicht zur heutigen Situation ist bemerkenswert: Heute ist auch für Christinnen und Christen fast ausschließlich die Welt der Raum, den christliche Ethik gestalten will. Die Gemeinde ist zum Ort degeneriert, an dem man ethische Belehrung empfängt.

„Der Berufung würdig zu wandeln" wird mit einer Reihe von Gemeinschafts„tugenden" umschrieben. Zu ihnen gehören: „Demut", womit nicht Unterwürfigkeit gemeint ist, sondern andere nach dem Vorbild Christi wichtiger zu nehmen als sich selbst (Phil 2,3. 5–8); „Milde", was normalerweise mit „Sanftmut" übersetzt wird, aber nicht mit Weichheit zu verwechseln ist; „Langmut", d. h. das Gegenteil von raschem Zorn (vgl. 4,26). Daß die ganze Reihe nicht auf eine „Sklavenmoral" hinausläuft, zeigen V.2b und V.3b: Haltet einander aus „in Liebe" fügt der Verfasser gegenüber Kol 3,13 hinzu, und vom „Band des Friedens" spricht er, und nicht wie Kol 3,14 vom „Band der Vollkommenheit". Nicht das Verhältnis der Sklavinnen und Sklaven zu ihren Herren, sondern das Verhältnis der Gemeindeglieder untereinander ist das Koordinatensystem, in dem er denkt. Vor allem aber ist aufschlußreich, daß er sein Wertsystem an der Gnade orientiert, die die Gemeinden erfahren haben: „Liebe" ist das, was Gott ihnen geschenkt hat (2,4); „Friede" in der Gemeinde wurde durch Christus gestiftet (2,14–18). Die „Einheit des Geistes" ist sowieso nicht ein Ziel, das Menschen erreichen, oder ein Wert, den sie verwirklichen können, sondern es ist die Einheit, die der Geist geschaffen und geschenkt hat (vgl. 2,18), die Menschen nur „bewahren" können. Das zu „bewahren", was Gott längst verwirklicht hat, darum geht es in christlicher Ethik. Sie ruht auf einem von Gott geschaffenen Grund.

4f.   Darum kehrt der Verfasser in V. 4–6 gleichsam in das ein, was Gott längst ge-schaffen und geschenkt hat. Die Massierung der Einheitsaussagen soll die Lese-rinnen und Leser überwältigen und beeindrucken. Die Nähe zur Form der gottesdienstlichen Akklamation (vgl. unter A) versetzt sie in eine Stimmung der Begeisterung und des Danks und vermittelt ihnen ein Gemeinschaftsge-fühl. Durchwegs geht es um Dinge, deren Einheit der Mensch nicht herstellen kann: Der „eine Leib" ist der Leib dessen, der unter den Menschen Frieden ge-stiftet hat. Die Menschen werden in die eine Kirche hineingetauft; der Gedan-ke, die Einheit der Kirche etwa durch einen Minimalkonsens über die rechte Lehre oder durch organisatorische Maßnahmen erst herstellen zu wollen, liegt hier fern. Die Einheit der Kirche ist vielmehr vorgegeben, weil sie allein von Gott her kommt. Der „eine Geist" ist der in der Taufe empfangene Geist Christi (vgl. 1. Kor 12,13) und nicht die Einmütigkeit der Gleichgesinnten in der Ge-meinde. Die „eine Hoffnung" ist das gemeinsame Hoffnungsgut, das für die Gläubigen im Himmel bereit liegt (vgl. Kol 1,5) und nicht die gemeinsamen Hoffnungen, die die Gläubigen miteinander teilen. In V.5 erinnert der Text an den „einen Herrn" der gottesdienstlichen Akklamation. Auch der „eine Glau-be" ist den Gemeindegliedern vorgegeben. Es geht hier um die objektive Seite des Glaubens; sein subjektives Moment nennt er „Vertrauen" (3,12). Der ganze Brief zeigt aber, daß er weit davon entfernt ist, den einen Glauben in tra-ditionelle Formeln oder in eine orthodoxe Lehre zu bannen. Er ist vielmehr „im Herrn Jesus" gegründet (1,15); diesem einen Grund denkt der Verfasser in seinem Brief auf seine eigene Weise betend nach. Auch die Taufe ist eine, weil sie eine Setzung Gottes ist, die die einzelnen Menschen in den einen Leib Chri-sti hineinführt. Verschiedene Taufverständnisse mag es schon damals gegeben haben, aber sie schließen die Einheit der Taufe nicht aus, sondern setzen sie voraus. Kurz: Es geht hier nicht um „ein Herz und eine Seele", sondern um den gemeinsamen *Grund*, auf dem die Gemeindeglieder ruhen und der sie in Bewegung bringt, in eine Bewegung zueinander, in die Liebe.

Was für ein Kirchenverständnis ist hier vorausgesetzt? Der Verfasser spricht nicht von der unsichtbaren, himmlischen Kirche, sondern von der realen Kirche, in der die Einheit Gottes, Christi, des Geistes, des Glaubens etc. konkret erfahr-bar wird. Man kann es pointiert sagen: Er versteht die Kirche „sakramental", als Ort wirklichen Heils. Damit meint er aber nicht, daß die Kirche den Gläu-bigen einfach vorausliegt. Vielmehr ist sie ein Ort der Bewegung. In der Milde, in der Langmut, im Einander-Aushalten, in der Liebe wird auch ein Stück der Einheit Gottes und Christi erfahrbar. Eine Kirche, in der Gemeinschaft nicht konkret gelebt wird, kann auch vom Heil nur abstrakt und damit nicht glaub-würdig sprechen. Darum ist im Epheserbrief die Paränese so wichtig. Der Brief meint auch nicht, daß die Kirche selbst eine absolute Heilsinstanz sei. Nicht die Kirche ist für ihn das Letzte, sondern sie weist über sich selbst hinaus, auf den, den sie repräsentiert, nämlich auf Gott selbst, der „alles erfüllt" (1,23). Darum endet der Text in V.6 mit einem preisenden Aufblick zu Gott selbst.

6   Hier klingt das biblische Grundbekenntnis „Höre Israel! Der Herr, dein Gott, ist *ein* Gott!" (Dtn 6,4) an, das in neutestamentlicher Zeit in jüdischer

wie christlicher Missionsverkündigung eine besondere Bedeutung gewonnen hat. Hier, bei Gott, liegt der letzte Grund, auf dem die Einheit der Kirche ruht. Hinter der Formulierung „über allem, durch alles und in allem" (oder: „über allen, durch alle und in allen") stehen letztlich stoische oder orphische Allmachtsaussagen. Sie waren ursprünglich pantheistisch gemeint: Gott, der über allem ist, durchdringt alles und ist in allem. Der Verfasser, der von Gott sagt, daß er alles erfülle (1,23), hat keine Hemmungen, solche Aussagen zu übernehmen. Sie schließen einen Aufblick zu Gott und das Gebet zu ihm nicht aus. Seine Wirksamkeit übersteigt hier selbst die Grenzen der kosmischen Kirche, die Gott zum Ort seiner Wirksamkeit gewählt hat.

Ein neuer Abschnitt setzt mit V.7 ein. Jedem einzelnen Gemeindegelied 7 wurde sein Maß der Gnade geschenkt. Mit der ersten Person Plural schließt sich der Verfasser wieder mit seinen Leserinnen und Lesern zusammen; er denkt also nicht, wie einige Ausleger meinten, nur an die Amtsträger und die ihnen geschenkte Amtsgnade (keine Leser würde vor V.11 auf eine solche Idee kommen!). Im Hintergrund steht Röm 12,3–8. Von wem wurde die Gnade ge- 8 schenkt? Um das zu erläutern, führt der Verfasser eine Stelle aus dem sonst im Neuen Testament nicht zitierten Ps 68,19 ein. Er zitiert sie in einer Textfassung, die dem aramäischen Targum am nächsten steht; der hebräische Urtext und die griechische Bibel enthalten das für ihn entscheidende Wort „geben" gerade nicht. Er legt sie so aus, wie das damals unter Christen und Juden üblich war, nämlich von der eigenen Gegenwart her. Deshalb spricht für ihn die Psalmstelle selbstverständlich von Christus, während sie für die zeitgenössischen jüdischen Ausleger von Mose sprach, der auf den Sinai stieg, um die Gabe der Torah den Menschen zu bringen. Der erste Teil der nun folgenden Auslegung 9f. deutet das Wort „aufsteigen" und dient sachlich dem Ziel, die Deutung des Psalmes auf Christus zu sichern. Derjenige, der aufstieg, ist zugleich derjenige, der hinabstieg. Mit „die unteren Teile der Erde" ist nach dem Weltbild unseres Briefs kaum die Unterwelt gemeint, denn der Verfasser rechnet ja damit, daß der Herrschaftsbereich des Teufels sich in den unteren Luftregionen befindet (vgl. 2,2; 3,10; 6,12). Der Genetiv „der Erde" ist wohl als Apposition zu verstehen (die unteren Teile, d. h. die Erde). Ist das richtig, so führt der Verfasser hier nicht den sonst in neutestamentlicher Zeit nur selten bekannten Gedanken der Höllenfahrt Christi an, sondern denkt im Rahmen des bekannten Kerygmas vom Abstieg und Aufstieg des Erlösers (Phil 2,6–11, vgl. Joh 3,13) an den Abstieg des himmlischen, präexistenten Christus auf die Erde. Er sagt also: Derjenige, der „aufstieg", kann ja gar kein anderer sein als derjenige, der nach unserem Glaubensbekenntnis auf die Erde herabgekommen ist, nämlich Christus. Er ist dann aufgestiegen und, wie schon in 1,20f. gesagt war, jetzt über alle Mächte erhöht und erfüllt – in seinem Leib, der Kirche – das All (vgl. 1,23). Die übrigen Aussagen des Zitats deutet der Verfasser nicht, also insbesondere nicht das Erbeuten von Kriegsgefangenen, obwohl ihm auch das vermutlich im Lichte der Aussage von der Unterwerfung der kosmischen Mächte durch den Erhöhten (1,22) und seines kosmischen Triumphes über sie (vgl. Kol 2,15) leicht möglich gewesen wäre.

11   Eben dieser Christus „gab" nun verschiedene Menschen als Diener der
Wortverkündigung. „Geben" hat hier wohl einen doppelten Akkusativ und
den Sinn von „einsetzen zu …", wie 1,22. Ähnlich ist die Grundstelle 1. Kor
12,28 formuliert, die dem Verfasser wohl vor Augen steht. Dort hatte Paulus
als erste die Apostel, dann die Propheten, dann die Lehrer und schließlich
Wunder, Heilungen, Dienstleistungen, Leitungsaufgaben und die Zungenrede
aufgezählt. Unser Verfasser konzentriert sich also auf die von Paulus als erste
genannten und personal formulierten Diener des Wortes, fügt aber zwischen
die Propheten und die Lehrer die Verkündiger und Hirten ein. Aber damit ist
der Inhalt dieses wichtigen Verses erst oberflächlich angedeutet.

Er ist ein zentraler Text für protestantische Ekklesiologie. Calvin hat von
ihm aus die Ämterordnung der Kirche entworfen (Institutio IV.1,1; 3,2.4–6).
Heute wird unser Text kontroverstheologisch diskutiert. Nach dem Protestanten K. M. Fischer (21–39) erwähnt der Verfasser die damals in Kleinasien
schon wichtigen Bischöfe mit Absicht nicht. Er verschweige sie und mache
sich so zum Anwalt der alten, paulinischen Kirchenordnung mit Aposteln und
Propheten an der Spitze. Für den Katholiken H. Merklein (Amt 396–398) ist
wichtig, daß es dem Verfasser nicht um die Gabe von Charismen, sondern um
die göttliche Setzung von Institutionen für die Kirche gehe. Dabei seien die
Apostel und Propheten die kirchliche Urinstitution und der Kirche aller Zeiten als Traditionsnorm vorgegeben.

Der Verfasser betont, daß *Christus* die Apostel, Propheten etc. geschenkt
habe. Insofern haben die hier aufgezählten „Ämter" in der Tat göttlichen und
nicht menschlichen Ursprung. Er betont durch das Wort „geben" ihren Gna-
dencharakter. Von V.7 her ist ihm der Geschenkcharakter der „Ämter" wichtiger als ihr rechtlich-institutioneller Charakter. Er spricht in V.11 zwar nur
von bestimmten „Ämtern", aber in V.7 hatte er mit dem gleichen Verb „geben"
betont, daß jedem einzelnen Gemeindeglied die Gnade geschenkt ist. Er wird
darauf in V.16 zurückkommen und betont in V.12f. die Bedeutung dieser
„Ämter" für die Zurüstung aller. Er stellt also die von Christus geschenkten
„Ämter" nicht der Kirche gegenüber oder ordnet sie ihr gar vor, sondern stellt
sie in die Kirche hinein (ähnlich 1. Kor 12,28, vgl. 18). Er spricht nicht von
Bischöfen, aber er spricht auch nicht von Diakonissen und Diakonen, von
Witwen oder von Gaben wie Heilungen oder Zungenrede. Deshalb kann man
V.11 nicht als Polemik gegen eine bischöfliche Kirchenverfassung deuten. Von
wem spricht er denn? Zunächst spricht er, wie 2,20 und 3,5, von den „funda-
mentalen" „Ämtern" der Apostel und der urchristlichen Propheten, die die Offenbarung empfangen haben. Mindestens Apostel gibt es zu seiner Zeit in der
Kirche nicht mehr. Aber er unterscheidet gerade nicht das vergangene „Amt"
des Apostels von gegenwärtigen „Ämtern" wie Hirten oder Lehrer, sondern
schließt alle unterschiedslos zu einer Reihe zusammen. Er denkt also nicht
zeitlich, vom Standpunkt der zweiten Generation aus, die sich ihres Abstandes
von den Aposteln bewußt ist und sich deshalb auf eine vorgegebene Traditionsnorm angewiesen weiß, sondern er denkt an den Raum des Leibes Christi, in dem vergangene und gegenwärtige Dienste zusammengehören. Er denkt

schließlich, so scheint mir, nicht in erster Linie an konkrete „Ämter". Er übernimmt zwar die drei „Ämter" der Apostel, Propheten und Lehrer aus 1. Kor
12,28, die bereits Paulus personal formuliert hatte. Es fällt aber schwer, ein
„Amt" des „Hirten" oder des „Evangelisten" kirchengeschichtlich zu greifen.
Das griechische Wort für „Evangelist" heißt eigentlich „Verkündiger"; es ist
seit dem 3. Jh. ein fester Ausdruck für einen Evangelienverfasser. Früher aber
war es kein fester Ausdruck. Apg 21,8 wird Philippus „Evangelist" genannt,
im Unterschied zum andern Philippus, der zum Zwölferkreis gehörte. In
2. Tim 4,5 soll Timotheus das „Werk eines Evangelisten" tun; aber wir hören
nie etwas davon, daß die Apostelschüler „Evangelisten" genannt worden
wären. Sonst kommt das Wort nicht vor. Ähnlich ist es beim „Hirten": Es gibt
Stellen, die sagen, daß bestimmte Menschen die Gemeinde „weiden" sollen,
z. B. Petrus (Joh 21,16) oder die Ältesten (Apg 20,28; 1. Petr 5,2). Gemeint sind
damit nicht nur Leitungsaufgaben, sondern vor allem auch die Bewahrung der
Gemeinde in der rechten Lehre. „Hirte" ist im Neuen Testament sonst nur
Christus (Joh 10; 1. Petr 2,25; 5,4; Hebr 13,20). Erst bei Ignatius ist der Bischof
der Hirte (Phil 2,1; Röm 9,1f). Wir schließen daraus: Es geht dem Verfasser
nicht um die göttliche Einsetzung einer bestimmten Ämterordnung der Kirche,
sondern es geht ihm um das Geschenk der Verkündigungsfunktionen, die er
zum Teil personal, zum Teil funktional-bildlich umschreibt. Ob z. B. Bischöfe
oder Älteste die Funktionen von „Verkündigern" und „Hirten" der Gemeinden übernommen haben, interessiert ihn nicht. Er will also gewiß nicht gegen
Bischöfe polemisieren. Er will aber auch nicht eine bestimmte Ämterordnung
von Gott her institutionalisieren. Er ist im ganzen verhältnismäßig nahe bei
Paulus, unterscheidet sich aber von ihm an einem Punkt: Anders als bei Paulus
und im Kolosserbrief (3,16) scheint der Dienst des Wortes nicht mehr Aufgabe
der ganzen Gemeinde zu sein, sondern einzelnen Menschen übertragen (vgl.
auch zu 3,5 und 5,19). Insofern ist der Epheserbrief in der Tat nahe bei der protestantischen These, daß das besondere Amt des Wortes die Kirche trägt. Das
ist aber gerade keine paulinische These, wie denn auch die protestantischen
Pfarrerkirchen von den paulinischen Gemeinden und ihrem „allgemeinen
Priestertum" sich mächtig unterscheiden.

Der Verfasser konzentriert sich auf die Dienste des Wortes, weil sie für die   12–13
gefährdete „Einheit des Glaubens" besonders wichtig sind, und läßt die übrigen der Kirche geschenkten Gaben weg. Die Diener des Wortes sollen, so sagt
er in durchweg paulinisch geprägter Sprache, die „Heiligen", d. h. alle Christinnen und Christen, „zurüsten" zum „Dienst" (womit jede Aufgabe in der
Gemeinde gemeint ist, vgl. 1. Kor 12,5) und „zur Auferbauung des Leibes Christi". Das Ziel ist in V.13 in Erkenntnisbegriffen angegeben (vgl. 1,17–19; 3,19).
Die „Einheit des Glaubens" ist nicht nur Vorgabe (V.5), sondern auch Ziel.
Das ist kein Widerspruch, denn die von Gott gestiftete Gabe will ja im Epheserbrief eine Bewegung auslösen, die durch Liebe, Friede und Christuserkenntnis bestimmt ist. Für diese Bewegung, in welche die Kirche durch die
Vorgabe gebracht wird, „schenkt" Christus auch die Dienste der Verkündigung. Diese Bewegung nennt der Verfasser das „Wachsen" der Kirche (V.15).

Bildlich gesprochen ist das Ziel „der erwachsene Mann", d. h. der mündige Christ. Der Verfasser braucht hier einen griechischen Ausdruck mit festem Sinn, der überdies durch den Gegensatz zu „unmündig" und durch das Wort „Reife" bestimmt wird; irgendwelche mythologische Vorstellungen sind zum Verständnis nicht nötig. Daß er einen erwachsenen Mann und nicht eine Frau nennt, ist für damalige Leserinnen und Leser ohne sachliche Bedeutung. Die Gemeinde soll – dank der Gaben des Christus, die Grundlage, Hilfe und Ziel sind, – nicht im Spiel menschlicher Irrlehren schiffbrüchig werden.

15f.   Der Weg zu wahrer Christuserkenntnis ist kein abstakter Prozeß des Lernens. „Wahrhaftig reden" und „Liebe" gehören zusammen; Erkenntnis und Praxis sind untrennbar. Beides zusammen wird als „Wachsen" der Kirche beschrieben. Wachstum der Kirche bedeutet also nicht Missionserfolge. Es ist auch nicht gemeint, daß die Kirche irgendwann ihr Ziel erreicht haben könnte und genug wahre Erkenntnis oder vollkommene Liebe besitze. Vielmehr geht es um die Bewegung zu Erkenntnis und Liebe, die durch die Vorgabe der Einheit (V.4–6) begründet wird. Wachsen, d.h. die Bewegung des Erkennens und des Liebens, ist das Wesen der Kirche, deren Haupt Christus ist. Damit ist der Text am Schluß dieser ethischen Grundlegung wieder bei seinem Ausgangspunkt angelangt, bei Christus. Er spricht vom Leib Christi, aber dynamisch, als lebendigem Organismus. Es geht ihm darum, daß von Christus die durch den ganzen Leib pulsierende Kraft ausgeht, die das Wachstum ermöglicht. Er formuliert es mit den Worten von Kol 2,19 und fügt darin „nach der Kraft im Maß des Anteils jedes einzelnen" ein. Christus ist die Energie, die den Leib lebendig macht (vgl. 1, 20). Jedes einzelne Gemeindeglied partizipiert an dieser Energie nach dem Maß, das es von Gott geschenkt bekommen hat. Mit dieser Formulierung ist der Text zu V.7, und damit zum Geschenk der göttlichen Gnade zurückgekehrt, die das A und das O jedes Handelns ist.

Wir blicken zurück auf diese Grundlegung der Paränese: Für sie ist die Kirche das Allerwichtigste, was es in der Welt gibt. Sie ist das Allerwichtigste, weil sie der Raum Christi ist und weil in ihr Christus alles erfüllt. Empirisch ist diese Aussage damals, in der Zeit bedrängter und marginaler Randgemeinden, noch viel unwahrscheinlicher als heute in der Zeit abbröckelnder Volkskirchen. Aber das, was die Kirche empirisch ist, ist hier zweitrangig gegenüber der Überzeugung, daß in der Kirche Christus real wirkt. Und gerade dadurch vermag der Verfasser eine Bewegung auszulösen, die die Wirklichkeit des Alltags völlig verändert. Das zeigen die folgenden Mahnungen.

2.2 Die große Gemeindeparänese an die Getauften 4,17–5,20

A   Die große Paränese ist kaum klar zu gliedern. Der ganze Abschnitt gleicht einem großen Teppich, in dem gewisse Motive sich immer wieder wiederholen, ohne daß man in ihm ein durchgehendes System erkennen könnte. Solche Motive oder Worte, die sich wiederholen und die den Leserinnen und Lesern dadurch im Gedächtnis bleiben, sind etwa „wandeln" (4,17; 5,2.8.15), die Gegenüberstellung von heidnischem und christlichem Lebenswandel (4,17.22–25;

5,8), die Gegenüberstellung von Licht und Finsternis (5,8f.11.13), die Laster Zorn (4,26.31), Habsucht (4,19; 5,3), Unreinheit (4,19; 5,3), die ethischen Werte Gerechtigkeit (4,24; 5,9) und Wahrheit (4,21.24f.; 5,9) und der heilige Geist (4,23.30; 5,18). Der Eingangsabschnitt 4,17–24 enthält besonders viele Erinnerungen an Kapitel 2 und ist sehr allgemein formuliert. Erst ab V.25 werden die Mahnungen konkreter. Der Abschnitt 5,8–14 ist durch den Gegensatz Licht-Finsternis geprägt. Aber im ganzen kommen Gliederungsversuche nicht über recht willkürliche Annahmen hinaus.   A

Quellenmäßig ist das Grundgerüst des Abschnittes durch Kol 3,8–17 bestimmt (= Eph 4,22–24.32; 5,19f.). Weggelassen ist nur der Spitzensatz von Kol 3,11, daß in der Kirche nicht Beschneidung noch Vorhaut, nicht Barbar, Skythe, Sklave oder Freier sei. War dieser Satz unserem Verfasser zu radikal? Teile von Kol 3,12f. und 15 hatte der Verfasser bereits in 4,2f. verwendet. Sie fehlen jetzt; man sieht daran, wie sorgfältig die Redaktion ist. Über den Grundabschnitt Kol 3,8–17 hinaus verwendet er noch andere Kolosserstellen, nämlich 3,5f. in 5,3–6; 4,6 zusammen mit einem nicht verwendeten Teil von 3,8 in 4,29 und 4,5 in 5,15. Darüber hinaus verwendet der Verfasser andere Paulusstellen oder paränetische Traditionen, die in der Auslegung genannt sind. Es fällt deshalb schwer, hinter unserer traditionellen Paränese aktuelle Anlässe oder ethische Mißstände im Leben der Gemeinde zu erkennen. Immer wieder aber unterbricht der Verfasser seine Ermahnungen durch eigene Zwischenbemerkungen, die Verbindungen zu anderen Teilen des Briefes herstellen und dem Ganzen Tiefe geben.

Dabei fällt besonders auf, daß manches an die Einleitung zum ethischen Teil, an 4,1–16 erinnert (vgl. z. B. 4,25 der Leib-Christi Gedanke; 4,29 der „Bau"; 5,2 „in Liebe"). Vor allem steht auch in unserem Abschnitt noch Röm 12,1–8 im Hintergrund (4,24f. 28; 5,10.17). Der Verfasser erinnert also immer wieder daran, daß die Kirche der Ort des neuen Lebens ist. Soziologisch gesehen entspricht der Mahnung zu intensivem Zusammenhalt nach innen (4,1–16) die Abgrenzung nach außen, gegen den heidnischen Lebenswandel (4,17–19).

17 **Dies nun sage und bezeuge ich im Herrn, daß ihr nicht mehr wandeln sollt, wie die Heiden wandeln, in ihrer nichtigen Vernunft,**
18 **verfinstert in ihrem Sinn,**
   entfremdet vom Leben Gottes,
     weil Unwissenheit in ihnen ist,
     weil ihr Herz verhärtet ist;
19 **sie haben sich abgestumpft und sich der Zügellosigkeit ergeben, um jede Unreinheit zu vollbringen in Habgier.**
20 **Ihr aber habt nicht so Christus kennengelernt, 21 da ihr ja von ihm gehört habt und in ihm unterwiesen worden seid, wie es Wahrheit ist in Jesus, (nämlich) 22 abzulegen den alten Menschen, so wie euer früherer Wandel war, der sich in trügerischen Begierden zerstört, 23 euch aber erneuern zu lassen im Geist, der (in) eurem Sinn (ist), 24 und den neuen Menschen anzuziehen, der nach Gott geschaffen ist in Gerechtigkeit und wahrer Heiligkeit.**

V.17–24: 2,1–10; Röm 1,21.24; V.20–24: Kol 3,8–10.

A Der Einleitungsabschnitt ist zweiteilig: Die heidnische Existenz (V.17–19) wird der christlichen (V.21–24) gegenübergestellt. Erstere wird durch Partizipien und Nebensätzen so beschrieben, wie sie die Christen im Rückblick sahen; letztere wird von V.22 an in drei Infinitiven umschrieben, die ein Ziel angeben und imperativischen Sinn haben: Christliches Leben heißt, aufgerufen sein zum Handeln. Die Gegenüberstellung erinnert an 2,1–10, wobei es dort um eine dankbare Rückerinnerung ging, hier um einen Aufruf und eine Mahnung. Von V.22 an liegt Kol 3,8–10 zugrunde. V.17–21 haben keine Entsprechung im Kolosserbrief: Der Epheserbrief ersetzt die „vertikale" Gegenüberstellung von Leben „oben" und „unten" (Kol 3,1–4) durch die „horizontale" von Leben der Heiden und Leben der Christen. Die Abgrenzung gegenüber heidnischem Leben bleibt in der späteren Zeit wichtig (vgl. 1.Petr 4,1–6). Bei der Beschreibung des heidnischen Lebens in V.17–19 hat sich der Verfasser vermutlich an Röm 1,18–32 erinnert, vor allem an Röm 1,21.24. Eine eigenständige Formulierung des Verfassers ist V.20: Der Verfasser appelliert an die Tradition, welche die Gemeinde gelernt hat. Dem entspricht, daß er selber weithin traditionelle Paränese verwendet.

B   Das Bild, das der Verfasser vom Leben der Heiden malt, ist V.17–19 ganz
17–19 schwarz. Wie in Röm 1,19–23 und im wichtigsten jüdischen Paralleltext Weis 13f. liegt die Wurzel allen Übels in der Erkenntnis, genauer: in der Entfremdung der Vernunft von der ihr eigentlich möglichen Gotteserkenntnis. Erkenntnis ist dabei für den Verfasser nicht etwas bloß Theoretisches: Die „Vernunft", d.h. der Ort des Denkens und des Wollens (V.17), der „Sinn", d.h. die Denkkraft und die Gesinnung, und das „Herz", d.h. der Ort des Wünschens und des Wollens (V.18), sind Träger der Erkenntnis, also der ganze Mensch. Darum hat das Nichterkennen Gottes sogleich praktische Folgen für den ganzen Menschen: Der Mensch als ganzer ist verfinstert, verhärtet (vgl. Jes 6,10; Joh 12,40; Röm 11, 7–10.25 von Israel) und aus dem von Gott geschenkten Leben herausgefallen. Darum ist auch ethisches Fehlverhalten Folge des Nicht-Erkennens Gottes. Der Verfasser umschreibt es mit „Zügellosigkeit", „Unreinheit" und „Habgier": „Unreinheit" ist schon im Judentum viel mehr als ein nur ritueller Begriff; auch das Herz und die Seele können unrein sein (vgl. Mt 5,8); gedacht ist u.a. an sexuelles Fehlverhalten. „Habgier" galt jüdisch wie griechisch als Ursprung und Inbegriff alles Bösen. Der Verfasser sieht dabei die heidnische Gottlosigkeit und ihre ethischen Folgen als Schuld: Nicht Gott (so Röm 1,24), sondern sie selbst übergaben sich der Zügellosigkeit.

20f.   Dem gegenüber erinnert er die Gemeinden an die Tradition, die sie empfangen haben, vielleicht im Taufunterricht: Ein intellektualistischer Zug – Unterricht, Lehre und Lernen – und eine ethische Akzentuierung – im Unterricht ging es um praktische Fragen des neuen Lebens – zeigten sich schon früh im
22–24 jungen Christentum. Der Inhalt des Gelernten wird mit drei parallelen Infinitiven umschrieben, die zugleich eine zeitliche Abfolge wiedergeben: „Ablegen", „sich erneuern lassen", „anziehen". Im Hintergrund steht urchristliche Taufparänese: Taufe ist Sterben des alten Menschen (Röm 6,6), Ablegen seiner Werke (Röm 13,12; 1.Petr 2,1), Anziehen Christi (Gal 3,27) und der Waffen

des Lichts (Röm 13,12). Kol 3,8–10 hatte den Gedanken des Anziehens Christi individualisiert und mit dem Gedanken der neuen Schöpfung (Gal 6,15; 2. Kor 5,17) verbunden. So formuliert auch unser Text: Taufe ist ganz radikal verstanden; sie ist eine Neuschöpfung des Menschen, der sich in seinen Begierden zugrundegerichtet hat – die Sündenfallgeschichte steht im Hintergrund! – und nun von Gott neu geschaffen wird, in wahrer Gerechtigkeit gegenüber den Menschen und in Heiligkeit gegenüber Gott. Man kann hier natürlich kritisch einwenden: Taufe war nie in der Geschichte des Christentums eine Neuschöpfung des Menschen, sondern bestenfalls Anfang einer neuen Lebensetappe, meistens aber bloßer „rite de passage". Insofern ist das Taufverständnis unseres Briefes (und des ganzen Neuen Testaments!) illusionär. Unser Briefverfasser würde umgekehrt argumentieren: Nur weil die Taufe eine wirkliche Veränderung des Menschen bedeutet, kann man die Gemeinden auf die ethischen Konsequenzen hin ansprechen, die sie hat. Ein bloßer Übergangsritus dagegen kann keine ethischen Konsequenzen haben.

25 Deshalb legt die Lüge ab, „sagt die Wahrheit, jeder zu seinem Nächsten", weil wir untereinander Glieder sind.
26 „(Wenn ihr schon) zürnt, so versündigt euch nicht"! Die Sonne soll nicht untergehen über eurem Zornausbruch!
27 Und gebt nicht dem Teufel Raum!
28 Der Dieb soll nicht mehr stehlen, sondern eher sich abmühen, indem er mit den Händen das Gute wirkt, damit er etwas hat, um es dem Notleidenden zu geben.
29 Kein einziges faules Wort soll aus eurem Mund herauskommen, sondern, wenn eins, (dann) ein gutes, das auferbaut, wo es not tut, damit es den Hörenden eine Wohltat erweist.
30 Und betrübt nicht den heiligen Geist Gottes, in dem ihr versiegelt wurdet auf den Tag der Erlösung hin.
31 Jede Erbitterung, Wut, Zorn, Gezeter und Schmähung soll von euch weggenommen sein, wie auch jede Schlechtigkeit.

V.15–31: Kol 3,8f.; V.25: Sach 8,16; Röm 12,5; V.26: Ps 4,5; V.29: Num 32,24; Kol 4,6.

Locker, im Stil jüdischer weisheitlicher Paränese, reihen sich einzelne Ermah- A nungen aneinander. Vielleicht ist der ganze Abschnitt eine Entfaltung des Lasterkatalogs von Kol 3,8–9a: „Lügt nicht gegeneinander" = V.25; „legt ab … Zorn" = V.26f; „Wut, Schlechtigkeit, Schmähung" = V.31; „schändliche Rede aus eurem Mund" = V.29. Auf V.29 wirkt außerdem Kol 4,6 ein. Nur biblischen Zitate und die Warnung vor Diebstahl in V.28 fallen heraus.

Solche Paränesen wurzeln in traditioneller jüdischer Weisheit und sind sprachlich oft biblisch gefärbt (besonders V.25b.26a). Auch in den paulinischen Gemeinden, für die das jüdische Gesetz nicht mehr galt, hat sich in der Ethik gegenüber der jüdisch- weisheitlichen Paränese nicht viel geändert. Im Gegenteil: Diesen Strom jüdischer Überlieferung hat das junge Christentum ziemlich ungebrochen rezipiert. Natürlich wurden die weisheitlichen Stoffe nur auswahlweise rezipiert: Es fehlen weitgehend individualethische Mahnungen, z. B.

zur Besonnenheit und zum Maßhalten. Es fehlen auch Mahnungen aus dem Bereich des öffentlichen Lebens, z.B. zur Gerechtigkeit beim Richten. Es dominieren Mahnungen, die das zwischenmenschliche Zusammenleben betreffen. Besonders wichtig sind Mahnungen vor Zungensünden. Schließt man die Haustafeln von 5,21–6,9 ein, so läßt sich sagen: Der Ort, wo christliche Ethik verwirklicht wird, ist die Gemeinde und die Familie. Unsere Paränese zeigt also indirekt, daß die (Haus)Gemeinde ein Ort war, wo man wirklich miteinander in Berührung kam und zusammenlebte, nicht nur der Ort des sonntäglichen Gottesdienstes. Auffällig ist ferner, wie viele antithetische Gegenüberstellungen von Mahnungen und Warnungen unsere Paränese enthält (V.25.26.28.31f.). Darin spiegelt sich ein Abgrenzungsbedürfnis: Die Gemeinde grenzt sich in ihrem Verhalten gegenüber ihrer heidnischen Umwelt ab. Weiter fällt auf, daß Mahnungen zur Freigebigkeit fehlen, und auch, daß Warnungen vor Habsucht nur beiläufig erfolgen. Die Gemeinden sind in ihrer großen Mehrheit offensichtlich nicht wohlhabend gewesen. So spiegelt die Auswahl der ethischen Stoffe indirekt die Lebenswirklichkeit der Gemeinde. Oder anders: Die Situation und die Bedürfnisse der Gemeinden wirken neben ihrem christlichen Glauben als „Filter" zur Rezeption von Traditionen.

Die Mahnungen sind alle sehr allgemein. Präzise Vorschriften fehlen. Sie funktionieren als allgemeine Richtungsangaben und nehmen einzelnen Christinnen und Christen die Verantwortung für ihre eigenen ethischen Entscheidungen nicht ab. „Richtungsangabe" und „eigene Verantwortung" sind zwei für das Verständnis solcher Paränesen grundlegende Stichworte.

B 25   Das Wort „ablegen" knüpft an V.22 an. Noch geht es um das Gegenüber von altem, heidnischem und neuem, christlichem Leben. In V.21 hieß es, daß Wahrheit in Jesus sei. Hier geht es um Wahrheit und Lüge im alltäglichen Zusammenleben. Der Verfasser zieht also Jesus in den Alltag hinein. Begründet wird die Mahnung mit den Worten von Röm 12,5, also aus dem schon für den einleitenden Abschnitt 4,1–16 wichtigen Pauluskapitel: Wir „sind untereinander Glieder". Der theologische Gedanke des Leibes Christi gewinnt hier für
26f. das alltägliche Leben Kraft! Warnungen vor dem Zorn, wie sie V.26 bringt, sind verbreitet, vgl. Test Dan 2–5; Seneca, De Ira; Mt 5,21f.; Jak 1,19–21 etc. V.26 heißt wörtlich: „Zürnt und sündigt nicht". Vermutlich ist das nicht ironisch gemeint (wer zürnt und meint, dabei nicht zu sündigen, soll zusehen!), sondern man muß den ersten Imperativ konzessiv oder konditional fassen (vgl. die Übersetzung), was semitisch üblich und griechisch möglich ist. Unsere Mahnung sagt dabei nicht direkt, daß es auch einen gerechten Zorn gibt, räumt aber ein, daß Zornausbrüche eben manchmal vorkommen. Wann sündigt man beim Zürnen? V.26b gibt eine Antwort im Anschluß an eine pythagoräische Maxime: Wenn man länger als einen Tag zürnt (Plutarch, Moralia 488c, vgl. in Qumran Damaskusschrift 7,2f.)! Der zugefügte V.27 verschärft das noch: Wer zürnt, läuft Gefahr, dem Teufel Raum zu geben. Der Teufel wird in der neutestamentlichen Spätzeit, wo die kosmische Endzeiterwartung zurücktritt, immer mehr zum individuellen Versucher (vgl. 1.Petr 5,8; 2.Tim 2,26; Jak 4,7). Nach Hermas, Mand 5,3 wohnt im Jähzorn der Teufel. Psychologisch drückt

das jüdische Testament Dan in seiner ausführlichen Erörterung des Zorns dasselbe aus: Im zornigen Menschen wird der Zorn zur Seele der Seele, die ihn beherrscht (3,1f.). Derselbe Text stellt den Zorn mit der Lüge zusammen, „denn Blindheit bedeutet der Zorn, und er läßt nicht zu, jemandes Antlitz in Wahrheit zu sehen" (2,2). Etwas von diesem Zusammenhang weiß auch unser Text in V.25 und 26f.

Recht unvermittelt kommt die Mahnung an die (ehemaligen?) Diebe, nicht 28 mehr zu stehlen, sondern durch Handarbeit ihren Lebensunterhalt zu verdienen. Die Mahnung zur Handarbeit ist in den paulinischen Gemeinden verbreitet (vgl. 1.Thess 4,10f; 2.Thess 3,11f.); man wird sich auch an das Beispiel des arbeitenden Paulus erinnern (1.Kor 4,12; Apg 20,34). Wichtig ist, daß Arbeit nicht an sich ein Wert ist; sie wird in der Tradition der Sündenfallgeschichte (Gen 3,17–19!) realistisch als „Mühe" gesehen. Aber sie gewinnt in unserem Brief einen neuen, christlichen Sinn: Arbeit ist Chance zur Nächstenliebe (vgl. Did 4,5f.).

V.29 kehrt wieder zum Motivkreis des Zorns zurück. Die jüdische Paränese 29 mahnt: Tue viel und rede wenig (Sprüche der Väter 1,15). Der Jakobusbrief weiß, wieviel Gutes und Böses die Zunge, dieses kleine Glied des Körpers, bewirkt (Jak 3,1–12). Die Worte werden nach Mt 12,33–37 an ihren guten oder faulen Früchten gemessen. Unser Verfasser formuliert diese traditionelle Paränese so, daß das Leben der Gemeinde hindurchschimmert: Das Wort „baut auf"; nach 4,12.16 (und 1.Kor 14) haben die Leserinnen und Leser gewiß an die Auferbauung des Leibs Christi gedacht, die durch so alltägliche Dinge wie den rechten Gebrauch der Zunge geschieht. „Das Reden ist nicht nur Geschwätz. Es ist eine ‚Einstellung' zum Mitmenschen und steht unter der Regel der Liebe" (H. Conzelmann 114). Auch die Formulierung „eine Wohltat erweisen" läßt die Wirklichkeit der Gnade (das griechische Wort ist dasselbe!) durchschimmern (vgl. 4,7). V.30 bezieht das alles zurück auf die Gnade, die die Gemeinde er- 30 fahren hat. Die „Versiegelung auf den Tag der (endzeitlichen) Erlösung" hin und die Gabe des Geistes erinnern wie 1,13f. an die Taufe. Was meint das „Betrüben des Geistes"? Die Wendung ist nicht vorgeprägt. Vielleicht darf man daran erinnern, daß nach Paulus der Geist Freude ist (1.Thess 1,6, vgl. Röm 14,17). Den Geist betrüben heißt nach dem Römer Hermas, ihm keinen Raum mehr lassen (Mand 10,2,2). Er fährt fort: „Der Jähzorn betrübt den Geist, weil er das Böse getan hat" (ebd. 10,2,4). Möglicherweise schwebt unserem Verfasser ein ähnlicher Gedanke vor. Er meint jedenfalls: Böse Worte im Alltag vertreiben die Taufgnade. So sehr muß die Taufe im Alltag gelebt und bewährt werden. Er schließt dann den Abschnitt in V.31 mit einem fünfgliedrigen Lasterkatalog, 31 der wieder zu Kol 3,8 zurücklenkt. Die vier Laster, die hier neben dem Zorn aufgezählt werden, sind alles seine Äußerungsweisen.

32 Werdet vielmehr gütig gegeneinander, barmherzig,
    indem ihr einander gnädig seid,
        wie auch Gott in Christus euch Gnade erwiesen hat.
1 Werdet also Nachahmer Gottes, als geliebte Kinder,

2   **und wandelt in Liebe,**
     wie auch Christus euch geliebt hat,
     und sich für uns dahingegeben hat,
     als Gabe und Opfer für Gott zu köstlichem Wohlgeruch.

V.32: Kol 3,12f.; V.1: 1.Kor 11,1; V.2: Ps 40,7; Ex 29,18; Lev 1,17; Phil 4,18.

A   Der Abschnitt steht innerhalb der großen Paränese an zentraler Stelle. Er schließt nach vorn locker an, indem er die positive Entsprechung zum Lasterkatalog von V.31 bildet. Inhaltlich durchbricht er aber die paränetische Ebene, indem er die göttliche Grundlage deutlich macht, auf der alle Ermahnungen ruhen. Auf sie verweist er in zwei weitgehend parallelen Sätzen 4,32; 5,1f., die das von den Menschen geforderte Handeln als Entsprechung zum Handeln Gottes bzw. Christi verstehen lassen, eine Entsprechung, die mehr ist als dies, sondern vielmehr seine Grundlage. Der erste Satz, V.32, ist im Anschluß an Kol 3,12f formuliert. Der zweite ist ausführlicher und schließt volltönend mit Wendungen, die aus Gemeindebekenntnissen stammen (vgl. Röm 4,25; 8,32; Gal 2,20, vgl. den unvermittelten Übergang von „euch" zu „uns"). Der Schlußsatz ist mit Ausdrücken biblischer Opfersprache formuliert.

B 32 V.32 formuliert positiv, was es zu tun gilt. Das zentrale Stichwort ist das der „Gnade", derselbe Wortstamm, der schon in V.29 im Wort „Wohltat" aufgetaucht war. „Einander gnädig sein" meint wohl die Sündenvergebung (vgl. Kol 3,12f.). So entspricht menschliches Verhalten dem, was Gott uns geschenkt

1f. hat. In V.1f. ist das zentrale Stichwort die „Liebe". „In Liebe" bezeichnet die Mitte christlicher Gemeindeethik, wie in 4,1–3.15f. deutlich wurde. Diese Liebe entspricht der Liebe Christi (vgl. 2,4; 5,25). Die zugefügten Bekenntnissätze machen aber deutlich, daß der Gedanke der Entsprechung durch das, was Christus getan hat, im Grunde genommen gesprengt ist. Sie erinnern an den Sühnopfertod Christi „für uns". Dadurch sind wir „geliebte Kinder". Erst so ist überhaupt die Möglichkeit zu einem entsprechenden Handeln gegeben. Unser Textabschnitt geht also sachlich über das Entsprechungsverhältnis von göttlichem und menschlichem Handeln hinaus und betont die grundlegende Gnade Gottes, die jeder Entsprechung vorausgeht. Der Vers endet denn auch nicht beim Menschen, sondern bei Gott selbst, der das Opfer Christi empfängt, das er selbst in seiner Gnade geschenkt hat. Der Textabschnitt spiegelt in 4,32c–5,2 wieder jene Bewegung von Gott zu Gott, die für den theozentrischen Epheserbrief so charakteristisch ist (vgl. o. S. 121f.150).

3 Hurerei und jede Unreinheit oder Habgier soll unter euch nicht einmal ausgesprochen werden, wie es Heiligen geziemt, 4 auch (nicht) Schändlichkeit und dummes Geschwätz oder üble Witze, was sich nicht gebührt, sondern vielmehr Dankgebet.
5 Das sollt ihr wissen und einsehen, daß jeder Hurer oder Unreine oder Habgierige, d.h. Götzendiener, kein Erbe im Reich Christi und Gottes hat.
6 Niemand soll euch mit leeren Worten betrügen: Deshalb kommt der Zorn Gottes über die Söhne der Ungerechtigkeit. 7 Habt nichts mit ihnen zu tun!

V.3–6: Kol 3,5f.; V.4: 4,29; V.6: Kol 2,4.8.

Im Zentrum des Abschnitts steht die Trias Hurerei – Unreinheit - Habgier A (V. 3), die in V. 5 wiederholt wird. V. 6 belegt die Übeltäter mit einem abschließenden Fluch, und V. 7 warnt die Gemeinde vor jeder Gemeinschaft mit ihnen. Zugrunde liegt Kol 3,5 f.; es klingen aber auch Kol 2,8; 3,8.18 an. Im Hintergrund der Trias stehen jüdische Lasterkataloge, was etwa durch die Damaskusschrift 4,17 (Unzucht, Reichtum und Verunreinigung als die drei Netze Belials) illustriert wird.

Der Text macht durch den Zusatz „d.h. Götzendiener" deutlich, daß er diese B Laster als typisch heidnisch empfindet. Damit steht er in einer langen Tradition: Seit Hosea ist Unzucht Symbol für Götzendienst. Für Unreinheit gilt dies besonders, da aus der Sicht der Juden bei den Heiden rituelle Unreinheit und sexuelle Unreinheit zusammenkommen. Selbst die in hellenistischen Texten noch fast stärker als in jüdischen gegeißelte Habsucht kann von Juden mit dem Götzendienst in Verbindung gebracht werden (Test Jud 19,1). Weis 14,22–27 ist ein gutes jüdisches, Röm 1,29–31 ein gutes christliches Beispiel dafür, wie Juden die heidnischen Laster empfanden.

Natürlich waren die Leserinnen und Leser des Epheserbriefes nicht in besonderer Weise durch sexuelle Laster oder Geldgier gefährdet. Vielmehr geht es dem Verfasser einmal mehr um schroffe und konsequente Abgrenzung gegenüber allem Heidnischen. Die Berührungsangst ist groß: Nur schon das bloße Erwähnen solcher Laster bedeutet offenbar eine Gefährdung (vgl. V. 12). Das Heidnische, insbesondere seine als pervers empfundenen sexuellen Praktiken, wird hier auch sprachlich tabuisiert. Die Heiden – und sie sind mit den „Söhnen des Ungehorsams" insgesamt gemeint (vgl. 2,2) – werden keinen Platz im Reich Christi und Gottes haben. Das Reich Gottes und das Reich Christi werden auch in anderen späten neutestamentlichen Texten nicht mehr unterschieden (vgl. 2. Petr 1,11). Die Heiden insgesamt stehen unter Gottes Gerichtszorn. Darum das Fazit: Habt keine Berührung mit ihnen (V. 7)!

Ein interessanter zusätzlicher Aspekt ergibt sich aus V. 4: Das Wort, das wir mit „üble Witze" übersetzt haben, ist im Griechischen sehr verbreitet und bedeutet dort in der Regel etwas Positives: die Schlagfertigkeit. Der „Schlagfertige" ist für Griechen ein positiver Typ eines urbanen Menschen, der mit Witz und Treffsicherheit in Diskussionen Rede und Antwort steht. Vor solcher heidnischer witziger Urbanität wird nun gewarnt. Sie ist ein Zeichen der Welt, vielleicht ähnlich, wie in einer anderen religiösen Randgruppe, in Qumran, das laute Lachen als etwas Verwerfliches gilt (1QS 7,14 f.). Hier wird wahrscheinlich auch etwas von der kulturellen Heimatlosigkeit der jungen, jüdisch geprägten Christengemeinden in der urbanen hellenistischen Welt spürbar. „Dummes Geschwätz" kann nicht nur Blödeleien, sondern z. B. auch heidnische Philosophie meinen (vgl. Kol 2,8). Ihnen stellt der Verfasser als Positives das Dankgebet gegenüber. Damit kann sowohl das Dankgebet im Gemeindegottesdienst (vgl. 1,16) als auch das private Dankgebet, etwa für das Essen (Röm 14,6), gemeint sein. Bereits für Paulus ist es ein Zeichen des christlichen Lebens: „Dankt in allem, denn das ist der Wille Gottes ..." (1. Thess 5,17 f.).

8 Ihr wart ja einst Finsternis, jetzt aber Licht im Herrn. Wandelt als Kinder des Lichts, 9 – die Frucht des Lichts (besteht) nämlich in lauter Güte und Gerechtigkeit und Wahrheit – , 10 indem ihr prüft, was dem Herrn wohlgefällig ist.
11 Und tut euch nicht zusammen mit den fruchtlosen Werken der Finsternis! Vielmehr deckt sie sogar auf, 12 denn was von ihnen heimlich geschieht, ist sogar auszusprechen schändlich, 13 was aber vom Licht aufgedeckt wird, wird offenbar; 14 denn alles, was offenbar wird, ist (selbst) Licht. Darum heißt es:

> „Erwache, du Schläfer!
> Stehe auf von den Toten,
> so wird Christus dir aufleuchten!"

V. 8 f.: 1. Thess 5,5; V. 10: Röm 12,2.

A   Dieser Abschnitt führt die Abgrenzung gegenüber dem Heidentum weiter, wobei der Gegensatz von Licht und Finsternis bestimmend ist. Ein Text aus dem Kolosserbrief liegt ihm nicht zugrunde, dagegen enthält er zahlreiche paulinische Wendungen, wie etwa die gleichlautende Formulierung von Heilszuspruch und Anspruch (V. 8), die Unterscheidung von bösen Werken und guten Früchten (V. 9.11, vgl. Gal 5,19.22) und die Mahnung, im Licht zu wandeln (1. Thess 5,5, vgl. Röm 13,13). V. 10 erinnert an Röm 12,2 und Kol 3,20. Für V. 14 haben schon einige Kirchenväter vermutet, hier zitiere der Verfasser ein Stück aus einem christlichen Psalm, vielleicht aus einem Tauflied. Sie dürften recht haben.

B 8 f.   Die Gegenüberstellung „ihr wart einst Finsternis – ihr seid jetzt Licht" ist überraschend. Die Hörer und Hörerinnen erinnern sich vielleicht daran, daß Christen nach Paulus „Kinder des Lichts" (1. Thess 5,5) sind. Allerdings denkt der Verfasser nicht, wie Paulus, daran, daß das Licht zum künftigen Tag Gottes gehört (1. Thess 5,4; Röm 13,12), sondern eher, vielleicht wie die Essener in Qumran, an zwei Bereiche, die sich gegenüberstehen (vgl. 1 QS 3,13–4,26; 2. Kor 6,14 [nicht-paulinisch]). Die Gemeinde ist ja, wie Kol 1,12 f., formuliert, aus der Herrschaft der Finsternis in den Bereich des Lichts versetzt worden. Vor allem aber ist wichtig, daß das Tauflied in V. 14, das in den Gemeinden vermutlich bekannt war, die Taufe mit Lichtmetaphorik verbindet: In der Taufe ist Christus „aufgeleuchtet", sodaß die Seinen, als Glieder seines Leibes, nun „Licht" sind. Es ist also vermutlich wieder die Erinnerung an die selbst erfahrene Taufe, die das Verständnis der ersten Leserinnen und Leser unseres Briefes prägt. Deutlich ist wiederum der totale Bruch zwischen einstigem und jetzigem Leben vorausgesetzt (vgl. 2,1–7; 4,17–24). Zwischen der früheren Finsternis und dem jetzigen Licht gibt es keine Vermittlung. Es gibt im Menschen nicht, wie später für die Gnostiker, einen verborgenen Lichtkern, sodaß er, wenn er zur Gnosis kommt, erkennt, was er seiner himmlischen Herkunft nach immer schon gewesen ist. Vielmehr gibt es keine Kontinuität zwischen der Finsternis, die die Christen früher waren, und dem Licht, das sie jetzt sind. Entsprechend gibt es auch nichts Gemeinsames zwischen den Werken der Finsternis, die die Heiden tun, und – wie der Verfasser gut paulinisch sagt – der Frucht, welche nicht die Christen selbst, sondern das Licht hervorbringt (vgl.

Gal 5,22). Dieses Handeln wird in jüdischem Stil (das Wort für „Güte" ist ein ausgesprochenes Bibelwort!) durch „Güte" (= Rechtschaffenheit), „Gerechtigkeit" (= Gottes Willen entsprechendes Handeln) und „Wahrheit" (= Zuver- 10 lässigkeit den Menschen und Gott gegenüber) umschrieben. Wie Röm 12,2 will der Verfasser nicht Vorschriften machen, sondern eine allgemeine Leitlinie christlichen Handelns formulieren und es den an der Leitlinie der Liebe ausgerichteten Christen selbst überlassen, das, was Gott wohlgefällig ist, in ihrer Lebenssituation zu entdecken.

Die folgende Mahnung zum „aufdecken" ist ziemlich rätselhaft. Das grie- 11–13 chische Wort meint entweder „ans Licht bringen" oder in juristischem Sinn „überführen". Parallel zu „tut euch nicht zusammen" ist vermutlich an eine Konfrontation gedacht: Nennt die Laster der heidnischen Welt, die sie so gern verborgen hält, beim Namen, beschönigt und vertuscht sie nicht! Unsicher ist, ob V.13 einfach das Licht der Klarheit meint, das entsteht, wenn Recht und Unrecht beim Namen genannt wird, oder ob der Verfasser gar an einen möglichen missionarischen Erfolg einer solchen Konfrontation denkt. Dafür könnte das 14 wie ein Schriftzitat angehängte Zitatstück sprechen, das in V.14 das Ganze abschließt. Daß es sich dabei um einen liturgischen Zuruf an den Täufling gehandelt haben könnte, wird durch spätere Texte, die vom Aufgehen des Lichtes Christus in der Taufe sprechen, wahrscheinlich gemacht (Didaskalia 21; Melito von Sardes, Über das Tauchbad 4 [Text bei Schnackenburg 234], vgl. Hebr 6,4; 2.Kor 4,4–6). Im Hintergrund steht die überall verbreitete Erfahrung Gottes als Licht, sei es bei der Theophanie am Sinai (Dtn 33,2), oder sei es in mystischer Erfahrung oder in den Mysterienreligionen, oder sei es in der Erfahrung der Bekehrung zur wahren Religion (z.B. Joseph und Aseneth 14,1f.). Getauft werden heißt also, erleuchtet werden. Wie in 2,4–7 wird die Taufe als eine Auferstehung verstanden. Zum Bild des Todes tritt das Bild des Schlafs, eine Metapher für die Gottferne der Sünder in jüdischen und für die Unwissenheit der unerweckten und unwissenden Materiemenschen in gnostischen Texten (vgl. z.B. PsSal 16,1–3; Perlenlied 109,35). Es ist angesichts der weiten Verbreitung dieser Bilder wenig sinnvoll, für unseren Taufspruch einen religionsgeschichtlichen Hintergrund präzis rekonstruieren zu wollen. Wichtig ist aber etwas anderes: Das Lied zeigt, daß für die Gemeinde hinter dem Satz „ihr seid Kinder des Lichts" eine wirkliche Erfahrung mit Christus stand, die sie mit Erwachen, zum Leben Kommen und Erleuchtung durch Christus umschreibt. Das neue Leben, zu dem der Verfasser ruft, basiert nicht nur auf einer Doktrin.

15 Schaut nun genau, wie ihr wandelt, nicht als Unweise, sondern als Weise!
16 Kauft dabei die Zeit aus, denn die Tage sind böse!
17 Deshalb: Werdet nicht unverständig, sondern versteht, was der Wille des Herrn ist.
18 Und betrinkt euch nicht mit Wein – das ist eine Schweinerei – sondern laßt euch durch den Geist erfüllen,
19 indem ihr zueinander sprecht mit Psalmen, Hymnen und geistlichen Liedern, indem ihr singt und psalmodiert mit euren Herzen für den Herrn,

20 indem ihr allezeit für alle(s) dankt,
   im Namen unseres Herrn Jesus Christus
   dem Gott und Vater.

V.15f.: Kol 4,5; V.17: Röm 12,2; V.18: Spr 23,31; V.19f.: Kol 3,16f.

A Der Schlußabschnitt besteht aus drei Imperativen, die immer zuerst negativ und sodann positiv formuliert sind. Der letzte Imperativ „laßt euch erfüllen" wird durch drei Partizipialsätze entfaltet, die alle vom Gebet handeln. Mit volltönenden liturgischen Formulierungen schließt die ganze Paränese. Ein logischer Aufbau des Abschnittes ist nicht erkennbar. V.15f. sind im Anschluß an Kol 4,5, V.19f. im Anschluß an Kol 3,16f. formuliert. In V.17 klingt wieder, wie schon in V.10, Röm 12,2 an.

B 15 Der erste Imperativ schreibt eigentlich nichts vor, sondern will die Höre-
  17 rinnen und Hörer zur Selbstreflexion über ihren Lebensstil führen; Weisheit ist dabei nach V.17 im Stile jüdischer Weisheit verstanden und heißt: den Willen Gottes erkennen und ihm gehorchen. Weisheit schließt in dieser Tradition
  16 immer Frömmigkeit und Praxis ein. Dazwischen steht etwas unvermittelt die Mahnung, die Zeit auszukaufen, hier zusätzlich zu Kol 4,5 mit einer Begründung: die Tage sind böse. Die Wendung „die Zeit auskaufen" ist sprichwörtlich geworden für: „die Zeit ausnützen". Der Sinn ist unsicher; vermutlich ist aber im Sinn von Dan 2,8 zu deuten: Man soll „Zeit gewinnen", die Chance nutzen (vgl. Lk 16, 1–8). Bei den „bösen Tagen" liegt die Erinnerung an den apokalyptischen Gedanken vom bösen alten Äon nahe; man wird dabei nicht nur an die Anschläge des Satans von 6,11 denken, sondern auch allgemein daran, daß die Empfänger des Briefes in ihren kleinasiatischen Städten nicht auf der Sonnenseite der Gesellschaft gestanden haben dürften. Der Hinweis auf die „bösen Tage" erhöht die Dringlichkeit der Mahnung, obwohl keine direkte Endzeiterwartung ausgesprochen wird. Der Unterschied zwischen dieser Aussage und der triumphierenden Dankbarkeit, daß Gott in Christus die Mächte schon besiegt und die Gemeinde erhöht hat (1,20–22; 2,4–7), ist erheblich; es hängt eben alles davon ab, ob sich der Blick auf Gott oder auf das kümmerliche eigene Leben richtet.

18f. Die letzte Mahnung macht doch noch etwas von den Erfahrungen des neuen Lebens in Christus spürbar: Wieder formuliert der Verfasser in Gegensätzen. Er stellt den Alkoholrausch heidnischer Trinkgelage der Erfüllung durch den Geist gegenüber. Rausch und Ekstase wurden immer schon als verwandt empfunden (vgl. 1.Sam 1,12–15; Apg 2,12–15; Philo, Ebr 145–148). Der Gegensatz zeigt auch, daß auch unserem Verfasser die Nähe zwischen Geist und ekstatischen Erfahrungen durchaus klar ist, obwohl er sonst nie davon redet. Umso auffälliger ist, wie er nun umschreibt, was für ihn „sich durch den Geist erfüllen lassen" meint. Es sind die gottesdienstlichen Gesänge und Gebete, an die er in erster Linie denkt, nicht ekstatische Erfahrungen Einzelner. Was die einzelnen Ausdrücke „Psalmen", „Hymnen", „geistliche Lieder" meinen, bzw. wie das „Singen" und „Psalmodieren" genau vor sich gegangen ist, wissen wir leider ebenso wenig wie im Fall von 1.Kor 14,26. Vielleicht darf man darauf hinweisen, daß gegenüber Kol 3,16 nicht mehr davon die Rede ist, daß „das Wort von Christus reichlich unter euch wohnen soll" und daß die Gemeinde „in aller Weisheit sich belehren und ermahnen soll". In unseren Gemeinden gibt es nach 4,11 bereits besondere Ämter für das Wort; die Verkündigung durch die Gemeinde insgesamt tritt zur Zeit des Epheserbriefes wohl schon zurück. Das „Danken" meint am ehesten auch die gottesdienstlichen Dankgebete (vgl. 1,16–19).

Der Verfasser endet also seine Paränese – sachgemäß in diesem Gebetsbrief – mit dem Gebet und läßt am Schluß seinen Blick wieder nach oben gerichtet sein: zu Gott, dem alle Gebete gelten.

2.3 Die Haustafel 5,21–6,9

21 **Ordnet euch einander unter in der Furcht vor Christus!**

22 **Ihr Frauen euren Männern wie dem Herrn,**
23   **denn der Mann ist das Haupt der Frau,**
        wie auch Christus das Haupt der Kirche,
           er, der Retter des Leibes.
24   **Vielmehr, wie die Kirche sich Christus unterordnet,**
        so auch die Frauen den Männern in allem.
25 **Ihr Männer, liebt die Frauen,**
    wie auch Christus die Kirche geliebt hat und sich für sie dahingab, 26 um sie zu heiligen nach der Reinigung durch das Wasserbad im Wort, 27 damit er selbst die Kirche herrlich vor sich hinstelle, ohne Flecken oder Runzel oder Ähnliches, sondern damit sie heilig und untadelig sei.
28   **So müssen auch die Männer ihre Frauen lieben wie ihre eigenen Leiber. Wer seine Frau liebt, liebt sich selbst, 29 denn niemand hat je sein eigenes Fleisch gehaßt, sondern nährt und pflegt es, wie auch Christus die Kirche, 30 weil wir Glieder seines Leibes sind.**
31   **„Deswegen wird der Mensch Vater und Mutter verlassen und seiner Frau anhangen, und die zwei werden ein Fleisch sein".**
32   **Dieses Geheimnis ist groß; ich beziehe es auf Christus und auf die Kirche.**
33   **Jedenfalls (sollt) auch ihr, jeder einzelne für sich, so seine Frau lieben wie sich selbst; die Frau aber habe Furcht vor dem Mann.**

1 **Ihr Kinder, gehorcht euren Eltern, denn das ist recht.**
2   **„Ehre deinen Vater und deine Mutter"**
    – das ist das erste Gebot mit einer Verheißung –
3   **„damit es dir wohl gehe und du lange lebest auf der Erde".**
4 **Und ihr Väter, macht eure Kinder nicht zornig,**
    sondern zieht sie auf in der Erziehung und Ermahnung des Herrn.
5 **Ihr Sklaven, gehorcht euren Herren nach dem Fleisch mit Furcht und Zittern,**
    in der Gradheit eures Herzens,
        wie (dem) Christus,
6 **nicht in Augendienerei aus Gefälligkeit gegenüber Menschen,**
    sondern wie Sklaven Christi, die den Willen Gottes von Herzen tun,

7   indem ihr mit guter Gesinnung Sklaven seid,
          wie (wenn es) für den Herrn und nicht für Menschen (wäre),
8   denn ihr wißt, daß jeder, wenn er etwas Gutes tut, es vom Herrn wieder
                    bekommt, sei er Sklave oder Freier.
9 Und ihr Herren, handelt gegen sie ebenso,
       indem ihr das Drohen laßt,
       denn ihr wißt, daß ihr und euer Herr in den Himmeln ist,
       und es ist kein Ansehen der Person bei ihm.

V.21–6,9: Kol 3,18–4,1; 1.Petr 2,18–3,7: V.21: Gal 5,13; V.23: 1.Kor 11,3.7–9; V.25–33: 1.Kor 7,1f.; V.25: 5,2; V.27: 2.Kor 11,2; V.30: Röm 12,5; V.31f.: Gen 2,24; V.1: Spr 3,11f.; V.2f.: Ex 20,12; Dtn 5,16.

A Der Text hat, wie der Paralleltext Kol 3,18–4,1, die Form der Haustafel (dazu vgl. den Exkurs bei Kol 3,18). V.21 ist ihr Titel. Es folgen die drei „Tafeln" mit sechs Anreden in der zweiten Person, wobei der untergeordnete Teil (Frauen, Kinder, Sklaven) zuerst angeredet wird.

Das erste Paar (Frauen und Männer) ist besonders lang (V.22–33). Gegenüber der Quelle Kol 3,18–4,1 ist die Anrede an die Frauen (V.22–24) durch eine Begründung (V.23) und einen Vergleich mit Christus und der Kirche erweitert. Der Aufbau der Anrede an die Männer (V.25–32) ist besonders kompliziert: Der Verfasser leitet schon in V.25b zum Vergleich mit Christus und der Kirche über und kommt erst in V.28a auf das Verhältnis Mann – Frau zu sprechen. Die Verse 25c–27 sind für die Argumentation eigentlich nicht nötig und stellen einen kleinen christologischen Exkurs dar. Mit V.28a ist die Anrede an die Männer aber noch nicht zu Ende; offensichtlich liegt dem Verfasser viel daran, die Liebe der Männer zu ihren Frauen noch deutlicher einzuschärfen. Das führt zu einer neuen Ausführung über Christus und die Kirche in V.28b–30, die an das Stichwort „Leiber" anschließt. Hier geht es um mehr als einen Vergleich, weil „wir" ja Christi Leib „sind" (V.30). Es folgt in V.31 ein Schriftbeweis aus Gen 2,24. Der Verfasser deutet die Schriftstelle in V.32 aber nicht auf die Ehe, sondern auf Christus und die Kirche. V.33 ist ein Abschluß, der V.22–32 zusammenfaßt.

Die zweite „Tafel" mit den Mahnungen an die Kinder (6,1–3) und die Väter (nicht die Mütter!) (6,4) ist viel kürzer. In die Mahnung an die Kinder fügt der Verfasser den klassischen Schriftbeweis zu diesem Thema, das vierte Gebot, ein. Die kurze Mahnung an die Väter enthält zwei Imperative. Der Verfasser fügt gegenüber Kol 3,21 das Erziehungsgebot hinzu. Die letzte „Tafel" mit den Mahnungen an die Sklaven (6,5–8) und die Herren (6,9) ist ähnlich aufgebaut wie die Parallele im Kolosserbrief. Wie dort ist die Mahnung an die Sklaven viel länger als die an die Herren.

B 21   Die Haustafel beginnt mit einem kurzen, titelartigen Vers. Er betont die *wechselseitige* Unterordnung der Glieder der Familie untereinander. Der Verfasser hat also das „sich-unterordnen" als etwas für die ganze Haustafel wichtiges empfunden, obwohl das Stichwort nachher nur noch in der Mahnung an die Frauen vorkommen wird (V.24). Er will also nicht nur von der Unterordnung der schwächeren Glieder der Familie (Frauen, Kinder, Sklaven) unter die

Stärkeren sprechen, sondern versteht seine Paränese im Sinn des paulinischen „dient einander durch die Liebe" (Gal 5,13). Die wechselseitige Unterordnung soll „in der Furcht vor Christus" geschehen. Damit ist vermutlich wie Kol 3,22.24 und 2.Kor 5,11 an das Gericht gedacht (das im Epheserbrief sonst kaum eine Rolle spielt).

Der Verfasser beginnt mit der Eheparänese. Warum ist sie so ausführlich? 22–33 Will der Verfasser betonen, daß die Ehe für ihn kein „weltlich Ding" sei (F. Mussner)? Aber er ist kein Katholik, der sich gegen ein protestantisches Eheverständnis wehren muß! Wahrscheinlicher ist mir, daß er sich gegen eine asketische Abwertung der Ehe wehren will, die nicht nur in prägnostischen und judenchristlichen Kreisen gerade auch in Kleinasien (1.Tim 4,3; vgl. Mt 19,12), sondern in gewisser Weise auch bei Paulus zu beobachten ist (vgl. 1.Kor 7,1f.6–8.26.32–38). Jedenfalls stoßen wir im Epheserbrief auf eine Wertung der Ehe, die von derjenigen des Paulus pointiert verschieden ist. Der Verfasser wehrt sich vielleicht unausgesprochen auch gegen Paulus selbst, indem er die Ehe betont in Christus verankert und damit indirekt auch die Grundlage für das spätere katholische, sakramentale Eheverständnis legt. 2.Clem 14,1–15,1 zeigen, daß man den Vorstellungskreis, der für unseren Text wichtig ist, nämlich Christus als Bräutigam der Kirche, die Kirche als Leib Christi und die Deutung der Worte über die Ehe aus der Schöpfungsgeschichte auf Christus und die Kirche, auch zur Begründung einer ehefeindlichen, asketischen Position verwenden konnte. An diesem Punkt argumentiert der Verfasser betont anders. Ich denke, die wichtigste besondere Aussage unserer langen Eheparänese sei nicht, daß sich die Frauen den Männern unterordnen sollen – das hören *wir* heute in erster Linie aus dem Text, und das sagt der Verfasser mit vielen christlichen und nichtchristlichen Zeitgenossen natürlich *auch!* –, sondern daß die Ehe (die den Sexualverkehr einschließt) durch Christus geheiligt ist. Der Epheserbrief will also die Ehe bejahen und vertieft darum die „Ehetafel" von Kol 3,18f. durch seine Hinweise auf Christus. Dadurch wird die Ehe in der Tat zu einer christlichen Institution. Den nächsten Schritt in Richtung auf ein katholisches Eheverständnis wird dann Ignatius von Antiochien machen, der in seinem Brief an Polykarp (Kap. 5) unseren Text aufnimmt und daraus eine kirchenrechtliche Konsequenz zieht: Eine christliche Ehe soll mit Zustimmung des Gemeindebischofs geschlossen werden.

V. 22–24 mahnen die Frauen zur Unterordnung unter ihre Männer. Was 22–24 „sich unterordnen" für die Frauen konkret heißt, wird nicht ausgeführt. Der Gedanke an „Gehorsam" liegt jedenfalls nicht weit weg: Für die Kinder und die Sklaven wird in den folgenden Tafeln das Gebot, sich wechselseitig zu unterordnen (V.21), als „Gehorsam" interpretiert (6,1.5); ähnlich sehen es 1.Petr 3,5f. und viele antike Texte. Durch den in V.23f. eingeschobenen Vergleich der Ehe mit dem Verhältnis Christi zur Kirche interpretiert der Verfasser das „im Herrn" von Kol 3,18. Vordergründig geht es nur um einen bloßen Vergleich zwischen zwei verschiedenen Dingen, nämlich der Ehe und der Kirche. Weil aber die angesprochenen Frauen und Männer zur Kirche des „Hauptes" Christus gehören, kommt der Vergleich einem Begründungsverhältnis nahe. Dem entspricht, daß Christus auch der „Retter" seines Leibs ist. Der Verfasser geht allerdings nicht so weit, nun in ähnlicher Weise auch den Mann als „Retter" der Frau zu bezeichnen: Darum fährt er in V. 24 mit dem adversativen Wörtchen „vielmehr" weiter. Die Analogie bezieht sich nur auf die Unterordnung der Frauen. Was bedeutet die christologische Begründung der Ehe für das Verhältnis der Frauen zu ihren Männern? Gegenüber Kol 3,18 wird die Mahnung zur Unterordnung verstärkt, was auch an dem „in allem" von V. 24 sichtbar wird. Denn der Mann ist „Haupt" der Frau (vgl. 1. Kor 11,3) wie Christus „Haupt" der Kirche ist. „Haupt" betont dabei hier – anders als 4,15 – vor allem das Moment der Herrschaft, denn Christus, der Haupt für die Kirche ist, hat nach 1,22 sich auch die kosmischen Mächte „unterworfen" (das griechische Wort für „unterwerfen" und „sich unterordnen" ist dasselbe).

25–28   Die Männer werden aufgefordert, ihre Frauen zu „lieben". Wie in Kol 3,19 steht derselbe Wortstamm, der sonst für die Nächstenliebe in der Gemeinde (4,2.15f.) und für die Liebe Gottes bzw. Christi (1,6; 2,4; 5,2) und für die Liebe zu Christus (6,24) gebraucht wird. Sexuelle Liebe in der Ehe, Nächstenliebe und Religion werden also gerade nicht auseinandergerissen. Darum ist in V. 25b der Vergleich mit Christus möglich, der die Kirche „geliebt" hat. Wiederum ist dieser Vergleich mehr als eine Analogie. V. 26f. sprechen ausführlich von dem, was Christus für die Kirche, zu denen die Männer und Frauen gehören, getan hat. Wenn V. 28 auffällig betont, daß die Männer ihre Frauen lieben sollen „wie ihre eigenen Leiber", so liegt nach V. 23 die Assoziation an den Leib Christi, dessen Glieder beide sind, nahe. Was bewirkt diese christliche Begründung der ehelichen Liebe? Gewiß wird sie dadurch intensiviert. Daß die Liebe der Männer zu ihren Frauen gleichsam in den Bannkreis der umfassenden und ganzheitlichen christlichen Nächstenliebe kommt, ist ein für die Zukunft wichtiges Sinnpotential unseres Textes, das mithelfen kann, seine patriarchalen Strukturen aufzusprengen. Man kann aber kaum sagen, daß diese Strukturen bereits in unserem Brief aufgesprengt sind. Daß „durch die Liebe … die bisherigen Herrschaftsstrukturen total verwandelt" werden (F. Mussner), entpuppt sich spätestens angesichts der differenzierenden Zusammenfas
33   sung von V. 33, wonach die Männer ihre Frauen „lieben", jene aber ihre Männer „fürchten" sollen, als frommer Wunsch.

25b–28a   Der begründende Vergleich der Ehe mit der Beziehung Christi zur Kirche ist ausführlicher als in V. 23. Ganz verschiedene Gedanken klingen an. Der Verfasser erinnert an die Hingabe Christi, d. h. an seinen Sühnetod (vgl. Röm 4,25) und interpretiert ihn als Tat der Liebe (vgl. 5,2). Der Heilssinn von Jesu Tod wird in der Taufe sichtbar, dem „Wasserbad", das für die Kirche Heiligung (vgl. 1. Kor 6,11) und Reinigung (vgl. Joh 3,25; 2. Petr 1,9; Ignatius, Eph 18,2) bedeutet. Das „Wort" ist dabei vermutlich die Taufformel, also der in der Taufe über dem Täufling ausgesprochene Name Christi. Auffällig ist, daß es im ganzen Text nie um die einzelnen Christen oder Christinnen geht, sondern daß es immer „die Kirche" ist, an der Christus handelt. Das verrät, daß noch ein weiterer traditioneller Gedanke im Hintergrund steht, nämlich der Gedanke an Christus als Bräutigam der Kirche. Er klingt vor allem in V. 27 an und wird dann in V.29.32 deutlich. Dieser Gedanke ist im Urchristentum verbreitet, und zwar in zwei Spielarten: Vor allem die Johannesoffenbarung spricht von der zukünftigen Hochzeit des Bräutigams Christus mit dem himmlischen Jerusalem (Offb 19,7–9; 21,2.9; vgl. Mt 22,2; 25,1–13); für Paulus (2.Kor 11,2) dagegen ist die Kirche jetzt schon Christi Braut (vgl. Mk 2,19f; 2.Clem 14). Wenn der Verfasser in V.27 davon spricht, daß die Kirche „ohne Flecken oder Runzel" sei, taucht das Bild der ewig jungen Braut auf (vgl. ähnlich Hermas, vis 3,10,5; 4,2,1), das er mit den Ausdrücken „heilig" und „untadelig" sofort wieder in sachliche Sprache übersetzt. Genau wie in 2.Kor 11,2 klingt in dem Wort „hinstellen" entfernt der Gedanke an das letzte Gericht an (vgl. Kol 1,22; Röm 14,10). Der ganze Text schwankt zwischen metaphorischer und wirklicher Sprache: V.27 deutet an, daß das Bild der Kirche als Braut einer Übersetzung in „sachhaltige" Sprache bedarf; aber die Liebe Christi, die dieses Bild erst anzieht, ist kein Bild, sondern die Wirklichkeit, die die Kirche überhaupt erst zur Braut macht.

Die eheliche Liebe, die von der Liebe Christi zur Kirche getragen ist, ist 28b–32 dem Verfasser so wichtig, daß er seine Meditation weiterführt: „Wer seine Frau liebt, liebt sich selbst" meint natürlich nicht, daß eheliche Liebe letztlich Selbstliebe sei, weil die Ehe der Selbstverwirklichung dient. Vielmehr denkt der Verfasser, wie die Fortsetzung zeigt, wieder von Christus her: Weil die Kirche Christi Leib ist, liebt der himmlische Bräutigam dann, wenn er die Glieder seines Leibes liebt (V.30), sich selbst. Von Christus her kommt er also zu der überraschenden Aussage, daß eheliche Liebe eigentlich Selbstliebe sei. Eine Bestätigung für diese Aussage findet der Verfasser auch in der Bibel. Der Wechsel von „Leib" zu „Fleisch" in V.29 zeigt, daß er schon an Gen 2,24 denkt, den für Juden und Christen klassischen Ehetext (vgl. auch Mk 10,7f.; 1.Kor 6,16). Diesen klassischen biblischen Ehetext deutet der Verfasser auf Christus und die Kirche (V.32). Das betonte „ich" zeigt wohl, daß er sich bewußt ist, daß die meisten anderen diese Bibelstelle auf die Ehe deuten; er aber legt jetzt eine neue, eine allegorische Deutung vor und enthüllt so das „Geheimnis" von Gen 2,24. Mit dem „Geheimnis" ist also wohl das dieser Schriftstelle gemeint und nicht das Geheimnis der Ehe, an das lateinische Übersetzer dachten, als sie das griechische Wort „Geheimnis" mit „sacramentum" übersetzten. Von V.29 her ist klar, daß unser Verfasser durch seine Deutung des Geheimnisses die bisherige Deutung der Stelle auf die Ehe nicht aufheben will, denn auch die Frau ist ja das „eigene Fleisch" des Mannes. Seine neue Deutung schließt vielmehr die alte ein, wie später in der kirchlichen Auslegung die geistliche Deutung (meistens!) die wörtliche nicht aufhob. Die „Einheit" des Bräutigams Christus mit seinem Leib, der Kirche, in der Frauen und Männer als seine Glieder leben, ist vielmehr der Grund, welcher auch der Einheit von Mann und Frau in der Ehe seine Tiefe und der ehelichen Liebe ihren Halt gibt.

Damit entwirft der Briefverfasser eine Theologie der Ehe, die sich von der paulinischen Sicht der Ehe als einer um der Verhinderung von Unzucht willen für die meisten nötigen Institution (1.Kor 7,2) grundsätzlich unterscheidet. Die Ehe ist vielmehr eine Institution, die von Christus her ihre besondere Würde und ihre besondere Nähe zu Gott bekommt. Zukunftsentwicklungen, die von einem solchen Eheverständnis aus möglich waren, sind: kirchliche Eheschließung, ihr sakramentales Verständnis, eine vertiefte Begründung der Unauflösbarkeit der Ehe von der Treue Christi zur Kirche her, aber auch die grundsätzliche notwendige, weil christologisch begründete Unterordnung der Frau unter den Mann. Die Ambivalenz dieser Entwicklung ist augenfällig. Man wird die Ehetheologie des Epheserbriefes genau so wenig wie das paulinische Verständnis der Ehe als *das* für alle Zeiten gültige christliche Eheverständnis ausgeben können. Für den Paulusschüler, der unseren Brief schrieb, war es offenbar wichtig, nicht einen großen Bereich des Lebens, nämlich die Ehe, aus dem Wirkungsbereich der Gnade Christi auszuklammern. Darum mußte er eine andere Ehetheologie entwerfen als sein Meister, der Apostel Paulus. Vielleicht ermutigt diese Freiheit Paulus gegenüber auch uns heute zur Freiheit gegenüber Paulus *und* dem Epheserbrief.

1–3   Die zweite und die dritte „Tafel" sind kürzer und halten sich eng an die Aussagen des Kolosserbriefes (vgl. die Auslegung zu Kol 3,20–4,1). Der Verfasser ergänzt den Text von Kol 3,20 durch den Hinweis auf das vierte Gebot, das auch in jüdischen Texten als besonders wichtiges und schweres Gebot galt. Eine Verheißung hat streng genommen auch das Bilderverbot Ex 20,6; der Verfasser hat sie entweder nicht als solche empfunden oder nicht daran ge-

4   dacht. Die Ermahnung an die Väter, die Kinder nicht zum Zorn zu reizen (vgl. 4,26), ergänzt er durch ein Gebot der Erziehung. Im Judentum wie im Hellenismus gehörte die Unterweisung über ethische und religiöse Pflichten zu den wichtigsten Aufgaben der Väter.

5–8   Auch die Mahnung an die Sklaven bleibt im wesentlichen so, wie sie in Kol 3,22–25 stand. Zwar ist etwas stärker betont, daß der Dienst der Sklaven Christusdienst ist, aber nach wie vor bleiben die irdischen Herren vom himmlischen Herrn und von Gott klar unterschieden, und die Herren sind noch nicht

9   „Abbild Gottes" wie nur wenig später in Did 4,11. In der kürzeren, aber ähnlich aufgebauten Mahnung an die Herren erstaunt die blasse Formulierung „handelt ebenso"; man weiß nicht so recht, was gemeint ist. Der Zusatz „laßt das Drohen" ist viel konkreter. Der Hinweis, daß bei Gott kein Ansehen der Person sei, wird nur noch den Herren gesagt, wo er auch viel besser paßt.

Der Verfasser hatte in seiner Titelformulierung in 5,21 von wechselseitiger Unterordnung gesprochen. Blickt man nun von der Haustafel auf diese Überschrift zurück, so wird man empfinden, daß der Titel einen uneingelösten Sinnüberschuß enthält: Von wirklich wechselseitiger Unterordnung, auch der höhergestellten Partner im „Haus" den Niedrigen gegenüber, war eigentlich nicht die Rede. Die Beziehungen zwischen Männern und Frauen, zwischen Vätern und Kindern, zwischen Herren und Sklaven blieben durchaus einseitige Beziehungen mit sehr einseitigen Unterordnungen. Zwar formulierten unsere Tafeln die Beziehungen als wechselseitige Beziehungen, aber sie taten dies nicht grundsätzlich anders als wertkonservative hellenistische Ethiker auch. Der gegenüber der antiken Ökonomik-Literatur (vgl. den Exkurs zu Kol 3,18–4,1 Abschn. 2) wichtigste Unterschied hat zunächst sozialgeschichtlich mit dem neuen Sitz im Leben der Haustafeln zu tun: In den christlichen Haustafeln werden auch die Frauen, Kinder und Sklaven angeredet, und nicht nur die Herren, die zugleich Ehemänner, Väter und Sklavenbesitzer und allein Leser der Ökonomik-Literatur sind. Daß die Liebe bestehende Strukturen auch verwandeln könnte, ist in unseren Haustafeln noch nicht sichtbar. Wohl aber machen sie sichtbar, daß es keine Strukturen und Beziehungen gibt, deren Herr Christus nicht ist. Damit wird mindestens prinzipiell der Anspruch erhoben, die Welt in seinem Namen zu gestalten.

2.4 Die Waffenrüstung Gottes 6,10–20

10 Schließlich, laßt euch kräftig machen im Herrn und in der Kraft seiner Stärke.
11 Zieht die Rüstung Gottes an, damit ihr den Schlichen des Teufels standhalten könnt, 12 denn euer Kampf geht
    nicht gegen Blut und Fleisch, sondern
    gegen die Mächte,
    gegen die Gewalten,
    gegen die Weltherrscher dieser Finsternis,
    gegen die bösen Geister in den Himmeln.
13 Deswegen ergreift die Rüstung Gottes, damit ihr in der bösen Zeit widerstehen, und, nachdem ihr alles bewirkt habt, standhalten könnt.
14 Haltet also stand,
    eure Lende mit Wahrheit umgürtet,
    angezogen mit dem Brustpanzer der Gerechtigkeit,
15   beschuht an den Füßen mit Bereitschaft zum Friedensevangelium,
16   in allem den Langschild des Glaubens ergreifend,
      mit dem ihr alle Brandpfeile des Bösen werdet löschen können,
17 und empfangt den Helm der Rettung und das Schwert des Geistes, d.h.
                      das Wort Gottes,
18 unter lauter Gebet und Bitten, indem ihr allezeit im Geist betet und dazu wacht in aller Ausdauer und Fürbitte für alle Heiligen 19 und für mich, damit mir das Wort geschenkt wird, wenn ich meinen Mund öffne, um in Mut das Geheimnis des Evangeliums kundzutun, 20 für das ich in Ketten als Gesandter wirke, damit ich offen mit ihm verfahre, wie ich reden muß.

V.11–13: 1.Thess 5,6–10; V.14.17: Jes 59,17; Jes 11,4f.; V.15: Jes 52,7; V.18–20: Kol 4,2–4; 2.Kor 5,20.

Nach einem zusammenfassenden einleitenden Satz beginnt V.11–13 die Paränese von der Waffenrüstung Gottes und macht grundsätzlich deutlich, um welche Dimensionen es beim Leben der Christen und Christinnen geht. V.14–17 entfalten diese Paränese in ihren einzelnen Teilen. Im dritten Teilabschnitt, V.18–20, geht es um etwas anderes, nämlich um Gebet und Fürbitte. V.18 schließt einfach adverbial („unter lauter Gebet …“) an den Imperativ „empfangt“ an; der Verfasser zeigt so, daß V.18–20 zum Vorangehenden gehören. Ähnlich wie 5,20 läßt er auch diese Paränese in eine Gebetsermahnung ausmünden.

Der Eingangsvers 10 erinnert locker an Kol 1,11. V.18–20 sind nach Kol 4,2–4 formuliert. Für die übrigen Teile des Abschnittes gibt es keine Vorlage im Kolosserbrief; der Verfasser formuliert selber, aber im Stile kirchlicher Paränese. Warum erweitert er die Paränese des Kolosserbriefes um diesen so eindringlichen Text von der „Waffenrüstung" Gottes? Der Grund kann kaum in der aktuellen Situation der Leser, etwa in der domitianischen Verfolgung liegen; dazu sind die Angaben im Text zu allgemein. Der Grund ist vielmehr ein rhetorischer: Als Abschluß der Paränese bilden 6,11–20 einen wirkungsvollen „Gipfel", der den Lesern und Leserinnen den Ernst der Lage vor Augen führt. Insofern ist dieser Abschnitt mit dem Epilog antiker Reden (der sog. peroratio) vergleichbar, obwohl er nicht im strengen Sinn nach rhetorischen Regeln gestaltet ist. Manche Stichworte und Motive aus früheren Texten tauchen wieder auf, nämlich „Mächte", „Gewalten" und „in den Himmeln" (vgl. 1,20f; 2,2; 3,10), „Teufel" (vgl. 4,27), „Wahrheit" und „Gerechtigkeit" (vgl. 4,24f.; 5,9), „Evangelium des Friedens" (vgl. 2,17), „Glaube" (vgl. 4,5.13), die Fürbitte für „alle Heiligen" (vgl. 1,15) und das „Geheimnis des Evangeliums" des Paulus (vgl. 3,1–13). So rekapituliert der Schlußabschnitt und faßt früher Gesagtes zusammen. Er spitzt es aber zugleich dramatisch zu: Es fällt sofort auf, daß nun, kurz vor dem Schluß der Briefes, sich der Horizont verdüstert. Von der „bösen Zeit" ist die Rede, nicht vom endgültigen Thronen der in Christus in den Himmel erhöhten Gläubigen (2,6). Vom Angriff der Mächte der Finsternis „in den Himmeln" ist die Rede, nicht von ihrer Unterwerfung unter Christus (1,20–22), der doch der eigentliche Herrscher der Himmelsregionen ist. Diese Verfinsterung der Perspektive ist das eigentlich Auffällige an unserem Abschnitt und macht ihn zu einer dramatischen und eindringlichen Zusammenfassung.

B 10 Der Verfasser beginnt die Schlußparänese mit einer vorwegnehmenden Zusammenfassung in Form eines „passiven" Imperativs: Laßt euch Kraft geben durch die Kraft Gottes (vgl. 1,19; 3,16.20)! Daß der „passive" Imperativ in Wirklichkeit aber ein höchst aktives Verhalten der Menschen meint, machen die folgenden Verse deutlich.

11–13 Sie stehen unter dem Thema der „Rüstung Gottes". Ihr zentrales Verbum, das der Verfasser dreimal repetiert, ist „standhalten" (V.11.13.14). Die Christinnen und Christen müssen „in böser Zeit" – gemeint ist wie in 5,16 die Gegenwart, nicht, wie das griechische Wort zunächst vermuten lassen könnte, der letzte „Tag" des Gerichts – den Kampf gegen die Anschläge des Teufels und seiner Trabanten bestehen. Wer sie sind, wird in V.12 ebenso wenig präzise gesagt wie in 1,21 und 3,10; einzig „Weltherrscher" kommt häufiger in astrologischen Texten vor und läßt vielleicht an „Planeten" denken. Doch ist das nicht eindeutig; viele heidnische Gottheiten werden als „Weltherrscher" gepriesen. Für den Verfasser sind es viele, denen der eine Herr und Gott gegenüber steht (vgl. 1.Kor 8,4–6). Das zeigt auf der einen Seite, daß der heidnische Polytheismus für ihn seine Herrschaftsmacht verloren hat: Aus den heidnischen Göttern sind satanische Trabanten, Planeten und böse Geister geworden, welche in großer Zahl die Himmelsregionen bevölkern. Auf der anderen Seite sind sie weder Nichtse geworden, noch sind sie dem himmlischen Christus bereits wirklich unterworfen: Die Gemeindeglieder haben in ihrem neuen Leben gegen sie einen schweren Kampf zu führen. Man kann dabei an die heidnischen Kulte, Magie und Zauberei denken (C. E. Arnold); noch wichtiger scheint mir die ethische Dimension dieses Kampfes, die sowohl beim Stichwort „Finsternis" (vgl. 5,8–11) als auch bei „Gerechtigkeit" und „Wahrheit" als Teile der Waffenrüstung Gottes sichtbar wird. Der Kampf gegen heidnische Laster, die Abgrenzung gegenüber dem alten Leben, zu der der Verfasser aufruft (vgl. 4,17–24), wird also hier mythisch überhöht und als Kampf gegen satanische Mächte verstanden. Man mag das psychologisch als Ausdruck der Unsicherheit des Verfassers deuten (vgl. zu 5,12), aber wichtiger ist es, seinen Realismus zu sehen: Er ergeht sich nicht in einem voreiligen Triumphalismus der mit Christus in den Himmel erhöhten Getauften. Er weiß, daß die himmlischen Räume noch nicht Raum Christi sind und daß die bösen Mächte noch nicht ihrem Haupt Christus zu Füßen liegen. Zwischen 1,21 f.; 2,6 und unserer Stelle besteht eine Spannung und eine gewisse weltanschauliche Unausgeglichenheit. Der Verfasser nimmt sie in Kauf, weil er so zwei Dinge deutlich sagen kann: Der Kampf der Christen um ein neues Leben in der Welt ist ein ernster, schwieriger Kampf, nicht gegen menschlich Böses, sondern gegen den Bösen selbst. Zugleich aber ist von 1,21 f. und 2,6 her klar: Der Ausgang des Kampfes ist nicht offen und unentschieden, sondern Christus und den Seinen, die mit ihm im Himmel sitzen, wird der Sieg gehören.

Etwas von dieser Hoffnung wird auch im Ausdruck „Rüstung Gottes" spürbar. Hier wird ein in der damaligen Paränese verbreiteter Gedanke aufgenommen. Menschliches Leben ist für die Stoiker ein Kampf (z.B. Epiktet, Diss 3,24,25). Der Ausdruck „in der bösen Zeit" läßt eher an die jüdische Erwartung denken, daß die letzte Zeit vor Gottes Weltgericht eine Zeit sein werde, wo das Böse triumphiert. Während für die Apokalyptiker diese böse Endzeit ein Tummelplatz satanischer Mächte, z.B. Roms oder der Reichen, ist, wo die Frommen sich nur stillhalten können, hofft die Gemeinde in Qumran, selbst zusammen mit den himmlischen Engeln gegen die Mächte der Finsternis kämpfen zu können (vgl. 1QM). Doch solche Gedanken klingen hier nur von ferne an: Anders als in Qumran geht es in unserem Text nicht um einen wirklichen Kampf, sondern gleichsam um einen metaphorischen Kampf, der auf der ethischen Ebene ausgetragen wird. Der Verfasser ist in seinen Bildern nicht von jüdischen Zukunftshoffnungen inspiriert, sondern er orientiert sich an Paulus: Paulus spricht in seinen Paränesen vom „Anziehen der Waffen des Lichts" (Röm 13,12) oder von den „Waffen der Gerechtigkeit" (Röm 6,13) und versteht das Leben der Christen im Fleisch als einen geistlichen Kampf (2. Kor 10,3–6). Am nächsten mit unserem Text verwandt ist 1.Thess 5,6–10, wo der „Brustpanzer des Glaubens und der Liebe" und als „Helm" „die Hoffnung auf Rettung" vorkommen. Unser Verfasser wurzelt also in paulinischer Paränese (ohne allerdings einen Paulustext direkt zu zitieren). Er spitzt aber die paulinische Paränese zu, indem er nicht nur von den Waffen der Gerechtigkeit oder des Lichts, sondern von der Waffenrüstung *Gottes* spricht. Gemeint ist wohl

Gottes eigene Rüstung; das orientalische und biblische Bild von Gott als Kriegsherr klingt an (vgl. z. B. Jes 42,13; Hab 3,8f.; Weis 5,17–22 etc.). Daß dem Verfasser dieses biblische Bild vor Augen steht, wird er in V.14–17 durch seine biblischen Anspielungen deutlich machen. Er spitzt also die paulinische Paränese vom geistlichen Kampf des Christen durch das biblische Bild von Gott als Krieger zu: Gottes eigene Rüstung sollen und dürfen die Christinnen und Christen anziehen. Damit ist klar: Sie werden diesen Kampf bestehen und dem Teufel „standhalten".

14–17   Mit V.14 beginnt die sechsfache Aufzählung der einzelnen Ausrüstungsgegenstände. Sie gehören zur Ausrüstung eines römischen Legionärs, ohne daß man sagen könnte, daß diese vollständig dargestellt sei. Auffällig ist, daß in der Aufzählung Angriffswaffen weithin fehlen, im Unterschied zum Satan, der Brandpfeile abschießt (V.16), welche die Schilde der Legionäre, nicht aber den Schild des Glaubens, verbrennen können. Der christliche „Soldat" trägt dagegen seine Kleidung und Defensiv„waffen": den Ledergürtel um die Lende, den Brustpanzer, der seinen Leib bedeckt, leichte Sandalen (die für lange Märsche wenig geeignet sind), den etwa 1,2 m langen Schild, der den ganzen Leib schützt, und den bronzenen Helm mit Visier zum Schutz des Kopfes. Erst ganz am Schluß „empfängt" der so geschützte christliche „Soldat" das Kurzschwert als Waffe. Die Ausrüstungsgegenstände werden metaphorisch gedeutet, wobei es schwer fällt, zwischen ihnen und ihrer Deutung eine besondere Beziehung festzustellen. Die Parallele 1.Thess 5,8 zeigt, daß man die Ausrüstungsgegenstände und ihre allegorischen Deutungen auch anders kombinieren konnte. Vielmehr scheint die Kombination weithin durch die biblischen Texte bestimmt zu sein, auf die der Verfasser ganz bewußt zurückgreift. In Jes 59,17 heißt es von Gott: „Er zog die Gerechtigkeit wie einen Brustpanzer an und setzte sich den Helm der Rettung auf den Kopf". Diesen Text hat unser Verfasser in V.14b.17a ganz bewußt aufgenommen, wobei die in Jes 59,18 folgenden Rachegedanken fehlen. Er war auch Paulus bekannt (1.Thess 5,8, vgl. Röm 11,26f.). In Jes 11,4f. heißt es vom Messias, seine „Lende" sei mit „Gerechtigkeit" und mit „Wahrheit" umgürtet, und er werde durch das „Wort seines Mundes" „im Geist" siegen; diese Stelle bestimmt V.14a und vielleicht V.17b. „Gerechtigkeit" und „Wahrheit" meinen wie dort und wie in 5,9 das Gottes Willen entsprechende Handeln und die Treue Gott und den Menschen gegenüber. Der Vergleich des Gotteswortes mit dem Schwert ist eine biblisch (z. B. Jes 49,2), jüdisch (z. B. Weis 18,15) und neutestamentlich (Hebr 4,12; Offb 19,15.21) geläufige Metapher. Ähnliches gilt von der metaphorischen Verwendung von „sich gürten" (vgl. Lk 12,35). Hinter V.15 steht die bekannte (Röm 10,15; Apg 10,36) Stelle Jes 52,7 („die Füße dessen, der die Kunde des Friedens verkündet, der das Gute verkündigt"), die vielleicht schon 2,17 anklang. Jedenfalls ist der Rückbezug auf 2,14–18 deutlich: Der Friede, den Christus verkündet hatte und in dem Juden und Heiden in einem Leib vereinigt sind, wird nun zu der von Gott geschenkten Ausrüstung, mit der die Christen das Evangelium weitertragen. Der Kontrast dieses „friedlichen Kampfs" zu den Zielvorstellungen der Kriegsrolle von Qumran, wo es um „Krieg Gottes,

Rache Gottes, Streit Gottes, Heimzahlung Gottes, Kraft Gottes, Vergeltungen Gottes, Stärke Gottes, Vernichtung Gottes wider jedes nichtige Volk" (1QM 4,12) ging, ist auffällig. Auffällig ist auch, daß die Verkündigung der Gemeinde (V.15.17b) zu den ethischen Waffenstücken (V.14a.b), dem Glauben (V.16) und der Hoffnung auf Rettung (V.17a) gehört: Glauben, Hoffnung, Verkündigung, Treue und Gerechtigkeit machen zusammen das christliche Leben aus.

Der Verfasser formuliert hier also bewußt biblisch: Den biblischen Texten verdankt er die Möglichkeit zu sagen, daß die Gläubigen mit Gottes eigener Rüstung kämpfen dürfen und darum auch Gewißheit in ihrer Hoffnung auf den Sieg in diesem Kampf haben. Die Gemeindeglieder dürfen und sollen ergreifen, was Gott ihnen schon in der Bibel versprochen hat. In diesem Kampf geht es nicht darum, daß die einzelnen Gemeindeglieder sich als vollkommene Weise profilieren, sondern es geht darum, daß die ganze Gemeinde dem Evangelium entsprechend zusammenlebt, glaubt, verkündigt und hofft.

Weil es nicht einfach um ethische Bewährung, sondern um das Anziehen, ja **18–20** das Empfangen von Gottes eigener Waffenrüstung ging, mündet die Schlußparänese wiederum (vgl. 5,20) in eine Mahnung zum Gebet. Das Gebet, das auch den ersten Teil unseres Briefs bestimmte, ist das A und das O des christlichen Lebens. Wie der erste Teil (3,1–13), so klingt auch der zweite Teil des Briefes mit einer betonten Erinnerung an die Mission des Apostels Paulus, der die Gemeinde ihre Existenz verdankt, aus. Darum ist unser Schlußabschnitt voller Reminiszenzen an den ersten Teil, vor allem an 1,15 („alle Heiligen") und 3,8–13 („Geheimnis", „kundtun", „Evangelium", „Mut", Gefangenschaft des Paulus). Daneben klingen Formulierungen aus 2. Kor 5,20 an. Zum christlichen Leben gehört also zentral das „Gebet" und die „Bitte", die durch den Geist ermöglicht wurden (vgl. Röm 8,14–17). Man muß fragen, ob es bereits damals in den Gemeinden Gebetswachen gegeben hat, wie sie christlich zwar erst später explizit belegt sind (Epistula Apostolorum 15 [26] koptisch, vgl. 1.Tim 5,5; Mk 13, 33.37; Mt 24,42–25,13), wie wir sie aber aus Qumran kennen (1QS 6,7f.). Ist das der Fall, so kann man unseren Text sehr konkret deuten: Für eine Wache braucht es „Ausdauer"; sie dient einem konkreten Zweck („dazu"), nämlich dem Gebet; sie ist Ort der Fürbitte für alle Gemeindeglieder.

Ihre Fürbitte soll vor allem dem gefangenen Paulus und seiner Verkündigung gelten. Vielleicht ist dies nicht nur Teil einer pseudapostolischen Stilisierung unseres Briefs. Die Bitte um Fürbitte für den (verstorbenen!) Paulus soll die Gemeinde wieder auf das weisen, was sie selbst der Verkündigung des Paulus verdankt. Sie ist Ausdruck der dauernden Verbundenheit des Apostels mit seinen Gemeinden in der einen Kirche, deren bleibendes Fundament die Apostel und Propheten sind. Indirekt erinnert sie die Gemeinde daran, daß sie selbst nun, angetan mit den „Schuhen des Friedensevangeliums" und dem „Schwert des Geistes", die apostolische Verkündigung weiter trägt.

Schlußgrüße und Segen 6,21–24

21 Damit aber auch ihr wißt, wie es um mich steht und was ich mache, wird euch Tychikus, der geliebte Bruder und treue Diener im Herrn, alles mitteilen. 22 Ihn schicke ich eben deswegen zu euch, damit ihr Nachrichten über uns bekommt und damit er eure Herzen tröste.
23 Friede sei den Brüdern, und Liebe mit Glauben von Gott dem Vater und dem Herrn Jesus Christus. 24 Die Gnade sei mit allen, die unseren Herrn Jesus Christus lieben, in Unvergänglichkeit.

V. 21 f.: Kol 4,7 f.

21 f. Die brieflichen Nachrichten, respektive der Ersatz dafür in V. 21, sind ein Zitat aus Kol 4,7 f., das längste Zitat aus dem Kolosserbrief, das es im Epheserbrief gibt. Tychikus ist nach 2. Tim 4,12 Bote des Paulus an die Gemeinde von Ephesus und nach Apg 20,4 Gemeindegesandter aus der Asia. Seinetwegen mag unser Rundschreiben zum Epheserbrief geworden sein. Diese Notiz aus dem Kolosserbrief ist in unserem Brief natürlich Teil der pseudonymen Fiktion. Unser Verfasser wendet dafür aber sehr wenig auf; die in Kol 4,10–17 folgenden Grüße läßt er sogar weg. Ganz anders verfährt der Verfasser des 2. Timotheusbriefes, der in 4,9–21 Mitteilungen und Grüße zu einem raffinierten Echtheitskennzeichen umgestaltet. Solches hat unser Verfasser nicht nötig. „Auch ihr" (V. 21) läßt die Vermutung aufkommen, der Verfasser setze bei seinen Adressaten Kenntnis des Kolosserbriefes voraus.

23 f. Der Schlußsegen in V. 23 f. ist außerordentlich lang und feierlich. Er besteht aus dem Friedenswunsch V. 23 und dem Gnadenwunsch V. 24. Der ungewöhnliche Friedenswunsch (vgl. nur Gal. 6,16) nimmt nochmals ein zentrales Anliegen des Briefs auf (vgl. 2,14–18; 4,3; 6,15). Der Segenswunsch ist unpersönlich gegenüber „den Brüdern" formuliert. Spiegelt sich darin die Gattung des Rundschreibens, das keinen direkten Adressaten hat? Die zweiteilige Form des Schlußsegens entspricht dem zweiteiligen Eingangssegen 1,2; auch andere Wendungen klingen an 1,1 f. an. So schließt der Schlußsegen den Kreis des ganzen Briefs.

Der Brief an die Kolosser

Übersetzt und erklärt von
Ulrich Luz

Einleitung

1. Aufbau. Der Kolosserbrief ist in seinem Aufbau im ganzen ein paulinischer „Normalbrief". Der Briefeingang umfaßt 1,1–2,5. Wie alle Paulusbriefe beginnt auch er mit Präskript (1,1f.) und Danksagung. Die Danksagung (1,3–23) ist außerordentlich lang: Sie enthält in 1,9–11 einen besonderen Fürbitteteil und in 1,15–20 einen christologischen Lobpreis, ähnlich wie das Präskript des von Paulus ebenfalls an eine ihm unbekannte Gemeinde geschriebenen Römerbriefs (vgl. Röm 1,3f.). 1,24–2,5 sind eine briefliche Selbstempfehlung des Paulus. Ähnliches kommt zwar auch in anderen Briefanfängen vor (vgl. Röm 1,13–15; 2.Kor 1,8–2,13; Gal 1,10–24; Phil 1,12–30; Phlm 8f.), stellt aber nicht einfach einen festen Topos eines Paulusbriefs dar. Im Kolosserbrief bildet sie einen Übergang zur Auseinandersetzung mit den Gegnern in 2,6–3,4.

Der folgende lehrhafte Abschnitt 2,6–3,4 ist von der Auseinandersetzung mit einer Gegnergruppe bestimmt. Nach der Themaangabe 2,6–8 folgt eine positive Darlegung des Glaubens der Gemeinde an Christus (2,9–15) und eine polemische Widerlegung der gegnerischen Position (2,16–23), ähnlich, wie in einer antiken Rede oft auf den Beweis (probatio) die Widerlegung (refutatio) folgt. Der Schlußabschnitt 3,1–4 leitet bereits zum folgenden ethischen Hauptteil 3,5–4,1 über. Dieser besteht aus zwei größeren Abschnitten, nämlich einer Mahnung zum Ablegen der Laster und zum Anziehen von Tugenden (3,8–15b) und einer Haustafel (3,18–4,1) und einigen kürzeren Textabschnitten. Mit seiner Abfolge von lehrhaftem und paränetischem Teil ist der Kolosserbrief dem Römerbrief, dem Galaterbrief und dem (von ihm abhängigen) Epheserbrief vergleichbar.

Mit 4,2 beginnt der Schlußteil des Briefs. Sein Aufbau entspricht demjenigen anderer Paulusbriefe. Auf eine abschließende Paränese (4,2–6, vgl. Röm 15,30–33; 1.Kor 16,13f.; 2.Kor 13,11; Gal 6,1–10; Phil 4,4–9; 1.Thess 5,14–25) folgen die Beauftragung der Mitarbeiter (4,7–9), sehr ausführlich die Grüße anderer an die Gemeinde (4,10–14, vgl. Röm 16,16b.21–23; 1.Kor 16,19–20a; 2.Kor 13,12b; Phil 4,21b.22; Phlm 23f.), der Grußauftrag an andere (4,15, vgl. Röm 16,3–16a; 1.Kor 16,20b; 2.Kor 13,12a; Phil 4,21a; 1.Thess 5,26) und schließlich in 4,18 der Briefschluß mit eigenhändigem Gruß (vgl. 1.Kor 16,21; Gal 6,11; Phlm 19) und abschließendem Segen. Vor allem die Mitarbeiterbeauftragung ist gegenüber anderen Paulusbriefen auffällig.

Im großen und ganzen entspricht also der Kolosserbrief in seinem Aufbau anderen Paulusbriefen. Ebensowenig wie bei den übrigen Paulusbriefen kann seine Gestalt im ganzen vom Dispositionsmodell einer antiken Rede her erklärt werden (anders J. N. Aletti). Nur im einzelnen gibt es indirekte Berührungen mit rhetorischen Argumentationsformen.

Im Unterschied zum Galaterbrief fällt auf, daß das Thema des dritten Teils, die Auseinandersetzung mit den Gegnern, nicht den ganzen Brief zu beherrschen scheint. Natürlich hat der Verfasser, als er den christologischen Lobpreis 1,15–20 in seine Danksagung einfügte, bereits gewußt, daß dieser Text für seine Auseinandersetzung mit den Gegnern in 2,8–23 wichtig sein würde. Für die Leserinnen und Leser des Briefs bildet aber erst 1,23 einen ersten indirekten und 2,4 den ersten direkten Hinweis auf die Irrlehrer. Die Paränese des Kolosserbriefs scheint von 3,5 an von der Auseinandersetzung mit der Irrlehre nicht mehr bestimmt zu sein. Der polemische Abschnitt 2,6–3,4 steht also für sich und sollte nicht zum Schlüssel der Auslegung des ganzen Briefs gemacht werden. Die Auseinandersetzung mit der „Philosophie" ist ein wichtiges, aber nicht das einzige Anliegen des Briefs.

2. Die Briefempfänger. Kolossae ist eine kleinere ursprünglich phrygische Stadt im Lykostal, an einer wichtigen West-Ost-Verbindung gelegen, die von Milet und Ephesus nach Kappadozien führt. Etwa 15 km von Kolossae entfernt liegt die neutestamentlich ebenfalls wichtige Stadt Laodizea (4,15f.; Offb 3,14–22), die Bezirkshauptort und Zentrum der Gegend war. Etwa 25 km entfernt liegt Hierapolis (4,13), das heutige Pammukale, welches schon in der Antike wegen seiner warmen Quellen besucht war. Während die letzten beiden Städte z.T. ausgegraben wurden, sind die Ruinen von Kolossae noch völlig unerforscht. Tacitus berichtet, daß im Jahre 60/61 n. Chr. Laodizea durch ein Erdbeben zerstört worden sei (Annalen 14,27,1, vgl. Sib 4,107f.). Nach späteren Kirchenschriftstellern hat dieses Erdbeben auch Kolossae betroffen, was durchaus wahrscheinlich ist. Die Stadt hat aber damit nicht aufgehört zu existieren, auch wenn sie in späterer Zeit nicht mehr literarisch bezeugt ist und auch wenn aus der Zeit nach 61 nur noch verhältnismäßig wenige Münzen und Inschriften gefunden worden sind. Es lassen sich also aus diesem Erdbeben keine zwingenden Folgerungen für die Frage der Echtheit des Briefs ziehen. Nach Josephus, Ant 12,147–153 und Cicero, Pro Flacc 28 gab es in den phrygischen Städten eine jüdische Minderheit. Für die Frage nach dem Wesen der sog. „kolossischen Häresie" ist diese Information nicht unwichtig.

Über die Gemeinde in Kolossae wissen wir nicht viel. Gegründet hat sie der Kolosser Epaphras (1,7), der nach 4,12 die Gemeinde grüßen läßt und nach Phlm 23 mit Paulus in Haft saß. Aus Kolossae stammt auch Onesimus (4,9), der Sklave, der im Mittelpunkt des Philemonbriefs steht (Phlm 10–12). Indirekt ist aus der Zusammenschau der beiden Briefe zu schließen, daß auch Philemon mit seiner familia in Kolossae wohnte, resp. daß der Verfasser des Kolosserbriefs sich das so vorstellte. Paulus selbst ist nie in Kolossae gewesen (vgl. 2,1). Mit der Gemeinde der größeren Nachbarstadt Laodizea und der dortigen Hausgemeinde der Nympha steht die Gemeinde in engem Kontakt (4,15).

3. Autor und Abfassungszeit nach den eigenen Angaben des Briefs. Nach der eigenen Aussage des Briefs ist der Apostel Paulus sein Verfasser und Timotheus sein Mitverfasser (1,1). Paulus ist gefangen (4,18). Nähere Angaben über seine Gefangenschaft macht der Brief nicht. Nimmt man ihn mit dem in manchem verwandten Philemonbrief zusammen, so ergibt sich ein deutlicheres Bild: Der Besuch des Onesimus bei Paulus macht wahrscheinlich, daß dieser nicht allzuweit vom Wohnort des Philemon in Gefangenschaft sitzt. Die beiden Briefe stammen deshalb kaum aus der Gefangenschaft des Paulus im entfernten Caesarea oder gar aus Rom. Wahrscheinlicher ist die von der Apostelgeschichte zwar nicht direkt erwähnte, aber von den meisten Exegeten aufgrund von 1. Kor 15,32; 2. Kor 1,8 f.; 11,23 erschlossene Gefangenschaft des Paulus in Ephesus, wo er etwa zwischen 53 und 55 n. Chr. weilte. Allerdings muß zwischen der Abfassung des Philemonbriefs und derjenigen des Kolosserbriefs eine gewisse Zeit vergangen sein, denn Philemon hat in der Zwischenzeit den Onesimus wieder zu Paulus zurückgeschickt, sodaß er jetzt dem Apostel als Mitarbeiter zur Verfügung steht und als Begleiter des Tychikus nach Kolossae geschickt werden kann (4,9). Der in Phlm 22 geäußerte Wunsch des Paulus, Philemon zu besuchen, ist offensichtlich nicht in Erfüllung gegangen.

Alle diese Angaben stimmen historisch, sofern der Kolosserbrief von Paulus stammt oder von einem Mitarbeiter zu seinen Lebzeiten in seinem Auftrag geschrieben worden ist. Wenn der Brief nachpaulinisch und pseudonym ist, muß man eine Einschränkung machen: Wir haben dann nur die vom Verfasser gemeinte fiktive Abfassungssituation des Briefs beschrieben. Wie weit die Fiktion den historischen Tatsachen entspricht, muß dann offen bleiben.

4. Die Echtheit des Briefs. Ob der Brief wirklich von Paulus stammt, ob er von einem Mitarbeiter in seinem direkten Auftrag geschrieben worden ist, oder ob er nachpaulinisch ist, ist sehr unsicher. Bis etwa in die Mitte unseres Jahrhunderts galt er der überwiegenden Mehrzahl der Forscher als echter Paulusbrief. Nach 1960 aber hat sich ein bemerkenswerter Wandel in seiner Beurteilung vollzogen. Von den deutschsprachigen Exegeten nimmt heute fast niemand mehr an, daß der Kolosserbrief von Paulus selbst stammt, von englischsprachigen Exegeten nur noch wenige (z. B. M. Barth). In anderen Sprachgebieten sind die Meinungen geteilt (für paulinische Verfasserschaft z. B. J. N. Aletti). Der Umschwung ist wesentlich durch die Monographie von W. Bujard über den Stil des Kolosserbriefs (1973) gefördert worden. Die von der Mehrzahl der Forscher heute vertretene These lautet, der Kolosserbrief sei ein einige Zeit, aber nicht allzulange nach dem Tod des Paulus geschriebener Brief eines Paulusschülers, der im Namen des verstorbenen Apostels die in seinen Gemeinden aufgetauchte „Philosophie" bekämpft. Einige Forscher (vor allem E. Schweizer; J. D. G. Dunn) halten den Kolosserbrief für einen im Auftrag des gefangenen Apostels von einem Mitarbeiter geschriebenen Brief, vielleicht von dem als Mitverfasser genannten Timotheus (1,1). Auch andere Paulusbriefe nennen Mitverfasser (vgl. 1. Kor 1,1 [Sosthenes]; 2. Kor 1,1 [ebenfalls Timotheus]; Gal 1,2 [alle Brüder mit Paulus]; Phil 1,1 [Timotheus]; 1. Thess 1,1 [Silvanus und Timotheus]; Phlm 1 [Timotheus]). Während man aber bei den übrigen Briefen aufgrund der Homogenität des Stils damit rechnen darf, daß sie von Paulus selbst diktiert worden sind, könnte der Kolosserbrief vom Mitverfasser Timotheus im Auftrag des Paulus geschrieben worden sein.

Für die Unechtheit des Kolosserbriefs werden vor allem stilistische und theologische Argumente vorgebracht.

a) Der *Stil* des Briefs ist von W. Bujard umfassend untersucht worden. Sein Ergebnis ist, daß der Stil des Kolosserbriefs im ganzen wortreich und locker assoziierend ist, derjenige des Paulus dagegen knapp, präzise und syntaktisch klar. Im Kolosserbrief gibt es im Vergleich zu Paulus weniger Konjunktionen, dafür mehr Partizipien und mehr Relativsätze. Der Kolosserbrief ist reich an Synonymen, Appositionen, Genetivattributen und Wortwiederholungen. Beliebt sind plerophore Wendungen mit „jeder/alle" und Formulierungen mit „in". Bujard formuliert als Gesamteindruck seiner vielen Beobachtungen, daß Paulus die Sätze, die er bilden wollte, in der Regel im voraus genau überblickte, während der Verfasser des Kolosserbriefs sich von seinen Assoziationen treiben lasse wie ein Mann, der auf dem Eis eines Stromes von Scholle zu Scholle springe und immer erst die nächstliegenden Sprünge mache, bevor er sich wieder einmal überlege, wohin er denn eigentlich wolle (W. Bujard 234f.). Die Untersuchungen von Bujard haben m. E. zwingend gezeigt, daß der Kolosserbrief nicht von Paulus selbst geschrieben worden sein kann. Sie lassen aber die Frage offen, ob ein Mitarbeiter des Paulus zu seinen Lebzeiten und in seinem Auftrag oder ein Schüler des Paulus nach seinem Tode ihn verfaßt hat.

b) Die Besonderheiten in der *Theologie* des Briefs sind schwerer zu beurteilen. Ich zähle die wichtigsten kurz auf; in der Auslegung sollen sie ausführlicher besprochen werden. Vor allem auffällig ist das Apostelbild, das in der Selbstvorstellung des Paulus in 1,23.24–2,5 sichtbar wird. Paulus erscheint de facto als *der* Apostel, nicht so sehr der Heiden, als der universalen Kirche. Daß an den Leiden Christi irgend etwas „fehlt", was Paulus durch sein eigenes Leiden „auffüllen" könnte (1,24), ist eine gegenüber den echten Paulusbriefen singuläre Aussage. – Auffällig ist auch die theologische Antwort des Verfassers auf die Herausforderung durch die „Philosophie" in Kolossae: Ihre Vertreter verlangen, wie die Judenchristen in Galatien, Beobachtung von Festzeiten, Neumonden und Sabbaten (2,16, vgl. 21; Gal 4,10), und wie im Galaterbrief fällt in diesem Zusammenhang das Stichwort „Weltelemente" (2,8; Gal 4,3.9). Im Unterschied zum Galaterbrief argumentiert der Verfasser bei der Widerlegung aber gerade nicht mit der Kategorie des „Gesetzes". Im Gegenteil: Durch die Feststellung, dies alles sei „Schatten des Kommenden" (2,17), zeigt er eine größere Verwandtschaft mit dem Denken des Hebräerbriefs als mit demjenigen des Paulus. Hätte Paulus einem Mitarbeiter soviel theologische Freiheit gegeben? Allerdings hatte Paulus selbst offenbar ziemlich viel theologische Freiheit: In der Diskussion über die (wahrscheinlich judenchristlichen) Schwachen und Starken in Röm 14,1–15,6, wo es auch um Fragen von Speisen und des Kalenders geht (Röm 14,2.5.15.21) spricht auch Paulus nicht vom Gesetz, sondern er argumentiert mit dem Denkmodell von 1. Kor 8–10. – Theologisch grundlegend ist, daß der Verfasser gegenüber der Philosophie mit der Zugehörigkeit der Gemeinde zur neuen kosmischen Realität des Auferstehungsleibes Christi argumentiert, die jeden Dienst gegenüber Engeln und kosmischen Mächten ausschließt. In den sicher echten Paulusbriefen gibt es Aussagen, die sich in diese Richtung entfalten ließen, nämlich 1. Kor 12,13, die Aussagen von der „neuen Schöpfung" (Gal 6,15; 2. Kor 5,17) und vor allem das paulinische „in Christus" – aber Paulus hat sie gerade nicht in dieser Richtung entfaltet. Christus ist außerdem im Kolosserbrief erstmals das „Haupt" des Leibs, der die Kirche ist (1,18). Der Unterschied zwischen Röm 6,3–11, wo Paulus um der Ethik willen vom zukünftigen Mitauferstehen mit Christus spricht, und Kol 2,12 f., wo das Mitauferstehen bereits in der Taufe geschehen ist, ist in diesem Zusammenhang wichtig. – Damit ist auch bereits ein Akzentunterschied in der Eschatologie angedeutet: Während für Paulus die feindlichen Mächte in der Regel erst in der Zukunft unterworfen sein werden (1. Kor 15,24), ist für den Verfasser des Kolosserbriefs Christus bereits jetzt das Haupt aller Mächte (2,10). Während bei Paulus zeitliche Kategorien die Eschatologie bestimmen, ist im Kolosserbrief eine gewisse Verlagerung auf räumliche Kategorien festzustellen (vgl. 3,1–4). Diese Gewichtsverlagerungen sind für die Echtheitsfrage allerdings nicht leicht auszuwerten, denn auch bei Paulus gibt es Aussagen, die den endgültigen Sieg Christi bereits in die Gegenwart hineinziehen (z. B. Röm 8,30, vgl. 2. Kor 3,18; Phil 2,9–11), und auch bei ihm kommen räumliche Kategorien neben den zeitlichen vor (z. B. Phil 3,20; Gal 4,26). – Damit sind einige auffällige Unterschiede genannt. Andere, wie das Fehlen von Rechtfertigungsaussagen (so auch im 2. Kor oder im 1. Thess), das Fehlen des singularischen „Sünde" (so auch 1. Thess; Phil), das Fehlen des heilsgeschichtlichen Vorrangs Israels (so überall außer im Röm) oder das Zurücktreten von „Geist" halte ich für weniger wichtig, denn auch die unbestrittenermaßen echten Paulusbriefe tragen manchmal theologisch sehr eigene Akzente. – Alles in allem ergibt sich für mich, daß der Kolosserbrief deutlich und in höherem Maße als andere Paulusbriefe ein eigenes theologisches Profil hat, das sich an einigen Punkten erheblich von Paulus entfernt. Wie weit dieses Profil „unpaulinisch" ist, ist natürlich eine Ermessensfrage. Mir scheint aber das eigenständige theologische Profil des Kolosserbriefs so hoch, daß man sich schon fragen kann, ob Paulus ohne Probleme diesen Brief „mit meiner, des Paulus, Hand" (4,18) hätte unterzeichnen können. Es gibt zwar im Kolosserbrief keine theologischen Merkmale, die sich deutlich einer nachpaulinischen Zeit zuordnen ließen. Trotzdem kann man aber sagen, daß die Hypothese einer nachpaulinischen Entstehung des Briefs, die keine direkte Verbindung zwischen Paulus und dem Brief annimmt, gegenüber einer Mitarbeiterhypothese, die ihn in direktem Auftrag des Paulus geschrieben sein läßt, vom theologischen Sondercharakter des Briefs her einen gewissen Vorzug verdient.

c) Für die Beurteilung der Echtheit sind auch die *intertextuellen Beziehungen zwischen dem Kolosserbrief und anderen Paulusbriefen* von Bedeutung. Wichtig sind dabei vor allem die Beziehungen zum Philemonbrief und zum Epheserbrief; zu den übrigen Paulusbriefen lassen sich m.E. abgesehen von einzelnen Berührungen (z. B. zwischen Kol 1,9–11 und Phil 1,9–11; Kol 1,24 und Phil 2,30; Kol 2,12 f. und Röm 6,4; Kol 3,24 b; 4,2 und Röm 12,11 f.) keine durch-

gehenden Berührungen feststellen. Anders ist es mit dem Philemonbrief: Die
Liste der Grüßenden in Kol 4,10–14 entspricht weithin Phlm 23 f. Nur Jesus
Justus (4,11) kommt im Philemonbrief nicht vor; außerdem ist in Phlm 23 Epaphras, nicht Aristarchos, „Mitgefangener" des Paulus. Auch Archippus (Phlm 2)
kommt im Kolosserbrief (4,17) vor. Eine andere wichtige Berührung mit dem
Philemonbrief findet sich am Anfang: Kol 1,3 f. erinnert an Phlm 4 f. Völlig
anderer Art sind die Beziehungen zwischen dem Kolosser- und dem Epheserbrief: Nicht nur ist der Schreib- und Denkstil beider Texte in vielem verwandt
und nicht nur gibt es außerordentlich viele wörtliche Berührungen zwischen
beiden Briefen im einzelnen. Vielmehr sind die Berührungen deshalb auffällig,
weil sie auf weite Strecken in beiden Briefen in derselben Reihenfolge vorkommen (vgl. Einl. zum Epheserbrief 6). Die Annahme einer literarischen Beziehung
zwischen beiden Briefen ist deshalb unausweichlich. Die Exegese des Epheserbriefs zeigt, daß seinem Verfasser der Kolosserbrief vorlag und daß er ihn in
Teilen fortlaufend exzerpierte.

Was ergibt sich aus diesen intertextuellen Berührungen? Die Berührungen
mit Paulusbriefen abgesehen vom Philemon- und vom Epheserbrief lassen sich
verschieden erklären: Sowohl Paulus selbst, als auch ein Mitarbeiter zu seinen
Lebzeiten, als auch Paulusschüler in einer späteren Zeit können einzelne Formulierungen aus Paulusbriefen im Kopf gehabt haben. Eindeutigere Schlüsse
erlaubt der Vergleich mit dem Philemonbrief: Die mit derjenigen des Philemonbriefs fast identische Liste der Grüßenden könnte zeigen, daß der Kolosserbrief relativ kurz nach dem Philemonbrief geschrieben worden ist, sodaß
fast dieselben Mitarbeiter noch bei Paulus waren. Die unterschiedlichen Angaben über die Mitgefangenschaft des Aristarchos bzw. des Epaphras zeigen
dabei ebenso wie der im Kolosserbrief neu auftauchende Mitarbeiter Jesus Justus,
daß die Situation des Paulus im einzelnen verschieden ist; das paßt sehr gut
zur unterschiedlichen persönlichen Situation des Onesimus in beiden Briefen
(vgl. o. 3). Eine andere Erklärungsmöglichkeit wäre die, daß ein nachpaulinischer
Verfasser den Philemonbrief literarisch benutzt hat, um seine Brieffiktion her-
zustellen. Die Einzelerklärung von 4,10–14.17 wird aber zeigen, daß es die Fiktionshypothese mit Kol 4,10–14 schwer hat: Es ist m.E. viel leichter, Kol 4,10–14
als wirkliche Grußliste denn als Teil einer Brieffiktion zu verstehen. – Die
Benützung des Kolosserbriefs durch den Verfasser des Epheserbriefs, die ir-
gendwo in Kleinasien etwa zwischen 70 und 90 erfolgte, zeigt, daß man den
Kolosserbrief damals selbstverständlich für einen echten Paulusbrief hielt.
Wenn der Epheserbrief zwischen 70 und 90 in Kleinasien entstanden ist (vgl.
Einl. zum Epheserbrief 7), so setzte das voraus, daß ein pseudonymer Kolosserbrief sich innerhalb von sehr kurzer Zeit im Raum Kleinasien als echter Paulusbrief durchgesetzt hätte. Das ist natürlich möglich, aber auch hier ist die Annahme, daß der Brief zu Lebzeiten des Paulus entstanden ist, einfacher.

d) Wie ist die Echtheitsfrage von der *vorausgesetzten Situation der Adressaten* her zu beurteilen? Nimmt man an, daß der Kolosserbrief zu Lebzeiten des
Paulus entstanden ist, so stellen sich keine Probleme. Im Unterschied zu den Pastoralbriefen, deren Einordnung in die Biographie des Paulus sehr schwierig

wäre, ist sie beim Kolosserbrief leicht: Seine Angaben sind völlig kohärent, wenn
man annimmt, daß er in derselben Gefangenschaft des Paulus entstanden ist wie
der Philemonbrief, aber einige Monate später. Daß der Brief kaum Informationen über die Gemeinde enthält, ist leicht erklärbar, weil Paulus bzw. sein Mitarbeiter sie ja nicht persönlich kennen. Der Brief wäre dann wohl ums Jahr
54/55, am ehesten von Ephesus aus geschrieben worden. Viel schwieriger ist
die Frage nach den Adressaten für die Vertreter einer nachpaulinischen Abfassung des Briefs: Warum wäre ein pseudonymer Paulusbrief ausgerechnet an
die Gemeinde der Kleinstadt Kolossae adressiert worden? Man könnte annehmen, daß er auch als pseudonymer Brief wirklich an diese Gemeinde adressiert war. Nur wäre dann wohl seine Chance, in der ganzen Kirche rezipiert
zu werden, relativ klein gewesen. Oder man könnte annehmen, daß die Adressierung nach Kolossae auch in dem Sinn eine Fiktion gewesen ist, daß der Brief
anderswo verbreitet wurde. Soll die Idee etwa die gewesen sein, daß aus den
Trümmern der durch das Erdbeben zerstörten Stadt Kolossae, wo es später
keine Gemeinde mehr gab, nachträglich ein Paulusbrief hervorgezaubert wurde?
Wahrlich ein raffinierter Gedanke! Er arbeitet mit vielen Unbekannten: Daß
Kolossae, dessen Schicksal im Erdbeben von 60/61 in keiner Quelle erwähnt
wird, nach 61 weitgehend eine Ruinenstadt war, in der es keine christliche Gemeinde mehr gab, ist angesichts des archäologischen Befundes eine mögliche,
aber keineswegs die wahrscheinlichste (andererseits aber auch keine für die
Fiktionshypothese nötige!) Annahme; jedenfalls in dem durch das Erdbeben
sicher zerstörten Laodizea hat die christliche Gemeinde weiter existiert (vgl.
Offb 3,14). Ist der Brief etwa in dem im Brief mehrfach erwähnten Laodizea
in Umlauf gesetzt worden (so z. B. A. Lindemann)? Zusätzlich erschwert wird
die Fiktionshypothese durch 4,16: Der Verfasser erwähnt hier einen Brief des
Paulus an die Laodizener, der auch in Kolossae vorgelesen werden soll. Er ist uns
aber nicht mehr erhalten. Soll man annehmen, daß ein pseudonymer Verfasser
seinen eigenen Brief mithilfe eines zweiten, unbekannt gebliebenen pseudonymen Briefs hätte legitimieren wollen? Das ist fast unmöglich, denn die Erwähnung eines zweiten pseudonymen Briefs ist für die Legitimierung des ersten
nur eine Last. Viel klüger wäre gewesen, der Verfasser hätte sich, wie derjenige
von 2.Thess 2,15, durch Erwähnung eines echten Paulusbriefs legitimiert! Oder
soll man annehmen, daß ein echter, ums Jahr 70 noch bekannter Paulusbrief
an die Gemeinde der großen Stadt Laodizea verloren gegangen wäre, während
der pseudepigraphische Kolosserbrief erhalten blieb? Gewiß, auch diese Möglichkeit ist nicht auszuschließen. Aber es bleiben viele Fragen offen. Mir scheint
jedenfalls, daß die Hypothese eines zu Lebzeiten des Paulus wirklich an die
Gemeinde von Kolossae gerichteten Mitarbeiterbriefs von der Adressat/innen-
situation her bei weitem die einfachere ist.

  e) Fazit: Ausgeschlossen ist durch den Stil des Briefs, daß Paulus ihn selbst geschrieben hat. Die Entscheidung zwischen der Hypothese eines zu Lebzeiten
des Paulus geschriebenen Mitarbeiterbriefs und der Hypothese eines nach dem
Tod des Paulus geschriebenen pseudonymen Briefs ist schwierig. Jedenfalls ist
die Pseudonymität des Kolosserbriefs keineswegs so selbstverständlich, wie

die gegenwärtigen „Mehrheitsverhältnisse" in der wissenschaftlichen Diskussion vermuten lassen. Das Problem besteht darin, daß die theologischen Überlegungen (= b) eher für das zweite, die Überlegungen von den intertextuellen Berührungen (= c) und der Adressat/innensituation (= d) her eher für das erste zu sprechen scheinen. Die jeweiligen Argumente jenseits von subjektiven Ermessensurteilen einigermaßen objektiv zu gewichten, ist außerordentlich schwierig. So scheint mir vor allem das ehrliche Eingeständnis wichtig, daß die Frage offen ist und nur durch Vermutungen ohne einen sehr hohen Wahrscheinlichkeitsgrad zu entscheiden ist. Gerade in der heutigen Forschungssituation, in der die Pseudonymität des Kolosserbriefs weithin akzeptiert wird und sich so eine wissenschaftliche Hypothese unter der Hand in eine Quasi-Gewissheit zu verwandeln droht, ist dieses Eingeständnis wichtig.

Wenn ich mich zwischen den beiden möglichen Hypothesen entscheiden muß, so würde ich mich allerdings eher für die erste, also die Mitarbeiterhypothese entscheiden. Als Verfasser kommt dann am ehesten der im Präskript 1,1 genannte Timotheus in Frage. Mir scheinen die Überlegungen unter c) und d) handfester, während die Frage, wieviel theologische Eigenständigkeit Paulus einem Mitarbeiter wohl zugebilligt hätte, bevor er seine eigenhändige Unterschrift verweigert hätte, eine reine Ermessensfrage ist. Dennoch sollte bei der „Rezeption" dieses Kommentars nicht in erster Linie diese sehr hypothetische „Muß-Entscheidung" zitiert werden!

5. Zur Interpretation des Briefs. Die direkt von Paulus stammenden Briefe mit ihren klaren Begriffen, ihren Antithesen, ihren rhetorischen Fragen und ihren klar aufgebauten Satzkonstruktionen verlangen von den Leserinnen und Lesern ein präzises intellektuelles Verständnis ihrer Aussagen. Anders ist es beim Kolosserbrief mit seinen oft unscharfen und überlangen Satzkonstruktionen, seinem Anfügen von Synonymen und verwandten Wörtern, seinem assoziativen Anfügen von Partizipien, Attributen und Umstandsbestimmungen mit „in": Er führt seine Leserinnen und Leser in ein offenes Denken, das nicht präzis definiert, sondern von Assoziation zu Assoziation weitergeht. Emotionale Dimensionen, wie etwa das Mitgerissen werden von einer großen Wortfülle oder die Einladung zur Anbetung und zum Dankgebet, haben für die Rezeption eine große Bedeutung. Eine wissenschaftliche Exegese des Textes, die versucht, seine präzise Bedeutung zu erheben, kann ihm kaum gerecht werden. Der Kolosserbrief führt seine Leser gleichsam auf einen Gedankenspaziergang, läßt sie hierhin und dorthin blicken, dieses und jenes assoziieren und führt sie dann immer wieder in leichten Variationen zu den grundlegenden Punkten zurück. Die Kunst der Auslegung besteht darin, Deutungshorizonte anzureißen, Bedeutungen nicht definitorisch abzuschließen und Assoziationsmöglichkeiten zu eröffnen. Sie muß versuchen, den Sinn des Textes zu erschließen, indem sie ihn öffnet und als offenen Text wirken läßt. Der Kolosserbrief (und auch der Epheserbrief) gleicht weniger der Architektur eines klassischen Gebäudes, wo jedes Detail seine klare Funktion im Ganzen hat, sondern eher einem Film, bei dem die Kamera langsam über eine Landschaft gleitet, Neues in den Blick nimmt

und Altes verschwinden läßt, um dann wieder an den Ausgangspunkt zurückzukehren. Dieser Ausgangspunkt, von dem die Kamera immer wieder ausgeht,
ist der die Gemeinde erfüllende erhöhte Christus. Unsere Auslegung muß versuchen, dem meditativ-assoziierenden Stil des Briefs gerecht zu werden und darf
nicht versuchen, seine affizierende Kraft in Theologie zu übersetzen. Dabei wird
sie allerdings auch festhalten, daß der Brief an bestimmten Punkten ein deutli-
ches „Nein" zu einer anderen theologischen Position ausspricht.

Wissenschaftliche Kommentare: J. N. Aletti, Saint Paul. Epître aux Colossiens (Etudes
Bibliques n. s. 20), Paris 1993; M. Barth / H. Blanke, Colossians (Anchor Bible 34 B), New
York – London 1994; M. Dibelius, An die Kolosser, Epheser, an Philemon (Handbuch zum
NT 12), Tübingen [3]1953; J. D. G. Dunn, The Epistles to the Colossians and to Philemon
(The New International Greek Testament Commentary), Grand Rapids 1996; J. Gnilka,
Der Kolosserbrief (Herders theologischer Kommentar zum NT X/1), Freiburg etc. [2]1991;
E. Lohse, Die Briefe an die Kolosser und an Philemon (Kritisch-Exegetischer Kommen-
tar über das NT IX/2), Göttingen [15]1977; P. Pokorný, Der Brief des Paulus an die Kolos-
ser (Theologischer Handkommentar zum NT X/1), Berlin [2]1990; E, Schweizer, Der Brief
an die Kolosser (Evangelisch-Katholischer Kommentar XII), Neukirchen – Zürich [3]1989;
M. Wolter, Der Brief an die Kolosser. Der Brief an Philemon (Ökumenischer Taschenbuch-
Kommentar zum NT 12), Gütersloh – Würzburg 1993.

Allgemeinverständliche Auslegungen: H. Conzelmann, Der Brief an die Kolosser, in:
J. Becker u. a., Die Briefe an die Galater, Epheser etc. (Das Neue Testament Deutsch 8),
Göttingen, [17]1990, 176–202 (Vorgängerin dieser Kommentierung); J. Ernst, Die Briefe an
die Philipper, an Philemon, an die Kolosser, an die Epheser (Regensburger NT), Regensburg 1974, 141–244; R. Hoppe, Epheserbrief / Kolosserbrief, Stuttgarter Kleiner Kommentar NT 10), Stuttgart 1987; A. Lindemann, Der Kolosserbrief (Zürcher Bibelkommentare NT 10), Zürich 1983; F. Mussner, Der Brief an die Kolosser (Geistliche
Schriftlesung 12/1), Düsseldorf 1965; J. Pfammatter, Epheserbrief – Kolosserbrief (Die Neue
Echterbibel 10/12), Würzburg 1987.

Ausgewählte wichtige Abhandlungen und Aufsätze: C. E. Arnold, The Colossian Syncretism
(Wissenschaftliche Untersuchungen zum NT II/77), Tübingen 1995; W. Bujard, Stilana-
lytische Untersuchungen zum Kolosserbrief als Beitrag zur Methodik von Sprachverglei-
chen (Studien zur Umwelt des NT 11), Göttingen 1973; R. E. DeMaris, The Colossian
Controversy. Wisdom in Dispute at Colossae (Journal for the Study of the NT. Suppl. 96),
Sheffield 1994; F. O. Francis – W. Meeks (Hg.), Conflict at Colossae, Missoula 1973;
M. Gielen, Tradition und Theologie neutestamentlicher Haustafelethik (Bonner Biblische
Beiträge 75), Meisenheim 1990; R. Hoppe, Der Triumph des Kreuzes. Studien zum Verhältnis des Kolosserbriefs zur paulinischen Kreuzestheologie (Stuttgarter Biblische Beiträge
28), Stuttgart 1994; M. Kiley, Colossians as Pseudepigraphy (The Biblical Seminar), Sheffield
1986; J. Lähnemann, Der Kolosserbrief. Komposition, Situation und Argumentation (Studien zum NT 3), Gütersloh 1971; H. E. Lona, Die Eschatologie im Kolosser- und Epheserbrief (Forschung zur Bibel 48), Würzburg 1984; D. Lührmann, Neutestamentliche
Haustafeln und antike Ökonomie, New Testament Studies 27 (1980/81) 83–97; H. Merklein, Paulinische Theologie in der Rezeption des Kolosser- und des Epheserbriefs, in:
ders., Studien zu Jesus und Paulus (Wissenschaftliche Untersuchungen zum Neuen
Testament 43), Tübingen 1987, 409–453; E. Percy, Die Probleme der Kolosser- und Ephe-
serbriefe, Lund 1946; T. J. Sappington, Revelation and Redemption at Colossae (Journal for
the Study of the New Testament. Supplement 53), Sheffield 1991; W. Schenk, Der Kolosserbrief in der neueren Forschung (1945–1985), in: Aufstieg und Niedergang der römischen
Welt II/25/4, Berlin 1987, 3327–3364; L. T. Stuckenbruck, Angel Veneration and Chri-
stology (Wissenschaftliche Untersuchungen zum NT II/70), Tübingen 1995.

Der Eingangsgruß 1,1–2

1 Paulus, Apostel Christi Jesu durch den Willen Gottes, und der Bruder Timotheus 2 an die in Kolossae heiligen und gläubigen Brüder in Christus: Gnade sei mit euch und Friede von Gott, unserem Vater.

A Das Präskript des Kolosserbriefs stellt sozusagen den Normalfall eines paulinischen Briefpräskripts dar. Es hat keinerlei Erweiterungen und ist ähnlich kurz wie z. B. das Präskript des ersten Thessalonicherbriefs. Wie alle paulinischen Briefpräskripte ist es nach semitischer Weise zweiteilig; an die Stelle des üblichen Friedensgrußes tritt das betonte „Gnade und Friede". Einige Kleinigkeiten fallen auf: Anders als in anderen Briefpräskripten steht hier nicht das vor einer Ortsangabe mit „in" übliche Wörtchen „seiend" (vgl. Röm 1,7; 1. Kor 1,2; 2. Kor 1,1; Phil 1,1). „Heilig" habe ich nicht, wie in den übrigen Präskripten, als Substantiv, sondern als Adjektiv übersetzt; diese Übersetzung ist sprachlich die wahrscheinlichste. Auffällig ist sodann das Wort „gläubig", das in den von Paulus selbst geschriebenen Briefen nie im Präskript vorkommt, wohl aber in Eph 1,1. Auch „Brüder" kommt sonst nie mehr in einem Präskript als Adressatenangabe vor: Paulus braucht das Wort sehr oft als Anrede; im Kolosserbrief wird es nie so verwendet. Schließlich fällt auf, daß in V. 2 der Segen nur „von Gott, unserem Vater" kommt und das übliche „und vom Herrn Jesus Christus" fehlt. Einige Handschriften haben dies denn auch nachgetragen. Inhaltlich haben diese Besonderheiten keine Bedeutung, aber sie können ein Hinweis dafür sein, daß hier nicht Paulus selbst schreibt.

B Paulus, der sich wie 2. Kor 1,1 als Apostel „durch den Willen Gottes" (vgl. Röm 1,5; 1. Kor 1,1; Gal 1,1) vorstellt, und „der Bruder Timotheus" (wie 2. Kor 1,1; Phlm 1) sind die Verfasser dieses Briefs. Paulus schreibt seine Briefe als Apostel, also kraft der ihm von Gott verliehenen Autorität, nicht als gewöhnliche Privatbriefe. Auch die Tatsache, daß seine echten Briefe fast immer Mitarbeiter als Mitverfasser haben (einzige Ausnahme: der Römerbrief), läßt durchschimmern, daß er sie nicht als private Briefe, sondern als „kirchliche" Briefe versteht. Timotheus erscheint am häufigsten von allen Mitarbeitern des Paulus als Mitverfasser, nämlich im 2. Korintherbrief, im Philipperbrief, im Philemonbrief und in den Thessalonicherbriefen (mit Silvanus). Er ist von Paulus für den Glauben gewonnen worden (1. Kor 4,17, vgl. Apg 16,1). Seither ist er Paulus die ganze Zeit in seiner Missionsarbeit zur Seite gestanden und wurde von ihm oft als Beauftragter zu den Gemeinden geschickt (1. Thess 3,2f.; 1. Kor 4,17; Phil 2,19.23). In nachpaulinischer Zeit galt er als *der* Schüler des Paulus (1./2. Tim). Wenn er den Kolosserbrief im Auftrag des Paulus geschrieben haben sollte, wäre das ein weiteres Zeichen der großen Wertschätzung des Paulus für ihn. „Heilig" ist hier wie in allen Briefen „nicht ein Werturteil" darüber, daß sich die Briefempfänger „auf einem hohen religiösen Niveau befinden", sondern

„heilig" sind sie dadurch, daß Gott sie berufen hat und Christus sie heiligt (vgl. 1,22); „man könnte, wie von der ‚fremden' Gerechtigkeit …, so auch von der 'fremden' nämlich der durch das Wort Gottes zugesprochenen und übereigneten Heiligkeit reden" (H. Conzelmann). Sie sind „gläubig", nicht an Jesus Christus, sondern „in" Jesus Christus, d.h. sie befinden sich im Heilsraum des Leibes Christi, der Kirche. „Brüder" will natürlich nicht „Schwestern" ausschließen; die maskuline Formulierung ist inklusiv gedacht. „Gnade" und „Friede" sind wie immer bei Paulus objektive, durch Gottes Handeln in Christus geschaffene Realitäten, die der Segensgruß der paulinischen Briefe wirksam den Gemeinden übermittelt.

1. Die Danksagung 1,3–23

Fast alle authentischen paulinischen Briefe, mit Ausnahme des zweiten Korintherbriefs und des Galaterbriefs, beginnen mit einer Danksagung. Sie enthält einen Dank des Paulus an Gott für die Gemeinde (z.B. „ich danke meinem Gott jederzeit für euch" 1. Kor 1,4), der sich gerne auf den Glauben (Röm 1,8; 1.Thess 1,3, vgl. Phlm 6), die Annahme des Evangeliums (1.Thess 1,5, vgl. Phil 1,5; Gal 1,6f.) und die Liebe (Phlm 5; 1.Thess 1,3, vgl. Phil 1,5) der Gemeinde bezieht und ihre ökumenische Austrahlung hervorhebt (Röm 1,8; 1.Thess 1,7–9; Phlm 5). Zur Danksagung gehört oft die Erwähnung der unablässigen Fürbitte des Paulus für die Gemeinde (Röm 1,9f.; Phil 1,4.9; 1.Thess 1,2; Phlm 4) und ein Ausblick auf das endzeitliche Gericht, in dem sich die Gemeinde bewähren wird (1. Kor 1,8; Phil 1,10f.; 1.Thess 1,10). Neben diesen typischen Zügen kann Paulus seine Danksagungen sehr individuell ausgestalten bis hin zum Extremfall des Galaterbriefs, wo er sie wegläßt, weil ihm die Gemeinde nichts zu danken gibt. In der Danksagung des Kolosserbriefs fällt nun auf, daß alle typischen Elemente einer paulinischen Danksagung vorhanden sind, aber über einen langen Textbereich verstreut. Paulus dankt Gott (Kol 1,3) und zwar, wie im 1.Thessalonicherbrief, für den Glauben und die Liebe, verbunden mit der Hoffnung der Gemeinde (V.4f., vgl. 1.Thess 1,3). Er erwähnt die Annahme des Evangeliums in Kolossae und in der ganzen Welt (V.5 f.) und blickt zurück auf den Zeitpunkt, als die Kolosser das Evangelium annahmen (1,6). Er erwähnt seine eigene Fürbitte (1,3), führt sie aber erst in V.9–11 aus. Der eschatologische Ausblick folgt gar erst in V.22. Außerdem gibt es für eine Danksagung typische Stichworte, die im ganzen Abschnitt 1,3–23 vorkommen, wie „danken" (V.3.12), „bitten" (V.3.9), „Liebe" (1,4, vgl. 8.13), „Glaube" (1,4.23), „Hoffnung" (1,5.23) und „Evangelium" (V.5.23). Weitere wiederholt vorkommende Ausdrücke sind „fruchtbringen und vermehren" (V.6.10), „seit dem Tage + hören" (V.6.9). Die Verse 3–23 bestehen aus nur drei Sätzen (V.3–8.9–20.21–23). Alles das führt dazu, den ganzen Abschnitt 1,3–23 als eine einzige lange Danksagung zu betrachten, in die der große Christustext von V.15–20 eingelegt ist.

1.1 Erster Teil der Danksagung: Dank für den Glauben und die Liebe der Gemeinde 1,3–8

3 Wir danken Gott jederzeit, dem Vater unseres Herrn Jesus Christus, indem wir für euch beten, 4 denn wir haben von eurem Glauben in Christus Jesus gehört und von eurer Liebe, die ihr zu allen Heiligen habt, 5 um der Hoffnung willen, die für euch in den Himmeln bereit liegt, von der ihr schon gehört habt durch das Wort der Wahrheit, das Evangelium, 6 das zu euch gekommen ist, wie es auch in der ganzen Welt ist, fruchtbringend und wachsend, wie auch bei euch, seit dem Tage, als ihr Gottes Gnade in Wahrheit gehört und erkannt habt, 7 wie ihr es von unserem lieben Mitsklaven Epaphras gelernt habt, der an unserer Stelle ein treuer Diener Christi ist; 8 er hat uns auch von eurer Liebe im Geist berichtet.

V. 3 f.: Phlm 4 f.: V. 4 f.: 1. Thess 1,3; Eph 1,15; V. 7: Phlm 13.23.

A Der erste Teil der Danksagung besteht aus einem einzigen Satz mit dem Hauptverbum „wir danken", von dem in verschiedener Zuordnung drei Partizipialsätze, fünf Relativsätze und drei mit „wie" eingeleitete Vergleichssätze abhängen. Von einer klaren logischen Gliederung läßt sich nicht sprechen. Vielmehr gleitet der Dank des Verfassers von einem traditionellen Topos zum anderen. Er neigt zur Fülle, dankt für alles und für alle, läßt seinen Blick von der Gemeinde auf die ganze Ökumene und wieder zurück zur Gemeinde schweifen und von der Erde bis zur himmlischen Hoffnung. Die Danksagung hat in V. 3 f. eine besondere Nähe zu derjenigen von Phlm 4 f., mit der verschiedene Worte identisch sind, und zu derjenigen des 1. Thessalonicherbriefs, in der die Trias Glaube-Liebe-Hoffnung vorkommt (1. Thess 1,3). In V. 7 kommt die besondere Situation der Gemeinde von Kolossae zum Zuge, wenn der Verfasser sie an Epaphras, den Gemeindegründer, erinnert. Eine Besonderheit ist auch der Hinweis auf die ökumenische Dimension des Evangeliums in V. 6.

B 3 f. Paulus und Timotheus danken Gott jederzeit (vgl. 1. Kor 1,4; Eph 5,20). Natürlich meint „jederzeit" nicht, daß Paulus und Timotheus den ganzen Tag danken und beten, sondern daß die Dankbarkeit ihr ganzes Leben bestimmt. Der Dank richtet sich an Gott, der im Neuen Testament oft als „Vater Jesu Christi" bezeichnet wird (z. B. Röm 15,6; 2. Kor 1,3). Dahinter steht noch keine Trinitätslehre; gemeint ist, daß Gott sich durch Jesus Christus identifiziert, dessen Vater er ist. Hinter der Formulierung „Gott, dem Vater unseres Herrn Jesus Christus" steckt wohl auch der gottesdienstliche Lobpreis der Gemeinde, wie 2. Kor 11,31; Eph 1,3; 1. Petr 1,3 zeigen. Grund des Dankes sind der Glaube und die Liebe der Gemeinde. Der Glaube der Gemeinde ruht „in" Jesus Christus, der als „Leib" die göttliche Fülle repräsentiert, in der und aus der die Gläubigen leben (vgl. 1,19; 2,9 f.). Zum Glauben gehört untrennbar die Liebe „zu allen Heiligen". Gemeint ist nicht, daß die Kolosser nur Christinnen und Chri-
5 sten lieben, sondern daß ihre Liebe nicht nur ihre christliche Nachbarschaft, sondern ökumenisch die ganze Kirche umspannt. Zu ihr gesellt sich als drittes die Hoffnung. Glaube, Liebe und Hoffnung sind bei Paulus mehrmals als drei

grundlegende Ausdrucksformen des christlichen Lebens zusammengestellt (1.Thess 1,3; 5,8; 1.Kor 13,13, vgl. Hebr 10,22–24; Barn 1,4). Die Hoffnung steht nicht auf der selben Ebene wie Glaube und Liebe, und der Verfasser kann darum nicht direkt für sie danken: Sie ist nichts, was die Kolosser selbst besitzen, kein zuversichtliches Grundgefühl, sondern ein objektives Heilsgut, das sich im Himmel befindet. Künftige Heilsgüter haben sich jüdische Apokalyptiker und auch Paulus als im Himmel gegenwärtig vorgestellt, vgl. z.B. 4.Esra 7,77 (der himmlische Schatz der Werke); 2.Kor 5,1 (die himmlische Wohnung); Gal 4,26 (das obere Jerusalem); 1.Petr 1,4f. (das unvergängliche Erbe). Noch wichtiger ist, daß der auferstandene Christus im Himmel ist (3,1); deshalb ist die Hoffnung der Kolosser im Himmel und ihr Leben dort verborgen (3,3). Der Abschnitt 3,1–4 wird zeigen, daß sich auch im Kolosserbrief lokale und zeitliche Kategorien nicht ausschließen. An anderen Stellen ist bei „Hoffnung" an das Evangelium (1,23) oder an „Christus in uns" (1,27) gedacht. Dem Brief liegt nichts an einem präzisen Hoffnungsbegriff, wohl aber daran, daß sich mit „Hoffnung" der Gedanke an Christus verbindet.

Die Verbindung von Hoffnung und Evangelium zeigt sich auch in V.5b: Von der Hoffnung haben die Kolosser zuvor gehört, nämlich damals, als ihnen erstmals das Evangelium verkündet wurde, welches der Verfasser mit einem paulinischen Ausdruck „Wort der Wahrheit" nennt (vgl. 2.Kor 6,7). Wieweit „Wahrheit" hier in semitischem Sinn eher die „Zuverlässigkeit" (so wohl 2.Kor 6,7) oder in griechischem Sinn die „Erkenntniswahrheit" (so 2.Tim 2,15f. im Gegensatz zur Häresie) meint, läßt sich kaum beantworten. Das Evangelium   **6** ist zur Gemeinde gekommen, aber es wirkt auch auf der ganzen Welt. „Fruchtbringen" und „wachsen" sind biblische Metaphern, wobei bei der Frucht des Evangeliums wohl am ehesten an die Liebe und die guten Werke (vgl. Röm 7,4; Gal 5,22; Phil 1,11.22), bei seinem Wachsen an die erfolgreiche Missionsverkündigung (vgl. 2,19; 1.Kor 3,6f.) zu denken ist. Verkündigung und gute Werke gehören zusammen wie Glaube und Liebe (V.3). Für den Verfasser ist wie für Paulus (Röm 1,16) das Evangelium eine Kraft. Der Gedanke, daß das Wachstum der Kirche und die Früchte des Evangeliums eine Leistung der Adressaten sein könnte, liegt fern. Wieder öffnet sich der Blick auf die ganze Ökumene: die Leserinnen und Leser sollen sich mit der weltweiten Kirche verbunden fühlen. Immer wieder wird in diesem Brief die gesamtkirchliche Perspektive deutlich werden (vgl. z.B. 1,18.23.27f.). Mit V.6b lenkt schließlich der Verfasser wieder zu V.5b zurück, zur Ankunft des Evangeliums von der Gnade Gottes in der Gemeinde von Kolossae.

Ein weiterer „wie"-Satz erinnert die Gemeinde an die Erstverkündigung   **7f.** des Evangeliums durch Epaphras. Epaphras ist Kolosser (4,12). Er war damals, als der Philemonbriefs abgefaßt wurde, mit Paulus zusammen gefangen (Phlm 23), zur Zeit der Abfassung des Kolosserbriefs aber wohl wieder frei. Er ist besonders für die Gemeinden im Lykostal verantwortlich (4,13). Mit Epaphroditus aus Philippi (Phil 2,25) ist er nicht identisch. Er ist an der Stelle des Paulus, welcher selber nicht nach Kolossae kommen konnte, „Diener Christi", d.h. Verkündiger des Evangeliums (vgl. 1.Kor 3,5; 2.Kor 3,6), wie Paulus selbst (1,23, vgl. 25).

Auch das Wort „Mitsklave" verbindet Paulus und Epaphras. „Sklaven Gottes" sind im Alten Testament und in jüdischen Schriften z. B. Mose, David und die Propheten. Paulus bezeichnet sich und andere oft mit dem Ehrentitel „Sklaven Jesu Christi" (z. B. Röm 1,1; Phil 1,1). Epaphras ist seit dem Gründungsbesuch wieder bei der Gemeinde gewesen und hat Paulus Nachricht von ihrer Liebe, die durch den Geist geschieht, also nicht ihr eigenes „Werk" ist, gebracht.

Eine Fülle von Grundworten paulinischer Theologie klingt in dieser Danksagung in locker-assoziativer Form an. Überall können die Leserinnen und Leser ihre eigenen Gedanken anfügen und das, was der Verfasser sagt, weiter ausdenken. Über allem steht der Dank an Gott. Darum klingt dieser Eingangsabschnitt auch so positiv: Der Verfasser beginnt seinen Brief, indem er voll in das Heil, in dem die Gemeinde steht, hineingreift und sie in seinen Dank hineinnimmt. Darum spricht er von Glauben, geistgewirkter Liebe, dem himmlischen Hoffnungsgut, dem wirkungskräftigen Evangelium und der Gnade Gottes. Daß dieser Brief, wie alle paulinischen Briefe, mit dem das ganze Leben prägenden Heil und damit mit dem Dank an Gott beginnt, und nicht etwa mit den Problemen der Gemeinde und damit mit Ermahnungen und Warnungen, ist theologisch wichtig. In dieses Dankgebet sollen die Leserinnen einstimmen.

1.2 Zweiter Teil der Danksagung: Fürbitte und Dank für die Rettung 1,9–14

9 Deswegen hören auch wir seit dem Tage, als wir (davon) gehört haben, nicht auf, für euch zu beten und zu bitten, damit ihr mit der Erkenntnis seines Willens erfüllt werdet, in aller Weisheit und geistlicher Einsicht, 10 des Herrn würdig zu wandeln zu (seinem) ganzen Wohlgefallen,
  in jedem guten Werk fruchtbringend
  und wachsend in der Erkenntnis Gottes,
11 in jeder Kraft gekräftigt nach der Macht seiner Herrlichkeit, zu jeder
                                       Standhaftigkeit und Ausdauer;
  mit Freude 12 dem Vater dankend, der euch zum Anteil am Los der Heiligen
                                       im Licht befähigt hat;
13 er hat uns erlöst aus der Gewalt der Finsternis und uns ins Reich des Sohns seiner Liebe versetzt, 14 in welchem wir die Erlösung haben, die Vergebung der Sünden.

V.9–11: Phil 1,9–11; Eph 1,16–19; V.10: 1.Thess 2,12; V.13f.: 2,12–14; Apg 26,18; Röm 3,24; Eph 1,7.

A Der Abschnitt überfließt von locker angefügten Partizipien, Relativsätzen, attributiven Bestimmungen mit „in", Zielbestimmungen mit „damit" (V.9), bloßem Infinitiv (V.10) und der Präposition „zu" (V.10.11.12). Er ist darum kaum sicher zu gliedern. Ich sehe nach der anfänglichen Aussage über die Fürbitte mit doppelter Zweckbestimmung (V.9.10a) in V.10b–12 vier partizipiale Aussagen, die das Leben der Gemeinde umschreiben. Der abschließende doppelte Relativsatz V.13f. bezieht sich syntaktisch unklar, inhaltlich aber klar auf den „Vater" zurück. Er umschreibt den Inhalt des Dankgebets. An die Relativsätze von V.13f. schließt sich in V.15 der traditionelle „Christushymnus" gut an. Von V.12 her erscheint auch er als Inhalt des „Dankgebets" der Gemeinde. Das Ganze ist ein ziemlich ungeformter Wortschwall, der in der Übersetzung geordneter wirkt als im griechischen Urtext. Er ist gefüllt mit Synonymen (vgl. V. 9: „beten und bitten", „Weisheit und Einsicht"; V. 10: „fruchtbringend und wachsend"; V. 11: „Standhaftigkeit und Ausdauer"; V. 14: „Erlösung", „Vergebung") und reichlich garniert mit jenem griechischen Wörtchen, das „ganz, all, jeder" heißt. Der Eindruck einer Wortfülle wird durch Wortwiederholungen (V. 9.10: „Erkenntnis"; V. 11: „in Kraft gekräftigt"; V. 11 f.: „mit Freude dankend"), durch Aufnahmen aus der vorangehenden Danksagung (V. 9: „seit dem Tage, als wir gehört haben", vgl. V. 6; V. 10: „fruchtbringend und wachsend", vgl. V. 6), durch an sich unnötige Genetivattribute (V. 11: „Kraft seiner Herrlichkeit"; V. 12: „Anteil am Los"; V. 13 „Sohn seiner Liebe") und durch Umstandsbestimmungen mit „in" verstärkt. Kurz: Die Überfülle an Worten weckt gefühlsmäßig den Eindruck eines überreichen religiösen Lebens, für das man nur überschwänglich danken kann. Der Versuch einer präzisen Deutung der einzelnen Begriffe geht an der Intention des Textes vorbei.

Mit V. 9 setzt die Fürbitte ein, anders als in den meisten paulinischen Proömien   **B 9–10 a** in einem eigenen Abschnitt (vergleichbar ist nur Phil 1,9–11). Die unaufhörliche Fürbitte von Paulus und Timotheus weckt in den Leserinnen und Lesern das Gefühl der Verbundenheit mit den abwesenden Aposteln. Gerade weil sie sich nicht kennen, ist dies wichtig. Ziel der Fürbitte ist zunächst die Erkenntnis Gottes. Das passive „damit ihr erfüllt werdet" und das Adjektiv „geistlich" machen deutlich, daß es dabei um von Gott geschenkte Erkenntnis geht, nicht um „,Theorie' im Sinne der philosophischen Weltbetrachtung" (H. Conzelmann). An ihrem Ausgangspunkt steht nicht das menschliche Forschen, sondern das Gebet. In solche geoffenbarte Erkenntnis werden die Gläubigen hineingenommen; sie werden von ihr erfüllt. Die dreifache Variation der Erkenntnisbegriffe soll ebenso wie die Formulierung „in aller" die Leserinnen und Leser anleiten, der Fülle und der Tiefe der ihnen geschenkten Erkenntnis nachzudenken. „Seines Willens" macht darauf aufmerksam, daß jede Gotteserkenntnis ihre praktische Seite hat und zu einem neuen Leben führt. Diese praktische Dimension der Gotteserkenntnis wird durch den Infinitivsatz V. 10 a angedeutet. Der Christustitel „Herr" taucht bei Paulus und im Kolosserbrief oft in ethischem Kontext auf (vgl. 3,18.20.23 f.), denn der erhöhte Herr bestimmt das christliche Leben (vgl. 2,6; Röm 14,8). „Wohlgefallen" ist vermutlich auf Gott zu beziehen, dem die Menschen „wohlgefällig" sein müssen (3,20; Röm 12,1; 2. Kor 5,9, vgl. 1. Thess 4,1). Durch die Kraft der Fürbitte kommen die Kolosser also in eine Bewegung hinein: Erkenntnis Gottes wird ihnen geschenkt, die ihre Lebensführung bestimmt.

Die vier nun folgenden Partizipialsätze entfalten, was das praktisch bedeu-   **10b–12** tet. Es wäre aber falsch, deshalb den ganzen Abschnitt nur als eine indirekte Paränese und die Partizipien als verkappte Imperative aufzufassen. Der Fürbittebericht hat pragmatisch ebenso wenig eine nur „paränetische Funktion" wie der vorangehende „Dankbericht" von den Leserinnen und Lesern nur pragmatisch „als Lob verstanden" werden soll (gegen M. Wolter). Darum enthalten die vier folgenden Partizipialsätze sowohl Heilserfahrungen als auch ethische

Aussagen. Sie beschreiben die Bewegung des Wachsens der Gotteserkenntnis und der Kräftigung der Gläubigen durch Gott selbst, die einerseits zu einer christlichen Lebenspraxis, andererseits zu einer Grundhaltung der Freude und des Danks führt. Heilsgabe und christliche Praxis lassen sich nicht säuberlich voneinander scheiden. Dadurch, daß das Fürbittegebet am Anfang dieser Bewegung steht, wird deutlich, daß es um einen Prozeß geht, der von Gottes Gnade getragen ist. Die wechselseitige Durchdringung von Gnade und Leben wird an vielen einzelnen Formulierungen deutlich: Die Gläubigen „bringen Frucht" durch ihre guten Werke – dasselbe war vorher in V.6 vom Evangelium gesagt. Sie „wachsen" durch die Erkenntnis Gottes, die nach V.9 geschenkte Erkenntnis war, mit der sie „erfüllt" werden. Die „Standhaftigkeit" und die „Ausdauer" der Gläubigen – ersteres ist eher auf die äußeren Umstände, letzteres eher auf Mitmenschen ausgerichtet; beides ist aber fast synonym – ist ein Resultat der in ihnen machtvoll wirkenden Kraft Gottes. Die Formulierung „in jedem guten Werk" ist von Paulus her gesehen eher ungewöhnlich (vgl. nur 2.Kor 9,8); sie verrät, daß der Kolosserbrief nicht von der paulinischen Rechtfertigungslehre her denkt. Der dritte Partizipialsatz in V.11 ist länger als die beiden vorangehenden: Das doppelt ausgedrückte „Kraft / kräftigen", das zweimalige „jede" und die an gottesdienstliche Doxologien erinnernde Verbindung von „Kraft" und „Herrlichkeit" (vgl. 1.Petr 4,11; Offb 1,6) lassen die Leserinnen und Leser etwas von der Fülle der Macht Gottes spüren, die in ihrem Leben wirksam ist. Das alles führt sie im letzten, im Griechischen längsten Partizipialsatz zum freudigen Dankgebet (V.12a). Das Danken ist für den Kolosserbrief eine Grundhaltung des christlichen Lebens (2,7; 3,15.17; 4,2). Damit lenkt der Text zu V.3 zurück und gibt den Gläubigen Anteil am Dankgebet der Apostel. Grund ihres Dankens ist, daß Gott selbst sie gerettet hat. Er gab ihnen „Anteil" am „Los" – beide Ausdrücke weisen zurück auf biblische Landnahmetraditionen – der „Heiligen" d. h. nach V.2 der erwählten Gläubigen. Diese Rettung bedeutet zugleich Anteil an der Sphäre des Lichtes, während außerhalb der Gemeinde, ähnlich wie in Qumran, der Bereich der Finsternis ist.

13f.   In den beiden Schlußversen 13f. ruht der Blick auf dem, was Gott für die Gläubigen getan hat. V.13 ist in traditioneller Missions- und Bekehrungssprache formuliert und hat eine enge Parallele in Apg 26,18 (vgl. auch Joseph und Aseneth 15,12). In V.14 erinnern „Erlösung" und „Vergebung der Sünden" an die Taufe (vgl. Röm 3,24f.). Auffällig ist, daß der Verfasser auf das geschehene Heil zurückblickt: Die Gläubigen sind schon aus dem Reich der Finsternis ins Reich des Lichts versetzt; das Reich des Sohnes ist – anders als z. B. Offb 20,4 – eine gegenwärtige Größe. Mit der Taufe ist das alles entscheidende Heilsereignis bereits geschehen. Das paßt gut zur „präsentischen" Eschatologie des Briefs, wie sie uns vor allem in 2,12–14; 3,1 begegnen wird. Hier hat sie ihren Grund in der Form des Dankgebets: Ein Dankgebet formuliert von Gott her und dankt für das, was er alles schon getan hat. Auch Paulus kann, wenn er von Gott aus denkt, stark präsentisch formulieren (vgl. Röm 8,28f.). Gewiß hat sich im Kolosserbrief gegenüber den authentischen Paulusbriefen das Gewicht zugunsten der präsentischen Eschatologie verschoben, aber man sollte die Differenz nicht überbetonen.

So führt das Fürbittegebet 1,9–14 die gläubigen Leserinnen und Leser hinein in eine Bewegung vom Dankgebet über geschenkte Gotteserkenntnis und neues Leben aus der Kraft Gottes zurück ins Dankgebet. Gott erkennen, Handeln und Beten sind eine Einheit, eine Bewegung, die von Gottes Handeln ausgeht und zu ihm zurückkehrt. Darum geschieht theologisches Erkennen nicht in Distanz, sondern indem man sich in einen Sprachfluß hineinnehmen und sich von ihm bewegen läßt. Sein Wortreichtum ist ein – gewiß unzulänglicher – Ausdruck des Reichtums Gottes, seine Unschärfe gibt den Lesern Raum, sich selbst in ihm zu situieren. Von außen her gesehen mag der Text den Eindruck eines wortreichen religiösen Geredes erwecken; von innen her gelesen und gehört ist er Ausdruck von Gottes Fülle und Gottes Kraft.

1.3 Christus, der Schöpfer und Versöhner 1,15–20

15 *Er ist das Bild des unsichtbaren Gottes,*
   Erstgeborener vor aller Schöpfung,
16   *denn in ihm wurde alles geschaffen*
      in den Himmeln und auf der Erde,
      das Sichtbare und das Unsichtbare,
      seien es Throne, seien es Herrschaften,
      seien es Mächte, seien es Gewalten;
      alles ist durch ihn und auf ihn hin geschaffen.

17   *Und er ist vor allem,*
      und alles hat in ihm Bestand,
18   *und er ist das Haupt des Leibes* d.h. der Kirche.

   Er ist der Anfang,
      Erstgeborener aus den Toten,
         damit er in allem der Erste sei,
19   *denn in ihm gefiel es der ganzen Fülle zu wohnen,*
20   *und durch ihn alles zu versöhnen auf ihn hin,*
         indem er durch sein Kreuzesblut *durch ihn den Frieden schuf,*
      sei es (für) das auf der Erde, sei es (für) das in den Himmeln.

V. 15–20: Phil 2,6–11; Joh 1,1–18; V. 15: Gen, 1,26 f.; Röm 8,29; 2. Kor 3,18; 4,4; V. 16: 1. Kor 8,6; Hebr 1,3; Röm. 8,38 f.; V. 17 f.: Eph 1,10.21; V. 18: Offb 1,5; Apg 26,23; V. 19: Jer 23,24; Ps 68,17; Joh 1,14; V. 20: Röm 5,8–11; 2. Kor 5,18–21.

Mit V. 15 wechselt der Stil. Es gibt zwar immer noch die für den Kolosserbrief A typischen Wendungen mit „in" und die Anhäufung von Synonymen und die zahlreichen „alles", aber die Sätzchen werden kürzer, und die Struktur des Textes wird deutlicher. Eine gewisse Feierlichkeit, ja Monotonie fällt auf. Siebenmal erscheint die Verbindung von „er" und „alles", die gleichsam das innere Leitmotiv des Textes ist. Er enthält zahlreiche Entsprechungen, teils in Zeilenanfängen, die sich in V. 15 f. und in V. 18b–20 in gleicher Reihenfolge wiederholen, teils in anderen Wendungen. Die Zeilen sind aber nicht gleich lang, sie sind nicht rhythmisch, und sie entsprechen sich auch nicht überall. Es hat sich in der Forschung ein Konsens herausgebildet, daß der Verfasser hier einen ihm vorgegebenen Text zitiert. Dies ist nicht nur wegen der strengen Form und den auffälligen Entsprechungen einleuchtend. Der Text enthält auch zahlreiche Worte, die sonst im Brief nicht mehr vorkommen, z. B. „erstgeboren", „sichtbar/unsichtbar", „Throne", „Herrschaften", „vor", „Bestand haben", „der Erste sein", „beschließen", „Frieden stiften". Vor allem fällt auf, daß der Verfasser des Kolosserbriefs im Fortgang des Briefs nicht den ganzen Text aufnimmt, sondern nur auf V.16e.18a.19–20 inhaltlich Bezug nimmt, vor allem in 1,21f. und 2,9f.15.

Der traditionelle Text enthält zwei parallele Abschnitte. Der erste spricht von der Schöpfung durch den präexistenten, der zweite von der Versöhnung durch den auferstandenen Christus. Umstritten ist die Gliederung des Textes im einzelnen. Manche Forscher rechnen mit einem zweistrophigen Text, wobei die erste Strophe mehr Zeilen hätte als die zweite. Andere rechnen mit einer kleinen „Zwischenstrophe" in V.17f., wie ich sie oben in der Übersetzung angedeutet habe. Ebenso ist umstritten, was als Zusatz des Verfassers des Kolosserbriefs zu gelten hat. Manche Forscher rechnen mit sehr vielen Zusätzen, vor allem dann, wenn sie als Grundtext unbedingt einen schön symmetrischen Text rekonstruieren wollen und darum alles, was in irgend einer Weise unsymmetrisch ist, dem Verfasser des Kolosserbriefs zuweisen. Ich bin hier zurückhaltend und rechne nur an zwei Stellen mit Zusätzen (in der Übersetzung ist der traditionelle Text kursiv, die Zusätze des Verfassers sind normal gedruckt): In V.18a ist die Deutung des „Leibes" auf die Kirche fast sicher Zusatz des Briefverfassers. Er entspricht seiner eigenen Deutung in 2,19. In 1,18 ist er unpassend, denn die erste Strophe und die Zwischenstrophe handeln von der Weltschöpfung. Sie verstehen unter „alles" und unter „Leib" die ganze Welt. Der andere Zusatz steht in V.20b. Hier fällt in dem am besten bezeugten Text das doppelte „durch" auf („durch sein Kreuzblut", „durch ihn"). Die Erwähnung des Kreuzestodes Jesu paßt nicht gut an diese Stelle einer Strophe, die schon am Anfang von Jesu Auferstehung spricht. Auch hier rechne ich mit einem Zusatz des Verfassers. Er entspricht wiederum seiner eigenen Interpretation, wie 1,22 und 2,14 zeigen.

Woher stammt dieser Text? Sicher stammt er aus frühchristlichen Gemeinden, die durch das hellenistische Diasporajudentum geprägt waren und die bereits die Präexistenzvorstellung auf Christus übertragen haben. In einem allgemeinen Sinn ist er mit Joh 1,1–18; Phil 2,6–11, 1.Tim 3,16, Hebr 1,3 und Offb 1,5 verwandt. Besonders auffällig sind die zahlreichen Beziehungen zwischen ihm und paulinischen Texten: In Röm 8,29 heißt Jesus „Abbild" und „Erstgeborener unter vielen Brüdern". 2.Kor 4,4 nennt ihn „Abbild Gottes". Daß Christus der Erste aller Auferstandenen ist, ist ein für Paulus wichtiger Gedanke (1.Kor 15,20–28), ebenso der Gedanke der Versöhnung der Welt durch Christus (2.Kor 5,18–21). In Röm 5,1–11 spricht Paulus im selben Abschnitt von dem durch Christus gestifteten Frieden und von der Versöhnung, allerdings in etwas anderer Akzentuierung als Kol 1,20. Kurz, es spricht m.E. manches dafür, daß auch Paulus den in Kol 1,15–20 zitierten Text gekannt und auf seine Weise aufgenommen hat. Ist diese Annahme richtig, so zeigt sich einmal mehr, daß man den Kolosserbrief nicht zu weit von Paulus abrücken darf.

Meistens wird Kol 1,15–20 als „Christushymnus" bezeichnet. Um einen Hymnus im eigentlichen Sinn handelt es sich aber nicht (für einen Hymnus wäre die Anrede der Gottheit in der zweiten Person charakteristisch), sondern eher um einen „Preis-Text" (Enkomion) in gehobener Prosa, der einige Formelemente eines Hymnus enthält, z.B. die „alles"-Aussagen oder die Aussage, daß der Gepriesene der „Erste" sei. Er wurde nicht gesungen, sondern vielleicht von der Gemeinde im Gottesdienst gemeinsam als Anbetung gesprochen. Dennoch kann die Bezeichnung „Hymnus" auf etwas Wichtiges aufmerksam machen: Unser Preistext ist kein dogmatischer Text. Er will nicht in erster Linie belehren, weder über das göttliche Wesen des Gottmenschen Jesus noch über die Allversöhnung (vgl. V.20). Vielmehr will er Christus preisen. Lobpreise nehmen den Mund meistens voll: Sie formulieren gewaltige, „hohe" Aussagen über die von ihnen gepriesene Gottheit; sie preisen ihre Werke in höchsten Tönen; sie formulieren universal und abschließend. Dies gilt es zu bedenken, nicht nur, wenn wir anhand von 2,6–3,4 fragen, was unser Lobpreis für den Briefverfasser als Lehrtext bedeutet, sondern auch, wenn es heute darum geht, aus dem Christusenkomion von Kol 1,15–20 christo*logische* Folgerungen zu ziehen.

Wir treten mit der ersten Strophe des Lobpreises in eine neue, im Brief bisher noch nicht vorbereitete Gedankenwelt ein. Christus wird „Bild Gottes" genannt. Damit ist nicht eine Abbildung gemeint – den unsichtbaren Gott kann man ja gar nicht abbilden. Vielmehr ist „Bild" eine Wesensaussage; gemeint ist soviel wie „Manifestation". Als „Bild" Gottes ist Christus sein Repräsentant. Durch Christus, das „Bild", wird der unsichtbare Gott zugänglich und erfahrbar. In ähnlicher Weise konnten Weis 7,25f. die göttliche Weisheit, welche nach jüdischer Tradition Gottes Gehilfin bei der Schöpfung ist (Spr 3,19; 8,22–31), als „Hauch der Macht Gottes" und als „Abbild seiner Güte" bezeichnen. Für Philo ist die göttliche Weisheit „Anfang und Bild und Schauen Gottes" (Leg All 1,43) und „der göttliche Logos das Bild Gottes, durch den die ganze Welt geschaffen ist" (Spec Leg 1,81). Hinter diesen Aussagen steht der Versuch Philos, den jüdischen Gedanken von der Weltschöpfung für Griechen auszulegen: Das „Wort", d.h. der Logos, von dem Gen 1 spricht, ist für ihn nicht, wie für die Stoiker, ein Element der Welt, sondern als Schöpferwort Gottes ihr vorgeordnet. Darum nennt Philo den Logos Gottes „ersterzeugten Sohn" (Agr 51), und darum ist die göttliche Weisheit „früher als alles geschaffen" und „von Ewigkeit her" (Sir 1,4, vgl. Spr 8,22f.). „Erstgeboren" oder auch „ersterzeugt" ist nicht nur und nicht in erster Linie eine zeitliche Aussage, sondern eine qualitative: Der „Erstgeborene" hat im alten Israel einen Vorrang gegenüber allen nachgeborenen Geschwistern (vgl. Ps 89,28). Dies etwa ist die geistige Welt, die hinter Kol 1,15 steht. Mit dem göttlichen Logos bzw. mit der göttlichen Weisheit, durch die Gott die Welt geschaffen hat, wird Christus identifiziert, ähnlich wie in Phil 2,6–11; 1. Kor 8,6; Hebr. 1,3f. oder Joh 1,1–18. Es geht aber in diesem Preistext auf Christus nicht um eine Aussage über die Schöpfung, sondern um eine Aussage über Christus. Die hinter Kol 1,15 stehende Frage lautet nicht: Wie kann ein unsichtbarer Gott die sichtbare Welt erschaffen?, sondern: Wer ist es, dem wir die ganze Welt verdanken? Die Antwort lautet: Er ist es, Christus, nur er.

B 15

16 Darum wird in V.16a betont „in ihm" vorangestellt. V.16f. fügt zu „in ihm"
ein „durch ihn" und „auf ihn hin" hinzu. Im Hintergrund steht eine stoisch-
pantheistische Formel: „O Natur, aus dir ist alles, in dir ist alles, zu dir hin ist
alles" (Mark Aurel, Selbstbetrachtungen 4,23,2). Philo oder Paulus sagen dasselbe vom Schöpfer der Welt, von Gott (Cher 125; Röm 11,36). Der Kolosserhymnus betont: Christus allein verdanken wir alles; in ihm, durch ihn und auf
ihn hin hat Gott die ganze Welt geschaffen. Die Präpositionen sind dabei
schwierig zu deuten. Hinter „in ihm" steht vielleicht der auch für Philo wichtige Gedanke, daß die gedachte Welt der Ideen „in" dem göttlichen Logos ihren
Ort hat, so wie ein Bauplan in der Vernunft des Architekten. „Durch ihn" läßt
daran denken, daß im biblischen Schöpfungsbericht Gottes Logos die Kraft war,
die die Welt erstehen ließ. „Auf ihn hin" deutet an, daß Christus das Ziel ist,
auf das hin die ganze Schöpfung ausgerichtet ist. Aber das Wichtige ist nicht, den
Sinn der Präpositionen exakt zu fassen. Alle drei zusammen wollen vielmehr andeuten, daß Christus die Schöpfung unendlich, auf allen Seiten umgreift und
übersteigt. V.16b–e umreißen, was „alles" in V.16a umschließt. Die Fülle der
Ausdrücke will lebendig darstellen, daß nichts, wirklich gar nichts neben oder
außerhalb von Christus steht. „Himmel" und „Erde" umreißt dabei in biblischer Sprache (Gen 1,1) das Ganze der Schöpfung. „Sichtbares" und „Unsicht-
bares" formuliert dasselbe in griechischer Terminologie. „Throne", „Herrschaften", „Mächte" und „Gewalten" sind himmlische, nicht irdische Mächte
(vgl. 1. Kor 15,24; Eph 1,21; 6,12). Um welche es im einzelnen geht, ist dem
Enkomion völlig gleichgültig. Das einzige, was zählt, ist, daß sie zur Schöpfung Gottes gehören, deren Grundprinzip kein anderer als Christus ist.

17–18a Die Zwischenstrophe vertieft und führt weiter: Wiederum steht Christus
im Mittelpunkt. Zwei Zeilen sind mit betontem „und er …" eingeleitet; sie rahmen die Mittelzeile, in der das „in *ihm*" das Gewicht trägt. Die beiden rahmenden Zeilen entsprechen sich auch inhaltlich. „Vor allem" ist wiederum wie
„Erstgeborener" in V.15b in erster Linie qualitativ, nicht nur zeitlich gemeint.
Es wird in V.18a durch „Haupt" aufgenommen, ein Ausdruck, der in biblischer und profaner Sprache wiederum mehr meint als einen bloßen Körper-
teil, sondern das „Oberhaupt", das die Herrschaft innehat. Hinter V.18a steht
die Überzeugung, daß die Welt ein „Leib" sei, aus den vier Elementen Feuer,
Wasser, Luft und Erde zusammengesetzt und von der Weltseele beseelt (Platon, Timaios 30b.31b.32c). In pantheistischen religiösen Texten kann dieser
Leib zugleich Gott sein, dessen Teilhaber und Glieder die Menschen sind (Seneca, Ep 92,30). Von Zeus, in dessen „großen Leib alles das liegt", heißt es in orphischen Texten, er sei „das Haupt" und „die Mitte" (Orphische Fragmente
21a und 168). Philo kann wiederum vom göttlichen Logos sagen, daß er das
Haupt des Leibes der Welt sei (Somn 1,128; Quaest in Ex 2,117). In diesem
Sinn sagt das Preislied von Christus, er sei das Haupt des Leibes, d.h. der Welt,
und in ihm habe alles Bestand. Die aus den verschiedenen Elementen bestehende Welt muß nach griechischer Auffassung ein sie zusammenhaltendes Prinzip haben, in dem sie Bestand hat. Nach Platon ist dies die Weltseele, nach der
Aristoteles zugeschriebenen Schrift „Über die Welt" hat alles „durch Gott Be-

stand" (Ps. Aristoteles, Über die Welt 6), nach Philo ist der Logos „das Band des Alls, das alle seine einzelnen Teile verknüpft und zusammenschnürt" (Fug 112). Nach unserem Preislied ist es Christus, in dem die ganze Welt ihren Bestand hat.

Diese Aussagen sind gewaltig. Wie kommen Christinnen und Christen dazu, vom Menschen Jesus von Nazareth, der in Palästina gewirkt hat und dort hingerichtet worden ist, knapp zwei drei Jahrzehnte nach seinem Tod so ungeheure Aussagen zu machen? Wie kommen sie dazu, ihn zu dem vor allem existierenden göttlichen Schöpfungsmittler zu machen? Wie kommen sie, die doch wissen, daß „die Gestalt dieser Welt vergeht" (1. Kor 7,31), dazu, zu sagen, daß „in ihm alles Bestand hat"? Diese Aussagen strahlen eine unerhörte Gewißheit und eine Zuversicht aus. Die Menschen, die Christus so priesen, hatten keine Angst: Sie lebten zwar sozial ungesichert und politisch rechtlos in einer Welt, in der sie den Mächtigen ausgeliefert waren und ihre eigene Abhängigkeit täglich erfuhren. Aber sie verkündeten: Diese Welt gehört Christus allein! In ihm hat sie Bestand. In ihm ist die Welt wirklich gute Schöpfung, Geborgenheit und Heimat für die Geängsteten. „Weder Tod noch Leben, weder Engel noch Herrschaften, weder Gegenwärtiges noch Zukünftiges, noch Mächte, weder Höhe noch Tiefe noch irgend etwas anderes Geschaffenes" kann sie von Christus trennen (vgl. Röm 8,38f.). Solche Zuversicht ist eindrücklich und nicht billig. Dennoch weckt sie Fragen. Was hat sie mit jenem Jesus von Nazareth zu tun, der das Kommen des Gottesreichs und das Ende dieser Welt ankündigte? Was macht es für einen Unterschied, ob in der Natur (Mark Aurel), in Zeus (die Orphiker) oder in Christus die Welt ihren Bestand hat? Sind nicht alle drei Aussagen gleichermaßen menschliche Versuche, in dieser Welt ein Stück Stabilität, ein Stück Heil, eben etwas von „heiler Welt" zu finden?

Die zweite Strophe preist Christus als „Anfang". Worin dieser Anfang be-   18bcd
steht, wird sogleich durch die nächste Zeile deutlich: Er ist „Erstgeborener aus den Toten". Hier ist nicht mehr an Christus als Schöpfungsmittler gedacht, sondern an seine Auferstehung. Im Hintergrund steht apokalyptisches Denken: Jesu Auferstehung ist die erste; die endzeitliche Auferstehung aller Toten wird gewiß folgen. Christus ist der „Erstling der Entschlafenen" (1. Kor 15,20, vgl. 23f.). Er ist der „Erstgeborene unter vielen Brüdern", die in das „Bild", das der Sohn Gottes ist, verwandelt werden (Röm 8,29, vgl. 2. Kor 3,18). Auch in anderen neutestamentlichen Texten ist diese Aussage zentral: Nach Offb 1,5 ist Christus „Erstgeborener der Toten" und dadurch „Herrscher über alle Könige", nach Apg 26,23 ist er „der erste aus der Totenauferstehung", nach Apg 3,15 „Anführer des Lebens" und nach Hebr 2,10 „Anführer der Rettung". Die künftige Auferstehung der Gläubigen wurzelt in der Auferweckung Jesu. Wiederum geht es um *ihn*, darum, daß „er in allem der Erste sei". Denen, die diesen Lobpreis sprechen, steht es frei, diese letzte Aussage zu füllen: Vielleicht denken sie an das Sitzen des Erhöhten zur Rechten Gottes (Hebr 1,3), vielleicht an die Unterwerfung der Mächte unter Christus (Phil 2,10f.).

Wiederum folgen drei Aussagen mit „in ihm", „durch ihn" und „auf ihn hin".   19
Die „Fülle" wird man nicht von der „Fülle des Alls", sondern von der „Fülle der

Gottheit" verstehen müssen, wie der Briefverfasser in 2,9 zu Recht deutet. Bereits das Alte Testament kann sagen, daß Gott „Himmel und Erde erfüllt" (Jer 23,24). Auch daß „es Gott gefiel, in ihm zu wohnen", ist eine biblische Formulierung, die im Zusammenhang mit Zionstraditionen auftaucht (z. B. LXX Ps 67,17). Die stoische Auffassung vom Logos, der als feinster Stoff die Welt erfüllt, wendet Philo ins Religiöse und sagt, daß der Logos „übervoll von Gott" sei (Somn 1,75, vgl. 62) oder daß Gott „das All mit sich erfülle" (Post Cain 30). So wird begreiflich, warum „Fülle" zu einer abgekürzten Formulierung für die Wirklichkeit Gottes werden konnte, wie wir es vermutlich zum ersten Mal an unserer Stelle, später dann in Eph 1,23 und vor allem in gnostischen Texten finden. Die Fülle der Gottheit nimmt also aus ihrem freien Entschluß heraus in Christus Wohnung. Christus ist der Ort, wo Gott „wohnt". Woran ist hier zu denken? Der Kontext spricht von der Auferstehung Jesu. Es gibt aber keine Parallelen, die das Einwohnen der Gottheit in Jesus gerade mit seiner Auferstehung verbinden. Ist an Jesu Taufe zu denken, als der Geist Gottes auf ihn herabkam? Weder im Kolosserbrief noch bei Paulus spielt die Überlieferung von der Taufe Jesu eine besondere Rolle. Am wahrscheinlichsten scheint mir, an die Menschwerdung zu denken. Diese ist dann allerdings gerade nicht so verstanden wie in Phil 2,6–8, nämlich als Kenose (Entäußerung) und als ein Ablegen der Göttlichkeit, sondern eher so wie in Joh 1,14: In der Gestalt des Inkarnierten, der unter uns zeltete, wird die Herrlichkeit Gottes sichtbar, die Herrlichkeit des einziggeborenen Sohns, der „‚voll' ist von Gnade und Wahrheit". Auch hier erscheint also wieder der Gedanke der göttlichen Fülle, und die Fortsetzung des Logoshymnus in Joh 1,16 („aus seiner Fülle haben wir alle empfangen, Gnade um Gnade") entspricht inhaltlich ziemlich genau der Art, wie der Verfasser des Kolosserbriefs V.19 auf die Gemeinde bezogen wird: „Ihr seid in ihm erfüllt" (2,10).

20   Die göttliche Fülle nahm nicht nur „in ihm" Wohnung, sondern ihr gefiel es auch, „durch ihn" und „auf ihn hin alles zu versöhnen". Das folgende Sätzchen erläutert: „indem er (gemeint ist: Gott) durch ihn den Frieden schuf". Die Erläuterung ist sprachlich und inhaltlich schwierig. Das Partizip schließt logisch richtig, aber grammatikalisch falsch an „die ganze Fülle" an. Was ist inhaltlich gemeint? Der Friede muß sich auf den ganzen Kosmos beziehen, auf „das auf der Erde" und auf „das in den Himmeln" (V.20c). Manche Ausleger haben daran erinnert, daß Gott, der Schöpfer, „Stifter und Schirmherr des Friedens" ist, der den Frieden auch zwischen den auseinander strebenden und verfeindeten Weltelementen herstelle (Philo, Spec leg 2,192). Im Kult von Jerusalem wird nach Philo dieses kosmische Friedensstiften symbolisiert (so z. B. E. Schweizer). Die Schwierigkeit dieser Deutung besteht darin, daß in diesem Zusammenhang nie von „Versöhnung" die Rede ist. Andere haben darauf hingewiesen, daß große Herrscher, wie z. B. Alexander d. Große, sich als Weltversöhner und Friedensstifter verstanden haben (so z. B. M. Wolter). Aber solche Herrscherbilder liefern höchstens die Farben für die Aussage von Kol 1,20a.b, bezeichnen jedoch nicht die Sache selbst. Worin besteht also die kosmische Versöhnung, die Gott durch Christus gestiftet hat? Paulus spricht in 2. Kor 5,19

davon, daß „Gott in Christus die Welt mit sich versöhnte". Er denkt dabei an die
Sündenvergebung, die durch Christi Tod Wirklichkeit geworden ist (vgl. Röm
5,10). Es ist m.E. völlig undenkbar, daß die Christinnen und Christen, die in von
Paulus geprägten Gemeinden diesen Lobpreis Christi sprachen, bei der kosmischen Versöhnung nicht *auch* daran gedacht hätten. Allerdings zielt das Friedensstiften nicht nur auf die Menschen auf der Erde, sondern auch auf das „in
den Himmeln", also auch auf die kosmischen Mächte. Ist daran zu denken,
daß sie sich Christus unterwerfen (Phil 2,10 f.) bzw. von ihm im Triumphzug
mitgeführt werden (Kol 2,15)? Oder geht es darum, daß auch ihnen durch die
Kirche das Evangelium vom Sieg des Versöhners Christus gepredigt würde (Eph
3,10)? Wir wissen es nicht, denn das Preislied überläßt es seinen Sprechern,
seinen Wortlaut zu füllen.

An zwei Stellen hat der Verfasser des Kolosserbriefs das traditionelle Preis- 18.20
lied durch Zusätze präzisiert. In V.20 hat er „durch sein Kreuzesblut" eingefügt. Wenn es stimmt, daß die zweite Strophe des Hymnus, welche den Auferstandenen besingt, nicht einfach chronologisch denkt, sondern in V.19 auch
die Inkarnation in die Wirklichkeit des Auferstandenen hineinnimmt und daß in
V.20 *auch* im Sinn von 2.Kor 5,18–21 an die Versöhnung der Menschenwelt
mit Gott zu denken ist, so ist diese Zufügung nicht eine Korrektur oder Um-
biegung des Preisliedes, sondern sie entspricht seinem Sinn: Sie interpretiert
den Kreuzestod Jesu als Ort der Versöhnung und als Sieg von Gottes lebens-
stiftendem Schalom in der Welt. Genau so wird der Verfasser auch in 2,14f.
den Kreuzestod Jesu deuten. Gewichtiger ist der erklärende Zusatz zu „Leib" in
V.18: „d.h. der Kirche". Er ist nicht einfach eine oberflächliche Korrektur unter
dem Einfluß paulinischer Theologie. Vielmehr bedeutet er gegenüber dem Welt-
leib, an welchen der Lobpreis denkt, eine tiefe, einschneidende Präzisierung.
Sie enthält eine grundlegende Einsicht: Die Erfahrung, daß die Welt in Christus ihren Bestand hat und daß Christus ihr Haupt ist, kann man nicht im allgemeinen machen. In der Welt selbst haben damals wie heute alle möglichen
Dinge mehr Bestand und mehr Macht als Christus. Die Erfahrung, daß alles
in Christus Bestand hat, kann man vielmehr nur im Gottesdienst machen, der
in einem ganz besonderen Sinn die Herrschaft Christi erfahrbar werden läßt.
Das neue Leben unter der Herrschaft Christi, das in der Kirche real wird, ist das,
wozu die Welt bestimmt ist. Anders gesprochen: Im ersten Teil des Christusenkomions geht es nicht darum, die Welt, so wie sie ist, als im Grunde genommen doch „heile Welt" abzusegnen und so zu verharmlosen. Sondern es geht
darum, daß von der Wirklichkeit der Versöhnung in der Kirche her, deren
Haupt Christus ist, bereits jetzt aufscheint, was die eigentliche Bestimmung
der ganzen Welt sein wird.

Zum Schluß kehren wir zu den oben gestellten theologischen Grundfragen
zurück. Wie kamen Christinnen und Christen schon so bald nach Jesu Tod
dazu, den Menschen Jesus von Nazareth zur entscheidenden Manifestation
Gottes, zum Schöpfungsmittler und zum Grundprinzip zu erklären, das die
Welt zusammenhält? Die zweite Strophe gibt eine Antwort auf diese Frage:
Es ist offensichtlich die Erfahrung der Auferstehung Jesu und die Erfahrung

der Versöhnung und des Friedens, die von dort ausstrahlt, welche das ermöglicht. Von der zweiten Strophe her muß man die erste und die Zwischenstrophe lesen. Dann erklären auch diese Strophen nicht einfach die Welt so, wie
sie ist, für heil, harmonisch und befriedet. Erst von der Auferstehung Jesu her,
die das Ende der Macht des Todes, das Ende der Herrschaft der Mächte bedeutet, darf man sie so sehen. Das betonte „in *ihm*" bzw. „*er* ist" muß ganz
ernst genommen werden: Nur vom Glauben an die Macht des Auferstandenen her gilt die Harmonie und der Friede, den die Stoiker, die Orphiker und
Philo je auf ihre Weise in der Welt erkennen. Die erste Strophe und die Zwischenstrophe sprechen dann nicht von einer „Schöpfung", die bereits in sich
schon so harmonisch ist, daß man sich fragt, wieso sie denn überhaupt noch
durch das, was in der zweiten Strophe besungen wird, erlöst werden muß. Der
häufig gemachte Einwand, daß der Lobpreis von Kol 1,15–20 die Wirklichkeit
der Sünde, der Ungerechtigkeit und des Leidens überspringe und verdränge,
greift daneben, denn auch in Kol 1,15–18a geht es nicht um die Welt, wie sie
ist, sondern um die Welt, wie sie durch Christus werden soll. In beiden Strophen
geht es je unter einem verschiedenen Aspekt um die *erlöste* Welt, um deretwillen Christus gepriesen werden darf. Versteht man den traditionellen Lobpreis
Christi so, so liegt der Verfasser des Briefs mit seiner Zufügung in V.18a richtig, denn in dieser Welt ist die Kirche, der Leib Christi, der modellhafte Raum,
in dem die friedensstiftende und versöhnende Kraft des auferstandenen Christus
wirksam ist. Manche Kirchenväter haben die erste Strophe des Christuspreises
ses auf die „neue Schöpfung" in Christus gedeutet; wir sehen jetzt, daß sie in
einem tieferen Sinn gar nicht so falsch lagen.

Aber was hat diese erlöste Welt mit der wirklichen Welt zu tun, wie wir sie
heute tagtäglich erfahren, mit der friedlosen, leidenden, zur Ware gewordenen
und bedrohten Welt? Die großartigen Aussagen des Christusenkomions scheinen unverbunden neben ihr zu stehen, und der Glaube an den Auferstandenen scheint hier doch seine eigene, kleine und illusionäre Welt zu schaffen. Diese
Frage muß m. E. stehen bleiben. Sie ist nur als Glaubensfrage zu beantworten.
Ob „Er" wirklich „alles" ist, ob die Schöpfung wirklich in einem Anderen Bestand hat als im Menschen, der sie fortwährend instrumentalisiert und zerstört, ob es für die Welt wirklich einen Frieden gibt, der grundlegender ist als die
von Menschen geschaffenen, immer auch ungerechten Beendigungen von
Kriegszuständen, mit anderen Worten: ob es für die Welt wirklich einen Grund
und eine Hoffnung gibt, die außerhalb ihrer selbst liegt, das ist die Grundfrage, vor die unser Text damalige und heutige Bibelleserinnen und Bibelleser stellt.
Aus dem Zustand der Welt, wie er empirisch feststellbar ist, läßt sich jedenfalls keine Antwort ablesen.

1.4 Schluß der Danksagung 1,21–23

**21 Auch euch, die ihr einst entfremdet wart und Feinde, mit eurer Gesinnung
durch die bösen Werke, 22 jetzt aber hat er euch versöhnt in seinem Fleischesleib, durch seinen Tod, um euch heilig und makellos und unbescholten
vor sich hinzustellen, 23 sofern ihr im Glauben bleibt, fundiert und stabil, ohne**

euch wegzubewegen von der Hoffnung des Evangeliums, das ihr gehört habt, welches in der ganzen Schöpfung unter dem Himmel verkündet wurde, dessen Diener ich, Paulus, geworden bin.

V.21: Eph 2,12; V.22 f.: 2. Kor 5,18 f.; V.22: Röm 5,10; 1. Kor 1,8; Eph 1,4; V.23: 2,7; 1. Kor 3,10 f.; Eph 2,20.

V. 21–23 sind Abschluß der Danksagung. Eingeleitet wird dieser Abschluß durch   A die Gegenüberstellung von „einst" und „jetzt", ein auch bei Paulus geläufiges Schema der Tauferinnerungspredigt (vgl. Röm 1,18–3,20 mit Röm 3,21; Röm 5,8 f.; Röm 7,7–25 mit Röm 8,1; 1. Kor 6,11; Gal 1,23; 4,8 f.; Phlm 11). Das Stichwort „versöhnen" (V.22) stammt aus dem Lobpreis, den der Verfasser nun auf die Adressaten bezieht. Der paränetische Ausblick auf das letzte Gericht in V.22b hat Parallelen in den Danksagungen 1. Kor 1,8 und Phil 1,10f. Mit „Glaube", „Hoffnung", „Evangelium" und „hören" greift der Verfasser auf V.3–8 zurück. V.23 erläutert in einem etwas schwerfälligen Bedingungssatz, worin die Makellosigkeit und Unbescholtenheit der Adressaten besteht. Es ist zwar kaum möglich, aus diesem angehängten Bedingungssatz im Sinne der Rhetorik eine eigentliche Themenangabe für die folgenden Briefteile zu machen (gegen J. N. Aletti). Aber da solche Sätze in paulinischen Danksagungen sonst nicht vorkommen, muß man dennoch fragen, warum ihn der Verfasser hier hinzugefügt hat. Die Leserinnen und Leser in Kolossae mögen hier zum ersten Mal an die „Philosophie" gedacht haben, die ihre Festigkeit im Glauben auf die Probe stellt, und vielleicht war dies die Absicht des Verfassers. Der Schluß, „dessen Diener ich, Paulus, geworden bin", ist Anknüpfungspunkt für die in 1,24–2,5 folgende Selbstvorstellung. Die Betonung der „Fundierung" der Gläubigen im Evangelium wird 2,6–15 gegenüber der Irrlehre in der Gemeinde weiter eingeschärft.

Was die „Versöhnung", von welcher der Lobpreis sprach (V.20a), bedeutet,   B 21 f. läßt sich nicht im allgemeinen, sondern nur konkret im Blick auf das eigene Leben sagen. Darum entfaltet der Verfasser nun ihre Existenzbedeutung. Er blickt auf das frühere Leben seiner Adressaten zurück, die „entfremdet" und „Feinde" Gottes, d. h. Heiden waren; ihre „Gesinnung" äußerte sich in ihren „bösen Werken". Diese Formulierungen sind nicht paulinisch. Auffällig ist auch, daß nicht wie bei Paulus Gott (2. Kor 5,18, vgl. Röm 5,8), sondern Christus Subjekt des Versöhnungshandelns ist. Es geschieht durch seinen „Fleischesleib", wie der Verfasser mit einem jüdisch geprägten Ausdruck sagt, um den Körper Jesu klar von seinem kosmischen Leib, der Kirche, zu unterscheiden. Sprachlich stärker paulinisch geprägt ist der V.22 abschließende finale Infinitivsatz: Bei „hinstellen" denkt man von Paulus her an das Hinstellen vor den Weltrichter (vgl. Röm 14,10; 2. Kor 4,14; 11,2), obwohl das jüngste Gericht hier nicht explizit erwähnt ist. Auch das Wort „unbescholten" hat juristische Konnotationen. „Makellos" erinnert an die biblische Opfersprache, kann aber bereits im Alten Testament in moralischem Sinn gebraucht werden. Das Ziel der Versöhnung ist also ein ethisches, wie dies schon V.10 angedeutet hatte.

Um dieses Ziel zu erreichen, ist das „Bleiben im Glauben" die Voraussetzung.   23 2,7 wird deutlich machen, daß dazu das Festhalten an der überlieferten Lehre

gehört. In 2,12 ist Glaube das Sich-Verlassen auf die Kraft Gottes. „Glaube"
im Kolosserbrief ist also noch offen und umfaßt beides, das Moment des Fest-
haltens an der Lehre und das Moment des Vertrauens auf Gott. Die folgenden
Partizipien erinnern an das Paulus geläufige Bild von der Kirche als Bau und von
Christus als „Fundament" (1. Kor 3,9–12) und überhaupt an paulinische Paränese (vgl. 1. Kor 15,58). Sie erinnern die Kolosser an das Evangelium, das ihnen
Epaphras am Anfang verkündet hat, und an die Hoffnung, die für sie im Himmel bereit liegt (vgl. 1,5–7), ohne daß klar würde, wie sich die Hoffnung zum
Evangelium genau verhält. Auf begriffliche Schärfe im einzelnen kommt es nicht
an: Die Worte „bleiben", „fundiert", „stabil", „unbeweglich" in Verbindung mit
dem Evangelium, das den Kolossern verkündet worden ist, bilden zusammen
eine „Wortmusik" mit einem eindeutigen Klang, die in den Leserinnen wei-
terklingen wird. Nur „Evangelium" bedarf am Schluß des Sätzchens noch einer
Präzisierung: Es ist das Evangelium des Paulus. „Ich, Paulus" ist eine ausgesprochen kräftige Formulierung, die Paulus selbst nur verwendet, wenn er
seine eigene Autorität herausstreicht (vgl. Phlm 19; Gal 5,2, ähnlich Eph 3,1).
Wie 1. Kor 3,5 bezeichnet er sich selbst als „Diener" des Evangeliums: Dieser
Ausdruck ist theologisch gewichtig, weil er zugleich die Unterordnung des
Apostels unter das Evangelium andeutet, die Quelle all seiner Autorität ist.
Dieses Evangelium ist universal; es gilt der ganzen Welt; die Kolosser stehen also
mit ihrem Christusglauben nicht allein. Als „Diener" des Evangeliums ist der
Heidenapostel Paulus universaler Weltapostel: Röm 15,16–21 beschreibt die-
ses ungeheure Sendungsbewußtsein am deutlichsten, welches der Briefverfas-
ser hier aufnimmt.

2. Selbstvorstellung des Paulus 1,24–2,5

2.1 Der apostolische Dienst des Paulus 1,24–29

24 Nun freue ich mich in den Leiden für euch und erfülle stellvertretend in
meinem Fleisch das, was an den Drangsalen Christi noch fehlt, für seinen
Leib, das heißt die Kirche, 25 deren Diener ich nach der Beauftragung Gottes
geworden bin, welche mir für euch gegeben worden ist, um das Wort Gottes
zur Fülle zu bringen,
26 das Geheimnis,
    verborgen seit Äonen und Geschlechtern,
    jetzt aber wurde es seinen Heiligen offenbart,
27 denen Gott kundtun wollte, was der Reichtum der Herrlichkeit dieses Geheimnisses unter den Völkern ist, das heißt: Christus unter euch, die Hoffnung
auf die Herrlichkeit, 28 den wir verkünden, indem wir jeden Menschen zurechtweisen und jeden Menschen in aller Weisheit lehren, damit wir jeden
Menschen in Christus vollkommen hinstellen. 29 Dafür mühe ich mich auch
im Kampfe ab, nach seiner Kraft, die in mir machtvoll wirksam ist.

V. 24: Eph 3,13; V. 25f.: Eph 3,2–5.8–10; V. 26: Röm 16,25f.; 1. Kor 2,6–10; 2. Tim 1,9f.; V. 27: Eph 1,18.

Nun folgt eine sehr ausführliche Selbstvorstellung des Paulus. Während Paulus A
in anderen Briefen gerne von seiner persönlichen Situation spricht (vgl. 2. Kor
1,8–2,13; Phil 1,12–30; Phlm 8f., vgl. Röm 1,13–15), geht es hier grundsätzlich
um seine Sendung und seinen apostolischen Auftrag (wie 1. Tim 1,12–17). Man
mag darin einen Hinweis finden, daß der Kolosserbrief nicht von Paulus
stammt, muß aber auch bedenken, daß der Verfasser die Adressatengemeinde
nicht persönlich kennt (vgl. 2,1) und darum grundsätzlicher schreiben muß als
anderswo. V. 24 f. und V. 28 f. enthalten die Vorstellung des Paulus; sie rahmen
den Hinweis auf sein Evangelium, das „Wort Gottes", das er verkündigt (V. 26 f.).
Wie in Röm 1,3 f. formuliert es der Verfasser traditionell, nämlich mit den Worten eines von apokalyptischem Denken geprägten kirchlichen Predigtschemas,
das von dem seit Urzeiten verborgenen, jetzt aber geoffenbarten himmlischen
Geheimnis Gottes spricht. Es klingt zum ersten Mal in 1. Kor 2,6–10 an, später im nachpaulinischen Schluß des Römerbriefs Röm 16,25 f., sodann in Eph
3,5.9 f.; 2. Tim 1,9 f.; Tit 1,2 f.; 1,20. Die übrigen Teile des Abschnittes enthalten
sehr viele typisch paulinische Wendungen, z. B. „Diener" für den Apostel (2. Kor
3,6; 6,4 [in Drangsalen]; 11,23), „erfüllen, was … fehlt" (1. Kor 16,17; 2. Kor
9,12; 11,9; Phil 2,30), „Beauftragung" (1. Kor 9,17, vgl. 4,1 [beidemale in Verbindung mit „Geheimnis"]), „verkünden" (6 x bei Paulus), „Reichtum der Herrlichkeit" (Röm 9,23), „zurechtweisen" (Röm 15,14; 1. Kor 4,14). Ebenso wie
die vorangehende Danksagung, so ist auch die nun folgende Selbstvorstellung
des Apostels aus sich selbst heraus und nicht im Blick auf die Auseinandersetzung mit den Irrlehrern auszulegen, die in 2,6–3,4 folgen wird. Was der Verfasser der Gemeinde über die Bedeutung des Paulus für die Verkündigung des
Evangeliums sagt, ist viel mehr als eine geschickte Vorbereitung der Warnung,
die sie im nächsten Kapitel zu hören bekommen werden.

In V. 24 f. mischen sich Aussagen, die von Paulus her vertraut sind, mit sol- B 24 f.
chen, die neu und eigenartig klingen. V. 24 schließt an das betonte „dessen Diener
ich, Paulus, geworden bin" von V. 23 an. Ohne daß der Verfasser seine Leserinnen und Leser über die Gefangenschaft des Paulus besonders informieren
muß, kann er unvermittelt von seinen Leiden sprechen. Daß sich Paulus in seinen Leiden freut, ist eine aus anderen Briefen vertraute Aussage (vgl. 2. Kor
5,6; 7,4; 13,9; Phil 2,17), ebenso, daß seine Leiden der Gemeinde zugute geschehen (2. Kor 4,10.12.15; 13,4). Auffällig ist aber das betonte „ich" V. 23.25:
Während Paulus selber sich in verwandten Aussagen über sein Leiden mit anderen Gläubigen zu einem „wir" zusammenschließt (vgl. 2. Kor 1,4–7; 4,7–12),
steht hier zweimal betont „ich". Das Leiden des Apostels wird zu einem besonderen, vor anderen ausgezeichneten Leiden. Sehr auffällig ist vor allem die
Aussage, daß Paulus „erfüllt, was an den Drangsalen Christi noch fehlt". Der
Gedanke, daß am Leiden Christi noch etwas fehlen könnte, befremdet alle, die
davon ausgehen, daß Christi Sühnetod der einzige und erschöpfende Grund
für die Rettung der Menschen ist. Darum versuchen vor allem protestantische
Ausleger, den Genetiv „Christi" als einen qualitativen Genetiv zu verstehen: Die
„Drangsale Christi" wären dann die durch Christus entstandenen und be-
stimmten Bedrängnisse der Kirche, deren vorbestimmtes Maß Paulus vollmacht.

Dafür spricht, daß normalerweise das Wort „Leiden" für die Passion Jesu, das
Wort „Drangsale" dagegen für die Bedrängnisse der Gläubigen gebraucht wird.
Auf der anderen Seite spricht Paulus selbst oft davon, daß er das Leiden Christi in seiner eigenen Existenz repräsentiert: Er trägt das „Sterben Jesu" an seinem
Leibe herum (2. Kor 4,10); die „Leiden Christi" sind in seinen eigenen Drangsalen und Leiden wirksam (2. Kor 1,5); er trägt die Wundmale Jesu" (Gal 6,17) und
hat an „seinen Leiden Anteil" (Phil 3,10). Der Genetiv ist an allen diesen Stellen als Subjektsgenetiv zu deuten; auch für „Drangsale Christi" ist dies sprachlich die natürlichste Leseweise. So scheint mir – gerade für von Paulus geprägte Schreiber und Leser – die Deutung der „Drangsale Christi" im Sinne eines
Subjektgenetivs wahrscheinlicher zu sein. „Für seinen Leib" ist dann nicht einfach eine Wiederholung von „für euch" und meint auch nicht einfach „für die
ganze Kirche", sondern wörtlich „für den Leib Christi", d. h. für die durch
Christus erfüllte Kirche. „Christus" ist für den Briefverfasser nicht einfach der
vergangene, im Jahre 27 gestorbene Jesus, sondern vielmehr der gegenwärtige,
auferstandene, kosmische, in der ganzen Welt verkündigte Christus, der „Christus unter euch" (V. 27). Von diesem auferstandenen kosmischen Christus
sprach das Preislied 1,15–20: Er repräsentiert den unsichtbaren Gott (1,15).
Er, der Auferstandene, ist der, in dem die Fülle der Gottheit Mensch wurde
(1,19). Er, der göttliche, als Haupt seines Leibes, der Kirche, gegenwärtige Christus ist der Versöhner und Friedensstifter, der am Kreuz gestorben ist (1,20).
Weil für unseren Briefverfasser nicht der vergangene Jesus, sondern der in seiner Kirche gegenwärtige Weltversöhner Christus leidet, rechnet er zu den
„Drangsalen Christi" das apostolische Leiden des Paulus hinzu. Darum wird
Paulus zum Bestandteil des Heilsmysteriums des kosmischen Christus. Im
Leiden des Paulus leidet Christus für die Kirche. Ich schließe mich also hier dem
verbreiteten christologisch-ekklesiologischen Deutungstyp an, der seit Augustin vor allem die katholische Exegese bis heute prägt. Aber auch Calvin weiß
um die Identität des auferstandenen Christus mit seinem Leib: „Wie … Christus
einmal gelitten hat als Person, so leidet er täglich in seinen Gliedern".

25–29   Das Leiden des Paulus gehört zu seinem Dienst als Apostel am Gotteswort,
der ihm nach der „Beauftragung Gottes" für die Gemeinde gegeben worden
ist. Den Inhalt des Gotteswortes umschreibt der Verfasser mit traditionellen
Worten: Es ist das himmlische „Geheimnis", das seit ewigen Zeiten verborgen
war und jetzt den „Heiligen", d. h. den Christinnen und Christen offenbart worden ist. V. 27 betont, worin dieses Geheimnis besteht: Es ist „Christus unter
euch". Wie im Preislied 1,15–20 und wie im verwandten Christuspreis 1. Tim
3,16 ist Christus der Lebendige, der in der Welt verkündigt wird. Weil er das
Haupt seines eigenen Leibes, der Kirche, ist, ist die Christusverkündigung unter
den Völkern ein Teil der Wirklichkeit Christi selbst: „Christus unter euch".
„Reichtum der Herrlichkeit" erinnert daran, daß dieses göttliche Geheimnis nur
im Lobpreis (wovon Kol 1,15–20 ein Beispiel war) zureichend ausgedrückt werden kann. V. 28 lenkt wieder zur Verkündigungstätigkeit des Paulus und seiner Mitarbeiter zurück (1. Person Plural!), deren Ziel demjenigen von Gottes
Versöhnungswerk in Christus entspricht (vgl. V. 22). V. 29 schließlich endet mit

einem Hinweis auf den persönlichen Einsatz des Paulus für seine Gemeinden, der zum folgenden Abschnitt überleitet.

2.2 Der Einsatz des abwesenden Apostels für seine Gemeinden 2,1–5

1 Ich will nämlich, daß ihr wißt, was für einen großen Kampf ich für euch habe und für die in Laodizea und alle, die mich nicht persönlich gesehen haben, 2 damit ihre Herzen Zuspruch empfangen, geeinigt in Liebe, und auf den ganzen Reichtum der Fülle des Verständnisses hin, zur Einsicht in das Geheimnis Gottes, Christus, 3 in dem alle Schätze der Weisheit und der Erkenntnis verborgen sind. 4 Das sage ich, damit euch niemand mit falschen Vorspiegelungen täusche. 5 Wenn ich auch im Fleisch abwesend bin, so bin ich doch dem Geiste nach mit euch und sehe mit Freude eure Ordnung und die Festigkeit eures Glaubens an Christus.

V.5: 1. Kor 5,3.

Der zweite Teil der Selbstvorstellung besteht aus einer Versicherung, an die in   A
V.1b grammatikalisch unkorrekt ein Relativsatz angehängt wird. Der Finalsatz
in V.2 ist ein Musterbeispiel für die im Kolosserbrief typische Anhäufung von
Synonymen. V.4 f. leiten bereits über zur Warnung vor den Irrlehrern in 2,6ff.

In engem Anschluß an den vorangehenden Abschnitt drückt der Verfasser die   B 1–3
Verbundenheit des Paulus mit den Gemeinden von Kolossae und Laodizea „und
allen, die mich nicht persönlich gesehen haben", aus. Für viele Vertreter einer
nachpaulinischen Abfassung des Briefs ist dies ein Hinweis darauf, daß auch
der Kolosserbrief, wie später der Epheserbrief, im Grunde genommen ein allgemeiner, nicht an eine bestimmte Gemeinde gerichteter Brief ist, also ein „katholischer Brief". Diese These ist m. E. nicht möglich: Sowohl die Angaben über
die Irrlehre in 2,6ff. als auch die Nachrichten und Grüße in 4,7ff. sind dafür
viel zu konkret. Der Kolosserbrief soll nur nach Laodizea weitergeleitet werden (4,16). „Und alle …" paßt vielmehr zum universalkirchlichen Horizont
des Kolosserbriefs (vgl. 1,4–6.25–27, aber auch z. B. 1. Kor 1,2). „Kampf" bezieht
sich wohl in erster Linie auf die Fürbitte (vgl. 4,12). V.2 betont, parallel zu 1,9 f.,
das Ziel der Fürbitte des Paulus: Es ist die Fülle der Erkenntnis des Glaubens,
die mit der geschwisterlichen Liebe der Gemeinde zusammengehört. Der Überschwang der Worte – „Reichtum", „Fülle", „Schätze", „Verständnis", „Einsicht", „Weisheit", „Erkenntnis" – soll die Lesenden packen und ihnen ein Gefühl geben für die Fülle, die ihnen geschenkt ist. Und alles besitzen sie „in
ihm", in Christus. Ohne daß ein direkter sprachlicher Anklang an das Christusenkomion hergestellt wird, besteht eine sachliche Beziehung: Wenn Christus vor allem ist und in ihm alles Bestand hat, ist verständlich, daß es keine
anderen Schätze der Erkenntnis gibt als solche, die in ihm verborgen sind.

Mit V.4 wechselt der Ton. Nach der emphatischen Betonung, daß in Chri-   4 f.
stus allein alle Schätze der Erkenntnis seien, folgt eine scharfe Warnung vor Ver-
führern, die V.6ff. vorwegnimmt. Die Gegenposition, die der Verfasser gegen
die Irrlehrer aufbauen wird, ist damit schon klar: Es ist das „allein in Christus". Die Warnung vor der kolossischen Philosophie ist also der Anlaß des

Briefs. Aber sie ist nicht sein einziger Inhalt und Zweck. Anders als im Gala-
terbrief braucht sich der Verfasser über die Gemeinde nicht zu „wundern"
(Gal 1,6), weil sie der Irrlehre schon erlegen wäre, sondern er kann sich über ihre
Glaubenstreue freuen. Was folgt, ist also eine präventive Warnung.

3. Die Auseinandersetzung mit den Gegnern 2,6–3,4

6 Wie ihr nun Christus Jesus, den Herrn, angenommen habt, so wandelt in
ihm, 7 verwurzelt und aufgebaut in ihm und befestigt durch den Glauben,
wie ihr gelehrt worden seid, überströmend in der Danksagung. 8 Schaut, daß
niemand euch durch die Philosophie und durch leere Täuschung fängt, der
Überlieferung der Menschen und den Weltelementen entsprechend, nicht
Christus entsprechend!
9 Denn in „ihm wohnt die ganze Fülle" der Gottheit leiblich, 10 und ihr
seid in ihm erfüllt, „der das Haupt ist" jeder Macht und Gewalt. 11 In ihm
seid ihr auch beschnitten worden mit unsichtbarer Beschneidung, durch das
Ausziehen des Fleischesleibs, durch die Beschneidung Christi, 12 mitbegraben mit ihm durch die Taufe. In ihm wurdet ihr auch mitauferweckt durch den
Glauben an die Kraft Gottes, der ihn von den Toten auferweckt hat. 13 Auch
euch, die ihr tot wart aufgrund der Sündentaten und der Vorhaut eures Fleisches, hat er mit ihm mitlebendig gemacht, indem er uns alle Sündentaten
schenkte: 14 Er hat die Handschrift, welche aufgrund der Satzungen gegen uns
war, die uns entgegenstand, ausgewischt, und hat sie aus (unserer) Mitte weg-
geschafft, indem er sie ans Kreuz nagelte; 15 nachdem er die „Mächte und
Gewalten" ausgezogen hatte, stellte er sie öffentlich an den Pranger, indem
er sie in ihm im Triumphzug mitführte.
16 So soll euch nun niemand verurteilen wegen Essen oder wegen Trinken
oder in bezug auf einen Festtag oder einen Neumond oder (in bezug auf) Sabbate, 17 was ein Schatten des Kommenden ist, der Leib aber ist Christi. 18
Den Kampfpreis soll euch keiner aberkennen, der auf Demut macht und Engelverehrung, eintretend in das, was er geschaut hat, (und ist doch) grundlos aufgeblasen von seinem fleischlichen Sinn, 19 und hält das Haupt nicht fest,
von dem her der ganze Leib, durch die Sehnen und Bänder unterstützt und zusammengehalten, in göttlichem Wachstum wächst.
20 Wenn ihr nun mit Christus von den Weltelementen weggestorben seid,
warum laßt ihr euch, als ob ihr in der Welt lebtet, Satzungen auferlegen – 21
„du sollst nicht anfassen, du sollst nicht kosten, du sollst nicht berühren!",
22 was alles zur Vernichtung durch den Verbrauch (bestimmt) ist! – den Geboten und den Lehren der Menschen entsprechend? 23 Das hat (zwar) den Anspruch von Weisheit, in selbstgemachter Verehrung und Demut und Schonungslosigkeit gegenüber dem Leib, (ist aber) gar nichts wert, zur
Befriedigung des Fleisches!
3,1 Wenn ihr nun mitauferstanden seid mit Christus, strebt nach dem, was
droben ist, wo Christus ist, der zur Rechten Gottes sitzt! 2 Trachtet nach dem,
was oben ist, nicht nach dem auf der Erde. 3 Ihr seid nämlich gestorben, und
euer Leben ist mit Christus in Gott verborgen. 4 Wenn Christus offenbar wird,
euer Leben, dann werdet auch ihr mit ihm in Herrlichkeit offenbar werden.

V.6: 1. Kor 15,3; V.7: Eph 3,17; V.8: Eph 5,6; Mk 7,5–9; Gal 4,3; V.9: 1,19; V.10: 1,18; Eph 1,21; V.11: Gal 3,27; V.12f.: Röm 6,4f.; Eph 2,5f.; V.14: Eph 2,14f.; V.15: 2. Kor 2,14; V.16: Röm 14,1–12; Gal 4,9; V.17: Hebr 10,1; V.19: Eph 4,15f.; V.21f.: Mk 7,7f.19f.; V.3: Phil 3,19f.; 2. Kor 5,10.

V.6–8 bilden eine Art Überschrift des langen Abschnittes. Dabei ist von vorn-   A
herein deutlich, daß der Verfasser auf etwas Positives hinauswill, nämlich auf
den Wandel entsprechend der Glaubenstradition von Christus Jesus, wie es
der Gemeinde überliefert worden ist (V.6f.). Erst an zweiter Stelle weist er darauf hin, was das nicht bedeutet: Wandel entsprechend der trügerischen Philosophie, welche die Menschen überliefert haben und welche nicht Christus entspricht (V.8). Dann folgt entsprechend zuerst die positive Ausführung (V.9–15),
die man in rhetorischer Terminologie die „probatio" (Beweisführung) genannt
hat (M. Wolter). Sie ist allerdings keine eigentliche Beweisführung, sondern eine
Erinnerung an das Glaubensfundament, den kosmischen Christus, in dessen
Fülle die getaufte Gemeinde lebt. Im nächsten Unterabschnitt folgt die Widerlegung der Irrlehre, rhetorisch gesprochen die „refutatio" (V.16–23). Mit dem
Abschluß, 3,1–4, lenkt der Verfasser wieder zur positiven Ausführung zurück
und deutet an, worin der neue, von der Auferstehung Christi bestimmte Wandel der Gemeindeglieder besteht.

Der Abschnitt V.9–15 argumentiert auf der Basis des christologischen Grund-
textes 1,15–20, der deutlich anklingt: Zitate aus ihm sind „in ihm wohnt die
ganze Fülle" (V.9 = 1,19), „der das Haupt ist" (V.10 = 1,18) und „Mächte und Gewalten" (V.15 = 1,16); an ihn erinnern auch „leiblich" (V.9, vgl. 1,18), „in ihm seid
ihr erfüllt" (V.10, vgl. 1,19) und „Macht und Gewalt" (V.10, vgl. 1,16 Schluß).
V.11–13 führen den Gedanken weiter, indem sie die Leserinnen und Leser an
ihre Taufe erinnern. Sie wird zunächst in V.11 als „geistliche Beschneidung"
beschrieben, ohne daß wir sicher sagen könnten, wie weit dies bereits traditioneller Gemeindetheologie entspricht. Hinter V.12 steht dieselbe traditionelle
Taufinterpretation vom „Mitbegraben werden mit Christus" und „Mitauferstehen" mit ihm, die Paulus in Röm 6,3–11 benutzt und auslegt. Paulus akzen-
tuierte sie in Röm 6 futurisch: Das „Mitauferstehen" mit Christus ist für ihn
noch nicht geschehen; vielmehr haben die Christinnen und Christen in der
Hoffnung auf ihre künftige leibliche Auferstehung jetzt ein anderes Leben zu
führen als vor ihrer Taufe. Der Verfasser des Kolosserbriefs spricht dagegen vom
„Mitauferstehen" mit Christus als einem bereits jetzt geschehenen Ereignis.
Er versteht also das Mitauferstehen als eine geistliche, in der Taufe geschehene
religiöse Erfahrung, ähnlich wie der Tauftext Eph 5,14 und wie Hymenäus
und Philetus, die in 2. Tim 2,17f. bekämpft werden. Es ist in der Forschung
umstritten, ob unser Briefverfasser Röm 6 neu, nämlich präsentisch, interpretiert oder ob Paulus in Röm 6 eine traditionelle Taufinterpretation, welche das
Mitauferstehen mit Christus als bereits in der Taufe geschehen ansieht, futurisch
und ethisch uminterpretiert. Ich rechne eher mit letzterem, ohne dies hier
ausführen zu können. In V.13 verbindet der Verfasser des Kolosserbriefs die
beiden Gedanken von der Taufe als christusgemäßer Beschneidung und als
Mitauferstehen mit Christus. In V.14f. führt er vermutlich in eigenen Worten
und nicht, wie oft angenommen wurde, mit den Worten eines traditionellen

hymnischen Textes seinen Gedanken weiter. Zunächst legt er dar, wie es dazu kam, daß Gott den Menschen ihre Sündentaten erließ. Deshalb spricht er in V. 14 vom Kreuz Christi. In V. 15 erinnert er sodann mit dem Gedanken an den Triumphzug Christi über die „Mächte und Gewalten" nochmals an den christologischen Grundtext von Kol 1,16.

V. 16–23 entfalten die Polemik gegen die Irrlehrer in zwei Anläufen (V. 16–19.20–23). V. 16 und 21, sowie V. 18 und 23 sind dabei inhaltlich parallel. Mit zwei negativ eingeleiteten imperativischen Sätzen warnt der Verfasser im ersten Anlauf vor dem, was die Gegner verlangen und tun (V. 16.18 a), um sofort hinzuzufügen, wie er selbst ihre Forderungen und Frömmigkeit beurteilt (V. 17.18 b f.). Die erste dieser negativen Beurteilungen in V. 17 ist durch ein erläuterndes „was … ist" eingeleitet, die zweite in V. 18 b f. durch Partizipialsätze locker angefügt („und ist doch grundlos aufgeblasen …"). Beide Negativbeurteilungen nehmen wiederum Stichworte aus dem christologischen Grundtext von Kol 1 auf („Leib" V. 17, vgl. 1,18; „Haupt" und „Leib" V. 19, vgl. 1,18). Im zweiten Anlauf V. 20–23 führt der Verfasser die Polemik weiter, indem er an die Taufinterpretation von V. 12 anschließt. Er führt nun deren negative Seite, das Mitsterben mit Christus, aus und spitzt sie auf das Verhalten gegenüber den Irrlehrern zu. Zugleich erinnert V. 20 durch „Weltelemente" an V. 8 und durch „laßt ihr euch Satzungen auferlegen" an die durch Jesu Tod ausgelöschte „Handschrift, die aufgrund der Satzungen gegen uns war" (V. 14). V. 21 zitiert in einer Parenthese die von den Gegnern aufgestellten Verbote. V. 22 und 23 f. fügen wiederum eine durch „was alles … ist" bzw. „(ist aber) gar nichts wert …" eingeleitete negative Beurteilung dieser Forderungen durch den Verfasser an. V. 23 ist sehr unscharf formuliert, weil der negativen Beurteilung in V. 23 b („[aber] nichts wert …)" in V. 23 a ein Partizipialsatz vorangestellt ist, der ausdrückt, welchen Anspruch die Gegner mit ihren Forderungen fälschlicherweise verbinden („das hat [zwar] den Anspruch auf Weisheit …"). Dieser Partizipialsatz nimmt zentrale Stichworte der Gegner aus V. 18 auf („Demut"; „Engelverehrung"). Die Abwertung der gegnerischen Position durch „den Geboten und den Lehren der Menschen entsprechend" bezieht sich zurück auf V. 8 („der Überlieferung der Menschen … entsprechend").

3,1–4 sind ein Übergangsabschnitt, der drei traditionelle christliche Gedanken miteinander verbindet. Parallel zu 2,20 setzt er ein mit der Erinnerung an die Taufinterpretation von 2,12, diesmal aber an ihren positiven Teil: das Mitauferstehen mit Christus. Damit verbindet sich zweitens in 3,1 c der aus dem Gemeindebekenntnis aufgenommene, völlig andere Satz von Christi „Sitzen zur Rechten Gottes" (vgl. Röm 8,34; Eph 1,20; 1. Petr 3,22). Das Hauptgewicht liegt auf dem in V. 2 wiederholten Imperativ von V. 1 b: „Strebt (bzw. „trachtet") „nach dem, was oben ist". Nach einer letzten Erinnerung an die Erfahrung der Taufe („ihr seid … gestorben", vgl. 2,12.20) klingt ein dritter traditionell-christlicher Gedanke an, nämlich eine Erinnerung an das als endgültige Offenbarung Christi und des Lebens verstandene jüngste Gericht (vgl. 1. Kor 1,7; 2. Kor 4,10; 5,10; 1. Petr 5,4; 1. Joh 2,28; 3,2). Die drei traditionellen Gedanken lassen sich vorstellungsmäßig nur schwer miteinander verbinden, erlauben aber dem Verfasser, auf die neue Praxis der Gläubigen zu blicken, die ihm im folgenden Kapitel so wichtig sein wird.

Wir wenden uns nun zunächst in einem Exkurs den Informationen zu, die unser Text über die kolossische „Philosophie" gibt. In der dann folgenden Interpretation des Textes soll es um die theologische Position des Briefverfassers gegenüber dieser „Philosophie" gehen.

Die kolossische „Philosophie"

1. Der Forschungsstand. Über die sog. „Irrlehre" von Kolossae, gegen welche der Verfasser in 2,6–23 polemisiert, gibt es in der Forschung keine Einigkeit. Bis in die jüngste Zeit sind ganze Bücher über dieses Problem geschrieben worden, die zu völlig unterschiedlichen Resultaten geführt haben. Das Problem besteht darin, daß einzelne Angaben, die dem Brief zu entnehmen sind, eindeutig in Richtung auf eine jüdische oder judenchristliche Gruppe, andere eher auf eine paganhellenistische Frömmigkeit weisen. Vertreter einer „jüdischen" bzw. judenchristlichen These sehen in Kol 2,6–23 eine einfache Warnung vor dem Rückfall ins gesetzestreue Judentum (E. Percy, W. Schenk), oder sie weisen auf die Bedeutung der Kalenderfrömmigkeit und der Engel für die Frömmigkeit der Qumranessener, oder sie verstehen die Engelverehrung von den Himmelsreisen in mystischen Strömungen des Judentums her (F. O. Francis, T. Sappington, J. Dunn). Andere suchten den Hintergrund der Gegner von 2,18 her in hellenistischer Mysterienfrömmigkeit (M. Dibelius) oder – von den Weltelementen von 2,8 her – in der griechischen Philosophie, insbesondere bei den Neupythagoräern (E. Schweizer, R. E. DeMaris) oder – vom Engeldienst von 2,18 her – in hellenistischer Magie (C. E. Arnold). Verbreitet war es auch, die Weltelemente von 2,8 und die Engel von 2,18 als feindliche Mächte zu interpretieren und dann die kolossische Irrlehre mit der Gnosis in Verbindung zu bringen (z. B. H. Conzelmann, P. Pokorný). Das damalige Kleinasien war aber religiös durch und durch synkretistisch, sodaß z. B. der Jahwename und die Namen jüdischer Engel auch auf heidnischen Zauberpapyri erscheinen und der Sabbat von vielen Nichtjuden hochgeschätzt wurde. Das Beobachten von besonderen Tagen oder Askese in bezug auf Speisen war ohnehin universal verbreitet. So gehen die meisten Hypothesen von einer Mischung verschiedenster Elemente aus und sprechen von synkretistischem Judentum, jüdisch-gnostischer Mysterienfrömmigkeit, jüdisch beeinflußter Philosophie mit mysterienartigen Riten und dergleichen.

2. Methodische Überlegungen. Angesichts dieser Vielzahl unterschiedlicher Thesen ist es wichtig, die methodischen Grundsätze zu präzisieren, die bei der Rekonstruktion der kolossischen „Philosophie" zu befolgen sind. Ich gehe nach folgenden drei Grundsätzen vor:

2.1 Die Textanalyse muß den Vorrang vor der Analyse des religionsgeschichtlichen Umfeldes haben. Man kann nicht aufgrund von religionsgeschichtlichem Material die spärlichen Angaben der Texte ergänzen, sondern man muß zuerst genau bestimmen, was die Texte sagen, und kann erst von da her fragen, was religionsgeschichtlich zu den Texten paßt.

2.2 Bei den Texten ist von denjenigen Aussagen auszugehen, die direkt polemisch sind. Andere Aussagen, die möglicherweise indirekt auf die Gegner
anspielen, sind nur mit großer Vorsicht heranzuziehen und nur dann, wenn
sie sich in Textabschnitten befinden, die als ganze polemischen Charakter haben.

2.3 Bei allen Aussagen über die Gegner ist sehr sorgfältig zu fragen, ob sie
den eigenen Sprachgebrauch und das eigene Selbstverständnis der Gegner direkt
widerspiegeln, oder ob es sich um Aussagen handelt, mit deren Hilfe der Briefverfasser seine Gegner negativ qualifiziert. Nur erstere erlauben direkte Aussagen über die Gegner.

Unmittelbare Folge dieser Grundsätze ist, daß nur 2,18 a. b. 21.23 a. b und evt.
2,8 überhaupt als Textgrundlage für die Rekonstruktion der kolossischen Philosophie in Frage kommen. Alle anderen Abschnitte sind nicht polemisch. Insbesondere entbehren alle Versuche, in irgend einer Weise den christologischen
Grundtext 1,15–20 mit der kolossischen Philosophie in Verbindung zu bringen, einer plausiblen Textgrundlage. Auch aus den thetischen Auslegungen
der Glaubensgrundlage des Kolosserbriefs in 2,9–15 können wir keine Schlüsse auf seine Gegner ziehen. Wir können also z. B. nicht aus V.11 folgern, sie
hätten die Beschneidung gefordert!

16.21 *3. Die Textaussagen.* Nach V.16 geht es den Gegnern um Fragen des Ritualgesetzes, Speise und Trank, Feste, Kalenderfragen und Sabbate. „Fest, Neumond, Sabbate" sind eine biblisch-jüdische Trias, welche die jüdischen Feste
umschreibt (Hos 2,13; Ez 45,17; 1QM 2,4; in anderer Reihenfolge oft, z. B.
Justin, Dial 8,4). „Speise" und „Trank" sind unspezifische Ausdrücke, welche
sich auf irgendwelche Vorschriften für vorübergehende oder dauernde Nah-
rungsmittelaskese beziehen können. Solche gibt es innerhalb und außerhalb
des Judentums in mannigfachen Formen; in bezug auf die jüdischen Reinheits-
gebote spricht vor allem der Aristeasbrief von „Speise" und „Trank" (142.162
zusammen mit „anfassen", vgl. 128f.). V.21 klingt wie ein Zitat gegnerischer Forderungen. Die Trias „du sollst nicht anfassen, du sollst nicht kosten, du sollst
nicht berühren" ist nicht biblisch geprägt. „Kosten" läßt an Speiseverbote
denken. „Anfassen" kommt biblisch oft im Zusammenhang mit Reinheitsvorschriften vor; das seltenere „berühren" ist unspezifisch. Man kann an Speiseverbote, aber auch an andere Reinheitsgesetze oder sexuelle Tabus denken.
Offensichtlich sind sie für die Gegner wichtiger gewesen als die Festzeiten, Kalendergebote und Sabbate von V.16, die in V.21 nicht wiederholt werden.

23a   V.18a und V.23a sind parallel zueinander. Einfacher ist V.23a: Dort sind die
Stichworte „freiwillige (für den Verfasser: „selbstgemachte") Verehrung",
„Demut" und „Schonungslosigkeit gegenüber dem Leib" neutral formuliert,
geben also vermutlich direkte Informationen über die Gegner. Das Wort
„Demut", das auch schon in V.18 vorkam, weist deutlich auf ein biblisch geprägtes Sprachmilieu, da im Griechischen dieses Wort, welches wörtlich „niedrige Gesinnung" meint, durchwegs negativ gebraucht wird. In biblischer und
frühchristlicher Sprachtradition wird „Demut" bzw. das verwandte „Ernied-

rigung" oft im Zusammenhang mit „Fasten" gebraucht (Jes 58,3.5; Esr 8,21;
Ps 35,13; Ps Sal 3,8; 1. Clem 53,2; 55,6; Barn 3,1; Hermas Vis 3,10,6). „Die Seele
erniedrigen" ist in der griechischen Bibel eine Umschreibung für „fasten" (Lev
16,29.31). Das mit „selbstgemachte Verehrung" übersetzte Wort nimmt einerseits die „Engelverehrung", die den Gegnern in V.18 nachgesagt wird, andererseits das dortige „machen … auf" auf und bezeichnet in leichter Verschiebung
des Sinns das, was die kolossischen „Philosophen" tun, als eine selbsterfunde-
ne, zusätzliche und von Gott gar nicht geforderte religiöse Praxis. Der seltene
Ausdruck „Schonungslosigkeit" kann einerseits Großzügigkeit, andererseits
Rücksichtslosigkeit und Härte bezeichnen. Hier ist er sicher im zweiten Sinn
gemeint und deutet wohl an, daß die Gegner strenge Asketen waren. Es kann
sich also bei ihren Vorschriften über Speise und Trank nicht bloß um die üblichen jüdischen Reinheitsvorschriften handeln.

Zusätzliche Auskunft gibt der äußerst schwierige V.18a.b. „Engelvereh-   18a
rung" ist sprachlich ziemlich eindeutig so zu verstehen, daß die Engel Gegenstand und nicht Träger der Verehrung sind (C. E. Arnold 91f.); es kann sich
also nicht darum handeln, daß die Superfrommen in Kolossae, ähnlich wie
etwa die Essener in Qumran in ihren Sabbatliedern, in den himmlischen Gottesdienst der Engel Einblick gehabt oder an ihm teilgenommen hätten. Als
„Engel" kann man auch Dämonen und die in der Luft herumfliegenden Seelen bezeichnen (z. B. Philo, Gig 16, vgl. 6). Außerhalb des Judentums ist „Engel"
eine Bezeichnung für Götterboten, Heroen und chthonische Gottheiten; das
Wort kommt besonders häufig in Zauberpapyri vor. Es ist also von V.18 her
offen, ob „Engelverehrung" eine „positive" Verehrung von göttlichen Wesen
oder eine „negative" Abwehr böser Mächte ist. Die wiederholte Erwähnung
der „Mächte und Gewalten", über die Christus am Kreuz triumphiert hat
(2,10.15), könnte vielleicht dafür sprechen, daß es sich um böse Engelmächte,
also Dämonen gehandelt haben könnte – aber das bleibt sehr unsicher. – Ganz
schwierig ist „eintretend in das, was er geschaut hat". Der Relativsatz „was er geschaut hat" ist wohl Objekt von „eintretend". Das griechische Wort „eintreten" kann auch übertragen im Sinn von „sich in Besitz setzen" oder „erforschen"
gebraucht werden (vgl. 2. Makk 2,30) oder in Tempelinschriften die Spezialbedeutung „(den heiligen Raum) betreten = in Mysterien eingeweiht werden"
haben. Aber diese Spezialbedeutung paßt nicht, weil in diesen Inschriften durchgehend der Aorist und nicht das Präsens steht (eine Einweihung in einen My-
sterienkult ist eine besondere, meist einmalige Sache). Am besten paßt die allerdings auch seltene übertragene Bedeutung „erforschen". Ist gemeint, daß
die Gegner in Kolossae Visionen (vielleicht von Engeln?) hatten und versuchten,
in ihren Sinn einzudringen? Wir können es nur vermuten. Jedenfalls hat der Verfasser eine konkrete Gruppe von Leuten im Auge, die seine Leserinnen und
Leser kannten, sodaß er es hier mit einer Andeutung bewenden lassen konnte.

Es bleibt noch V. 8. Dieser Vers war für viele Forscher die Hauptquelle für   8
die Rekonstruktion der Gegner. Vor allem an die Ausdrücke „Philosophie" und
„Weltelemente" schlossen sich viele gelehrte Erklärungen an. Ich denke aber,
daß man beide nicht auswerten darf. „Durch die Philosophie" steht parallel zum

folgenden „durch leere Täuschung", „den Weltelementen entsprechend" parallel zum vorangehenden „der Überlieferung der Menschen entsprechend". Die beiden Parallelausdrücke sind deutlich abwertend; deshalb sind sie wohl vom Briefverfasser stammende Qualifikationsbegriffe. Die Wahrscheinlichkeit ist deshalb groß, daß auch „Weltelemente" und „Philosophie" negative Qualifikationsbegriffe sind. Für „Weltelemente" ist dies darum wahrscheinlich, weil auch Paulus selbst den Begriff in Gal 4,3.9 so brauchte. Dieser paulinische Sprachgebrauch dürfte dem Verfasser, dessen Brief ja nicht wenige Reminiszenzen an paulinische Briefe enthält, bekannt gewesen sein, und er greift in einer ähnlichen Situation wie Paulus auf ihn zurück. Daraus schließen zu wollen, daß seine Gegner in Kolossae irgend etwas mit den Weltelementen zu tun haben wollten, scheint mir sehr problematisch zu sein. Sie haben vielmehr Engel verehrt; die Weltelemente aber galten damals nicht als Engel. Wahrscheinlicher ist, daß der Verfasser die Engelverehrung seiner Gegner als Verehrung von bloßen Weltelementen abqualifiziert hat. In Bezug auf die „Philosophie" können wir nicht mit gleicher Sicherheit Schlüsse ziehen, weil Kol 2,8 die einzige Stelle im Neuen Testament ist, wo das Wort vorkommt. Es war damals nicht nur eine Bezeichnung von Lehren der Philosophen, sondern auch allerlei anderer Erlösungslehren. Hellenisierte Juden (Josephus, Philo, 4. Makk) haben das Wort zur Bezeichnung jüdischer Richtungen verwendet. In V. 8 könnte das Wort, neben „leerer Täuschung", „Überlieferung der Menschen" und den „Weltelementen" die negative Konnotation „bloße Menschenweisheit" haben. Ob die Gegner selbst, deren Lehre nach V. 23 a den Anspruch hat, Weisheit zu sein, sie als „Philosophie" bezeichneten, muß offen bleiben.

4. Religionsgeschichtliche Zuordnung. Sicher ist – aufgrund der „Trias" von V. 16 und auch aufgrund der „jüdischen" Bedeutung des Wortes „Demut" –, daß die Gegner von jüdischen Überlieferungen bestimmt sind. Viel unsicherer ist es, ob sie Judenchristen gewesen sind, die innerhalb der Gemeinde wirkten. Es ist durchaus zu überlegen, ob der Verfasser die Gemeinde nicht einfach vor einem Übertritt zum Judentum warnen will. Allerdings dürfte man dann nicht an eine „normale" Diasporasynagoge denken, sondern an eine asketische jüdische Gruppe, worauf V. 23 a („Schonungslosigkeit gegenüber dem Leib") weist. Dafür, daß es bei den Gegnern um Nicht-Christen geht, hat man angeführt, daß der Verfasser sie in seinem Brief nicht anredet (M. Wolter) – aber das tut Paulus gegenüber seinen judenchristlichen Gegnern in Galatien auch nicht. Mir ist eher wahrscheinlich, daß es sich um eine judenchristliche Gruppe gehandelt hat, sonst wäre V. 19 („hält das Haupt [d. h. Christus] nicht fest") eine Banalität. Außerdem bezeugen uns auch viele andere paulinische und deuteropaulinische Briefe die Existenz von judenchristlichen Gegnern. Heidnische Elemente sind im Profil der Gegner nicht sicher nachzuweisen, aber auch nicht sicher auszuschließen. Dafür wurde zwar immer wieder V. 18 beansprucht. Aber „eintretend in das, was er geschaut hat" weist gerade nicht auf einen heidnischen Mysterienritus, und auch die Engelverehrung muß nichts Unjüdisches sein: Jüdische Texte von Tobit 11,14 f. über die Pseudepigraphen (vgl. z. B. Test

Dan 6,1–3) bis hin zu Amuletten, Inschriften und rabbinischen Verboten einer
Engelverehrung bezeugen, daß es sie in jüdischer Volksfrömmigkeit ziemlich
verbreitet und in sehr verschiedenen Formen gegeben hat (Belege bei L. T.
Stuckenbruck 47–204; C. E. Arnold 32–82). Welche Bedeutung sie für die Frömmigkeit der judenchristlichen Gegner gehabt hat und wie sie allenfalls mit ihrer
Askese und mit der Weisheit, die sie zu vertreten glaubten, zusammenhing,
wissen wir nicht. Insbesondere läßt sich nicht zeigen, daß die Engelverehrung
der Gegner irgend etwas mit einem postmortalen Aufstieg der Seelen zu Gott zu
tun hatte, wie immer wieder behauptet wird. Gnostiker waren die Gegner kaum:
Abgesehen davon, daß es kurz nach der Mitte des ersten Jahrhunderts wohl
noch keine eigentlichen Gnostiker gegeben haben dürfte, sind weder Kalenderfrömmigkeit, noch Speisevorschriften, noch Engelverehrung, noch Visionen
für die Gnosis konstitutive Züge. Es muß also dabei bleiben: Die Gegner des
Verfassers sind wohl asketische Judenchristen, die Engel verehren und die der
Gemeinde manche zusätzliche Auflagen und religiöse Angebote machen. Zu
ihren Verwandten im Neuen Testament gehören die „schwachen" Judenchristen
in Rom mit ihrer Kalenderfrömmigkeit und ihrer Ablehnung des Fleischge-
nusses (Röm 14,2–6), die gesetzestreuen Judenchristen in Galatien mit ihrer
Beobachtung der Festzeiten (von ihnen werden allerdings keine asketischen
Tendenzen berichtet), die welt- und ehefeindlichen asketischen Judenchristen,
welche die Pastoralbriefe bekämpfen (vgl. 1. Tim 4,3; Tit 1,14) und schließlich
z. Z. Trajans die judenchristlichen Elkesaiten mit ihren Visionen, ihrer Engelverehrung, ihrer Sabbatpraxis und ihren asketischen Tendenzen. Mehr wissen
wir leider nicht. Die meist sehr viel „präziseren" Rekonstruktionen der kolossischen „Häresie" durch die Forscher gehen sehr oft von den „Weltelementen" (V.8.20) als Schlüsselbegriff aus. Das ist aber vom Textbefund her m. E.
nicht erlaubt.

   Wir wissen also sehr wenig über die Gegner des Verfassers. Viele Exegeten,
welche ein sehr konkretes Bild der kolossischen Gegner rekonstruieren zu
können meinten, haben dann dieses Bild wieder in die theologischen Antworten
des Briefverfassers zurückgetragen und konnten deshalb in ihrer Exegese auch
sehr genau angeben, wie der Verfasser auf sie eingegangen ist. Ich kann das leider nicht. Weil das Bild der Gegner notgedrungen unscharf bleibt, bleibt auch
die theologische Antwort des Verfassers notgedrungen allgemein. Das ist be-
dauerlich, aber nicht zu ändern.

Fast unmerklich erfolgt der Übergang zum polemischen Teil des Briefs. Der **B**
Verfasser setzt ein mit dem, worum es positiv geht, nämlich mit dem Wandel **6f.**
in Christus, welcher der überkommenen Tradition vom Herrn Jesus entspricht.
Es geht also nicht nur um die rechte Lehre, die Orthodoxie, sondern ebenso
um ihren rechten Wandel, der sich am himmlischen Christus allein orientiert
und darum auf Speisevorschriften, Neumonde und Sabbate verzichten kann.
Dieses Ziel, der rechte Wandel der Gemeinde, wird in den abschließenden Versen 3,1–4 umrissen werden. Entsprechend geht es beim Gehorsam gegenüber
der Tradition nicht um die Übernahme einer unverändert zu bewahrenden

Lehre wie in den Pastoralbriefen, sondern um die Überlieferung vom lebendigen Herrn Christus, in dem die göttliche Fülle wohnt (V. 9), bzw. mit den Worten des Verfassers: um den lebendigen „Christus unter euch" (1,27). Die Wendungen, die in V. 7 das Verhältnis der Gläubigen zu Christus erläutern, sprechen
denn auch nicht nur von ihrer Treue zur Lehre („befestigt durch den Glauben,
wie ihr gelehrt worden seid"), sondern auch von ihrer Verwurzelung im gegenwärtigen Christus, d.h. in seinem Leib, der Kirche. Darauf beziehen sich
die beiden ekklesiologischen Metaphern „verwurzelt" und „aufgebaut", welche die Bilder von der Kirche als „Pflanzung" und als „Bau" evozieren; sie sind
schon im 1. Korintherbrief miteinander verbunden (3,6–12). Daß auch von der
reichlich fließenden Danksagung die Rede ist, macht nochmals deutlich, daß
es dem Verfasser nicht um eine Orthodoxie geht, sondern um die Einheit von
Lehre, Gebet und Praxis in der Verwurzelung in Christus.

8   Erst jetzt schließt der Verfasser die Warnung vor den Gegnern an. Das Verbum „fangen" hat im Griechischen einen sehr scharfen Klang; es heißt eigentlich: jemanden als Sklaven oder als Beute wegführen. Von wem die Rede ist,
braucht der Verfasser seinen Lesern gar nicht zu erklären; sie wissen – im Unterschied zu uns – sofort Bescheid (ein Hinweis darauf, daß unser Brief an eine
konkrete Gemeinde gerichtet war, in der konkrete, allen bekannte Irrlehrer
am Werke waren!). Er braucht also die Gegner nicht erst vorzustellen, sondern er kann gleich sagen, was er von ihnen denkt. Das Mittel ihrer Verführung
ist eine „Philosophie" und „leere Täuschung". Wenn „Philosophie" ein negativer Qualifikationsbegriff ist, so ist damit gemeint: eine nur menschliche, religiöse Heilslehre. Sie ist nur menschliche Überlieferung, also nicht göttliche
Lehre und entspricht nicht dem Christus, der im Himmel ist (3,1). Hinter dem
Ausdruck „entsprechend der Überlieferung der Menschen" steht wie hinter den
„Geboten und Lehren der Menschen" in V. 22 das jesuanische Streitgespräch
über die Reinheit Mk 7,5–9, das auch im Römerbrief nachwirkt (Röm 14,14 =
Mk 7,15). Der Ausdruck funktioniert wie ein Kürzel und verweist die Leserinnen auf diesen Intertext. In ähnlicher Weise funktioniert „entsprechend den
Weltelementen": Unter „Elementen" haben die Leser damals zunächst die
Grundstoffe verstanden, aus denen die Welt zusammengesetzt ist (vgl. Exkurs
zu Gal 4,3). Da sie als Attribute von Göttern auch religiös verehrt werden konnten und da die griechischen Götter von den stoischen Philosophen allegorisch
auf die Weltelemente gedeutet wurden, legte sich für Juden die Verbindung
von „Weltelementen" mit heidnischer Religion nahe: Bereits in jüdischen Texten konnte heidnische Religion als „Elementenverehrung" abqualifiziert werden (Philo, Vit Cont 3 f.; Pseudo Philo, De Jona 217). Der christliche Verfasser des Kolosserbriefs setzt über diesen allgemeinen Horizont hinaus einen
besonderen Intertext voraus: Von „Weltelementen" hatte Paulus gegenüber den
Galatern gesprochen (4,3, vgl. 9), um die Zuwendung der Galater zu jüdischer
Gesetzesfrömmigkeit negativ als Rückfall in ihre heidnische Vergangenheit zu
qualifizieren. „Entsprechend den Weltelementen" ist für den Verfasser eine fast
in Anführungszeichen zu setzende Wendung, die auf Gal 4 verweist. Was Jesus
zu den pharisäischen Ritualisten und was Paulus zu den judenchristlichen Geg-

nern in Galatien sagte, gilt also auch für die Gegner, mit denen es die Kolosser zu tun haben.

Warum ist die gegnerische Lehre nicht „Christus entsprechend"? V. 9–15 9 f. führen das gerade nicht aus. Vielmehr erinnert der Verfasser die Gemeinde an das, was sie durch Christus geworden sind. Er greift in V. 9 f. auf den Christuspreis von Kol 1 zurück und erinnert so die Gemeinde an ihr Gebet. Er erinnert sie in V. 11–13 an ihre Taufe und führt diese Erinnerung in V. 14 f. durch eine Vielzahl von Bildern weiter, die das auslegen, was durch den Tod Jesu geschehen ist. Der Verfasser bietet keine argumentative Widerlegung, sondern er erinnert die Gemeinde durch eine Vielzahl von Aussagen an die Wirklichkeit, von der sie in Christus erfüllt sind, aus der heraus sie beten, in die sie hineingetauft wurden und in der sie nun leben. Christus, der im Zentrum der folgenden Verse steht – viermal heißt es in V. 9–12 „in ihm" – ist hier weniger ein Denk- als ein Dankgegenstand. V. 9 erinnert an die Menschwerdung, von der in 1,19 die Rede war. Aber nicht mehr um die Menschwerdung als einmaliges Ereignis geht es hier, sondern um die dauerhafte und vollständige Gegenwart der Fülle Gottes im auferstandenen Jesus. Das griechische Wort für „Gottheit" meint dabei nicht „etwas Göttliches", sondern dies, daß Gott selbst in seiner ganzen Fülle in Christus wohnt, der als Auferstandener dauernd der Inkarnierte bleibt. Das schwer zu deutende griechische Wörtchen, das ich mit „leiblich" übersetzt habe, meint einerseits wohl, daß Gott nicht nur indirekt in Christus wohnt, sodaß dieser gleichsam nur Gottes schattenhafte Abbildung wäre (vgl. V. 17). Vielmehr ist Christus in dem Sinn Gottes „Bild", daß seine Wirklichkeit real in ihm wohnt. Andererseits mag hier für viele Leser bereits der Gedanke an den Leib Christi anklingen. Die Gläubigen leben „in Christus", d. h. in seinem Leib, der Kirche, und werden darum von den göttlichen Kräften erfüllt. Sie partizipieren uneingeschränkt an der Fülle Gottes. Auch Paulus konnte in den von ihm selbst geschriebenen Briefen sagen, daß Christus in den Gläubigen ist (Röm 8,10; Gal 2,20), aber in keinem von ihm selbst geschriebenen Brief spricht er so direkt von Erfülltsein der Gläubigen mit der Wirklichkeit Gottes. Dies geschieht „in" Christus: Er ist nicht nur die Fülle von Gottes Wirklichkeit in den Gläubigen (vgl. 1,27: „Christus unter euch"), sondern zugleich der Weltenherr, nicht nur der Leib, sondern auch das Haupt, das über allen Mächten und Gewalten steht. Damit erinnert der Verfasser an die Zwischenstrophe und die erste Strophe des Christuspreises (1,16.18). Dabei ist deutlich, daß er nicht in V. 9 nur an den Erlöser, in V. 10 aber nur an den Schöpfer Christus denkt. Vielmehr spricht für ihn der ganze Lobpreis 1,15–20 vom Erlöser, und alles, auch die Harmonie der Schöpfung im göttlichen Leib unter dem Haupt, das Christus ist, ist für ihn Ausdruck der Erlösung.

Der Blick des Verfassers wendet sich weiter zur Taufe, die für die Gläubigen 11 der Anfangspunkt ihres Erfülltwerdens mit der Fülle Gottes war. Sie ist eine „nicht mit Händen gemachte" Beschneidung, d. h. sie steht im Gegensatz zu den sichtbaren „mit Händen gemachten" Dingen, zu denen in biblischer Tradition z. B. die Götzenbilder gehörten. Während biblische und jüdische Texte die Beschneidung ganzheitlich deuten und fordern, daß zur Beschneidung der

Vorhaut diejenige des Herzens oder der Triebe treten müsse (vgl. z.B. Dtn 10,16;
Jub 1,23; 1QS 5,5), stellt schon Paulus Beschneidung der Vorhaut der wahren
Beschneidung des Herzens antithetisch gegenüber (Röm 2,28f.). Der Verfasser
des Kolosserbriefs verstärkt diese Antithese noch, indem er die Taufe die „nicht
mit Händen gemachte", d. h. wahre Beschneidung nennt, die zugleich
„Beschneidung Christi", d. h. die zu Christus gehörende, ihm entsprechende
Beschneidung ist. Sie besteht im „Ausziehen des Fleischesleibes". Im Hinter-
grund steht die Vorstellung, daß bei der Taufe „Christus angezogen" wird (Gal
3,27). Das bedeutet ein „Ausziehen des alten Menschen" (3,9), d. h. eine
Trennung von der Sünde und eine neue Lebenspraxis (3,12, vgl. Röm 13,14).
„Ausziehen" hat nach V.14 etwas mit „vernichten" bzw. „Macht wegnehmen"
zu tun. Der Verfasser meint wohl dasselbe wie Paulus in Röm 6,6: In der Taufe
wird der Leib der Sünde vernichtet und der Mensch beginnt ein radikal neues
Leben. In diesem Sinn stirbt der alte Mensch in der Taufe mit Christus und
wird mit ihm „mitbegraben", wie es in einer angefügten Partizipialkonstruktion
heißt.

12 f.   Das Hauptgewicht liegt aber nicht auf dem Mitbegrabenwerden mit Christus,
sondern darauf, daß die Gläubigen in der Taufe mit Christus mitauferweckt
worden sind. Durch ihren Glauben haben sie Anteil an der Kraft Gottes, der
Jesus von den Toten auferweckte. Das Mitauferwecktwerden ist im Unterschied
zum Mitbegrabenwerden mit einem Hauptverb formuliert, trägt also das Gewicht. „In ihm" bezieht sich auf Christus. „Mitauferstehen" ist für den Verfasser, ähnlich wie vielleicht für die sog. Auferstehungsleugner in 1. Kor 15,
für die Tauftradition von Eph 5,14 und für spätere christliche Gnostiker ein
innerlicher Vorgang. Es ist, wie 1,12f. formulierten, die Erfahrung, aus der Gewalt der Finsternis in das Reich des Sohnes versetzt worden zu sein. V.13 umschreibt diese Erfahrung in einem Satz, der gleich strukturiert ist wie 1,21f.:
„Auch euch, die ihr tot wart aufgrund der Sündentaten ..., hat (Gott) mit ihm lebendig gemacht". Der Gedanke verschiebt sich gegenüber V.11f.: Der alte
Mensch stirbt nicht erst in der Taufe, sondern er ist bereits durch seine Sünde
„tot" (vgl. Röm 7,9–11); der Tod des Menschen meint den geistlichen Tod.
Darum ist auch seine Auferweckung in der Taufe eine geistliche: Sie besteht eben
darin, daß den Menschen die Sünden „geschenkt", d. h. erlassen werden. In
gleicher Weise wird die geistliche Beschneidung gedeutet: Sie besteht darin,
daß die „Vorhaut des Fleisches" abgeschnitten wird. Der Ausdruck steht parallel zu „Sündentaten" und meint wohl dasselbe, wobei eine Erinnerung daran,
daß die Kolosser früher Heiden waren, mitklingen mag. Taufe als Mitauferstehen mit Christus meint also vor allem die Sündenvergebung. Von hier aus
ist es ganz natürlich, daß der Verfasser das „Mitauferstehen mit Christus", von
dem er in 3,1–4 nochmals spricht, in 3,5–17 ethisch auslegt. Er vertritt also
keine bloß sakramentale, an der Ethik nicht interessierte Theologie. Darin
stimmt er mit Paulus überein, auch wenn er das Mitauferstehen mit Christus
auf die Taufe bezieht. Er spricht allerdings nicht von dem, was Paulus in diesem Zusammenhang wichtig war, nämlich vom wirklichen, physischen Tod, der
Folge der Sünde ist (Röm 5,12f.), und auch nicht von der wirklichen, leibli-

chen Auferstehung und der Überwindung der Macht des Todes, auf die Paulus aufgrund der Auferstehung Jesu hofft (vgl. 1. Kor 15,20–28).

Mit locker angefügten Partizipialsätzen fährt der Verfasser weiter. Der Erlaß 14 der Sünden geschah so, daß Gott die „Handschrift, welche gegen uns war, … auswischte". Eine „Handschrift" ist eine Urkunde, mit der ein Schuldner seine eigene Schuld rechtsgültig bestätigt. In unserem Kontext liegt vermutlich kein Gewicht darauf, daß der Schuldner im Geschäftsleben selber den Schuldschein schreibt; es geht einfach um einen rechtskräftigen Schuldschein. „Aufgrund der Satzungen" ist grammatikalisch sehr schwer zu beziehen; am leichtesten ist wohl die Verbindung mit „welche gegen uns war". Was mit „Satzungen" (griechisch: dogma!) gemeint ist, ist ebenfalls unsicher. Das Wort meint rechtsverbindliche Beschlüsse, Entscheidungen oder Festsetzungen (z. B. 3. Makk 1,3; 4. Makk 10,2; Josephus; Philo) und wurde später von der Kirche für ihre verbindlichen Glaubenswahrheiten, eben die „Dogmen" gebraucht . Eph 2,15 bezieht es auf die „Satzungen" des alttestamentlichen Gesetzes. Dies ist auch für unsere Stelle die wahrscheinlichste Deutung. Der Sinn wäre dann derselbe wie Röm 4,15; 5,13: Das Gesetz macht die Sünde anrechnungsfähig, d. h. gerichtsfähig. Paulus spricht aber in seinen eigenen Briefen fast immer vom „Gesetz" und nie von „Satzungen"; die Formulierung zeigt, wie wenig sich unser Verfasser für das komplexe Problem des „Gesetzes" interessiert, das für Paulus so wichtig war. Die rechtskräftige „Handschrift", welche die menschliche Schuld feststellt, „wischt" Gott „aus"; das Verb wird schon in der Bibel für Sündenvergebung gebraucht (LXX-Ps 50,3.11; Jes 43,25; Apg 3,19 etc.). Er schafft sie weg, indem er sie ans Kreuz Jesu heftet. Wahrscheinlich steht hier die Erinnerung an die Kreuzesinschrift im Hintergrund (vgl. Mk 15,26). Sie wird aber im Sinn von 2. Kor 5,21 (vgl. 1. Petr 2,24) umgedeutet: Nicht Jesu „Schuldschein", sondern *unser* Schuldschein hängt am Kreuz dessen, der für die Schuld der Menschen gestorben ist.

V.15 ist wieder ein locker angefügter Partizipialsatz, von dem man nicht ein- 15 mal sicher sagen kann, ob er immer noch auf den Tod Jesu zu beziehen oder ob hier schon an die Unterwerfung der Mächte zu denken ist, welche durch Jesu Auferstehung und Erhöhung geschieht (vgl. Phil 2,9–11). Jedenfalls ist deutlich, daß Kreuz und Auferstehung ganz direkt miteinander verbunden sind, ähnlich wie schon im Christuspreis 1,18–20. Im Unterschied zu Kol 1,20 ist hier nicht von der Versöhnung der Mächte die Rede, sondern von ihrer Unterwerfung. Das Bild ist hier wie in 2. Kor 2,14 das des Triumphzuges, den Gott „in ihm", d. h. durch Christus veranstaltet. In ihm stellt er die bösen Mächte der Welt, deren Macht er zerstört hat (das meint hier das Wort „ausziehen"), als Besiegte öffentlich zur Schau. Der Briefverfasser weiß also darum, daß es gottfeindliche, böse Mächte gibt. Dem entspricht, daß sich die Gläubigen zwischen dem Glauben an Christus und dem an die „Weltelemente" bzw. zwischen einem Leben, das nach „unten", und einem, das nach „oben" sich ausrichtet, entscheiden müssen (3,1–4). Er weiß, daß sich nicht alles in den Christusglauben integrieren läßt. Weder die Irrlehre seiner Gegner, noch das Leben des alten Menschen, das es abzulegen gilt, gehört zu dem, was in Christus „Bestand hat". Einen Widerspruch zu der harmonischer klingenden Sicht des Preisliedes von 1,15–20 wird der Verfasser indessen kaum gesehen haben.

Was bedeutet also „Christus Jesus, den Herrn annehmen" und „in ihm wandeln" (V. 6)? Nach V. 9–15 bedeutet es, sich von der „Fülle der Gottheit", die in ihm wohnt, so erfüllen zu lassen, daß Christus wirklich das „Haupt über jede Macht und Gewalt" ist. Durch Christus ist die Fülle des göttlichen Lebens für die Gläubigen bereits Wirklichkeit. Alle Sünden sind vergeben. Die Gläubigen, die durch ihre Sünden geistlich tot waren, leben nun von der Auferstehung her ein neues Leben in der Wirklichkeit Gottes. Ihre Taufe bedeutet die Versetzung in das Reich des Sohnes. Mit seinen präsentischen und lokalen eschatologischen Aussagen betont der Verfasser die Gewißheit des Heils. Von dieser Gewißheit sollen die Leserinnen und Leser sich erfassen lassen. V. 16–23 werden negativ, 3,1–4 positiv zeigen, was das bedeutet.

16 f.   Mit V. 16 geht der Verfasser zur direkten Polemik über. Was sollen die Forderungen der judenchristlichen Gegner nach Enthaltung von Essen und Trinken? Was ihre Vorschriften über Feste, Kalender und Sabbate? Seine Antwort in V. 17 lautet: Das alles ist nur unwirklicher Schatten, nicht ein realer Gegenstand, der die Schatten wirft. Diesen bezeichnet er mit dem Wort „Leib", so daß das Sätzchen „der Leib aber ist Christi" doppelsinnig wird: Einerseits meint es, daß die Realität in Christus besteht, andererseits weist es auf 1,18 zurück, nämlich auf den „Leib Christi", der die Kirche ist. In der Gegenüberstellung „Schatten" – „Leib" geht es nicht um eine relative Differenz, sondern um eine absolute. Der Verfasser will nicht im Sinne platonischer Philosophie sagen, daß der Schatten immerhin noch eine Abbildung der Wirklichkeit darstelle (vgl. Hebr 10,1), sondern der Schatten ist das Unwirkliche. Er braucht also nicht ein im Vergleich zu Paulus „relativ harmloses" (E. Schweizer) Bild für das Gesetz, sondern er sagt: Die Vorschriften über Speisen und Kalender sind nichts;

18 f.   Christus allein ist alles. Das Fasten (= die „Demut"), die Engelverehrung und die religiösen Erkenntnisse der Gegner charakterisiert er verächtlich als selbstgefälliges und hohles „Machen auf" (wörtlich: „Wollen in") und mit einem im 1. Korintherbrief beliebten paulinischen Wort als weltliche „Aufgeblasenheit". Der Verfasser polemisiert hier mehr personbezogen, als daß er sachbezogen argumentiert. Das Verhalten der Gegner entspricht nicht dem Leben im Leib Christi, das durch die lebendige Beziehung zum Haupt (vgl. 1,18; 2,10) bestimmt ist. V. 19 ist nicht im einzelnen allegorisch auszulegen. Das Bild des vom Zentralorgan Kopf her zusammengehaltenen lebendigen Leibes zeigt einmal mehr, daß die Beziehung zu Christus im Kolosserbrief nicht in erster Linie darin besteht, daß man die Tradition oder die Lehre treu „festhält" (so 2. Thess 2,15, vgl. Hebr 4,14). Vielmehr geht es um eine lebensspendende Beziehung zum gegenwärtigen realen „Haupt" Christus, von dem her die Kirche zu einer dynamischen Größe wird, die „wächst".

20–23   In seinem zweiten polemischen Anlauf setzt der Verfasser mit einer Erinnerung an V. 12 ein: In ihrer Taufe sind die Kolosser mit Christus gestorben und von allen Ansprüchen religiöser Mächte frei geworden. Wie in V. 8 qualifiziert er sie negativ als „Weltelemente". Diese Formulierung erlaubt ihm einen

Übergang zur nun folgenden rhetorischen Frage: Die Kolosser leben ja jetzt nicht mehr in der „Welt", sondern sie leben im Leib Christi und sind mit ihrem himmlischen Haupt verbunden. Darum haben sie nichts mehr mit „Satzungen" wie Berührungs- und Speiseverboten zu tun. Gott hat ja den Schuldschein, der aufgrund dieser Satzungen zustande kam, ausgewischt und ans Kreuz geheftet (V.14)! Darum kann der Verfasser jetzt diese Satzungen, die von Christus her gesehen „unwirklich" sind (V.17), ausdrücklich als „Gebote und Lehren von Menschen" bezeichnen. Er nimmt damit nicht nur den Ausdruck „Überlieferung der Menschen" von V.8 auf, sondern darüber hinaus auch zusätzliche Leitworte aus dem jesuanischen Streitgespräch über die Reinheit (Mk 7,1–23), das in der Auseinandersetzung heidenchristlicher Gemeinden mit jüdischen Ritualvorschriften offenbar eine große Rolle gespielt hat. Von Mk 7 inspiriert ist wohl auch die Feststellung, daß Speisen nichts mehr als Speisen sind, zum Verbrauch und zum Verrotten bestimmt (Mk 7,19f., vgl. 1.Kor 6,13). Alle diese „selbstgemachte" Frömmigkeit, alle Fasterei und alle Askese ist nichts wert und dient nur der Befriedigung eigener Bedürfnisse.

Der Verfasser greift in V.1f. wieder auf die Tauftradition von 2,12f. zurück: **1f.** Die Kolosser sind bereits mit Christus auferstanden: Die neue Wirklichkeit des Lebens, in die sie durch die Taufe hineingekommen sind, bestimmt sie voll und ganz. Mit diesem Gedanken verbindet sich ein ganz anderer: Christus, das Haupt des Leibes, ist im Himmel; er sitzt, wie das urchristliche Bekenntnis im Anschluß an Ps 110,1 formuliert, zur Rechten Gottes. Versucht man, diese beiden Gedanken miteinander zu verbinden, könnte man sagen: Die Kolosser sind mit Christus auferstanden, aber sie sind, anders als in Eph 2,6, noch nicht „oben" beim Haupt Christus. Während Paulus in Röm 6,4–11 das Mitauferstehen mit Christus in die Zukunft verlegt und damit einen „zeitlichen Vorbehalt" macht, formuliert der Kolosserbrief mithilfe des traditionellen Bekenntnisses gleichsam einen „räumlichen Vorbehalt" gegenüber der Tauftradition. Er erlaubt ihm, die Ethik mit der Taufe zu verbinden. Weil die Kolosser noch nicht im Himmel sind, können sie dazu aufgerufen werden, sich in ihrem Handeln nach oben zu orientieren und nicht nach unten, an Christus und nicht an der Welt, der sie bereits gestorben sind. Mit „oben" ist nicht einfach das Göttliche bezeichnet, nicht der jenseitige Vater der Gnostiker und nicht das transzendente Ur-Eine des späteren Platonismus, sondern ganz präzis Christus. „Nach dem, was oben ist, trachten" ist demzufolge nicht eine Flucht aus der irdischen Welt in himmlische religiöse Welten, nicht Entweltlichung, sondern Leben im Leib Christi, wie es Christus entspricht. V.3f. drücken den „räum- **3f.** lichen Vorbehalt" mit anderen Kategorien aus: Das Auferstehungsleben der Kolosser – mit Christus im Himmel und darum „in Gott" – ist noch verborgen. Seine Verborgenheit wird am Jüngsten Tag aufgehoben, dem Tag, an dem Christus sich und das Leben der Seinen offenbaren wird (vgl. 1.Kor 1,7; 2.Kor 5,10). Der „räumliche" Vorbehalt wird hier durch ein Moment urchristlicher „zeitlicher" Eschatologie ergänzt. Räumliches und zeitliches Denken verbindet sich; auf weltanschauliche Klarheit kommt es dabei überhaupt nicht an. Wichtig ist allein der Grundgedanke, daß das neue Leben in Christus gerade

nicht eine Art der Vollendung meint, die alles Irdische bedeutungslos werden
läßt. Erfülltwerden durch die Fülle der Gottheit (vgl. V. 9 f.) meint nicht einfach einen Überschwang religiöser Gefühle, sondern eine Gewißheit, die sich
ganz nüchtern in einer christusgemäßen Lebenspraxis äußert. Daß das Leben der
Kolosser wirklich neu geworden ist und daß sie von keiner Macht mehr beherrscht werden (vgl. 2,14 f.) bedeutet, daß sie jetzt – als Gemeinde – ein neues,
vom Herrn bestimmtes Leben führen können. Die Schlußverse 3,1–4, die diese
Perspektive andeuten, enthalten gegenüber den vorangehenden einen Sinnüberschuß und leiten zugleich zum folgenden Abschnitt über.
    Was ist also das Irdische, das die Kolosser zurücklassen sollen? Es sind von
2,16 ff. her jüdische religiöse Sondervorschriften, Askese, besondere religiöse
Praktiken. Alles, was nicht dem Lobpreis Christi entspricht, fällt für den Verfasser unter das Leben „in der Welt". Das bleibt allerdings noch interpretati-
onsbedürftig. Im folgenden Hauptteil 3,5–4,1 wird der Verfasser deshalb dar-
legen, was er unter von Christus bestimmter Lebenspraxis versteht. Es ist
bemerkenswert nüchtern, was er dort zu sagen haben wird.
    Auffällig ist seine sachliche Übereinstimmung mit Paulus. Obwohl für den
Verfasser des Kolosserbriefs – anders als für Paulus – das Mitauferstehen der
Gläubigen mit Christus bereits geschehen ist, und obwohl er – anders als Paulus – von einer zukünftigen, leiblichen Auferstehung der Gläubigen nicht mehr
spricht, ist der Unterschied zwischen ihm und Paulus gar nicht so groß. Beiden
gemeinsam ist das Wissen darum, daß christlicher Glaube einen Bruch mit der
Welt bedeutet, sodaß der Bürgerort der Christinnen und Christen im Himmel
ist (Phil 3,20). Für beide ergänzen sich temporale und lokale Denkkategorien,
wenn auch in unterschiedlicher Gewichtung. Für beide ist grundlegend, daß
Glauben an Christus in der Welt geschieht und hier und jetzt praktische Konsequenzen haben muß. Beide wissen auch, daß das Auferstehungsleben der Christen
nicht einfach sichtbar und verfügbar ist. Für den Verfasser des Kolosserbriefs ist
das himmlische Leben „verborgen" in Gott, wie der erhöhte Christus auch.
Darum kann auch er auf den Gedanken einer künftigen Parusie nicht verzichten, in der Christus offenbart werden wird (vgl. 1. Petr 5,4; 1. Joh 2,28), und die
Gläubigen, deren Leben jetzt „mit Christus" verborgen ist, ebenfalls. Auch Paulus kennt den Gedanken des künftigen Offenbarwerdens der Gläubigen, verbindet ihn allerdings mit dem künftigen Gericht (2. Kor 5,10, vgl. 1. Kor 4,5).
Unser Briefverfasser verzichtet hier aber ganz auf ihn: Der Ausblick auf die
Parusie steht ausschließlich im Dienste der Vergewisserung des Heils: Dann
wird offenbar werden, was die Gläubigen in Christus jetzt schon sind.

4. Das neue Leben 3,5–4,1

4.1 Das neue Leben der Getauften 3,5–17

**5 Tötet also die Glieder auf der Erde, Unzucht, Unreinheit, Leidenschaft,
schlimme Begierde, und die Habsucht, welche Götzendienst ist! 6 Wegen die-**

ser Dinge kommt der Zorn Gottes. 7 In ihnen seid auch ihr einst gewandelt,
als ihr in ihnen lebtet!

8 Jetzt aber legt auch ihr das alles ab: Zorn, Wut, Bosheit, Lästerung, unanständige Rede aus eurem Mund! 9 Belügt euch nicht gegenseitig, nachdem
ihr den alten Menschen mitsamt seinen Taten ausgezogen 10 und den neuen
angezogen habt, der erneuert wird zur Erkenntnis nach dem Bilde seines
Schöpfers: 11 Da ist nicht Grieche und Jude, Beschneidung und Vorhaut,
Barbar, Skythe, Sklave, Freier, sondern alles und in allen Christus!

12 Zieht also als Gottes erwählte Heilige und Geliebte erbarmende Herzen
an, Güte, Demut, Milde, Geduld, 13 – haltet dabei einander aus und vergebt
euch, wenn jemand gegen einen anderen eine Beschwerde hat! Wie auch der
Herr euch vergeben hat, so auch ihr! –, 14 über das alles aber die Liebe, die
das Band der Vollkommenheit ist. 15 Und der Friede Christi lenke eure Herzen, wozu ihr berufen worden seid in einem Leibe.

Und werdet voll Dank! 16 Das Wort Christi wohne reichlich unter euch,
die ihr in aller Weisheit einander belehrt und ermahnt und mit Psalmen, Hymnen, geistlichen Gesängen in der Gnade Gott singt in euren Herzen. 17 Und
alles, was ihr durch Wort oder durch Tat macht, alles geschehe im Namen
des Herrn Jesus, indem ihr Gott, dem Vater, Dank sagt durch ihn!

V. 5: Eph 4,19; 5,3.5; V. 6: Eph 5,6; V. 8–10: Eph 4,22–26.29.31; 5,3; V. 9: 2,11; V. 10 f.: Gal 3,27 f.; 1. Kor
12,13; V. 12 f.: Eph 4,32; V. 13 f.: Eph 4,2 f.; Mt 18,21–35; V. 16 f.: Eph 5,19 f.

Der Text wird am besten in vier Unterabschnitte gegliedert (V. 5–7; 8–11; A
12–15b; 15c–17). Die drei ersten haben eine ähnliche Struktur. An ihrem Beginn steht je ein Lasterkatalog (V. 5.8) bzw. ein Tugendkatalog (V. 12) mit fünf
Gliedern (vgl. zu Gal 5,19–23). V. 8 markiert einen Neueinsatz: Wie in 1,21–23
nimmt der Verfasser die traditionelle Gegenüberstellung von „einst" und „jetzt"
aus der Tauferinnerungspredigt auf. Nach „jetzt aber" erwarten die Leserinnen und Leser aber eine positive Aussage über das, was sie jetzt nicht mehr
sind. Statt dessen folgt überraschend nochmals ein fünfgliedriger Lasterkatalog. Die Gegenüberstellung von „ausziehen" und „anziehen" in V. 9 f. erinnert
wieder an die Taufe (vgl. Röm 13,14; Gal 3,27). Auffällig ist aber, daß vom „Ausziehen des alten Menschen", das in 2,11 mit dem Taufakt selber verbunden
war, unter dem Vorzeichen des „jetzt aber" gesprochen wird, also, nachdem
die Getauften eigentlich längstens neue Menschen geworden sind. V. 11, der voll-
tönende Abschluß des zweiten Abschnittes, entspricht Gal 3,28 und folgt wie
dort auf die Rede vom „Anziehen". Auch in 1. Kor 12,13 steht im Zusammenhang mit der Taufe eine ähnliche Aussage, so daß man annehmen muß, der Verfasser nehme hier eine auch Paulus bekannte geprägte Tauftradition auf und
variiere sie (vgl. zu Gal 3,28).

Der dritte Abschnitt V. 12–15 schließt mit dem Befehl „zieht an" daran an
und formuliert nun endlich positiv. Von diesem Befehl hängt nicht nur der fünf-
gliedrige „Tugendkatalog" ab, sondern auch „über das alles aber die Liebe" in
V. 14. V. 13 ist also ein Zwischengedanke, und die Liebe ist als eine Art Obergewand gedacht, das man über die darunter zu tragenden fünf Kleidungsstücke
= Tugenden anziehen soll. Die Gliederung des folgenden ist nicht mehr klar. Die

beiden Imperative von V.15a und V.16a sind parallel formuliert und gehören deshalb eigentlich zusammen. Dennoch klingt V.15a wie ein abschließender Segenswunsch, wo häufig das Wort „Friede" vorkommt (vgl. 2.Kor 13,11; Gal 6,16; 1.Thess 5,23; Hebr 13,20; 1.Petr 5,14). Es bleibt dann ein kleiner Schlußabschnitt V.15c–17, welcher durch den für den Kolosserbrief so wichtigen Wortstamm „Dank-" gerahmt wird. Er spricht in V.16 vom Gottesdienst und erinnert auch in dem feierlichen V.17 durch die Hinweise auf den „Namen des Herrn Jesus" und auf „Gott, den Vater" ebenso wie durch das Wort „danken" an den Gottesdienst (vgl. zu 1,3). Die drei Partizipialsätze von V.16b.17 (in der Übersetzung: „die ihr …") sind nur locker an das Voranstehende angehängt; die dabeistehenden Umstandsbestimmungen können auch anders zugeordnet werden. V.15c–17 rufen durch zahlreiche Wortübereinstimmungen in den Leserinnen und Leser Erinnerungen an die Danksagung (vgl. 1,3.9.12 mit V.17b.16b.c) und an die Selbstvorstellung des Paulus (vgl. 1.25.27.28 mit V.16a.b) im ersten Briefkapitel wach.

B 5–7   Der Befehl „tötet" knüpft an 2,11.20; 3,3 an: Es gilt jetzt, die Konsequenzen daraus zu ziehen, daß die Gläubigen in der Taufe mit Christus gestorben sind. Die menschlichen „Glieder" sind in jüdischer Weise als Instrumente der Sünde verstanden; auch Paulus konnte von den „Leidenschaften der Sünden" sprechen, die „in unsern Gliedern wirksam sind" (Röm 7,5, vgl. 23; 6,19) und meinte damit die Sünden, die den Menschen in allen seinen konkreten Handlungen beherrschen. Die Formulierung „Glieder auf der Erde" ist merkwürdig und hat in der Forschung zu ganz verschiedenen religionsgeschichtlichen Spekulationen über einen kosmischen Menschen Anlaß gegeben. Ich denke nicht, daß sie zum Verständnis viel helfen: Auf weltanschauliche Klarheit kommt es hier ebenso wenig wie in 3,1–4 an. Vermutlich kombiniert der Verfasser die Erinnerung an die paulinische „Sünde in den Gliedern" mit der Wendung „auf der Erde" aus V.1 und bezeichnet abgekürzt die Sünden als „Glieder". „Glieder auf der Erde" meint dann das, was Christus nicht entspricht, der im Himmel ist (V.1). Die fünf Laster, die dann in einer schönen rhetorischen Reihe aufgezählt werden (die Laster Nr. 1, 3 und 5 beginnen griechisch mit dem Buchstaben p!), handeln zunächst von sexuellen Sünden. Mit „Unzucht" ist jede Form von nicht ehelich erlaubtem Geschlechtsverkehr gemeint. Nach diesem Anfang der Lasterreihe werden die Leserinnen und Leser auch bei „Unreinheit", „Leidenschaft" und „Begierde" in erster Linie an sexuelle Wünsche und Verfehlungen gedacht haben. Man darf aber aus dieser Aufzählung weder schließen, daß der Verfasser die Sexualität verteufle, noch, daß es bei den Kolossern früher darum besonders schlimm bestellt gewesen sei. 1.Kor 6,9f. oder Gal 5,19–21 zeigen, daß solche Lasterkataloge gerne mit „Unzucht" eingeleitet werden, 1.Thess 4,3–6, Röm 1,24.26 und jüdische Texte wie Weis 14,24–27 oder TestDan 5.5.7, daß für Juden solche sexuellen Verfehlungen als typische Sünden der Heiden galten. Zu den sexuellen Sünden gesellt sich als Kernsünde die „Habsucht", welche ähnlich wie in Mt 6,24 und in jüdischen Texten als Grundsünde und mit dem Gehorsam gegenüber Gott unvereinbar gesehen wird. Alles das steht unter dem Zorn Gottes (vgl. Röm 1,18). Für die Gemeindeglieder sind solche Sünden seit ihrer Taufe abgetan. Das alte Leben in ihnen ist zu Ende – darum kann und soll man sie „töten".

V. 8 ist erstaunlich: Der Verfasser spricht vom neuen Leben „jetzt". Aber er stellt gerade nicht thetisch fest, daß die Kolosser nun in einer anderen, neuen Wirklichkeit leben. Ausgerechnet im Kolosserbrief, nach dem die Gläubigen bereits in der Taufe mit Christus auferstanden sind, finden wir die deutlichste imperativische Bestimmung des neuen Lebens im ganzen Neuen Testament. Nicht nur die Taufgnade, sondern auch die ethische Mahnung wird im Kolosserbrief mit besonders kräftigen Tönen eingeprägt. Die Wirklichkeit der Sünde ist durch die bereits geschehene Auferstehung mit Christus in der Taufe nicht einfach überwunden, sondern sie kann nur so überwunden werden, daß die Gemeindeglieder immer wieder neu zu ihrer Taufe zurückkehren. Diese Rückkehr zur Taufe leitet die zweite Fünferreihe ein. Die Sünden, die „abgelegt" (wie Röm 13,12) werden sollen, sind Laster, die das gemeinsame Leben der Gemeinde zerstören: Zorn und Wut, Bosheit, üble Nachrede, unanständige Worte und vor allem Unaufrichtigkeit und Lüge. Ging es in V.5 um „heidnische" Sünden, so geht es jetzt um „Christensünden". Sie sind die negative Entsprechung zu dem, worum es dann in V.12–14 positiv gehen wird: nicht, wie bei den Gnostikern, um Auszug aus der Welt, nicht, wie bei den judenchristlichen Gegnern, um strenge Askese (vgl. 2,23), auch nicht, wie bei den Stoikern, um die innere Freiheit des Weisen, sondern um das rechte Zusammenleben in der Liebe. Die Aussage vom „Anziehen des neuen Menschen" kommt bei Paulus nicht vor. Paulus konnte einerseits vom „Anziehen Christi" sprechen, das in der Taufe geschieht (Röm 13,14; Gal 3,27), andererseits davon, daß der Getaufte eine „neue Schöpfung", d.h. ein neuer Mensch ist (2. Kor 5,17; Gal 6,15), und schließlich in biblischer Sprachtradition davon, daß die Getauften die Waffenrüstung Gottes anziehen sollen (1. Thess 5,8). In unserem Brief ist daraus das „Anziehen des (individuellen) neuen Menschen" geworden, während mit der Taufe bereits in 2,11 das „Ausziehen des Fleischesleibs" verbunden war. Der Gedanke an die „neue Schöpfung" klingt in dem an Gen 1,26 erinnernden „nach dem Bilde seines Schöpfers" an. Im Unterschied zu Paulus (1. Kor 15,49; vgl. Röm 8,29) ist für den Verfasser des Kolosserbriefs die Wiederherstellung der zerstörten Gottebenbildlichkeit nicht eine eschatologische Hoffnung für die Zukunft, sondern sie ist bereits jetzt geschehen, bei der Neuschöpfung des Menschen in der Taufe. Der Anspruch, der in V.9b–10 mit der Taufe verbunden ist, ist groß. Aber er muß auch in der Praxis eingelöst werden durch ständigen „reditus in baptismum" und durch ständiges „Ablegen" dessen, was auch nach der Taufe noch zum alten Menschen gehört. Daß von diesem riesigen Anspruch in dem, was heute noch in unseren Volkskirchen von der Taufe übrig geblieben ist, nämlich im „rite de passage" der Säuglingstaufe, sozusagen nichts mehr vorhanden ist, sei nur angemerkt.

Diese neue Wirklichkeit des Lebens beschreibt V.11 in traditioneller Sprache. Wichtig und dem „Lasterkatalog" V.8 entsprechend ist: Das neue Leben ist eine neue Wirklichkeit der Gemeinschaft, nicht eine neue Wirklichkeit des Individuums. Gegenüber Gal 3,28, wo die Tradition wohl in ursprünglichster

Gestalt erhalten ist, ist der Wortlaut variiert. Die Griechen sind den Juden vorangestellt. Der Verfasser des Kolosserbriefs spricht, anders als Paulus im Römerbrief, nie vom heilsgeschichtlichen Vorrang Israels und auch nicht von der
Torah: Die Gemeinde in Kolossae ist offensichtlich eine heidenchristliche Gemeinde (vgl. 1,21); jüdische Mitarbeiter sind damals nur noch wenige bei Paulus geblieben (4,11). Dafür wird die Gegenüberstellung „Grieche-Jude" in chia-
stischer Umstellung durch „Beschneidung-Vorhaut" ergänzt. Die Aufhebung
der „nationalen" Unterschiede in der Gemeinde wird erweitert durch „Barbar", das aus griechischer Perspektive erwartbare Gegenüber zu „Grieche", so
daß „Grieche" einerseits im Gegenüber zu „Jude" die Bedeutung „Heide" hat,
andererseits im Gegenüber zu „Barbar" einen Bewohner Griechenlands bedeutet. Zum „Barbar" tritt der „Skythe", d. h. der Bewohner der unbekannten
Regionen nordwestlich des Schwarzen Meers. Neben „Barbar" ist offenbar
weniger an die Skythen als unverdorbenes Naturvolk gedacht, sondern an die
Skythen als finsterste aller Barbaren, die „sich nur ein kleines bißchen von den
Tieren unterscheiden" (Josephus, Contra Ap 2,269). Der „nationale" Aspekt
dominiert also in diesem Vers; in der Gemeinde realisiert sich das hellenistische Ideal der Kosmopolitie. Nur noch knapp erwähnt ist der soziale Gegensatz
zwischen „Sklaven" und „Freiem", der in der Gemeinde nicht mehr zählt. Völlig verschwunden ist der Gegensatz zwischen „männlich" und „weiblich", der
auch schon in 1. Kor 12,13 fehlt. In dieser Gewichtung spiegelt sich auch das
Interesse des Verfassers: Schon in 1,4–6.23 war ihm wichtig, daß die Gemeinde in der Kleinstadt Kolossae Teil der Weltkirche ist (vgl. 4,10–16), denn in
der Kirche realisiert sich das geschwisterliche kosmopolitische Zusammenleben der verschiedenen Völker. Sein Interesse an einer Überwindung des Gegensatzes zwischen Sklaven und Herren und zwischen Frauen und Männern
ist aber, wie die Haustafel zeigen wird, sehr begrenzt. Selbstverständlich ist
für ihn, wie übrigens auch für Paulus, daß es bei der „Aufhebung" der Ge-
gensätze nur um eine Frage des gleichberechtigten Zusammenlebens in der Gemeinde und vor Gott geht und nicht um eine Aufhebung der bürgerlichen, nationalen oder sozialen Grenzen als solche.

12–15b   Der dritte Abschnitt formuliert nun den christlichen Auftrag positiv. Der ein-
leitende Imperativ „zieht an" nimmt das Partizip „nachdem ihr … angezogen
habt" von V.10 auf und formuliert das, was in der Taufe bereits geschehen ist,
als Auftrag an die von Gott Auserwählten und Geliebten. Die Liste der fünf
Tugenden ist die positive Entsprechung zu V.8: Auch hier geht es um gemein-
schaftsbezogene Tugenden, nicht um Qualitäten des Individuums, wie etwa
bei den griechischen vier klassischen Kardinaltugenden. In diesem Sinn kann
man sagen, der gemeinsame Nenner der ganzen Liste sei der Verzicht auf
„Selbstverwirklichung" (M. Wolter). Es geht aber nicht einfach um Selbstver-
zicht, sondern um Verwirklichung der Gemeinschaft, und darin um Ausgleich,
Großzügigkeit, Zuwendung. Der geistesgeschichtliche Hintergrund der Liste ist
im ganzen ein jüdischer. Das zeigt sich bei der „Demut", womit jüdisch „Verzicht auf Stolz" und Egoismus und nicht griechisch „niedrige, sklavische Gesinnung" bezeichnet ist, aber auch nicht wie in 2,18 das von den Gegnern ge-

schätzte selbstgewählte asketische Fasten. „Güte" steht im Gegensatz zu „Bosheit", „Milde" und „Geduld" zu „Zorn" und „Wut" (V. 8). „Erbarmende Herzen" schließt ein, daß man Gefühle zeigt. Das griechische, von mir in der Übersetzung mit „Herz" wiedergegebene Wort meint eigentlich die Eingeweide, die für Griechen wie Juden Sitz der Gefühle sind. Der Zwischengedanke V. 13 formuliert bemerkenswert nüchtern: „Einander aushalten" – damit muß man offenbar auch in einer christlichen Gemeinde manchmal zufrieden sein. Ermöglicht wird das alles durch die göttliche Vergebung, welche die Menschen einander weitergeben. Was damit gemeint ist, wird durch die Parabel vom unbarmherzigen Sklaven Mt 18,23–35 illustriert. Die innere Mitte und die Leitlinie aller gemeinschaftsbezogenen Tugenden ist die Liebe, die man nach V. 14 wie das Obergewand über alle darunter liegenden Kleidungsstücke anziehen soll. Sie ist das „Band", das die Vollkommenheit und Ganzheit des christlichen Lebens ausmacht; als Band hält sie die auseinanderstrebenden, manchmal zornigen, voreiligen, boshaften, übel nachredenden und lügnerischen (vgl. V. 8 f.!) Gemeindeglieder zusammen. Der Primat der Liebe entspricht Mk 12,28–34 parr; Mt 5,21–26.43–48; Röm 13,8–10; 1. Kor 13 und Gal 5,14. So konkret wie diese Ermahnungen ist schließlich auch der Segenswunsch von V. 15 ab: Der „Friede Christi", der „die Herzen lenken" soll, ist kein bloß innerlicher Seelenfriede, sondern er ist „im einen Leib" wirksam, d. h. in der Kirche, die nichts anderes ist als Christus selbst, der seinen Leib mit sich selbst erfüllt.

Ohne Unterbruch gleitet der Gedanke weiter: Daß in der Kirche der Friede   15c–17
Christi die Herzen derer, die neue Menschen geworden sind, regiert, ist Grund
zum Danken. Die Leser erinnern sich dabei an das lange Dankgebet zu Beginn
des Briefs (vgl. 1,3.12). Sie befinden sich selbst in einer Gemeindeversammlung, in welcher der Brief, vielleicht in einem Gottesdienst, vorgelesen wird.
So ist der Übergang zum nächsten Vers wiederum leicht möglich. Das „Wort
Christi" möge reichlich in der Gemeinde „wohnen": In 1,27 hatte der Verfasser dafür die Kurzformel „Christus unter euch" geprägt und in 2,10 von der „Erfüllung" der Gemeinde durch Christus gesprochen. Es geht also beim „Wohnen" des Wortes Christi weder bloß um intellektuelle Rezeption einer
Botschaft, noch bloß um Gehorsam gegenüber einem Gebot, sondern um viel
mehr als beides: Es geht darum, daß die geistliche Wirklichkeit Christi selbst
in der Gemeinde erfahrbar wird und diese dadurch „in jeder Kraft gekräftigt"
(1,11) zu einem Leben aus der Kraft der Auferstehung befähigt wird. Dazu
gehört, wie der Verfasser locker weiter assoziierend nun ausführt, daß die Gemeindeglieder einander „belehren" und „ermahnen". Von besonderen Diensten, z. B. eines Lehrers oder eines Propheten, ist hier nicht die Rede, obwohl
es sie wie überall in paulinischen Gemeinden gegeben haben wird. Auch ihre
Tätigkeit ist, genau so wie das Lehren und Ermahnen durch alle anderen Gemeindeglieder, Ausdruck der Fülle des Wortes Christi, das in der ganzen Gemeinde am Werk ist. Zu dieser Fülle gehört auch der Lobpreis Gottes in „Psalmen, Hymnen und geistlichen Gesängen". Eine klare Differenzierung zwischen
den drei Begriffen oder gar eine Bestimmung einzelner Gottesdienstelemente ist
hier, im Unterschied zu 1. Kor 14,26, nicht möglich. Daß gleich drei Begriffe

nebeneinander stehen, deutet vielmehr etwas vom Reichtum der Fülle Christi und vom Überschwang des Lobpreises in der Gemeinde an (vgl. Schluß zu 1,9–14). Zu denken ist einerseits z. B. an biblische Psalmen, andererseits an christliche Hymnen, etwa in der Art von Offb 15,3 f.; 19,1 f. 5–8 oder der nicht-kanonischen „Oden Salomos", vielleicht sogar an Texte wie 1,15–20. Das Wort „geistlich" deutet an, daß Christus selbst der Gemeinde die Worte ihrer Gesänge schenkt. V. 17 faßt das gesamte Handeln (vgl. V. 12–14) und Sprechen (vgl. V. 16) der Gemeinde zusammen: Es geschehe „im Namen des Herrn Jesu". Beim „Namen" des Herrn denken die Leserinnen und Leser wohl nicht so sehr an die Taufe, als an ihre eigenen gottesdienstlichen Gebete (vgl. 1. Kor 1,2; Röm 10,13; Joh 14,13 f.) und an den gottesdienstlichen Lobpreis seines Namens (vgl. Phil 2,10 f.). Ihre Gedanken bleiben also beim Gottesdienst. Es geht in der Sache um dasselbe, in der Bewegungsrichtung aber um das Umgekehrte dessen, was E. Käsemann in einer berühmt gewordenen Formulierung im Anschluß an Röm 12,1 f. den „Gottesdienst im Alltag der Welt" genannt hatte, nämlich um den „Alltag der Welt im Gottesdienst", der alles, was die Gemeinde tut und sagt, auf Christus hin konzentriert und im lobpreisenden Gebet nach oben trägt. Das alles ist – und hier kommt der Verfasser auf einen cantus firmus seines Briefs zurück – Grund zum unablässigen Danken (vgl. 1,3.12; 2,7).

Blicken wir auf den ganzen Abschnitt zurück, so bleibt eindrücklich, wie sich Heilszusage und Anspruch ineinander verschlingen. Das Auferstandensein mit Christus bedeutet zugleich den Aufruf zu ständiger „Abtötung" dessen, was „heidnisch" oder „gemeinschaftswidrig" ist. Die Neuschöpfung des Menschen in der Taufe muß durch ständiges „Ablegen" des Alten immer wieder erneuert werden. Das verborgene Leben mit Christus im Himmel bedeutet ein intensives Sich-Mühen um ein neues Leben auf der Erde. Und der eigene Kampf der Gemeindeglieder gegen und um sich selbst und für die anderen Gemeindeglieder bedeutet nichts anderes, als daß Christus selbst in ihnen Wohnung nimmt. Dieses unauflösbare Ineinander von göttlicher und menschlicher Wirksamkeit ist ein Charakteristikum des Briefs, das uns bereits in der Danksagung begegnete (vgl. zu 1,9–14). Beides ist ein unterschiedlicher Aspekt eines und desselben Geschehens. Der Vorrang der Wirklichkeit Gottes vor jedem menschlichen Tun ist in unserem Brief allerdings dadurch ausgedrückt, daß er vom ersten Kapitel an durch das Dankgebet und durch den Lobpreis Christi bestimmt ist. Und so kann die Gemeinde für das, was sie selbst tut, Gott danken, weil sie weiß, daß eben darin Christus sie erfüllt und „alles in allen" (V. 11) wird.

4.2 Die Haustafel 3,18–4,1

18 *Ihr Frauen, ordnet euch euren Männern unter,*
    wie es sich gehört im Herrn!
19 *Ihr Männer, liebt eure Frauen*
    und werdet nicht bitter gegen sie!
20 *Ihr Kinder, gehorcht euren Eltern in allem,*
    denn das ist wohlgefällig im Herrn!

21 *Ihr Väter, reizt eure Kinder nicht,*
   damit sie nicht mutlos werden!
22 *Ihr Sklaven, gehorcht in allem euren Herren* nach dem Fleisch,
   nicht in Augendienerei wie die, die den Menschen gefallen wollen, sondern in der Aufrichtigkeit des Herzens, als solche, die den Herrn fürchten. 23 Was ihr auch tut, macht es von Herzen, wie für den Herrn und
   nicht für Menschen, 24
         denn ihr wißt, daß ihr vom Herrn als Vergeltung das Erbe bekommen
                                                                    werdet!
   Dient dem Herrn Christus! 25 Wer nämlich Unrecht tut, wird wieder
   erhalten, was er an Unrecht getan hat, und es gibt kein Ansehen der
   Person!
1 *Ihr Herren, was recht und billig ist, gewährt den Sklaven,*
   denn ihr wißt, daß auch ihr einen Herrn im Himmel habt!

V.18–4,1: Eph 5,22–6,9; 1.Petr 2,18–3,7; Gal 3,28; V.18: 1.Kor 11,3; V.20: Ex 20,12; Dtn 5,16; V.22–25:
3,11; 1.Kor 7,20–24; Phlm; 1.Tim 6,1f.; V.24: Röm 12,11.

Die nun folgende Paränese an die verschiedenen Gruppen eines Haushaltes ist   A
sehr klar aufgebaut: Sie besteht aus sechs Mahnungen, die paarweise geordnet
und aufeinander bezogen sind. Von zwei zusammengehörigen Partnern wird jeweils der untergeordnete zuerst angesprochen: zuerst die Frauen, Kinder und
Sklaven, dann die Männer, Väter und Herren. Auch der Aufbau im einzelnen
ist sehr streng: Zuerst folgt immer die Anrede im Vokativ, dann die Aufforderung in einem Imperativ Plural und schließlich eine Begründung (mit Ausnahme der Mahnung an die Männer in V.19, die statt dessen den Imperativ ver-
doppelt). Einzig die sehr lange Mahnung an die Sklaven V.22–25 fällt aus dem
Rahmen. Nur hier finden sich die für den Kolosserbrief charakteristischen Wortwiederholungen und seine syntaktischen Unschärfen. Vermutlich hat der Verfasser des Briefs die Haustafel wörtlich aus der Gemeindetradition übernommen
und sie bei der Sklavenparänese durch eigene Zufügungen ergänzt. Schließt
man von der parallelen Ermahnung an die Herren in 4,1 auf die Ermahnung
an die Sklaven, so könnten etwa V.22a („Ihr Sklaven, gehorcht in allem euren
Herren") und V.24a („denn ihr wißt, daß ihr vom Herrn als Vergeltung das Erbe
bekommen werdet") auf die traditionelle Haustafel zurückgehen. Alles übrige
ist Zufügung des Briefverfassers.

Haustafeln

1. *Eingrenzung.* Luther überschreibt einen der Schlußabschnitte seines „Kleinen
Katechismus" mit „Die Haustafel etlicher Sprüche für allerlei heilige Orden und
Stände, dadurch dieselbigen als durch eigen Lektion ihres Ampts und Diensts zu
ermahnen". Es folgen dann Auszüge aus biblischen Texten über die Bischöfe,
Lehrer, über die Obrigkeit, über die verschiedenen Glieder der Familie, die
Jugend, die Witwen und die ganze Gemeinde, und zwar Abschnitte aus u.a.
Kol 3,18–4,1; Eph 5,21–6,9; Röm 13, aus den Pastoralbriefen und aus 1.Petr 2f.
Von Luther stammt nicht nur die Bezeichnung der Textgattung, die es hier zu
besprechen gilt, sondern auch ihre Definition. Nicht nur Mahnungen an die ver-

schiedenen Glieder eines Haushalts, sondern auch Mahnungen an die verschiedenen Stände und Amtsträger in der Gemeinde und zum Gehorsam gegen die
Obrigkeit werden bis in die jüngste Zeit unter der Bezeichnung „Haustafeln"
zusammengefaßt. Textlich sind dies im NT Kol 3,18–4,1; Eph 5,21–6,9; 1.Petr
2,13–3,7; 1.Tim 2,8–15; 6,1f.; Tit 2,1–10 und außerhalb des Neuen Testaments
z.B. Polycarp, Philipperbrief 4,2–6,3; 1.Clem 21,6–9; Did 4,9–11 und Barn
19,5–7. Luthers Gattungsbezeichnung (die keine solche sein wollte!) hat lange
nachgewirkt, sich aber als unpraktikabel erwiesen: Zwischen dem nach einem
strengen Formschema aufgebauten Ermahnungen an die Glieder eines Haushaltes und den viel lockerer aufgebauten an andere Gruppen in der Gemeinde
(resp. an die Amtsträger für die Unterweisung anderer Gruppen in der Gemeinde) wie z.B. Tit 2,1–10 und katalogartiger Paränese ohne bestimmte Adressaten wie z.B. Barn 19,5–7 muß man unterscheiden. Charakteristisch für Haustafeln im engeren Sinn ist immer die Reziprozität der Mahnungen an einander
entsprechende Gruppen im Haushalt, d.h. Männer und Frauen, Väter und Kinder, Herren und Sklaven. Die Mahnungen beziehen sich denn auch strikte auf
ihr Verhalten gegenüber einander im Haushalt. In diesem Sinn sind nur Kol
3,18–4,1; Eph 5,21–6,9 Haustafeln. 1.Petr 2,18(!)–3,7 nimmt Elemente einer
Haustafel in allerdings schon erweiterter Form auf. Die übrigen Texte gehören
nicht hierher.

2. Der *wichtigste antike Hintergrund der Gattung Haustafel* ist nicht, wie
man aufgrund des zu weit gefaßten Verständnisses von „Haustafel" lange meinte, die Aufzählung dessen, was dem Weisen gegenüber Göttern, Eltern, Brüdern,
dem Vaterland oder gegenüber Fremden zu tun „geziemt" (so z.B. M. Dibelius,
vgl. Epiktet, Diss 2,17,31) und auch nicht nach verschiedenen Bereichen ge-
gliederte weisheitliche Ratschläge zur Lebensführung (z.B. Pseudo-Phokyli-
des 175–230), sondern die sog. Ökonomik-Literatur der griechischen Literatur (D. Lührmann; M. Gielen). Darunter versteht man Traktate, die den
Hausvater über die wechselseitigen Pflichten der verschiedenen Glieder seiner
Familie untereinander informieren und das pragmatische Ziel haben, ein gutes,
menschliches Zusammenleben in einem städtischen „Haus" oder auf dem Guts-
betrieb und ein einträgliches Wirtschaften zu ermöglichen. Die älteste erhaltene solche Schrift ist der „Oikonomikos" von Xenophon, weitere erhaltene
Schriften stammen aus der aristotelischen und der neupythagoräischen Schule
(Pseudo-Aristoteles, Oikonomika; Bryson). Bezeugt sind uns viele weitere
solche Schriften unter dem Namen von Aristotelikern, Stoikern, Epikuräern
und Neupythagoräern. Seneca (Brief 94,1) kennt die Ökonomik als Teilgebiet
der Philosophie. Im ersten Buch seiner Politik greift Aristoteles auf die Erkenntnisse der Ökonomik-Literatur zurück und unterscheidet drei Teile der
Haushaltkunst, nämlich die dem Herr-sein entsprechende „herrschaftliche"
Herrschaft des Herrn über die Sklaven, die dem Vater-sein entsprechende
„königliche" Herrschaft des Vaters über seine Kinder und die dem Ehegatte-
sein entsprechende „eheliche" Herrschaft des Manns über die Frau. In allen
drei Beziehungen ist der freie männliche Bürger von Natur aus der führende

Teil, aber auf je andere Weise (Aristoteles, Politik 1,12 = 1259a.b). Die Ökonomik-Literatur geht davon aus, daß Männer und Frauen, freie Bürger und Sklaven, Väter und Kinder hinsichtlich ihrer Vernunftbegabung, ihrer natürlichen
Eigenschaften und ihrer Erziehung verschieden sind, so daß die Über- bzw.
Unterordnung in allen diesen drei Fällen der Natur entspreche. Sie zielt darauf ab, diese Über- und Unterordnung einerseits möglichst effektiv zu gestalten,
so daß eine hohe Arbeitsproduktivität entsteht, andererseits möglichst menschlich, so daß alle Beteiligten eine ihrem Stand entsprechende Freiheit und Verfügungsgewalt behalten, und formuliert von hier aus Verhaltensratschläge an
den Hausherrn. Es liegt in der Natur der Sache, daß die in der Ökonomik-
Literatur vertretenen sozialen Thesen gemäßigt konservativ sind: Thesen wie
die, daß Sklaven vollwertige Menschen seien und sich nur durch zufällige äußere
Umstände von Freien unterscheiden (so z. B. Seneca, Ep 47,1–4), oder daß Frau-
en auch Einfluß und Verfügungsgewalt außerhalb des häuslichen Bereiches
zustehen sollte, wie dies in der Oberschicht damals nicht selten vorkam, kommen in dieser Literatur kaum vor.

   Dies ist der Hintergrund, von dem aus sich die Denkvoraussetzungen und die
Anordnung der Haustafeln verstehen lassen. Aber die Gattung der „Haustafel" läßt sich von der Ökonomik-Literatur her nicht verstehen. Bei den Abhandlungen über Ökonomik handelt es sich um umfangreichere populärphi-
losophische Traktate, die der freie Bürger und Hausvater zu seiner Belehrung
lesen soll. Bei den neutestamentlichen Haustafeln handelt es sich dagegen um
kurze, katalogartige Ermahnungen an *alle* Glieder des Haushalts. Als literari-
sche Form ist die „Haustafel" vermutlich eine christliche Schöpfung, die aus
paulinischen Gemeinden stammt (M. Gielen).

3. *Der soziale Hintergrund.* Daß alle Glieder eines „Hauses" angesprochen werden können, setzt die christliche Gemeindeversammlung voraus, wo alle anwesend sind. Voraussetzung ist, daß es öfters vorgekommen ist, daß ganze
„Familien" zum christlichen Glauben übertraten, wie dies 1. Kor 1,16; 16,15;
Apg 16,15.31–34; 18,8 berichten und wie dies auch den urchristlichen Hausgemeinden entsprach. Daß nicht nur die Männer, sondern auch Frauen, Kinder und Sklaven selbständige Adressatinnen und Adressaten der ethischen Mahnung sind, ist also keine ethische Revolution, sondern zunächst eine Folge der
Existenz der Gemeinde. In den christlichen Haustafeln werden keine im engeren Sinn des Wortes „ökonomischen" Interessen an Vermögensvermehrung und
Arbeitsproduktivität sichtbar. Aber auch dies läßt sich sozialgeschichtlich erklären, denn im Unterschied zu den erhaltenen antiken Traktaten handeln die
Haustafeln nur von städtischen „familiae", die Lebens- und Konsumations-
gemeinschaften waren, nicht, wie die „familiae" auf den großen Landgütern, Pro-
duktionsgemeinschaften. Schließlich sollte man auch nicht überbewerten, daß
überhaupt die „weltlichen" Beziehungen innerhalb einer Großfamilie zum
Thema christlicher Ermahnung gemacht werden und daß deshalb christliche
Ethik nach den Haustafeln mehr sei als bloße Gemeindeethik: Wo die Gemeinden vor allem „Haus"gemeinden sind, deren Glieder zu einem großen

Teil auch Glieder der familia des Hausherrn gewesen sein können, läßt sich zwischen „Haus" und „Gemeinde" gar nicht so leicht trennen. Der Philemonbrief, der eine „Familienangelegenheit" des Philemon behandelt und zugleich an seine Hausgemeinde gerichtet ist (Phlm 2), illustriert dies. Kurz, eine ganze Reihe von theologischen Besonderheiten der Haustafeln lassen sich aus der sozialgeschichtlichen Situation im Urchristentum ungezwungen erklären. Die Frage, wo denn ihre theologische Bedeutung liegt, wird die nun folgende Auslegung für Kol 3,18–4,1 klären müssen.

B 18   Daß sich die Ehefrauen ihren Männern unterordnen sollen, entspricht allgemeiner antiker Überzeugung, ist doch „das Männliche von Natur aus gegenüber dem Weiblichen das Führende" (Aristoteles, Politik 1,12 = 1259b, vgl. Philo, Spec Leg 2,124). Josephus schließt daraus, daß „Gott dem Mann die Herrschaft gegeben" habe (Contr Ap 2,201). Allerdings formulieren antike Autoren ebenso deutlich, daß die Herrschaft des Mannes über die Frau nicht der Verfügungsgewalt des Herrn über seinen Besitz gleichzusetzen sei, sondern „wie die Seele über den Körper soll er über sie herrschen, indem er mitleidet und wohlgesonnen mit ihr verbunden ist" (Plutarch, Ermahnungen an Braut und Bräutigam 33 = 142E). Man versteht angesichts solcher antiker Zeugnisse gut, daß unsere Haustafel formuliert: „wie es sich gehört". Damit ist ausgedrückt, daß die Mahnung an die Frauen zur Unterordnung nichts besonders Christliches ist. Aber warum „im Herrn"? Der Verfasser hat vielleicht 1. Kor 11,2, vgl. 7–9 im Auge. Dort hat Paulus selbst durch den Hinweis auf Christus die Schöpfungsordnung, nach welcher die Frau dem Mann untertan sein muß, ergänzt.

19   Der Mahnung an die Frauen gegenüber steht die Mahnung an die Männer, ihre Frauen zu „lieben". „Liebe" war in der Antike kein gängiger Ausdruck, um das Verhältnis zwischen Ehepartnern zu beschreiben (obwohl es viele Zeugnisse für Liebe zwischen Ehegatten gibt!). Die Leserinnen des Kolosserbriefs denken bei diesem Wort wohl an 3,14 zurück, wo die Liebe die Krönung aller Tugenden des guten Zusammenlebens war. An ein menschlich gutes Zusammenleben ist sicher auch hier gedacht und nicht an den ganz besonderen Charakter der ehelichen Liebe. Diese wird erst in Eph 5,25 christologisch überhöht und gilt kulturgeschichtlich erst seit dem 19. Jh. als eine ganz einzigartige Form von Liebe. Dem Verfasser geht es darum, daß die Ehe nicht einfach eine Herrschaftsform, sondern zugleich eine gute menschliche Beziehung ist. Dies zeigt auch der folgende Imperativ „werdet nicht bitter gegen sie".

20   Auch die nun folgende Mahnung an die Kinder und Väter entspricht antiker Tradition. Das Wort „Kinder" kann auch erwachsene Söhne und Töchter bezeichnen; allerdings weist V. 21 („damit sie nicht mutlos werden") eher darauf, daß an heranwachsende Kinder gedacht ist. Sie sind vermutlich (als Getaufte?) in der christlichen Gemeindeversammlung anwesend. „Gehorchen" und „sich unterordnen" (V.18) sind praktisch synonym (vgl. 1.Petr 3,5f.). Ob Kinder ihren Eltern „in allem" Gehorsam schulden, war eine in der Antike heftig diskutierte Frage: Der Stoiker Musonius z.B. protestiert dagegen, daß Väter ihren Kindern auch Unmoralisches befehlen oder sie von der Philosophie abhalten dür-

fen; nach ihm verbietet derjenige, der Vater aller ist, nämlich Zeus, solches den
irdischen Vätern (Traktat 16). Umgekehrt legt Philo von Alexandrien (Spec
Leg 2,224–236) das vierte Dekaloggebot im Sinn einer unbeschränkten Gewalt
von Vätern über ihre Kinder aus, die nicht nur körperliche Bestrafung, sondern auch Tötung einschließen kann (vgl. Dtn 21,18–21). Ihm gegenüber gibt
es sowohl im Judentum als auch im Hellenismus Stimmen, die zur Milde in
der Kindererziehung aufrufen und dazu raten, über kindliche Streiche auch
einmal großzügig hinwegzusehen (z. B. Pseudo Phokylides 207f.; Plutarch,
Über Kindererziehung 18 = 13D–F). Der an die Kinder gerichtete V. 20 vertritt also im Rahmen des antiken Meinungsspektrums eher die harte Position:
Kinder sind „in allem" ihren Eltern Gehorsam schuldig.

Dagegen entspricht V. 21 eher der milden Position: Die Väter – sie sind hier als   21
Inhaber der väterlichen Gewalt allein angeredet – sollen ihre Kinder nicht pro-
vozieren und zum Zorn reizen, denn das läßt sie ihr Selbstvertrauen verlieren
(ein pädagogisch bemerkenswertes Argument!). Wiederum enthält die dop-
pelte Mahnung inhaltlich nichts, was spezifisch christlich wäre. Warum dann
also wieder bei der Ermahnung an die Kinder der explizite Hinweis auf den
„Herrn"? Es fällt auf, daß nur die beiden Mahnungen an die untergeordneten
Partner im Haus, an die Frauen und an die Kinder, mit einem Hinweis auf die
Autorität des Herrn verstärkt werden. Warum? Man kommt kaum um den
Schluß herum, daß der Verfasser der Haustafel gerade in den hierarchischen
Strukturen im Haus etwas von Christus Gewolltes und Bejahtes sieht.

Die Ermahnung an die Sklaven ist viel länger als die übrigen Ermahnungen   22–25
und für den Verfasser des Kolosserbriefs besonders wichtig. Warum? Wohl
kaum, weil es in der Gemeinde von Kolossae besonders viele Sklaven gegeben
hätte (Frauen gab es vermutlich noch mehr!), sondern vielleicht eher darum, weil
nach der steilen These von 3,11 („da ist nicht ... Sklave, Freier") klar gesagt
werden soll, daß sie nicht die Aufhebung der Sklaverei bedeutet. Die christlichen
Sklaven sollen vielmehr ihren Herren von ganzem Herzen gehorchen, nicht
nur äußerlich und zum Schein. Dreimal wird diese Mahnung durch einen Hinweis auf den himmlischen Herrn verstärkt: Der ungeteilte Gehorsam soll in
Furcht vor dem Herrn geschehen (V. 22), als ganzheitlicher Gehorsam „wie
dem Herrn" (V. 23) und im Wissen darum, daß den Sklaven kein irdisches Ent-
gelt und kein irdisches Erbe zusteht, sondern Vergeltung vom himmlischen
Herrn (V. 24a). Es wird zwar in dieser Mahnung noch nicht der leidende Christus als Modell für den Gehorsam und das Leiden der Sklaven hingestellt wie
wenig später in 1. Petr 2,18–23, und die irdischen Herren sind noch kein „Abbild
Gottes" wie bereits im frühen zweiten Jahrhundert in Did 4,11 und Barn 19,7.
Aber die Akzente liegen anders als bei Paulus selbst, der dem Philemon ein-
schärft, daß sein Sklave Onesimus nun sein „geliebter Bruder ... im Fleisch
und im Herrn" sei (Phlm 16) und ganz anders als beim stoischen Philosophen
Seneca, der betont, daß Sklaven in erster Linie Menschen sind (Brief 47). Unser
Text rechtfertigt zwar die Institution der Sklaverei nicht als solche wie z. B.
Aristoteles, der die Meinung vertrat, daß Sklaven gegenüber freien Menschen
wesenhaft andersartig seien (Aristoteles, Politik 1,4 Schluß = 1254a) und der

sie darum auch als „beseelten Besitz" bezeichnen kann (ebd. 1,4 Anfang =
1253 b). Aber er ruft die Sklaven zu einem unbedingten („in allem") und ganzheitlichen Gehorsam auf und verinnerlicht diesen Gehorsam durch eine religiöse Motivation. V. 24 b und 25 führen diese Mahnung zum Gehorsam weiter
durch eine Aufforderung, dem Herrn Christus zu dienen, und durch einen Hinweis auf das letzte Gericht. Man hat immer wieder gefragt, ob diese Schlußsät-
ze sich nicht auch schon an die Herren richten und zwischen der Mahnung an
die Sklaven und derjenigen an die Herren ein allgemeines Zwischenglied bilden. Da sie aber im Abschnitt stehen, der die Sklaven anredet, fällt es schwer,
sie anders zu verstehen als so, daß hier der Gehorsam der Sklaven mit dem
Christusdienst verbunden und nochmals ganz besonders eingeschärft wird.

1   Nun endlich folgt die Mahnung an die Herren. Sie sollen ihren Sklaven ge-
währen, was recht und billig ist, d. h. Nahrung, Kleidung und menschliche Behandlung (ähnlich Pseudo Phokylides 224 f.). Auch sie, die ja nur „Herren nach
dem Fleisch" (3,22) sind, sollen daran denken, daß sie einen himmlischen Herrn
haben, der sie richten wird. In dieser Schlußmahnung dient also der Hinweis
auf den himmlischen Herrn, anders als vorher, zur Begrenzung und Ver-
menschlichung des Herrschaftsanspruchs der irdischen Sklavenbesitzer.

Die Interpretation der Haustafel hat gezeigt, daß sie im Rahmen der antiken Diskussion eine zwar menschliche, aber im ganzen recht konservative Position vertritt. Die vorgegebenen hierarchischen Herrschaftsverhältnisse im
Haus werden dadurch, daß sie in den Herrschaftsbereich Christi gestellt werden, eher zementiert als aufgelöst. Der ohnehin unvermeidliche Gehorsam der
Untergeordneten wird durch die Haustafel zusätzlich religiös motiviert. Davon,
daß das kommende Reich Gottes eine die Strukturen der Welt verändernde
Kraft sein könnte, ist in diesem Text kaum etwas zu spüren, aber auch nicht
davon, daß diese Strukturen zu etwas Vorläufigem werden, weil „die Gestalt
dieser Welt vergeht" (1. Kor 7,31). Die futurische Eschatologie hat im Kolosserbrief keine prägende Kraft! Neu ist natürlich, daß in unserer Haustafel, anders als in der antiken Ökonomik-Literatur, nicht nur der Hausherr, sondern
alle am Haushalt beteiligten Partner und Partnerinnen direkt angesprochen werden: Daran – aber nur daran! – zeigt sich, daß sie alle in der christlichen Gemeinde als Geschwister zusammenleben. Für die urchristlichen Hausgemeinden
ist dies leicht verständlich; für die folgende Zeit wurde wichtig, daß mit dieser
Haustafel zum ersten Mal ein ganz wichtiger „weltlicher" Lebensbereich, der
der Gemeinde nahe steht, systematisch von christlicher Ethik her reflektiert
wird. Unser Text steht am Anfang einer systematischen christlichen Sozialethik.

Zur Art und Weise, wie in unserem Text antike Herrschaftsstrukturen christlich „getauft" werden, wird man vom christlichen Liebesgebot und von unseren eigenen geschichtlichen Erfahrungen her kritische Fragen stellen. Wir wissen
zu viel über die negativen Seiten der antiken Sklaverei und über die Probleme,
die mit patriarchalen Strukturen in Ehe und Familie in der Antike wie in der Gegenwart verbunden waren und sind, als daß wir diese Institutionen als solche
unter ein „im Herrn" stellen könnten. Wer hier anders denkt, z. B. weil er die
Unterordnung der Frauen und der Kinder unter die Männer und Väter für ein

unveränderliches biblisches Gebot hält, wird sich fragen lassen müssen, ob denn auch die Sklaverei ein bleibend gültiges biblisches Gebot sei.

5. Der Briefschluß 4,2–18

5.1 Schlußparänese 4,2–6

2 Am Gebet haltet fest; bleibt wach in ihm, im Dankgebet!
3 Betet dabei auch für uns, damit uns Gott eine Tür für das Wort öffne, um das Geheimnis Christi weiterzusagen, weswegen ich auch in Fesseln bin, 4 damit ich es so offenbare, wie ich es weitersagen muß.
5 Wandelt in Weisheit gegenüber denen, (die) draußen (sind)! Kauft (dabei) die Zeit aus!
6 Euer Wort (geschehe) jederzeit auf angenehme Weise, mit Salz gewürzt, zu wissen, wie ihr jedem einzelnen antworten müßt!

V. 2–4: Eph 6,18–20; V. 2: Röm 12,12; V. 3–5: 1,25–28; V. 5: Eph 5,15f.; V. 6: 3,16.

Eine allgemein gehaltene Schlußparänese gehört zu den „normalen" Teilen eines A paulinischen Briefs (vgl. Einl. 1). Diese Schlußparänesen sind zum Teil recht frei gestaltet und nehmen immer wieder besondere Anliegen jedes Briefs auf; manche Mahnungen sind aber auch typisch. Dazu gehört vor allem die Mahnung zum Gebet (V. 2, vgl. 1.Thess 5,17; Röm 15,30; Phil 4,6). Typisch ist auch der Hinweis auf die Zeit (V. 5, vgl. Gal 6,10), die Mahnung zur Wachsamkeit (V. 2, vgl. 1. Kor 16,13), zur Fürbitte für Paulus (V. 3, vgl. Röm 15,30; 1.Thess 5,25) und zur Danksagung (V. 2, vgl. 1.Thess 5,18; Phil 4,6). Zu den besonderen Anliegen des Briefs gehört vor allem die Ausgestaltung der Mahnung, für Paulus zu beten in V. 3 f. Der Verfasser greift auf 1,25–28 zurück. Die betonte Mahnung zur Fürbitte für Paulus in V. 3 f. entspricht gleichsam spiegelbildlich dem ebenso betonten Bericht über die Danksagung und Fürbitte des Paulus für die Gemeinde in 1,3 f.9. Der Eingang der Schlußparänese nimmt in V. 2 eine Formulierung aus Röm 12,12 auf; da unmittelbar vorher in 3,24 bereits Röm 12,11 anklang, ist dies vielleicht mehr als ein Zufall.

Die Mahnung zum Gebet steht voran, denn das Gebet ist ein grundlegen- B 2 der Teil jedes christlichen Lebens. Die Mahnung zur „Wachsamkeit" hat sich vom Ausblick auf die Parusie Christi gelöst, mit der sie in 1.Thess 5,6 (vgl. Mt 24,42; 25,13; Mk 13,35.37 f.; Offb 16,15) verbunden ist. Sie wird zur Chiffre für ein bewußtes christliches Leben, zu welchem das Festhalten des Glaubens (vgl. 1. Kor 16,13), das Beten (so auch in der Getsemaneperikope Mk 14,35–39) und die Nüchternheit (1.Thess 5,6; 1.Petr 5,8) gehören. Daß es bereits in frühester Zeit christliche Gebetswachen gegeben hat, ist nicht auszuschließen. Zum Gebet gehört vor allem das Danken, welches im Kolosserbrief eine große Rolle 3 f. spielt (vgl. 1,3.12; 2,7; 3,15.17). V. 3 f. heben die Fürbitte für Paulus besonders heraus (vgl. Röm 15,30; 1,3 f.9). Der unbekannte und abwesende Apostel und seine Gemeinde sind im wechselseitigen Fürbittegebet eng miteinander verbunden. Der gefangene Paulus klagt nicht über seine persönliche Situation, sondern für ihn steht das Wort Gottes im Vordergrund, das trotz bzw. gerade durch seine Gefangenschaft reich ergehen soll (vgl. Phil 1,13–17). Das Bild von der „geöffneten Türe" ist eine Paulus geläufige Redewendung, welche „eine Chance geben" bezeichnet. Für den Kolosserbrief kennzeichnend ist die Umschreibung des Evangeliums als „Geheimnis Christi" und die Bezeichnung der paulinischen Verkündigung als „Offenbaren" (vgl. 1,24–29). Stärker als in den von Paulus selbst geschriebenen Briefen wird die Verkündigung des Evangeliums durch Paulus zum Heilsereignis.

5 f.   Die beiden Schlußmahnungen beziehen sich allgemein auf den Lebenswandel der Gemeindeglieder in Kolossae. „Weisheit" hat wie 1,9; 3,16 f. eine praktische Dimension. Der Blick auf die Nichtchristinnen und Nichtchristen deutet an, daß der Lebenswandel der Christen indirekt missionarisch wirken soll (vgl. 1. Kor 10,32). „Die Zeit auskaufen" heißt, angesichts eines begrenzten Zeitraums alle Möglichkeiten auszuschöpfen. Die Mahnung in V. 6, welche die eigene Verkündigung der Gemeinde betrifft, nimmt 3,16 auf. Sie ist in verschiedener Hinsicht interessant: Angeredet ist die Gemeinde. Sie als ganze, und nicht etwa einzelne Amtsträger, ist für die Verkündigung verantwortlich. Die Verkündigung der Gemeinde besteht darin, daß die Gemeindeglieder gegenüber jedem einzelnen von denen, die nicht zu ihr gehören, Rede und Antwort stehen, vgl. 1. Petr 3,15. Die Verkündigung Christi durch die Gemeindeglieder geschieht also von Nachbarin zu Nachbarin durch Einzelgespräche. „Auf angenehme Weise" (griechisch ist dafür das Wort gebraucht, welches auch „Gnade" bedeutet) ist ein Ausdruck, der auch in der Rhetorik eine Rolle spielt; es geht hier um die „Lieblichkeit" (lat. suavitas) der Rede, die ihre Hörer und Hörerinnen nicht nur überzeugen, sondern auch erfreuen soll. Auch das „Salz" ist in antiken Texten ein Bild für den Charme und die Gefälligkeit einer Rede.

5.2 Nachrichten und Empfehlung der Überbringer 4,7–9

7 Das, was mich betrifft, wird euch alles Tychikus mitteilen, der liebe Bruder, treue Diener und Mitsklave im Herrn, 8 den ich eben dazu zu euch geschickt habe, damit ihr erfahrt, wie es um uns (steht), und damit er eure Herzen tröste, 9 zusammen mit Onesimus, dem zuverlässigen und lieben Bruder, der euer Landsmann ist. Alles Hiesige werden sie euch mitteilen.

V. 7 f.: Eph 6,21 f.

Nachrichten über Paulus enthalten V. 7 f. keine. Daß Paulus ein Gefangener ist, wird im Kolosserbrief nur knapp angedeutet (4,3.10.18). Der Unterschied zum späteren 2. Timotheusbrief (1,16 f.; 2,9 f.; 3,11; 4,6–8.16–18) ist spürbar. Der Verfasser versucht nicht, durch Nachrichten über den gefangenen Paulus seinem Brief den Anstrich eines persönlichen Briefs zu geben und ihn so den damaligen Leserinnen und Lesern als echt (und modernen als Fälschung!) nahezubringen! Er beschränkt sich auf die Empfehlung des Tychikus, der Briefüberbringer ist. Tychikus taucht sonst in authentischen Paulusbriefen nie mehr auf; nach Apg 20,4 ist er ein aus der Provinz Asia stammender Mitarbeiter des Paulus. Die späteren Pastoralbriefe kennen ihn als Abgesandten des Paulus (2. Tim

4,12; Tit 3,12). Dadurch daß ihn Paulus als „Diener" (vgl. 1,23.25) und als „Mitsklave im Herrn" bezeichnet, stellt er ihn sich gleich. Onesimus begleitet den
Tychikus nach Kolossae. Im Unterschied zu dem auch in der Apostelgeschichte erwähnten Tychikus hebt ihn der Brief nicht besonders heraus. Tychikus
ist der eigentliche Vertreter des Paulus in Kolossae, Onesimus nur sein Begleiter, der Tychikus nützlich sein kann, weil er die lokalen Verhältnisse kennt.
Es muß sich hier um den Sklaven Onesimus handeln, um dessentwillen Paulus den Philemonbrief geschrieben hatte. Wie Paulus gebeten hat (Phlm 13),
hat ihn offenbar Philemon zu Paulus zurückgeschickt, und Paulus setzt ihn
nun als Adjunkt des Tychikus bei dessen Reise in seine Heimatstadt Kolossae
ein.

5.3 Mitarbeitergrüße 4,10–14

10 **Aristarch läßt euch grüßen, mein Mitgefangener, und Markus, der Vetter
des Barnabas (über den ihr Briefe bekommen habt; wenn er zu euch kommt,
nehmt ihn auf!), 11 ferner Jesus, mit Beinamen Justus, welche aus der Beschneidung sind. Diese sind die einzigen Mitarbeiter am Gottesreich, die mir
ein Trost geworden sind!**
12 **Epaphras läßt euch grüßen, euer Landsmann, der Sklave Christi Jesu, der
jederzeit für euch in seinen Gebeten kämpft, damit ihr als Vollkommene hin-
tretet und erfüllt von allem, was Wille Gottes ist. 13 Ich bezeuge ihm nämlich, daß er viel Mühe für euch hat und für die in Laodizea und für die in
Hierapolis.**
14 **Lukas läßt euch grüßen, der liebe Arzt, und Demas.**

V. 10–14: Phlm 23 f.

Die nun folgenden Mitarbeitergrüße sind sehr ausführlich. Formal ist der Aufbau des Textes deutlich: Die Grüße der drei judenchristlichen Mitarbeiter sind
in V. 10 f. vorangestellt. Die Grüße des Gemeindegründers und Landsmanns
Epaphras folgen; sie sind besonders wichtig und bilden einen eigenen Textabschnitt (V. 12 f.). Die Grüße des Lukas und des Demas sind kurz angefügt (V. 14).
In der Grußliste des Philemonbriefs Phlm 23 f. kommen alle hier Genannten
außer Jesus Justus auch vor, aber in anderer Reihenfolge und mit einem Unterschied: Nach Phlm 23 ist Epaphras mit Paulus gefangen, nach Kol 4,10 Aristarch. Die wichtigste Frage, vor die der Abschnitt stellt, ist, ob und wie diese
ausführlichen Mitarbeitergrüße unter der Voraussetzung der nachpaulinischen
Abfassung des Briefs zu deuten sind. Die Ausleger haben sich hier viel Mühe gegeben: Hat ein pseudonymer Verfasser hier versucht, persönliches und lokales
Kolorit in den Brief zu bringen, ähnlich wie der Verfasser des 2. Timotheus-
briefs? Persönliches Kolorit enthalten die Angaben von V. 10–14 aber nicht. Dies
zeigt z. B. ein Vergleich von V. 11b mit 2. Tim 4,9–16: Ganz nüchtern wird fest-
gestellt, daß Paulus nur drei judenchristliche Mitarbeiter geblieben sind (was
übrigens gut zu den Angaben von Apg 20,4 paßt); mit keinem Wort aber erwähnt der Briefverfasser die Einsamkeit des gefangenen Paulus, die in 2. Tim 4
im Vordergrund steht. Geht es also eher um eine Empfehlung der Paulusmit-

arbeiter, die in nachapostolischer Zeit „das apostolische Erbe repräsentieren"
(P. Pokorný)? Aber wer wird konkret empfohlen? Eine Empfehlung bekommt
in V.10 allein Markus, welcher als Neffe des in den Kirchen Kleinasiens und
Griechenlands gut bekannten Barnabas eingeführt wird und welcher der Gemeinde schon von anderen brieflich empfohlen worden ist. Warum bekommt
– in einem pseudonymen Brief – nur er eine explizite Empfehlung? Warum werden Lukas und Demas in V.14 so kurz erwähnt, andere Mitarbeiter so ausführlich? Oder wie ist die gegenüber Phlm 23 f. abweichende Reihenfolge der
grüßenden Mitarbeiter zu erklären? Wie ist zu erklären, daß im Philemonbrief
Epaphras, in Kol 4,10 aber ein anderer, nämlich Aristarch, mit Paulus in Gefangenschaft sitzt? Keine dieser Schwierigkeiten entsteht, wenn man annimmt,
daß hier keine fiktive, sondern eine wirkliche Grußliste von Mitarbeitern des
Paulus vorliegt. Sie hat die Funktion, die Paulus unbekannte Gemeinde im
Lykostal nicht nur mit Paulus persönlich, sondern mit dem ganzen paulinischen
„Missionswerk" zu verbinden.

Einige Einzelheiten: Der Thessalonicher Aristarch ist aus Apg 19,29; 20,4;
27,2 bekannt. Markus ist der aus Apg 12,12.25; 13,13 bekannte Graeco-Palä-
stiner Johannes Markus aus Jerusalem, der nach Apg 15,37 Mitarbeiter des Barnabas, nicht des Paulus war, nun aber offensichtlich wieder Mitarbeiter des Paulus ist (vgl. auch 2.Tim 4,11). Über Jesus Justus, wie Johannes Markus Träger
eines jüdischen und eines hellenistischen Namens, wissen wir sonst gar nichts.
Der Kolosser Epaphras war schon 1,7 f. als Gemeindegründer genannt. Die Versicherung, daß er sich in seinen Gebeten ganz besonders für die Gemeinde und
diejenige der Nachbargemeinden von Laodizea und Hierapolis einsetzt, soll
die Gemeinde vielleicht darüber hinwegtrösten, daß nicht ihr Landsmann und
Gründer Epaphras, sondern ein anderer, nämlich Tychikus, zu ihr kommt.
Lukas und Demas werden auch in 2.Tim 4,10 f. genannt, der letztere in negati-
vem Sinn. Daß Lukas Arzt ist, erfahren wir nur aus unserer Stelle. Wenn er
der Verfasser des dritten Evangeliums und der Apostelgeschichte gewesen ist,
wie dies die kirchliche Tradition will und wie es m. E. nicht unwahrscheinlich ist,
so kann man diese Hypothese jedenfalls nicht, wie dies früher oft geschah, mithilfe angeblicher medizinischer Fachkenntnisse im Doppelwerk begründen.

5.4 Grüße 4,15–17

**15 Grüßt die Brüder in Laodizea und Nympha und die Gemeinde in ihrem
Haus!
16 Und wenn der Brief bei euch gelesen worden ist, sorgt dafür, daß er auch
in der Gemeinde von Laodizea gelesen wird, und daß auch ihr den aus Laodizea lest!
17 Und sagt dem Archippus: Schau auf den Dienst, den du im Herrn empfangen hast, um ihn zu erfüllen!**

15 f. Es folgen die eigenen Grüße des Paulus. „Brüder" (V.15) ist ein maskulin formulierter, aber inklusiv gemeinter Ausdruck, der die ganze Gemeinde meint.
„Nympha" halten viele spätere neutestamentliche Handschriften für einen

Mann. Obwohl der dorische Frauenname „Nympha" nicht recht in die Gegend paßt, ist er wohl ursprünglich und die Umdeutung des Namens in einen Männernamen ein Hinweis auf eine spätere „Vermännlichung" der neutestamentlichen Überlieferung. Frauen spielten im Urchristentum gerade im Zusammenhang mit Hausgemeinden eine große Rolle (vgl. Röm 16,3–5.6.12f.15; Phlm 1,2). Ob sie und ihre Hausgemeinde in Laodizea, in Kolossae oder in Hierapolis zu suchen sind, wissen wir nicht. V.16 verrät uns, daß die Paulusbriefe in den Gemeindeversammlungen bzw. in den Gemeindegottesdiensten vorgelesen wurden. Das entspricht der „liturgischen" Gestaltung ihres Briefrahmens, vor allem dem feierlichen Segenswunsch im Briefeingang und dem Briefschluß mit der Aufforderung zu Friedenskuß (Röm 16,16; 1.Kor 16,20; 2.Kor 13,12; 1.Thess 5,26) und feierlichem Schlußsegen. Der Brief des Paulus an die Laodizener, der auch in Kolossae vorgelesen werden soll, ist verloren gegangen: Weder der Epheserbrief (so bereits Marcion), noch der Philemonbrief, noch der in später Zeit entstandene, aus Sätzen des Philipperbriefs zusammengestellte apokryphe Laodizenerbrief sind mit ihm identisch. Daß die Gemeinden die an sie gerichteten Paulusbriefe austauschten, entspricht ihrem Brauch in nachpaulinischer Zeit, Paulusbriefe zu sammeln. Aber auch zu Lebzeiten des Paulus ist ein Austausch von Briefen gut denkbar; zu vergleichen sind etwa die ökumenische Adressierung des 1.Korintherbriefs (1.Kor 1,2) und diejenige des 2.Korintherbriefs an „ganz Achaia" in 2.Kor 1,1. V.16 ist m.E. aber nur verständlich, wenn man voraussetzt, daß der Brief an die Gemeinde von Laodizea wirklich geschrieben und daß er für die Briefadressaten erreichbar war. Am leichtesten ist dies möglich, wenn man annimmt, daß Paulus parallel zum Kolosserbrief einen Brief nach Laodizea geschickt hat, der später verloren gegangen ist. Eventuell denkbar ist auch, daß ein nach dem Tode des Paulus geschriebener Kolosserbrief durch den Hinweis auf einen echten Laodizenerbrief des Paulus legitimiert werden sollte. Viel schwieriger ist die These, der Autor habe seinen Brief mithilfe eines gar nicht existierenden Paulusbriefs legitimieren wollen (so A. Lindemann). Undenkbar ist die Annahme, der Laodizenerbrief habe gar nicht existiert; der Verfasser habe mit V.16 nur darauf hinweisen wollen, daß es noch andere bislang unbekannte Paulusbriefe gebe (so W. Schenk). „Kein Verfasser eines pseudonymen Briefs, der wachen Sinnes ist, spricht seine Adressaten ohne Not auf einen Brief an, den diese nicht erhalten haben" (M. Wolter).

Archippus wird auch Phlm 2 als Mitglied der Hausgemeinde des Philemon   17 und der Apphia erwähnt. Er wohnte also wahrscheinlich in Kolossae. Dafür spricht auch, daß die Gemeinde von Kolossae ihm das Anliegen des Paulus direkt „sagen" kann. Indem der Verfasser die Gemeinde in seine Mahnung an Archippus einbezieht, bekommt diese kirchliches Gewicht. Worin der besondere „Dienst" des Archippus bestand, wissen wir nicht. Die Exegeten haben gemutmaßt, er sei in Kolossae Nachfolger des Epaphras (J. Gnilka) oder er sei Leiter der Gemeinde von Laodizea (P. Pokorný). Wir wissen nichts darüber.

5.5 Schlußgruß 4,18

18 Der Gruß mit meiner, des Paulus, Hand! Denkt an meine Fesseln! Die Gnade sei mit euch!

V.18: Eph 6,23 f.

Der eigenhändige Unterschriftsvermerk des Paulus ist mit denselben Worten formuliert wie in 1. Kor 16,21, vgl. Gal 6,11. Mit ihm hat der gefangene Paulus den Brief seines Mitarbeiters „signiert". Der Vermerk ist nicht, wie 2. Thess 3,17, mit einem expliziten Hinweis auf die Echtheit des Briefs versehen. Ganz knapp weist Paulus selbst nochmals auf seine Gefangenschaft. „Denken an" ist ein ganz allgemeiner Ausdruck, der die Fürbitte einschließen kann (vgl. 1. Thess 1,2 f.). Der Schlußsegen, der jeden Paulusbrief abschließt, ist auffällig kurz, sodaß auch der Verfasser des Epheserbriefs, der den Kolosserbrief exzerpierte, das Bedürfnis nach einem liturgisch volleren Schlußsegen hatte (Eph 6,23 f.). Nur noch die deuteropaulinischen Pastoralbriefe formulieren den Schlußsegen ebenso kurz. In seiner Kürze entspricht er dem kurzen Eingangssegen von 1,2. Warum der Segenswunsch so knapp formuliert ist, wissen wir nicht.